金瓶梅

北洋之乱

TURMOIL IN BEIYANG

金满楼 / 著

郑州大学出版社

图书在版编目（CIP）数据

北洋之乱 / 金满楼著. -- 郑州：郑州大学出版社，2024.5

ISBN 978-7-5773-0106-8

Ⅰ. ①北… Ⅱ. ①金… Ⅲ. ①北洋军阀史－史料 Ⅳ. ①K258.206

中国国家版本馆CIP数据核字(2024)第033926号

北洋之乱

BEIYANG ZHI LUAN

策划编辑	部　毅	封面设计	东合社—安宁
责任编辑	胡佩佩	版式设计	刘　艳
责任校对	部　毅	责任监制	李瑞卿

出版发行	郑州大学出版社（http://www.zzup.cn）
地　　址	郑州市大学路40号（450052）
出 版 人	孙保营
发行电话	0371-66966070
经　　销	全国新华书店
印　　刷	鸿博昊天科技有限公司
开　　本	880 mm × 1 230 mm　1/32
印　　张	18.5
字　　数	449千字
版　　次	2024年5月第1版
印　　次	2024年5月第1次印刷

书　　号　ISBN 978-7-5773-0106-8　　定　价　98.00元

目　录

楔子

鹿本是一种性情极为平和的动物，平日只吃青草和树叶，从不伤害别的兽类。然而，动物界一向残酷，它不吃别人，别人便要吃它，因而凶猛的野兽要伤它、吃它时，这性情温顺的小东西只能拼命逃跑。倘若逃不掉，就只有给人家吃掉了。

正因为如此，但凡有点雄心抑或野心的豪杰枭雄，都爱猎杀这种动物。太史公说，“秦失其鹿，天下共逐之”，说白了就这意思。只是，天下英雄追逐的不是肥鹿，而是国之神器。他们以天下为标的，逐鹿天下，问鼎中原，只逞平生抱负，不问苍生几何。

当然，若是国有圣君，天下太平，大大小小的野心家们也就无从施展。他们或苦读经书，来日金榜题名，将身卖于帝王家；或隐逸山林，纵情山水，做个逍遥野民，倒也不枉一生。所以说，治世有治世的好处，乱世有乱世的精彩。

话说光绪三十二年（1906）秋，河南彰德府突然间狼烟四起、人喊马嘶，数万兵马分成两拨，在茫茫旷野上狼奔豕突、奋力厮杀。不知道的人，以为又逢乱世，干戈再起；知道的人，晓得那是假戏真做，惊慌大可不必。

彰德府即如今的河南安阳，据说商朝曾建都于此，算是昔日的龙兴之地。因为地处中原，彰德历来是兵家必争之地。数千年来，不知有多少惊天动地的战事在此蜂起，也不知有多少前朝的将士在此折戟。岁月沧桑，时光流转，这等旧事不过黄土一垄，云卷云舒。

清末年间，京汉铁路修到了彰德府，中原大地的交通也就方便了许多。这不，数日前几列火车轰隆隆从北边驰来，拉来了大批兵士、火炮和枪械；随后，南边也来了数列军车，拉来了同等数量的士兵和各式轻重武器。近代史上赫赫有名的“彰德秋操”，就此拉开了帷幕。

早在一年前（1905），为了检验北洋练兵的成果，清廷特在河北举行了一次大规模野战演习，史称“河间秋操”。认真说，“河间秋操”可算是中国近代史上首次真正意义的军事演习。为此，清廷特别邀请了各国驻华武官、中外记者和各省代表前往观操，场面十分隆重。演习结束后，中外人士对袁世凯编练的这支新军给予了高度评价，就连海外军事专家也因此对中国军力重新做出了评估。

“彰德秋操”的规模比“河间秋操”还要宏大，而且这次搞的是南北军对抗：南军调派湖广总督张之洞练就的湖北新军第八镇外加河南第二十九混成协，所部着蓝色军服，由第八镇统制张彪任总统官，湖北新军协统黎元洪任南军统制；北军仍是北洋军原班人马，由张怀芝统制的第五镇及曹锟统领的第一混成协组成，所部着黄色军服，段祺瑞充当北军总统官。

这次的秋操，分别由练兵大臣袁世凯和铁良担任检阅大臣，王士珍为演习总参议兼中央裁判长，冯国璋为南军审判长，良弼为北军审判长，各省阅操大员均为审判员。参加演习的两军官兵共计三万三千人，两军分拨对垒，依次操练冲锋战、遭遇战、防守战三种战法。

演习开始后，两军步兵、骑兵、炮兵、工程兵纷纷上阵，各显神通，阵地上只听得炮声隆隆，杀声震天。两军鏖战，一时竟难解难分，假打几乎就要变成真打。在此情况下，阅兵大臣袁世凯和铁良立即喊停，原本一周的秋操在演习三天后便告结束。最后，南北军举行了盛大的联合阅兵仪式。在赢得中外各方的交相赞誉后，演习宣告成功，皆大欢喜。

《孙子兵法》云："兵者，国之大事，死生之地，存亡之道，不可不察。"古圣贤又说："兵者，国之凶器，圣人所慎。"这两种对立的说法，似乎也隐约表明，对一个国家而言，军事力量的强大固然重要，但它的反面是一把难以操控的双刃剑，治国者不可不慎。

近代以后，在经历了甲午与庚子的连续惨败后，清廷终于认清了一个残酷的事实：在19世纪末、20世纪初这样一个弱肉强食的时代，满汉八旗、绿营练军这些"绣花枕头"非但不中用，就连中看也不够格；要想在内外交困的恶劣环境中继续生存，就必须彻底地向西方学习，实行军事近代化，即使付出再大的代价也在所不惜。

在此认识下，编练新军成为清末十年最重要的任务。趁着练兵的东风，身为直隶总督兼任北洋大臣的袁世凯迅速脱颖而出，成为清末最耀眼的官场明星。在这十年中，袁世凯划出的光芒甚至让清廷都黯然失色。

然而，等到北洋军练得兵强马壮时，清廷的日子也不好过了。历史的反讽就在于，清廷耗费巨量的财力和物力练就的各路新军，它本该用于抵御外侮，但到头来却反戈一击，成为加速清廷死亡的掘墓者。

正所谓，“乱世抓枪杆，有枪便有权”。从1895年小站练兵开始，袁世凯逐步掌握了实力最强大的北洋军，而从日本留学回国的各省新军将领也都手握重兵，蠢蠢欲动。在那个时代，军队与军权无疑是最重要的政治资本。如若不信，请看这名列“彰德秋操”上的各位将领，哪个不是民国年后叱咤风云的大人物？

历史的演进从不因人的主观愿望而改变，它有着自身的逻辑。很多时候，各种历史事件往往以不同的面相同时出现，它既真实又残酷，既吊诡又荒诞。区区百年前，清室式微失权柄，中原大地烽烟再起。其间，多少英雄豪杰忽起骤灭、转瞬即逝，化为如梦如幻、如诉如泣之烟尘往事。抚今追昔，凭栏观史，多少慷慨，又多少唏嘘！

一

落第秀才

彰德秋操数年后，隆隆炮声早已烟消云散，人喊马嘶的野战场也在乡民的记忆中日渐淡去。曾被数万大兵践踏过的山川旷野，如今也恢复了昔日的宁静，好似那太行默默，依旧春华秋实；洹水依依，曾经万古长流。

天高气爽话中秋。太行山下、洹水河边，某座高宅大院里，陡然又响起了本地不常有的喧闹。放眼望去，只见院中戏台高筑，锣鼓喧天，宴席上高朋满座，而宅前大道上的宾客依旧络绎不绝，好一派热闹非凡的景象。这一天，也好似当年秋操的天气，阳光高照，秋风飒爽。各方宾客杯觥交错间，主人于人群中频频致意，气势显非一般的地主老财所能比拟。

正当院子里排开酒席、戏班鸣锣开唱大戏时，一匹快马突然从远处大道上疾驰而来。这位骑士，不是来赴宴，而是为报告一件急如星火、了不得的大事而来。正当众人停杯错愕间，报信人勒住缰绳，飞身下马，只见他拨开人群，三步并作两步地赶上前，将怀里的一封电报呈给其中的一位矮胖老者，也就是当天被众星捧月的中心人物。

这时，戏台上也识相地停止了吹拉弹唱，众宾客屏住呼吸，试图从当事人的脸上看出些许端倪。矮胖老者倒遇惊不乱，他一手端着酒杯，一手接过电报，细细研读。然而，在看完电文后，老者却脸色大变，杯子也跌落脚下，他失声道："大事不好！此乱非洪杨可比，不可等闲视之！"①

各位客官，您道这矮胖老者是谁？他不是别人，正是三年前赋闲在乡、朝野内外大名鼎鼎的袁世凯！

这一年，正是农历辛亥年；这一天，正是1911年10月11日，也是袁世凯的52岁生日当天。②

本书的源头，还得从袁世凯说起。

袁世凯出生于河南项城。数百年间，老袁家原本默默无闻，不过家道还算殷实，在免于饥馑之忧的同时尚有余力，数代人得以耕读传家。后来，也不知是他家祖坟的蒿子翘了，还是文曲星借宿他家，这袁家突然间便呼啦啦地"发"了。

怎么个"发"法呢？父子进士、兄弟举人，一门两代，一下出了四个贵人。乖乖，这真是平地一声雷，项城袁家也就立刻成了当地望族。

父子进士、兄弟举人，这和袁世凯都没有直接关系。所谓"父子进士"，指的是袁世凯叔祖父袁甲三和堂叔袁保恒（袁甲三长子），这对父子分别于道光十五年（1835，比曾国藩早一届）和道光三十年（1850，比李鸿章晚一届）中了进士；而所谓"兄弟举人"，指的是袁甲三次子袁保龄和袁世凯叔叔袁保庆（袁树三次子，袁甲三侄子）分别中了举人。

古人常说，科举乃是"一命二运三风水，四积阴功五读

① 参见陈晨编：《袁世凯轶事》，北京日报出版社，2011年，第115页。

② 祝寿事见袁克文：《辛丙秘苑》，上海书店出版社，2000年，第3页。

书”。也就是说，要想科举得中，一靠命，二靠运，三靠祖坟的风水，四要靠先辈积得阴功，这第五，才轮到读书。您要是不信，看看那些考到白了少年头的老童生便知。

试想，当年这科考是何等难考，这举人和进士哪个不是过十五关斩十六将、千里挑一甚至万里挑一的人中龙凤？不然，范进同志为何会在中举后激动得发疯呢？说实话，那时参加科考的读书人多如繁星，考不中正常，考中了那才叫稀罕。您想，袁家不过区区两代人，一下子就出了两个进士、两个举人，真是了不得、不得了啊。

然而，老天爷又是公平的。这老袁家虽然显赫，但出去做官的大都命不长。袁世凯的叔祖父袁甲三，他老人家当年也和曾国藩一样文官将兵，在疆场上与太平军、捻军以命相搏，干的是刀口上舔血的营生，最终靠着无数颗人头才染红了头上的顶子。大概杀气太重，袁甲三只活了57岁，而他的儿子袁保恒和袁保龄，这两位寿命更浅，分别在52岁和48岁便画上了休止符。

说完了袁甲三，再来说说袁世凯家。袁世凯祖父袁树三是袁甲三的长兄，和弟弟袁甲三相比，他老人家的文才差得太远，不过混了个秀才，而且还是捐的。好在他的儿子袁保庆还算争气，不管怎么说中了个举人，算是给袁树三挣回了点面子。不过，袁保庆有一遗憾，那就是年近四十却膝下无子。后来，他从兄长袁保中那里过继了一个儿子。

袁保中是袁树三的长子，他也是个秀才，功名上虽然不如弟弟袁保庆，但他有一点比弟弟强，那就是会生孩子，而且一口气就生了六个。这过继给袁保庆的，就是其中的老四。

这老四是谁呢，不说大家也猜到了，这就是鼎鼎大名的袁世凯啊。

袁老四的运气着实不赖，他七岁时便跟着嗣父袁保庆在外闯荡，见过不少世面。论功名，袁保庆只是个举人，但在家族的荫护下，他一路官运亨通，曾在济南、南京等地为官，还放过盐法道这样的肥缺。公务之余，袁保庆写了一本《自义琐言》，他常在闲暇时将自己多年来的带兵和从政经验教给袁世凯，什么“古之将兵，必先以恩结之，而后加之以威，乃无怨也”；什么“人言官场如戏场，然善于做戏者，于忠孝节义之事能景境毕见，使闻者动心，睹者流涕”。这套官场权术，对后来的袁世凯影响可是不小。①

可惜的是，老袁家的魔咒对袁保庆更加残酷，他比叔叔袁甲三和两位堂兄弟更短命，只活到44岁便离开了人世。遇此大难后，袁保庆的遗孀牛氏只好带着14岁的嗣子袁世凯回到项城老家。回乡次年，袁世凯的生父袁保中因病去世，他离60岁那道门槛也还差得远了。

袁家乃官宦之家，吃穿固然不愁，但此时的袁世凯母子毕竟孤儿寡母，一时也颇为零落。这时，袁世凯的运气又来了。他的堂叔袁保恒，这位在翰林院做编修的进士大老爷，在回乡省亲时见他们母子可怜，而袁世凯年纪虽小，但看上去天资聪颖，似乎人才可造。于是，袁保恒便将这个侄子带到京城，打算让他随同读书，日后走科举之路。于是乎，15岁的袁世凯便跟着堂叔袁保恒去了北京。

可惜的是，袁保恒虽然是个饱学的翰林，但在他的严格教导下，袁世凯在乡试中仍两试不中。② 当时，另一位在京为官的堂

---

① 廖一中：《一代枭雄袁世凯》，北京图书馆出版社，1997年，第7页。

② 胡思敬在《国闻备乘》中称袁世凯监生出身。见胡思敬：《国闻备乘》，中华书局，2007年，第144页。

叔袁保龄也说，袁世凯在学问上天分不高、前途不大。羞愤之下，据说袁世凯将所作诗文全部付之一炬，说："大丈夫当效命疆场，安内攘外，乌能龌龊久困笔抵砚间自娱光阴耶？"[①]

袁世凯的话，颇有些意思。当年洪秀全，因为考不上秀才而撕了圣贤书大骂："再也不考清朝试，再也不穿清朝服，老子以后要自己开科取士！"于是，洪天王另立门户，造反了。类似例子，历史上比比皆是，并不稀奇。

不过话又说回来，那时考不中举人实属正常。随便举个例子，比袁世凯年长一岁的康有为算有才华吧，可他老人家考举人时照样五试不中，足足虚掷16年的光阴！

袁世凯出身官宦世家，自然没到造反的那一步。不过或许是定数，袁家的那个魔咒如影随形，袁保恒于1878年感染时疫而病逝于开封任上，失去依靠的袁世凯只好再次返回项城老家。所幸的是，四世同堂的袁家正好在这年分家，20岁的袁世凯以袁保庆唯一的嗣子身份分得了一份丰厚的家产。

过惯了大都市的生活，袁世凯在老家待的时间并不长。分家后，袁世凯很快便搬到陈州居住。由于家中长辈大都离世，年轻的袁小哥无人看管，他可是彻底放飞了自我。据记载，小袁当时最爱好的活动便是饮酒交友，动辄一醉方休；要么就是和一群狐朋狗友在郊外驰马狂奔，一时为人所侧目。对于小袁的放荡不羁，袁家世交、陈州府太守吴重熹倒是常加劝诫并勉励他继续读书应考，但小袁对此并不醒悟。

袁世凯不喜欢读书，也并非没有原因。按说，他学习科举制

① 《容庵弟子记》第1卷第4页。转引自廖一中：《一代枭雄袁世凯》，第12页。另据陈晨编《袁世凯轶事》，袁世凯于18岁中秀才，第31页。

艺的时间不算短，但行文一贯不守绳墨，不愿受此束缚。比如，袁世凯喜读周犊山之文，但也仅限于摘取文中豪迈之语而不求甚解。据说，某次他的老师王雁臣以“普天之下，莫非王土；率土之滨，莫非王臣”为题，命他撰写一篇八股文。交卷后，王雁臣发现小袁的作文虽有模仿周犊山的痕迹，但文章蛮横无理、野性难驯，而且前后词句多不通顺。

文中有一段颇为可笑，曰：“东西两洋，欧亚两洲，只手擎之不为重。吾将举天下之土，席卷囊括于座下，而不毛者，犹将深入。尧舜假仁，汤武假义，此心薄之而不为；吾将强天下之人，拜手稽首于阙下，有不从者，杀之无赦！”王老师读完，为之厥倒。

袁世凯曾有一位老师名叫曲沼，此人颇擅武艺，曾教袁世凯练过拳术。后来袁世凯喜欢驰马试剑，或许与此有关。[①]年轻时的袁世凯喜欢骑马，而且善骑悍马。归里守制时，他爱读兵书，虽不能通晓其中含意，却喜欢在人面前侃侃而言，大加卖弄。当时，袁世凯的书房里摆满了六韬三略之类兵书，诧异之余，他的那群朋友便亲切地称呼他为“袁书呆”。[②]

对于“袁书呆”这个绰号，袁世凯很不以为然。他曾对人说：“过去我好奋匹夫之勇，现在学了敌万人之书，才知道好勇斗狠其实没什么用处。三军不可夺帅，要是我手上有十万精兵，便可横行天下。”

据传，陈州府城隍庙前有位相命先生名号“瞿然惊神算”。

---

① 袁世凯练习拳术、驰马试剑事，参见陈晨编：《袁世凯轶事》，第22–23页。

② 陈晨编：《袁世凯轶事》，第34页。

有次袁世凯请他看相，这位瞿然先生对袁端详许久后，以极其严肃的口吻说："公子天庭广阔，来自富贵之家。少年英发，出人头地，中年位跻公卿，五十微有挫折。但正是以退为进，祸为福倚，此后有七年大运，贵不可言。"袁世凯走后，瞿然先生望着他的背影又补了一句："此子不同凡人。如宿命论定，必为乱世之枭雄！"[①]

当时，陈州还有一位名叫段晴川的翰林学士也号称知人论世，凡经他品题过的人，无不名声噪起。为此，袁世凯也曾慕名前往谒见，年逾八旬的段翰林审视良久，曰："此谁家子弟？非凡品也！"[②]按段的度测，袁世凯的功业将凌驾于叔祖袁甲三之上。但可惜的是，袁才气有余而制艺不足，仕途未必顺利。

分家后的袁世凯已经自立门户，但家中长辈仍希望他走父辈的科举之路。对此，袁世凯还算有自知之明，他知道自己不是科举这块料。考虑再三后，他决定放弃功名，另寻出路。光绪七年（1881），22岁的袁世凯启程前往山东登州，投奔嗣父袁保庆昔日的拜把兄弟、庆军统领吴长庆。

吴长庆和袁保庆为生死之交，这份情谊早在当年的平乱中就已深结。袁保庆在南京突然病逝时，也是吴长庆亲自过江料理的丧事。[③]袁世凯前来投奔之时，吴长庆是淮系的重要成员，他统率庆军六营驻防登州，督办山东防务，一时为淮军重镇。作为袁保庆唯一的嗣子，袁世凯自然得到吴长庆的格外关照。没不久，袁世凯便被委以庆军营务处会办差使。

---

① 参见廖一中：《一代枭雄袁世凯》，第12页。

② 陈晨编：《袁世凯轶事》，第19页。

③ 刘厚生：《张謇传记》，龙门联合书局，1958年，第6页。

在军营的日子里，袁世凯受吴长庆之命，拜在军中幕府、后来的状元郎张謇门下学习。据说，当时袁世凯写的东西“文字芜秽，不能成篇”，这让大才子张謇无从删改，深以为苦。①但让人刮目相看的是，袁世凯的文章虽然写得一刀烂，处理军务却是如鱼得水、井井有条，天生就是干实事的料。

历史证明，乱世人才多以军功起家，当年的曾国藩、左宗棠、李鸿章等，还有袁甲三、袁保恒、袁保龄、袁保庆乃至吴长庆等，都是如此。在局势变幻不定的19世纪末，袁世凯投笔从戎，倒也不失为一明智的选择。

1882年8月，朝鲜因日方的挑拨而突发“壬午兵变”。在朝鲜国王的请求下，清廷派庆军入朝弹压，袁世凯也随同大军前往。在朝期间，袁世凯崭露头角，他在帮办军务时以整顿军纪和镇压兵变有功而为朝鲜国王所器重，事后还获得清政府奖叙五品同知衔。

据《容庵弟子记》中记载，在即将抵达朝鲜之时，袁世凯随同北洋水师统领丁汝昌下船探查大军登陆处，但中途因潮退而舟陷于滩，丁、袁二人赤足而行，在砂石滩上走了数里远。等到登岸时，袁世凯双足均破裂。丁汝昌见后，半是取笑半是夸赞地说：“绔绔少年，亦能若是耶？！”②

进入朝鲜后，清军纪律散漫，常有扰民之事。之后，吴长庆便将整顿军纪之事交与袁世凯。袁世凯得到全权后，庆军兵士但有犯令者即立刻痛下杀手，以树立自己的威信。有一次，当地缙

---

① 刘厚生：《张謇传记》，第6页。

② 《容庵弟子记》第1卷第5页。转引自廖一中：《一代枭雄袁世凯》，第20页。

绅控诉庆军士兵奸戕当地妇女，袁世凯得报后立刻徒步往查，并带兵搜捕一昼夜而未进一餐，最终抓获元凶并亲手刃之。对于清兵吸食鸦片的，袁世凯最为痛恨，抓到必杀无赦。就连跟随吴长庆多年的武弁，也有被袁世凯所杀的。[①]

值得一提的是，袁世凯还帮朝鲜国王训练了一支五千人的新军，令朝方上下大为慑服。后来，这支新军在朝鲜“开化党人”政变时发挥了重要作用，袁世凯协助国王控制局势并镇压了亲日的“开化党人”，日本在朝势力也因此大为受挫。

袁世凯在这一系列事件中的出色表现，给李鸿章等朝廷大员留下了深刻的印象。机缘巧合的是，袁世凯的堂叔袁保龄当时正在李鸿章的幕中且为后者倚重，这对袁世凯的帮助很大。但凡国内有点风吹草动，袁保龄都会提前告知并为袁世凯预为谋划；而在李鸿章的面前，袁保龄自然少不了为自家侄子敲敲边鼓，并在适当的机会为之美言几句。不久，吴长庆因病去世，袁世凯随后在李鸿章的保荐下，被清廷任命为“驻扎朝鲜总理交涉通商事宜”全权代表，由此成为清廷在朝鲜的“监国”大员。此时，袁世凯不过26岁。

人生就是如此，选对了路、跟对了人，往往事半功倍，可以少走很多弯路。由布衣一跃成为三品大员，这离袁世凯投军不过区区四年时间，这在当时的官场可谓奇迹，也是袁世凯的老友、在科举路上一帆风顺的徐世昌所望尘莫及的。

在康有为等人还在为考举人而苦苦挣扎时，袁世凯早已轻舟跃过万重山，谁说成功的道路只有科举这一独木桥呢?

---

① 袁世凯朝鲜治军辣手杀人立威事，参见陈晨编：《袁世凯轶事》，第42-44页。

二

一飞冲天

19世纪末，东北亚局势风云变幻，袁世凯能力虽强，但应对起来也不容易。当时的朝鲜，内外交困、矛盾重重，保守派和激进派、亲中系和亲日系等各派势力内斗不休，俄、日、英、美各方列强也蠢蠢欲动、不断窥渗，其中尤以蓄意扩张的日本为甚。

1893年，袁世凯升为浙江温处道（挂名）而仍留在朝鲜。次年，朝鲜东学党起事，清军应邀进入朝鲜平乱后，日军也趁机大举进兵。由于清廷在决策上举棋不定，朝鲜局势最终不可挽回。大厦将倾之下，身在一线的袁世凯还算聪明，他在战争爆发前夕给自己找了个“治病”的借口落荒而逃，撤回了天津。

甲午战争爆发后，袁世凯被李鸿章派赴东北前线，其间仍以浙江温处道的名义协办前敌营务处，负责筹拨粮饷并联络各军。由于之后清军在各战役中节节败退，朝野人士纷纷上奏，争向朝廷献言练军之法。

说到练军，朝中士大夫基本是书生之见、纸上谈兵，和袁世凯比起来差得远了。以袁世凯在朝鲜练过新军的经验，让他做个前敌营务处会办，确实有些屈才。对此，袁世凯也是报国心切，不肯放过这个出人头地的大好时机。

甲午战罢，袁世凯利用朝廷急于编练新军的心理，他组织了一批人帮他翻译外国军事教材，诸如训练方法、编制、营中制度等，洋洋大观；随后，他又结合当年的练兵经验，草拟了《练兵要则十三条》《新建陆军营制饷章》《募订洋员合同通稿》等材料在朝廷大员中广为散发，为自己赢得了知兵善任的美誉。

还别说，袁世凯这招还真有效。当时的很多朝廷大员，包括恭亲王奕訢、庆亲王奕劻、军机大臣李鸿藻、兵部尚书荣禄等，看了这些材料后，都对袁世凯交口称赞，一致推荐。

这真是奇了。要说上面的那些大员，那可都是见多识广的显赫权臣，他们的阅历与江湖如此之深，怎么会对这四十不到的袁世凯如此看重呢？

天下没有无缘无故的爱，也没有无缘无故的恨。要说起来，袁世凯确实有两下子。比如《练兵要则十三条》，写得头头是道，无论军律、军饷，还是枪械管理、募兵标准，样样都说到了点子上。那些不知西洋练兵为何物的朝廷大员们读后，这下是大开眼界，大有人才难得的感慨了。①

袁世凯的运气也实在是好。没多久，原负责编练定武军的前任广西按察使胡燏棻被调去督办津芦铁路。机会难得之下，袁世凯赶紧上下活动，最终获得了督办军务处的恭亲王奕訢、庆亲王奕劻、李鸿藻、荣禄等人的首肯。有了朝中大佬们的联名保荐，事情当然好办。没多久，清廷下令由袁世凯接替胡燏棻继续编练定武军，而这也成为袁世凯一生事业的发迹之始。

1895年12月，袁世凯到天津小站正式接管了已初具规模的

---

① 参见侯宜杰：《袁世凯一生》，河南人民出版社，1982年，第29页。

定武军。在将原定兵额招足7300人后，定武军改称“新建陆军”，也就是后来“新军”的由来。为了将小站新军建成一支模范军，袁世凯不仅重金聘请了十几位德国教习，而且还规定全军使用统一的新式武器，包括步枪、马枪、快炮等，基本都是从德国或奥地利进口的标准化枪械，这也大大提高了军队的战斗力。

这一时期，袁世凯治军相当严厉，他亲自制定了新建陆军《斩律十八条》，要求士兵严格遵守，其中就包括：“临阵退缩、交头接耳者，斩！遇差逃亡、临阵诈病者，斩！结盟立会、造谣惑众者，斩！持械斗殴、聚众哄闹者，斩！黑夜惊叫、疾走乱伍者，斩！……”

新建陆军的军制也很严密，包括募兵、行军、操典、驻扎等，都有严密详尽的规定。作为新军主帅，袁世凯对新建陆军管理极严，他日则督操、夜则巡营，从不懈怠。某次，营中一士兵偷吸鸦片，不巧被巡营的袁世凯撞见。老袁也是够狠，他当场拔出佩刀将其手刃，全营为之震惊。自此，营中人噤若寒蝉，再也没人敢吸鸦片了。

此时的袁世凯，把所有的精力和心思都放在了这支新军上。用句俗话来说，就是连吃奶的劲都用上了。在营中，袁世凯以身作则，他和普通士兵一样，平日里都是着军服、扎皮带、穿马靴、挂佩刀，一副赳赳武夫的模样。日常训练中，袁世凯也都亲临现场，认真督操。据说，某次校阅时突然下起了大雨，手下军官要给他打伞，袁世凯一把推开说：“士兵们都在雨中，我怎么就不能淋雨？”

建军之初，袁世凯也刻意制造亲善士卒的形象。每次发饷，他都要亲自监督，以杜绝手下军官吃空额、克扣军饷的劣习。不仅如此，袁世凯还经常深入各营接近下级军官和士兵们。他对这支军队的熟悉程度，有时甚至连棚头这样的小头目都能叫出名字，这确实很不简单了。

所谓天不负勤，袁世凯的努力也没有白费。经过一段时间的训练后，新建陆军的面貌为之焕然一新。在此时的小站兵营里，到处都是认真负责的各路教习、朝气蓬勃的新进军官、精神饱满的士兵、崭新的枪械大炮。每逢操练，操场上战马嘶腾，生龙活虎，果然是一支训练有素、纪律严明的模范军！

当然，也不是没有隐患。据说，袁世凯曾在军中明目张胆地树立个人权势，当时各营中都供有袁的长生禄位牌，灌输"袁大人是我们的衣食父母、我们要为袁大人卖命"的思想。有人说，每天上下操集合时，官长都要问士兵："咱们吃谁的饭?"士兵们齐声回答："咱们吃袁宫保的饭！"官长又问："咱们给谁出力?"士兵们齐声答："咱们替袁宫保出力！"①

当然，以上说法并不恰切，因为袁世凯在庚子年后才受封"太子少保"，小站练兵时期绝无称呼"袁宫保"的可能。但不管怎么说，袁世凯为了练兵而树立个人威信显然是事实，这支新建陆军日后成了"袁家军"，其他人再想调遣它恐怕就很难了。

在用人方面，袁世凯也很有一套。像日后大放异彩的"北洋三杰"王士珍、冯国璋、段祺瑞，还有民国后的各路风云人物陆建章、段芝贵、曹锟等，这批人都是在袁世凯的提拔任用下才脱颖而出的。就连那些被朝廷革职的甲午败将，如张勋、姜桂题、

① 参见陈晨编：《袁世凯轶事》，第128页；侯宜杰：《袁世凯一生》，34页。

田中玉等人，也纷纷投到袁世凯的麾下，为之效命。

客观地说，袁世凯练就的这支小站新军，实际上是中国历史上第一支真正意义上的近代陆军。正所谓，乱世抓枪杆，枪杆子里出官衔，有了这个资本，袁世凯也就声名鹊起，一飞冲天了。

当然，是硬币就有两面，凡事有好也就有坏。袁世凯新军练得好是事实，但也因此招来了很多人的妒忌。一时间，京中谣言四起，说袁世凯妄自杀伐，恐有尾大不掉之嫌云云。百口交传下，就连袁世凯的顶头上司、兵部尚书荣禄也一度听信谣言。后来，荣禄决定亲自到小站去查看，要是发现袁世凯有谋反迹象，就立刻加以剪除。

让荣禄意想不到的是，他去了小站后，却发现这支新军还真是军容整齐、壁垒一新，完全称得上一支英武之师！于是乎，袁世凯一下就给荣禄留下了极好的印象。

是啊，荣大人当了一辈子的军人，从来就没有见过如此优秀、如此现代的新式部队，于是爱才之心油然而生。回去后，荣禄非但没有对袁世凯痛下杀手，反将他引为心腹，大加重用。由此，袁世凯也就成了荣禄的铁杆跟随者。①

作为事实，袁世凯在1898年戊戌变法时表现积极，他还给康有为等人主办的强学会捐过一大笔钱。为此，维新派也将袁世凯引为知己，并向光绪皇帝大力举荐。只可惜，后来风云突变，袁世凯为了自保而将谭嗣同夜访之事向荣禄全盘托出，“戊戌六君子”喋血街头，光绪皇帝软禁瀛台。客观地说，戊戌政变并非因袁世凯告密而起，但老袁的告密之举加速了政变的流血化，这就

① 陈夔龙：《梦焦亭杂记》，中华书局，2007年，第71页。

难免有补刀之嫌了。

乱世出英雄，竖子亦成名。借着维新志士的人头染红了自己的顶戴后，袁世凯也迅速得到了慈禧太后和荣禄的双重信任。之后，荣禄将京畿一带的军队重新编为前、后、左、中、右五路武卫军，其中荣禄自掌武卫中军，袁世凯的新建陆军被编为武卫右军。

靠着这支部队，袁世凯的机会接踵而来。1897年时，袁世凯被擢升为直隶按察使；1898年，袁世凯升为兵部侍郎，但仍主持练兵。1899年底，山东因为闹拳乱，原巡抚毓贤剿抚不当，引起了列强的极大不满。为了平息事态，清廷令袁世凯率武卫右军开往山东德州，以会操为名进行镇压。事成后，袁世凯接任为山东巡抚，一跃成为封疆大吏。

庚子年中，荣禄打造的各路武卫军被八国联军消灭殆尽，袁世凯的武卫右军非但毫发未损，反而在“保境安民”的借口下将原山东旧军20营扩编为武卫右军先锋队。如此一来，袁世凯不但保住了一方平安，而且还赢得了中外人士的交口称赞。庚子年后，在八国联军的淫威之下，京畿周围只有袁世凯的势力尚存。由此，在李鸿章去世后，直隶总督兼北洋大臣的这个位置，除了袁世凯就再找不到其他人选了。

当时，袁世凯论年龄不过四十出头；论功名，老袁也不是什么举人、进士。就凭着手里的新军，袁世凯一举成为大清“第一总督”，一切来得顺风顺水、顺理成章。还是陈州那位“瞿然”先生说得对，袁世凯的机缘和前途不但远胜于他家的那几个进士、举人大老爷，恐怕连老领导李鸿章都不在话下呢。

由于在甲午、庚子两年中接连惨败，扩大新军的规模也就成为清廷上下的共识。这对袁世凯来说，简直是个天大的机遇。

1903年11月，清廷设立练兵处，开始大练新军。此后，袁世凯甩开膀子大干，北洋六镇在两年后编练完成，这就是后来北洋军阀的发轫之始了。

当时的北洋六镇，除第一镇是旗兵不能控制外，其余五镇都是袁世凯一手带出的嫡系部队。各镇主要将领，也都由袁世凯一手选定，个个都是小站出身，请看：

第一镇统制先为凤山，后为何宗莲；第二镇统制先为王英楷，后为张怀芝；第三镇统制先是段祺瑞，后为曹锟；第四镇统制吴凤岭；第五镇统制为吴长纯，后改张永成；第六镇统制先是王士珍，后改赵国贤。

在北洋军中担任协统、标统的中上层军官，也都是袁世凯精心培养的亲信，比如雷震春、陈光远、李纯、王占元、卢永祥、鲍贵卿、王怀庆、田中玉等。当时的北洋军，可谓人才毕集，将星如云。这些人到了民国后，也无一不是显赫一时。

难得的是，袁世凯不仅兵练得好，其他方面也搞得有声有色。在袁总督的领导下，直隶在清末新政中一直走在各省的前列，诸如开矿办厂、修筑铁路、创办巡警、整顿吏治、兴办新式学堂等等，样样出色，堪称模范。1905年，袁世凯还和张之洞联名上奏，将沿袭上千年的科考制度一举废除；在后来的立宪运动中，袁世凯力主改革官制，实行责任内阁。方方面面，袁世凯都显得才干突出，甚至有咄咄逼人之势了。

月儿弯弯照九州，几家欢乐几家愁。看到日益成长的新军和权势日渐加重的袁世凯，那些把持朝中大权的权贵，不免有些不寒而栗了。

不可否认，袁世凯是很能干，但他又太能干了——而且是个汉人哪。袁世凯那庞大的北洋军政集团，已经渐如脱缰之马，清廷的缰绳都快套不住他了。特别在军队方面，清廷计划编练三十六镇，但除了袁世凯的北洋六镇外，其他各省大都没有练成；即使练成的，战斗力也远不如北洋六镇。

袁世凯毕竟是袁世凯，他不是曾国藩那样科举出身、忠君爱国的读书人，这万一他——哼哼，后果不堪设想哪。

三

新官上任

时间如同流水，一转眼就到了1908年。这年的11月，光绪皇帝和慈禧太后相继离世，两人一前一后，相隔不到一天。

两宫驾崩后，光绪的弟弟载沣被推上了摄政王的位置。载沣生于1883年，其父奕譞去世后，由他承袭醇亲王爵位，时年9岁。戊戌年与光绪闹翻后，慈禧太后开始有意培养载沣，他先被任命为宫廷行走，庚子年后又被派往德国代表清廷谢罪；1901年，载沣被委派为阅兵大臣；不久，慈禧太后又安排他为军机处学习行走；1908年，载沣成为军机大臣，时年26岁。光绪龙驭归天后，载沣幼子溥仪继位，年号“宣统”，载沣则以摄政王的名义监国。

曾有人说，光绪临终前，载沣去见了皇兄最后一面。这次会见中，光绪嘱托弟弟一定要诛杀袁世凯，为自己报仇雪恨；也有人说，光绪被囚禁期间，每天在纸上画大头长身的各式鬼形，写上“袁世凯”三字，然后撕成碎片；又经常画一乌龟，龟背写有“袁世凯”三个字，然后贴在墙上用小竹弓射击，射烂后还不解气，还要取下来剪碎，“令片片作蝴蝶飞”。更玄乎的是，还有人说光绪临死前一言不发，唯用手在空中写了“斩袁”两字。

这些传闻流传颇广，听起来颇像那么回事。毕竟，袁世凯在戊戌年中干下了卖友自保的勾当，光绪也因此被囚瀛台，“十年困辱，均由袁世凯致之”。慈禧太后死后，就连逃亡海外的“乱党”康有为和梁启超也给载沣写信，说袁世凯是光绪被困的罪魁祸首，要求载沣立即“诛杀贼臣”，为先帝报仇。如此，在保护伞慈禧太后死后，袁世凯的日子是不好过了。

当然，传闻中的这场兄弟会并没有发生，因为载沣当时正忙着接懿旨，然后赶紧把溥仪送进宫，这事已经够他忙了。退一步说，即使载沣和光绪见了面，恐怕也只能行个问安的常礼。因为光绪被囚禁后，他的一举一动、一言一行都有人暗中监视并时刻向慈禧太后报告，何况载沣大概也没想到光绪会这么快驾崩。

不管有没有这场传说中的“杀袁”兄弟会，载沣上台后第一个要对付的，确实就是袁世凯。庚子年后，袁世凯在慈禧太后的庇护下风光无限，也的确办了不少大事、实事。但问题是，他的势力扩展太厉害了，不管编练军队还是官制改革，或是预备立宪等等，他处处都要放言高论，样样都要积极参与。而且，袁世凯不仅朝中有人，门生故旧也是遍布天下，尤其北洋新军里的那些将领，哪个不是袁世凯的铁杆心腹，唯其马首是瞻？

皇族亲贵们的担忧并非全无道理。试想，大清朝本就是马上打来的天下，可经过两百多年的养尊处优后，曾让清廷引以为豪、赖为支柱的八旗劲旅竟然不能打仗，重金豢养的绿营也同样遇战即溃，毫无用处。在太平军、捻军被镇压后，曾国藩、李鸿章等汉人势力异军突起，各省督抚多由汉人出任。正所谓“外重内轻”，结果是尾大不掉，清廷自慈禧太后垂帘听政后即开始出现政权软化的趋势。特别在庚子年中，南方各省督抚们竟公然拒绝朝廷命令，并与列强联手宣布“东南互保”。这隐约间，清廷已经失去了半壁江山。

越是失去的，就越想夺回来。从官制改革到预备立宪，皇族亲贵看着汉人的势力在不断壮大，特别是清末后迅速崛起的政治明星袁世凯，他年富力强、党羽甚众，怎能不让那些亲贵们忧心忡忡、夜不能寐？！

果不其然，载沣刚一上台，肃亲王善耆和镇国公载泽便密告载沣："如今朝廷内外军政，都是袁世凯的党羽。从前他尚且畏惧老佛爷，如今太后一死，在其心中已无人可以钳制。"按这二位的建议，目前之计，非得痛下决心，快刀斩乱麻，对袁世凯速作处置；不然，等袁世凯的势力养成，届时非但不能削除，反有祸在旦夕之虞。

多年后，载沣之弟载涛曾不无客观地说："载沣虽无统驭办事之才，但并不能说他糊涂。他摄政以后，眼前摆着一个袁世凯，处于军机大臣的要地，而奕劻又是叫袁使金钱喂饱了的人，完全听袁支配。近畿陆军将领以及几省的督抚，都是袁所提拔，或与袁有秘密勾结。他感到，即使没有光绪帝的往日仇恨，自己这个监国摄政亦必致大权旁落，徒拥虚名。"①

1906年前后，袁世凯身兼八大职位：直隶总督兼北洋大臣、参预政务大臣、督办山海关内外铁路大臣、督办政务大臣、督办天津至镇江铁路大臣、督办商务大臣、督办邮政大臣、会办练兵大臣。此外，袁世凯手里还控制着近10万人的新军，势力足以令清廷为之心惧。慈禧太后在世时，也意识到这个问题，之后对袁世凯有所控制并相继收回北洋四镇的兵权及军事学堂的管理权；

---

① 转引自郑怀义、张建设：《末代皇叔：载涛传》，文化艺术出版社，2006年，第297页。

1907年，又将袁世凯上调为军机大臣，令其脱离地方。

然而，冰冻三尺非一日之寒，短时间内，载沣又岂能轻易动摇袁世凯的势力？更何况，军机处在朝廷中至关重要，要想处置袁世凯这样的军机重臣，必须经过其他军机大臣的会商认可。载沣和亲贵们要诛杀袁世凯，谈何容易？

正因为如此，载沣刚上台也不敢轻举妄动，贸然而行。再三思虑后，载沣和隆裕太后将首席军机、庆亲王奕劻请来商议。没想到的是，老庆听后立刻伏在地上，一言不发，唯作恐慌状。在隆裕太后的厉声质问下，奕劻才嗫嚅道："这事关系重大，非同小可，得和另一位重臣张之洞商量商量才行。"

没办法，载沣只好又召见张之洞。张之洞是久经宦海的名臣，此时也已届暮年。听了载沣的话，身为汉人的张之洞长叹一声，不免有兔死狐悲之感。沉吟半晌后，张之洞说："国家新遭大丧，主上又年幼，当前须以稳定大局最为重要。此时诛杀大臣，先例一开，恐怕后患无穷。"见载沣仍迟疑不定，张之洞又说："王道坦坦，王道平平。愿摄政王熟思之，开缺回籍可也。"①

清末时，张之洞和袁世凯一度是竞争关系，两人相互较劲，关系并不算好。但这次，张之洞的话却是宽仁厚道的长者之语。不管是为了大局着想还是其他，张之洞的表态无疑是保护了袁世凯。

除了奕劻和张之洞反对诛杀袁世凯，其他几个军机大臣也都表示异议，比如那桐和世续，这二位都是袁世凯的私党，世续还暗地里为袁通风报信。地方督抚中，两江总督端方是袁世凯的姻

① 刘禺生：《世载堂杂忆》，中华书局，1960年，第128页。

亲，东三省总督徐世昌更是袁世凯多年的把兄弟。另外，英国驻华公使朱尔典也为袁世凯出面说情，这些人构成了阻止杀袁的重要力量。①

不过话说回来，袁世凯是不好对付，但在皇权体制下，老袁又何尝不慌张？当他从庆王府听到“将对袁不利”的消息后，也是惶惶然如丧家之犬，无计可施。

1909年1月2日，在“办袁”的流言声中，袁世凯迎着冰冷彻骨的寒风，像往常一样前往内廷入值。当他走到殿廷时，早被买通的当值太监将其拦住，偷偷地说：“今日摄政王怒形于色，袁大军机可不必入内。听说严惩谕旨即下，恐怕对袁大军机不利，还是早筹自全之策为妙。谕旨如何严峻，则非我辈所能得知。”

袁世凯听后，犹如被打了一记闷棍。在脑海一片空白的情况下，袁世凯失魂落魄地走回了家中。待到稍稍清醒，袁世凯急忙把身边的幕僚亲信召来商议对策。这时，属下张怀芝说：“情势如此危急，不如立刻前往火车站乘三等车前往天津，毕竟直隶总督杨士骧是自己人。”袁世凯听后，立刻收拾行装，并在张怀芝等人的保护下前往天津。为防不测，袁世凯不敢在天津本站下车，而是提前一站让张怀芝给杨士骧打电话，让他派人来接。

杨士骧倒还镇定，他接到电话后让袁世凯万万不可来署，也不能让人看见他的行踪。正当袁世凯气恼之时，杨士骧派人带去北京的最新消息，说袁世凯“罪只及开缺，无性命之虞”。袁世凯听后长舒了一口气，随即回京预备入朝谢恩，不然将会引起更

---

① 据说，慈禧太后死前深知隆裕对袁世凯恨之入骨，而载沣又向来不喜此人，为防止政局动荡而特诫勉曰：“袁世凯为先朝旧臣，劳苦功高，允宜待以殊礼，毋以予死而远之。”所以，袁世凯后仅以脚恙而开缺。陈灨一：《睇向斋秘录》，中华书局，2007年，第11页。

大的麻烦与风波。

此时的袁府，也陷入了慌乱之中。袁世凯失踪的消息在北京城中不胫而走，一时间谣言纷纷，有说袁世凯被秘密处死的，也有说袁世凯畏罪自尽的，一时闹得是满城风雨，鸡犬不宁。直到后来，主持军机大政、负责找寻袁世凯的张之洞听说老袁已经回来的确切消息后，他心里的一块石头才算落了地。事后，老张也忍不住对左右调侃道："人家都说我是'有学无术'，袁世凯是'不学无术'。我看哪，他不但有术，而且是多术。你看他这次仓皇出走，能找的地方我都找遍了，谁知道他躲在哪里？我现在算知道什么叫'术'了。"①

第二天，袁世凯终于见到了那道上谕："内阁军机大臣外务部袁世凯，夙承先朝屡加擢用，朕御极复予懋赏，正以其才可用，俾效驱驰。不意袁世凯现患足疾，步履艰难，难胜职任。袁世凯着即开缺回籍养疴，以示体恤之至意。"②

怀着无比的委屈和幽怨，袁世凯带着家人孤独而凄茫地离开了北京城。是啊，谁说袁世凯位高权重、不可一世？之前慈禧太后将他从天津督署调入军机处，他还不是乖乖交出兵权？如今摄政王载沣命他"回籍养疴"，他也只能磕头谢恩而去，哪里敢说半个"不"字？这等皇权专制下，能保住性命已属万幸，又何需多言！

对此，时为京官的曹汝霖不无客观地评价说："摄政王此举，真是不知大势，显其低能。不察国家利害，只知为先兄皇帝

① 此段轶闻，见刘禺生：《世载堂杂忆》，第128-129页。

② 袁世凯之足恙，一说是软足病；一说是袁世凯做寿被人弹劾，谢罪出宫时"从殿阶坠地，跌伤右腿"。侯宜杰：《袁世凯一生》，第99页。

复仇，何其小也。摄政王对我关心，不能不感他知遇，然以他罢斥项城，起用亲贵，仍觉有‘大事糊涂，小事不糊涂’之感，不足与言国事也。”①

袁世凯被排挤出京后，他的私党也被一一清除。之后，清末政坛也是余震不断：杨士骧、张之洞随后去世，端方接任直隶总督；邮传部尚书陈璧被革职；徐世昌内调邮传部尚书，锡良接替为东三省总督；黑龙江布政使倪嗣冲被查办；民政部侍郎赵秉钧被斥，载沣接管警政；江北提督王士珍自请开缺，不一而足。

表面上看，这是载沣和袁世凯的斗争；但实际上，这是以载沣为首的皇族亲贵派与当权派的权力之争。载沣主政之前没有自己的人马，他所能接触并信任的，也只有载泽、善耆、载涛、载洵、毓朗这些身边亲贵，而这些人不管有才无才，都迅速集结在载沣周围，成为一个皇族亲贵集团。

一言以蔽之，载沣集团是一批新发家的少壮亲贵，他们当时手无实权；要想获得权力，必须排斥当时的实权派庆亲王奕劻、袁世凯及他们的人马。从这个意义上说，载沣集团与庆亲王、袁世凯集团之争，并不是简单的满汉之争。事实上，庆袁集团的首领与后台正是载沣的皇叔、庆亲王奕劻，而旗人中的重臣端方、那桐等人和这个集团的关系也极为紧密。奕劻与袁世凯的结合，表面上是袁世凯贿买了奕劻，以扩大自己的权势；但事实上，奕劻何尝不是要靠袁世凯来保住他的地位。

简而言之，奕劻、袁世凯集团是皇族元老派和新北洋派的联合。正如溥仪后来说的：“杀袁世凯和保袁世凯的问题，早已不是什么维新与守旧、帝党与后党之争，也不是满汉显贵之争了，

---

① 曹汝霖：《一生之回忆》，中国大百科全书出版社，2009年，第91页。

而是这一伙亲贵显要和那一伙亲贵显要间的夺权之争。”[①]溥仪的明白话不多，这句算是一语中的。

打虎亲兄弟，上阵父子兵。扫除了袁世凯势力后，载沣派二弟载洵做了海军大臣，三弟载涛做了军谘处大臣掌管陆军。载沣的这些措施，其实都是庚子年出访时的学习成果：皇族典兵，军权一定要掌握在皇族手中！

经过近两年的争夺，以载沣为首的亲贵派在朝廷中优势明显，不过实际效果要打个大问号。毕竟，载沣对政治并不热心，朝中敷衍拖沓之风比慈禧太后时期有过之而无不及。再者，清朝已是260年的老旧破船，多年固结的贪腐积习，即使载沣有心整顿，恐怕也没有这个本事和精力。

更要命的是，载沣在这场政治斗争中看似大获全胜，这三兄弟也似乎掌握了军政大权，但在地方上和军队中，袁世凯的势力远没有被拔除，这也为后者的东山再起提供了可能。与此同时，载沣任用亲贵的做法也让很多汉族官僚感到反感和不公。

美国学者恒慕义在《清代名人传略》中说：“载沣几乎毫不具备做摄政王的一切必要素质。他无力节制他的兄弟和其他王公显贵，他被迫授予他们政府高位，而不考虑他们的能力。因此，他失去了许多有才干的汉族官员的支持。否则，这些汉族官员在1911年的革命爆发时本会站在他的这一边。”

事实上，载沣不是那种雷厉风行、令行禁止的政治强人，他的性格天生就比较软弱，口才也不好，在公开场合话不多，也没有什么热情。他从小对政治就没什么兴趣，据说其书房中悬有一联：“有书大富贵，无事小神仙”；团扇则录有白居易的一首

---

① 溥仪：《我的前半生》，同心出版社，2007年，第21页。

诗："蜗牛角上争何事，石火光中寄此身。随富随贫且随喜，不开口笑是痴人。"他的为人志趣，可见一斑。

最要命的是，载沣当时只有26岁，太年轻也太缺少政治历练了。您想想，就这么个不食人间烟火、不知民间疾苦的皇家大少，想和城府艰深、诡计多端的袁宫保斗？怕是嫩了点！

四

胸负兵甲

话说袁世凯被赶出朝廷后，心里是既羞又愤，但又无可奈何。当时的形势也容不得他多想，只能含怨带屈地带着一家老小，栖栖遑遑离开了北京城。当日冠盖满京华，而送者唯严修、杨度二人而已。[①]

按说，袁世凯这次被黜后应回老家河南项城，但这时他还回不去了。原来，袁世凯在庚子年任山东巡抚时严厉剿杀义和团，由于下手比较狠，那些支持"义民"反洋的朝廷当权派对袁世凯大为不满，结果是众声鼎沸，群起弹劾。

为平息众怒，袁世凯只得将时任营官的长兄袁世敦拿出来顶罪，说他"纵勇扰民、残害百姓"，最后予以革职并驱逐回籍。如此一来，原本已是候补知府的袁世敦，大好仕途便被老弟毁于一旦。

在这件事上，袁世凯做得是有点过分。明眼人一看就知道，这是袁世敦代弟受过而袁世凯弃兄自保，哥哥当了替罪羊。在灰头土脸地回了项城老家后，袁世敦也不免含恨在心。

---

① 参见陈晨编：《袁世凯轶事》，第250页。

数年后，袁世凯的生母刘氏去世。当时老袁在朝中正红得发紫，可谓“要风得风，要雨得雨”，但他希望将生母葬入祖茔正穴的要求却被袁世敦（原配所出）坚决拒绝，理由是：庶母不得葬入正穴，否则即坏了规矩。[①]

袁世敦不给弟弟面子，表面上看是维护族规与嫡庶之别，但真正原因恐怕还是当年旧事。他的目的就是要让袁世凯难堪，以出自己胸中的这口恶气。由此，兄弟两人彻底闹翻，袁世凯在气愤之下，发誓再也不回项城老家。

从高位上跌落后，袁世凯可谓失落到极点。北京容不下他，项城老家又不好意思回，后来他只好在河南彰德的洹水北岸买了一座宅院，姑且在此安身隐居。

洹水又名安阳河。据说两千多年前，那位纵横捭阖的辩士苏秦提出“令天下之将相，相会于洹水之上”，这洹水说的便是此处。子在川上曰：逝者如斯夫。如今洹水依旧万古长流，昔日的英雄将相们却早已化为一抔黄土。

袁世凯之所以选中这里，倒不是因为苏秦的预言，而是这里“前临洹水，左拥太行”，风景极为开阔。袁世凯买下的这座宅院，原是天津盐商何炳莹所修，后来他觉得过于小气，于是加以大规模扩充改建。一年后，这里便成为“洹上村”的巨宅。

与周围低矮房屋不同的是，袁世凯的这座宅院四周筑有高厚的围墙，另外还有马队时刻保护，这让这座奇特的建筑不像隐居之所，而像是旷野上突兀的中世纪城堡。不过，宅院外虽然威

① 据袁静雪在《我的父亲袁世凯》中称：刘氏虽然是侧室，但已扶正多年。见吴长翼编：《魂断紫禁城：袁世凯秘事见闻》，中国文史出版社，2001 年，第 2 页。另见廖一中：《一代枭雄袁世凯》，第 3 页。

严，围墙内的风情却大不相同。经过精心的修整，宅内的亭台楼阁错落有致，颇有园林景象。此外，袁世凯特命人在院外凿了一条小渠将洹水引入，院内由此小桥流水，到处泉水叮咚，倒也颇显情趣非凡。最让人赏心悦目的是，园内还挖了一个大水池，每到春天，池边桃李芬芳，争鲜斗艳；夏天时则荷花飘香，鱼虾成群。每到这时，袁世凯和亲友便前去垂钓，悠哉乐哉。

这座精心打造的花园，袁世凯给它起了个名叫“养寿园”，意思是在此归隐，颐养天年（而此时袁世凯不过五十出头）。彰德隐居期间，袁世凯每天的生活都很有规律：清早出去散步，随后与亲友下棋，不然就是和来访的文人墨客诗酒吟唱，打发落寞的时光。

这一时期，文笔一向不佳的袁世凯倒写了几首颇有意思的诗，姑撷取数句共赏：“投饵我非关得失，吞钩鱼却有恩仇；回头多少中原事，老子掀须一笑休”，多少有点自嘲之意；“百年心事总悠悠，壮志当时苦未酬”，似有不甘之心；“大泽龙方蛰，中原鹿正肥”，勃勃雄心毕竟难掩；最逗的是这句，“散发天涯从此去，烟蓑雨笠一渔舟”。[①]

为此，袁世凯还特意将这幅著名的“披蓑垂钓图”公布于《东方杂志》，以表示自己归隐山林的寓意。从那幅图上看，袁世凯虽然头戴斗笠，手执钓竿，看似闭目养神，似有决裂于仕途之象；但其凝望沉思，又隐隐作姜太公钓鱼之状。

袁世凯毕竟是袁世凯，既然要钓，那就钓大鱼，反正愿者上钩，我自岿然不动。据说，袁世凯居室不远处有个毫不起眼的小

---

① 袁静雪：《我的父亲袁世凯》，见吴长翼编《魂断紫禁城：袁世凯秘事见闻》，第15页。

房间，这便是宅院中最现代、也是最核心的地方：电报处。即使远离京城，袁世凯仍要处理大量的信件与电报，此等“公务”，用意不言而喻。[①]

“退隐”后的袁世凯，看似与世无争，流连于山水之间，实际上却时刻注视着北京的动向。通过电报处，袁世凯的亲朋故旧、北洋军的部属将领，还有他从前安插在政要部门的心腹爪牙，都能及时和他保持紧密联系，并向他报告外间的一切巨细信息。通过这个渠道，袁世凯足不出户而知天下事，身不在朝但一切尽在掌握。

据说，袁世凯一度耐不住寂寞，他曾请当地一位有名的瞎子给他算命。瞎子掐指一算，说到了辛亥八月节，官星就要动了。这瞎子还真不简单，等到武昌起义的炮声一响，袁世凯的机会可不真就来了？[②]

老袁终究是老袁，他是练兵出身，眼光老道，深知此次武昌兵变非同小可，绝非洪秀全式的农民起义或孙中山革命党人的会党冲击可以比拟。毕竟，新军配备的都是火力强大的现代武装，完全具备断送大清王朝的能力。这一旦失控，后果不堪设想。

果不其然，武昌义旗一起，山西、湖南等省新军随后纷纷响应，各省督抚的警报也如同雪花般直飞京城，要求增派军队，以防不测。接到这些警报后，摄政王载沣一下子就变得手足无措，只得慌忙召集内阁的一班大臣前来商议。

皇族内阁的这帮人，老的老、少的少，平时尽可以吃吃喝喝，说说笑笑；要动真格了，这下倒好，一个个你看看我、我看

① 袁静雪：《我的父亲袁世凯》，见吴长翼编《魂断紫禁城：袁世凯秘事见闻》，第16页。

② 侯宜杰：《袁世凯一生》，第108页。

看你，面面相觑，束手无策。看到这般景象，摄政王载沣也是气得手脚冰冷，徒唤奈何了。

庆亲王奕劻资格最老，又是内阁总理大臣，他见各大臣都不吭声，只好自己出来打破冷场。老庆说："只要保荐一个人，一定可以把革命党拿住，天下太平。"老庆不说则罢，一说便说到了载沣的痛脚上："你说他保的人是谁？不正是那位被赶回老家的袁世凯？"

听了老庆的话后，载沣沉默良久，嘿然不答。

见载沣不吭声，老庆在一边急了："要不用袁世凯的话，就怕大清要完了！"

听到"完了"二字，载沣不免打了一个激灵。万般无奈之下，他也只得厚着脸皮派人去请袁世凯。

三天后，奕劻的亲笔信送到了洹上村，开出价码请袁世凯出任湖广总督。对于出山问题，袁世凯心里的回答是肯定的，但何时出山、怎么出山，却是另外一个问题。琢磨了半天，袁世凯还是决定不动声色，先试探下清廷的底线再说。

于是，袁世凯摆足了架子，说自己"旧患足疾，迄今尚未大愈"；最近"交秋骤寒，又发痰喘作烧旧症，益以头眩心悸，思虑恍惚"，所以非不想为，实不能为也。

袁世凯的借口可谓冠冕堂皇：当年你载沣不是以"足疾"为名将我赶出京城吗？好啊，现在就给你来个"以其人之道、还治其人之身"，先出了胸中这口恶气再说。

话说回来，载沣当年不由分说，便将老袁一脚踢出京城，这袁世凯也不是圣人，孰能无气？再者，十年前袁世凯就已经是直隶总督兼北洋大臣了，湖广总督这条小鱼又算什么呢？按袁世凯的要价，最起码也该是数年前他应得的内阁总理大臣的位置吧。

而看北洋军这边，没有袁世凯还真就不行。一直到武昌起义后的第五天，由陆军大臣荫昌督率的北洋军先头部队才抵达豫、鄂交界的武胜关，而又过了一周时间，北洋军主力才陆续运抵湖北孝感前线。

皇帝不急太监急，现在情况不同了，袁世凯有的是资本和时间慢慢等下去。至于清廷这边，摄政王载沣环顾左右，军谘大臣载涛、海军大臣载洵，自己的两个弟弟都是少年亲贵，哪有能力收拾当前的局面？至于受命前去平叛的陆军大臣荫昌，他虽然留学德国，好歹懂得一点军事，但他从来没有指挥过军队，更别说打过仗了。

据说，荫昌领旨率军前往湖北时，他身穿长袍马褂，脚上却蹬着军用长靴，简直就是个“三不像”。这时，旁边有人向他恭贺大任，荫昌眉头一皱，说：“嗐，我手下一个兵都没有，朝廷让我去湖北督师作战——您说说，我这是用拳打啊，还是用脚去踢呀？”①

荫昌还算有先见之明，北洋军大都是袁世凯的旧部：统领冯国璋就不用说了，下辖的第六镇统制李纯、第二镇第三协协统王占元、第四镇第八协协统陈光远，一个个都不肯用命。据说，冯国璋南下路过彰德时，袁世凯曾对他面授机宜六个字：“慢慢走，等等看。”而之后北洋军也确实按此执行，荫昌这光杆司令哪里指挥得动。②

---

① 冯耿光：《荫昌督师南下与南北议和》，见《辛亥革命回忆录》（五），北京文史资料出版社，1981年，第351页。

② 袁静雪：《我的父亲袁世凯》，见吴长翼编《魂断紫禁城：袁世凯秘事见闻》，第16页。另见文斐编：《我所知道的北洋三杰》，中国文史出版社，2004年，第199页。

军情急如星火的情况下，载沣也只好让袁世凯的老友、内阁协理大臣徐世昌派人前去洹上村，看看袁世凯葫芦里到底卖的什么药。来人到后，袁世凯也没太多废话，当场提出了六点要求：

1.明年即开国会；

2.组织责任内阁；

3.宽容参与此事件诸人；

4.解除党禁；

5.须委袁世凯以指挥水陆各军及关于军队编制的全权；

6.须与袁世凯以十分充足的军费。

袁世凯还特别强调，六个条件缺一不可，否则决不出山。

来人回报后，徐世昌把消息一公布，朝中亲贵们一个个跳脚大骂，骂袁世凯这是漫天要价，趁火打劫，无耻之尤。但是，骂归骂，袁世凯反正听不见也无所谓，他的条件一个字都不能改，爱办不办，他可不在乎。

更让清廷慌张的是，驻扎滦州的新军第二十镇统制张绍曾与第二混成协统领蓝天蔚突然于10月29日联合发起兵谏，并提出“速开国会、改定宪法、组织责任内阁、皇族永远不得充任内阁总理大臣和国务大臣、国事犯之党人一律特赦擢用”等12条要求。他们公然致电南方革命党，表示自己断不会督师南下与革命军作战。

滦州新军与京城近在咫尺，朝发夕至，一旦倒戈，后果不堪设想。如此，清廷在第二天连发了四道谕旨：一是罪己诏，载沣以宣统皇帝的名义承认自己“用人无方，施治寡术”，并誓行宪政；二是迅速起草宪法；三是取消皇族内阁，亲贵不得充任国务大臣；四是赦免戊戌变法以来的所有政治犯。

眼看形势急迫，袁世凯也不再装腔作势，他于10月30日当天从彰德启程南下，31日抵达信阳同荫昌完成交接，11月1日便进驻孝感，正式接管了军权。听说袁世凯已经出山，北洋各部为迎接老首长的到来而对汉口发起了猛攻，迫使革命军退出汉口外围。汉口之役，北洋军不分军民，一概炮击，炮火纷飞下，城内火光冲天，数以万计的难民渡江南奔，遇难者的尸骸浮江而下，中外为之哗然。

11月1日，北洋军攻下汉口，并蓄势进攻汉阳。就在这天，清廷批准了内阁总理大臣奕劻、协理大臣那桐、徐世昌及国务大臣载泽、载洵、溥伦等人的辞职，并授袁世凯为内阁总理大臣，令其即行来京，组织完全内阁。

接到诏旨后，袁世凯不免暗中冷笑。是啊，这三年多来，他总算是出了心中的恶气！不过，袁世凯并不想接受清廷对他的授命，而是等到11月8日资政院正式选举他为内阁总理大臣后，他才于次日带着卫队进京就职。

11月13日，袁世凯到达北京。三天后，由袁世凯组建的新内阁宣布成立，其中民政大臣赵秉钧、陆军大臣王士珍等心腹赫然在榜。正当清廷盼望着袁总理能尽快剿灭武汉革命军时，这老袁头却突然不打了！

五

从容拔树

从时间线上说，武昌起义因保路运动而起，因为四川局势在辛亥年九月间一直无好转的迹象，于是清廷调派湖北新军入川，这又为武昌的起义拉响了导火索。

当时的湖北有两个革命团体，一是共进会，一是文学社。共进会是同盟会分化而来的外围组织，由湖北的孙武、湖南的焦达峰、江西的邓文翚等人领头，他们主要联络会党和新军，准备在长江中游伺机起事。文学社则是革命党在新军士兵中发展出来的一个组织，和文学关系不大而以“文学社”掩人耳目。文学社以蒋翊武、刘复基等人为骨干力量，他们在湖北新军中发展了上千人，比共进会势力更大。

湖北新军入川的消息发布后，共进会和文学社决定提前举行起义，时间就定在10月6日，也就是中秋节那天。会后，“八月十五杀鞑子”的消息不胫而走，湖广总督瑞澂听闻后十分惊恐，随即召集文官知县以上、武官队长以上参加紧急会议，要求军队提前过中秋节，节日期间实行戒严，士兵不得外出，子弹一律入库。

农历八月十五日当晚，武昌城内桂花飘香，皎月当空，此时非但没有想象中的喧嚣和暴动，反而显得格外宁静与安详。原来，湖南革命党人焦达峰发来电报，声称准备不足，请求延缓十日起义；另外，由于军队调防，起义指挥系统等需要临时调整，于是孙武等人便决定将起义日期推迟十天，即在10月16日发动起义。

过完了一个紧张的中秋节，湖广总督瑞澂悬起的一颗心刚刚放下，但几天后汉口租界的一声爆炸，立刻又掀起了波澜。原来，10月9日下午，孙武、刘公等人在租界宝善里安装炸弹、筹划起义准备工作时，刘公的弟弟刘同不慎将纸烟火屑弹入火药中，结果引发了剧烈的爆炸。

爆炸发生后，孙武脸部烧伤，被送往医院救治，其他人则被闻讯赶来的俄租界巡捕捕获，随后连同查获的起义文告、旗帜、花名册等一同移交给了湖北当局。这下好，瑞澂一声令下，武汉全城戒严，军警四出，按照花名册大肆搜捕革命党人。

危急时刻，被调防岳州的蒋翊武赶回武昌，他召集刘复基、彭楚藩等人紧急协商，决定立即举行起义。当天下午，蒋翊武签发起义命令，令各起义部队当晚12点以南湖炮队鸣炮为号，城内外同时举义。

不幸的是，由于城内戒备森严，起义命令并没有及时送到南湖炮队。午夜12点到了，起义志士们仰望星空，但期待已久的那声炮响始终没有打响。这时，军警们已搜到小朝街85号，蒋翊武侥幸逃脱，刘复基、彭楚藩、杨宏胜等十余人被堵了个严严实实。当日凌晨，刘复基、彭楚藩、杨宏胜三人便于督署东辕门被迅速处决。

10月10日上午，军警们依旧在大街小巷四处搜查，革命党人的据点相继被抄，随后又有三十多名革命党陆续被捕。一时间，军营中人心惶惶，不可终日。在首领缺位的情况下，担心祸及己身的革命士兵主动站了出来。当晚7点过后，工程营士兵打响了武昌起义第一枪，并迅速占领楚望台军械所。之后，辎重营、炮队等各部革命士兵等也都纷纷出动，并相继占领蛇山、凤凰山等高地。

当晚11点后，在蛇山炮兵的有力支援下，革命军向总督署连续发起了三次猛烈进攻。湖广总督瑞澂见势不妙，慌忙带领卫队逃往江上的"楚豫"舰，而鄂军提督、第八镇统制张彪也只得率领残兵败将撤往汉口刘家庙。

10月11日清晨，当第一缕阳光洒落在昔日威武的督署辕门时，这里已成了革命士兵的天下。当天上午，雄踞武昌城的蛇山之巅飘起了一面红底十八星的大旗，它宣告了一个旧官府的死亡，同时也昭示了一个新政权的成立。

事后，革命士兵找到湖北谘议局，准备公推议长汤化龙作为军政府都督。在局势不定的情况下，汤化龙虽然表示赞成革命，但又以"非军人""不知用兵"的借口加以推脱。没办法，大家想来想去，便想到了一个人。

这个人是谁呢？他就是湖北新军中地位仅次于统制（师长）张彪的协统（旅长）黎元洪。黎元洪本是海军出身，他早年毕业于北洋水师学堂，曾参加过中日黄海大战，舰毁后凫水逃生。战后，北洋水师军官一律被斥革，黎元洪走投无路之下便投奔了张之洞，由此弃海上岸，成了陆军军官。

黎元洪本是旧派军官，并在起义当晚亲手杀害过革命士兵。眼看局势不可逆转，黎元洪为避难而躲到了幕友刘文吉家中。正当他惊魂未定之时，门口突然传来一阵喧哗——糟糕！革命士兵找上门来了！最终，在革命士兵的簇拥下，据说是从床底下揪出来的黎元洪无可奈何地来到了谘议局。当他得知革命士兵要推他当军政府都督时，黎元洪吓得连连摆手："莫害我！莫害我！"

10月12日，汉口、汉阳先后光复，武汉三镇全部落入革命军之手。在革命形势一片大好的情况下，黎元洪的态度突然来个一百八十度大转弯，他勇敢站了出来，并慷慨激昂地表示："自此以后，我便是军政府之一人，愿与诸君共生死！"

武昌起义的消息传开后，湖南新军也于10月22日起义响应。在革命党焦达峰等人的策划下，湖南新军几乎没有遇到像样的抵抗，便已经占领了巡抚衙门。湖南起义的同一天，陕西革命党也宣告举事。西安将军文瑞和护理巡抚钱能训自知新军不可靠，正当他们打算将之调出西安时，革命党先行一步，逼得文瑞投井自杀，钱能训举枪自伤。

陕西革命党起事的后一天，江西九江新军宣告独立，标统马毓宝被公推为都督。九江独立后不过一周，革命党人便冲进南昌，把巡抚衙门占了。九江独立后的第二天，革命党人将新任广州将军凤山当街炸死，两广总督张鸣岐自知大势已去，只得于11月9日接受地方士绅"和平独立"的要求，随后逃到租界，保命要紧。事后，资深革命党胡汉民做上了广东都督。

10月29日，山西新军发难，巡抚陆钟琦与协统谭振德当场被杀，太原宣告光复。随后，标统阎锡山被推为山西都督，由此成就了老阎近三十年的山西"土皇帝"事业。

10月30日，云南新军协统蔡锷和革命党人唐继尧等人发动起义，云贵总督李经羲被俘后礼送出境，云南光复。11月3日，陈其美率革命党在上海举事，做上了上海都督。

上海举义的同一天，贵州革命党人也将贵阳拿下，巡抚沈瑜庆拱手交出政权，黯然下台。次日，浙江新军与革命党联手将巡抚增韫驱逐出境，立宪派首领汤寿潜被推为都督。

武昌首义不到一个月，各省便纷纷响应，那些尚未光复的巡抚也是风声鹤唳，坐立不安。最后，广西、安徽两省巡抚也一狠心宣布独立，“咸与维新”。不过，广西巡抚沈秉堃反正后不久，便被副都督、革命党人陆荣廷排挤出走。而安徽巡抚朱家宝宣布独立并自任都督后遭到了革命党的强烈反对，他们不准朱巡抚自行革命，于是又在11月11日宣布重新独立，改由革命党人孙毓筠出任安徽都督。

江苏巡抚程德全的“反”则充满了喜剧性。为了表示“革命”的诚意，程都督特命人用大竹竿将巡抚衙门大堂上的檐片挑去几片，以表示与清廷划清界限。在大瓦片“哐当”落地声中，江苏也宣布加入了革命阵营。

龙旗频频落地中，也不是没有反抗的，比如在福建。当时，福建谘议局议员劝告闽浙总督松寿交出政权，但后者不甚开化，偏要顽抗到底。受此刺激，革命党当即发动起义，松寿也组织了旗兵拼死抵抗。结果，革命党和新军击溃旗兵，松寿吞金自杀。于是，福建便也落入了革命党人的手中。

倒是闹保路运动的四川，在这波独立浪潮中反落在了后面。11月22日，重庆首先宣布独立。11月26日，新授四川总督的端方在入川途中被所率湖北新军士兵杀死，并割头送往武昌。端方被杀次日，四川总督赵尔丰宣布反正。由于老赵之前手上染有血案，没多久就被革命军抓住正法，革命党军官尹昌衡成为四川都督。

如此一来，南方各省在辛亥年12月前便都已宣告独立，就连长江上的十多艘海军军舰，也在革命党的策划下投了革命军。在北方，情况也不容乐观。山东巡抚孙宝琦，这位庆亲王奕劻的儿女亲家，居然也在风潮中宣布独立，这可真让清廷寒心不已。好在后来孙大人良心发现，他在袁世凯的支持下又宣布取消独立，算是一场闹剧。就连东三省也不太平，吉林、黑龙江也搞了保安会，奉天也杂入革命军，险些起事。

如此形势下，就算见惯了大场面的袁世凯也有些迷乱了。在他看来，当时的局势已不仅仅是武汉一地的问题，而是各省分崩离析的大势；即使剿灭了武汉的革命军，但其他省份的革命党又如何对付？更何况，袁世凯心里也犯嘀咕：载沣这些人对他并不信任，一旦渡过难关，自己的命运又将如何呢？如今天赐良机，他也得为自己打算打算！

此时的袁世凯，早已是百炼成精，机敏老成，他绝不会轻易听从清廷的使唤，也不会随意附和革命党的意愿。他要做的，是凭借手里的北洋军从中操控，一方面利用革命军来要挟清廷，另一方面又借清廷的势力来威胁革命军，其间连哄带吓，既打又拉，将革命军和清廷玩弄于股掌之间。

据说，袁世凯曾给幕僚们说了这样一个故事："各位，你们知道拔树的办法吗？专用猛力去拔，是无法把树根拔出来的；过分去扭，树枝一定会折断。只有一个方法，就是左右摇撼不已，才能把树根的泥土松动，这样不必用大力，就可以将树一拔而起。各位，清朝是棵大树，还是棵三百多年的老树。要想拔这棵又大又老的树木，不是件容易的事情。闹革命的都是些年轻人，有力气却不懂如何拔树；闹君主立宪的人，懂得拔树却没有力气。我今天忽进忽退，就是在摇撼大树，等到泥土松动了，大树不久也就拔出来了。"①

① 白蕉：《袁世凯与中华民国》，中华书局，第4页。另见黄炎培：《八十年来》（附《延安归来》），中国文史出版社，1982年，第64页。

汉口被攻下后，袁世凯派亲信蔡廷干前往武昌与革命党人进行试探。之所以派蔡去谈判，主要因为蔡曾是北洋水师鱼雷艇管带，与黎元洪有同袍之谊。但是，蔡廷干到了武昌后，因为双方立场差异太大，一时没有谈拢。

眼见谈判久久不见成效，袁世凯又决定采取军事行动，以挫败革命军的士气。11月21日，北洋军向汉阳发起猛攻。黎元洪这边，虽有黄兴等人赶来助阵，但因为实力相差悬殊，革命军在北洋军面前一败涂地，汉阳于11月26日宣告易手。

攻下汉阳后，北洋前军总指挥冯国璋被清廷授予二等男爵。据说，冯国璋得到电旨后激动得热泪盈眶，他对身边幕僚大声道："真想不到！我一个穷小子，现在竟然封了爵了！这实在是天恩高厚，我一定要给朝廷出力效劳！"[①]

高兴之余，冯国璋便打算乘胜将武昌一举拿下，日后也能加官晋爵、封侯拜相，岂不美哉？于是，冯国璋派重兵占住龟山并架起机枪大炮轰击了三天三夜。正当他想发兵渡江时，袁世凯一纸电报发来，命令暂时停战，这顿时浇了冯国璋一头冷水。

冯国璋没法理解的是，在士气大振的情况下，为何不彻底拿下革命党的老巢，建立不世功勋呢？于是，老冯一边给袁世凯发电报，说现在"机不可失""武昌唾手可得"；一边又下令继续炮击武昌，并无放弃进攻的表示。[②]袁世凯得知后勃然大怒，随后连发七道电报，严令冯国璋立刻停止进攻，随后又将他调回北京，而另外委派段祺瑞为前敌指挥。

袁世凯并不急于介入武汉的战事。他当时要做的，是以"亲

① 文斐编：《我所知道的北洋三杰》，第223页。

② 文斐编：《我所知道的北洋三杰》，第224页。

贵不得预政”的借口，将那些皇族亲贵如载涛、毓朗等人从军谘府等机构中扫地出门。在袁世凯的压力下，就连摄政王载沣也于12月6日交出印信，退回藩邸。不过话说回来，以载沣的性格和能力，他倒不如回家抱孩子来得自在。

在取得压倒性优势后，袁世凯又向革命军大抛橄榄枝。这次，袁世凯请出他的好友、英国公使朱尔典出面调停，于是交战双方再次停战议和。载沣辞位后，掌握了清廷军政大权的袁世凯随后派出议和代表唐绍仪等人南下谈判。

12月18日，南北双方代表在上海公共租界议事厅开始正式谈判，英、法、德、美、俄、日六国驻上海领事也作为见证人出席了会议。谈判开始后，双方先就全面停战问题展开了激烈的争论，最终达成了一致。

对于国体问题，南方议和代表伍廷芳首先提出，如今全国人民向往共和，因此赞成共和是谈判的前提；而北方议和代表唐绍仪表示，袁世凯并不反对共和，但必须召开国民大会，政体应取决于民意。双方各执一词，不肯让步。

实际上，袁世凯最初还是希望保留清室，他认为虚君制下的君主立宪比较适合中国国情（如同英国），这样既照顾了清廷的面子，也满足了革命党的要求，而自己又从中掌握了大权，这是他最希望达成的谈判结果。但是，以反满起家的南方代表坚决反对保留清室（否则革命无合法性可言），他们声称，如能废除帝制，南方甚至可以推举袁世凯为首任大总统，只要他真心拥护共和、放弃君主立宪的主张。总而言之一句话，清帝必须退位。

对于南方代表坚持清帝退位的要求，袁世凯也很是为难。他虽然希望当上民国大总统，但也不想落下欺负孤儿寡母的骂名。毕竟，袁家在清朝三代为官，也不能把事情做绝了；假如能够通过国民大会的形式、以国民公意作为台阶，那就从容好看多了。但是，民意这事不好办哪。

谈判过程中，南京被江浙联军攻下，原本聚集武昌的独立各省代表迁到南京，并开始着手筹备临时革命政府。但是，由于各省革命党派系林立，无人可以服众，一时间相互纷争，临时革命政府竟然无法出台。这时，海外归来一人，正好将这一问题迎刃而解。此人是谁呢？

不是别人，孙中山是也！

六

妙计逼宫

孙中山原名孙文，广东香山人，其家世代为农，未见宽裕。1879年，13岁的孙中山在长兄孙眉的帮助下来到檀香山，之后进入当地教会学校读英文、从西学，接受西方教育。后来，孙中山又进入香港西医书院学医，毕业后曾在澳门开过药店，但时间不长。

甲午战争爆发前，孙中山北上投书李鸿章，但投书如泥牛入海，毫无下文。失望之余，孙先生于当年（1894）11月在檀香山成立革命团体兴中会。次年1月，孙中山回到香港。在友人的撮合下，兴中会和杨衢云的辅仁学社合并，仍用原名兴中会。

1895年10月，兴中会在广州预谋起事流产，孙中山随后被通缉而流亡海外。1905年，中国同盟会在日本成立，孙中山提出的“驱除鞑虏、恢复中华；创立民国，平均地权”十六字纲领成为革命宗旨。之后，这十六字纲领又被概括为“民族主义、民权主义、民生主义”，即为人熟知的“三民主义”。

话说武昌起义时，孙中山尚在美国。起义后第三天，孙中山才在报纸上看到消息，但他并不急于回国而是打算前往各国游说，以赢得各国的支持并筹集巨款回国。可惜的是，各国政府都是些势利眼，他们对武昌起义持中立态度，对革命党也不抱信心。结果，孙中山转了一圈也没有任何收成，只好于当年12月打道回国。

孙中山的回归，倒是顺利解决了革命阵营的领袖难产问题，因为这时也只有孙中山才具备出任临时大总统的资格和威望。12月25日，在万众瞩目之下，孙先生抵达上海。正当他高举礼帽、向欢迎群众频频致意时，一个不识相的记者挤上前去，劈头便问："孙先生，你这次带了多少钱回来？"

孙中山一愣，说："予不名一钱也。所带来回者，惟革命精神耳！"①

1912年1月1日晚10点，当选为临时大总统的孙中山在南京宣誓就职。消息传出，袁世凯气得把鼻子都歪了过去：我老人家费尽心思在革命军和清廷之间上下其手、摆弄平衡，眼看就要大功告成，没想到半路杀出个老孙，将计划完全打乱——是可忍，孰不可忍！

随后，袁世凯怒气冲冲地将北方议和代表唐绍仪撤下，并宣称之前的谈判协议通通无效，之后由他本人亲自负责议和。为给革命党制造些压力，袁世凯又唆使段祺瑞、冯国璋等四十多个北洋军将领发表通电赞成君主立宪。这些武人们声称，如果以少数人的意见采取共和政体，北洋军势必拼死反对！

袁世凯可谓老奸巨猾矣！他不仅用这个电报来恫吓革命党，还拿着这电报去向隆裕太后表忠心，乘机将宫里仅存的300万两内帑骗出，一石二鸟，果然是技高一筹。

事实上，南北谈判暗地里仍在继续。革命党人终究还是年轻

---

① 参见廖大伟：《1912：初试共和》，学林出版社，2004年，第33页。

了点，他们在袁世凯的动武恐吓之下很快就妥协了，称“只要袁世凯赞成共和，民国大总统便非袁世凯莫属”。

听说南方革命党想用总统之位换取他支持共和，袁世凯佯装大怒，他大骂道：“袁某为大清总理大臣，焉能赞成共和！欲使余欺侮孤儿寡妇，为万世所唾骂，余不为也！”

但是，袁世凯也不想将谈判之路完全堵死，他随后又发电报质问南方议和代表伍廷芳：“选举总统到底是何用意？假设国会议决实行君主立宪，该政府及总统是否取消？”[①]

在得到南方革命党选举他做民国临时大总统的再三保证后，袁世凯随后又抛出橄榄枝，他假惺惺地表示，等到“将来国民程度渐渐开通，懂得共和的真谛，再慢慢改为共和政体”。与此同时，袁世凯也提出要求，革命党必须承诺清帝退位后给予清室优待条件，他也不想吃相太难看，把事情做得太绝。

在不断的交涉中，南北双方终于达成“清帝退位、袁世凯接任临时大总统”的共识。时机成熟后，袁世凯便开始了他的逼宫计划。1912年1月16日，袁世凯随同庆亲王奕劻进宫，他一面跪在地上，向隆裕太后痛哭流涕地报告“海军尽叛、天险已无、人心涣散、如江河决”的险恶形势，一面又絮絮叨叨地向太后说了一通“变更国体，实行共和，换取优待条件”的好处，直说得隆裕也是泪落不止。

几天前还口口声声、拍着胸脯保证“不负于孤儿寡母”的袁大总理，今天怎么就跟换了个面孔一般？

隆裕太后毕竟是妇道人家，她深居内宫，哪里知道袁大总理此刻已吃下“民国总统非他莫属”的定心丸。见隆裕太后还没明

① 参见廖大伟：《1912：初试共和》，学林出版社，2004年，第74页。

白他的意思，袁世凯又恐吓道："要是不答应革命党的条件，弄不好会像法兰西革命一样，届时皇室连子孙后代都不复见！"

在袁世凯的连哄带吓和奕劻的假劝真骗下，隆裕太后只能呜呜咽咽地说："我们母子二人，命悬卿手。总要卿好好办理，好好歹歹，教皇族无恙、我们母子得以保全。此刻我也顾不得列祖列宗了！"

情景如此凄惨，袁世凯也不好多说什么了，他陪着隆裕太后抹了几把伤心泪后，这才慢慢退出殿门，随后昂首出宫。

等袁世凯出了皇宫，此时已是晌午，街头上车水马龙、人头攒动，还是往常那般的热闹景象。当然，您也别怪老百姓麻木迟钝，他们哪里知道即将改朝换代呢？

上了马车后，正当袁世凯心满意足地长舒一口气时，突然黑溜溜的一个东西从对面茶楼上猛地抛了过来。说时迟、那时快，只听"轰"的一声，随行保护的卫队长袁金标和另一名卫士当场毙命。车中的袁世凯倒是有惊无险，只是车帘被火气掀开，眉毛被烧去了一大块。事后查明，这是直隶革命党用自制炸弹企图炸死袁总理，为本党烈士报仇云云。

袁世凯这次遇刺未中，表面上看是福大命大，只是受了惊吓，但实际上是帮了他的大忙。原因很简单，满朝亲贵都知道袁世凯暗地里私通革命党，而革命党也公开声称要推举袁世凯为大总统。现在这么一炸，隆裕太后也打消了对袁世凯的猜疑，觉得袁总理还是清朝的忠良之后，并不是传闻中那个卖主求荣的大奸贼。而袁世凯也正好借此机会闭门不出，说是要在家养伤，不去见，也不好意思再去见隆裕太后。

在国事一日坏过一日的情况，隆裕太后急得没办法，只得召开御前会议来听取皇室近亲对退位的意见。可让她没想到的是，那些亲王、郡王、贝勒、贝子们平日里有说有笑，真正要解决问题了，却什么主意也拿不出。到了会场，他们也只顾彼此闲谈，丝毫不提国事。隆裕太后问他们国体问题究竟如何，他们个个推脱，只说由太后一人决断。

倒是二代恭亲王溥伟，还有肃亲王善耆、辅国公载泽三人还在那里哓哓不休，非要主战不可。隆裕太后被他们吵得没了主意，便问军谘府大臣载涛："三贝勒，你管陆军部，你知道我们的兵是什么样的？"

载涛脸一红，连忙磕头说："奴才是练过兵，可没有打过仗——这事我不知道。"

隆裕太后听后，默然许久，没了声音。

过了好大一会儿，她才说："行了，你们都下去吧！"①

等到袁世凯逼得紧了，隆裕太后只得再次召开皇族会议，决定国体问题。但让她心酸无奈的是，这次竟然半天也不见人来。正当隆裕太后叹气时，内侍太监又送来了一份电报，这不看则罢，一看简直要魂飞天外——这哪是什么电报，简直就是一道催命符啊！

隆裕太后还没来得及看电报内容，倒是先看到上面密密麻麻写着许多人的名字，心里已知大事不好。这份电报，是北洋前线各将领联名发来的，大概内容是："如今全局危迫，四面楚歌，暗杀党遍布都内，稍疏防范，祸变即生，两宫亦陷于危险之地，……现有一二王公，仍行阻挠，以致恩旨不颁，万民受困，皇上欲求之一安富尊荣之典、四万万人欲求一生活之路而不见许，瑞等不忍宇内有此败类，谨率全军将士入京，与王公痛陈利害，挥泪登车，昧死上达！"

---

① 溥仪：《我的前半生》，第38页。

电报的最后一句，简直就是如狼似虎、杀气腾腾。试想，这要是北洋军回师北京，清廷上下哪里还有活路？所谓养兵千日，一日反噬，这下可真是彻底完了。隆裕太后看了这个“瑞”字，岂不是武汉前线的统制官段祺瑞？

看到这里，隆裕太后不免打了个寒战，渐渐迷糊了起来，口里直说：“这该如何是好？如何是好？”

这时，太子太保世续赶了过来，他见隆裕太后已是六神无主，只得奏道：“皇太后心焦也无甚用处。事到如今，也只有请袁世凯去与南方的革命党议一议，看如何个优待法子。”隆裕太后抹了抹脸上的泪，带着哭腔道：“国家这些年费了多少金银，谁曾想养成了这班虎狼之师？我倒不如像先帝爷一样，早死了干净！”

话虽这么说，隆裕太后最终也只得同意退位，并请袁世凯入宫商议。得到隆裕太后答应退位的准信后，袁世凯立刻忘了革命党给他留下的伤势，随后便喜滋滋入得宫来。等见了太后，他还要故作不忍，说：“事关重大，还请近支王公商议后再行定夺的妥当。”

不说则罢，一说就说到痛处。隆裕太后忍不住又掉眼泪：“现在还说什么近支王公，一个个早就跑没影了！载沣倒是留在京城没走，可叫他来又有什么用？”

话都说到这份上了，袁世凯也就不再谦让，他拿着早已拟好的优待文书给隆裕太后看过后，便径直出宫发电报去了。

时至如今，无可挽回。皇宫中除了那不懂事的六岁小皇帝溥仪还在无忧无虑地玩耍外，其余皇族亲贵早就树倒猢狲散，溜之大吉了。群情惶惶之下，就连隆裕太后身边的总管太监小德张也被袁世凯给买通了，他不时在隆裕太后耳边敲边鼓：

“主子，您也别太着急上火。照奴才看，不管这君主也好、共和也罢，老主子全是一样。讲君主，老主子也不过用用宝；闹共和了，太后还是太后。不过，可得先答应了南边的条件。要不然啊，革命党打到了北京，那可就全完了！”[①]

听了这话后，隆裕太后更是觉得退位保命要紧，何况人家还留了出路呢！

1912年2月12日，也就是宣统三年十二月二十五日，在紫禁城养心殿内举行了清王朝也是中国传统王朝的最后一次朝见仪式。这一次，袁世凯照旧称病不入朝，只是委派了外交大臣胡惟德作为代表，让他领着民政大臣赵秉钧、陆军大臣王士珍、海军大臣谭学衡、司法大臣沈家本、邮传大臣梁士诒、度支大臣绍英、工商大臣熙彦、理藩大臣达寿等前去朝见。

这一天，大臣们仍像以往一样，头戴翎顶，冠带一新，他们一大早就来到乾清宫东南角上的廊子里候旨。当天气温如此之低，空气也颇为沉闷，各人捧着热气腾腾的盖碗茶，一个个都不说话，低着头各想各的心思。

这时，小太监的通报声打破了尴尬的沉默：“太后已到，请各位大臣上殿！”

大臣们听后纷纷起身，他们习惯性地整了整冠帽朝服，随后由胡惟德领着，一起向养心殿走去。到了大殿后，大臣们发现宝座上空无一人，唯有内务府大臣世续和内阁协理大臣徐世昌早早在殿中等候。那些清宫侍卫，倒像往常一样戳在那儿，依旧是威风凛凛的样子。

片刻之后，殿外传来太监的通报声：“太后驾到！”

各大臣齐齐转身，只见隆裕太后在两个太监的引领下，牵

---

① 转引自郑怀义、张建设：《末代皇叔：载涛传》，第302页。传袁世凯曾贿赂小德张20万银圆，参见陈晨编：《袁世凯轶事》，第120页。

着6岁的小皇帝溥仪进了殿，慢慢走向了宝座。因为这次是最后一次朝见，也就不按以前规矩。隆裕太后不用垂帘，大臣们也不必向皇帝三叩九拜，只由胡惟德领着向隆裕太后和宣统皇帝三鞠躬，就算是给太后和皇上行大礼了。

待隆裕太后和小皇帝在宝座上坐定后，胡惟德上前启奏："内阁总理大臣袁世凯因病不能上朝，特委托臣等前来向皇上和皇太后请安。"隆裕太后听后点点头，说："袁世凯为国家鞠躬尽瘁，为皇室出了不少力。他为皇室争取到如此优待条件，也实在不容易。今天我就按照南北议和的条件，颁布诏书，实行退位，让袁世凯去做好善后事宜吧。"

说到"退位"二字，隆裕太后还是忍不住眼圈一红，几乎又要掉下泪来。底下的那些大臣们见了，也是心有戚戚，但又不知道说什么好。就这么着，一群人局促地站在那里，哭也不是，笑也不是，场面僵固，尴尬异常。

好在这时御前太监将早已准备好的退位诏书捧至御案，隆裕太后拿起诏书看了数行，泪水终于忍不住夺眶而出。她也顾不得太后的体面，当众抽泣起来。

此刻的隆裕太后满怀悲痛，她心想祖宗这260多年的江山，最终在自己手里断送，这日后如何去见地下的列祖列宗啊。想到这里，隆裕太后由抽泣变成号啕大哭，嘴里还喊着："祖宗啊祖宗……"①

看到这里，底下的大臣们也被感染，好几个人开始用朝服的

---

① 以上记述参看唐在礼：《辛亥前后的袁世凯》，当时唐在礼、姚宝来、蔡成勋、刘恩源为侍卫武官，见证了这一历史场景。不过，据唐记载，隆裕太后虽然面容凄惨，但并未当场哭泣。见吴长翼编：《魂断紫禁城：袁世凯秘事见闻》，第92-93页。

袖子抹泪。作为领班大臣的胡惟德，他干哭了几声后，见大家老这么惺惺作态下去也不是个事儿，只好假装哽咽地对已经哭得死去活来的隆裕太后说：

“太后，如今大局已经如此，还望太后保重。太后英明睿智，顾全天下百姓，保全皇室上下，臣等深感太后恩德，一定不会辜负太后和百姓的期望。如今优待条件已定，还请太后放宽心，安心退养。”

听了这话，隆裕太后反而哭得更加伤心了，她将退位诏书紧紧攥在手里，泪珠几乎要把诏书给打湿。赵秉钧几个人见了不免着急，他们连连向胡惟德使眼色，让他赶紧把诏书要回来。

这时，胡惟德想起袖里还有一份南方议和代表伍廷芳发来的电报，于是急忙取出，故作惊慌地奏道：“太后，你先别哭！我这里还有南方革命党发来的一份紧急电文，要向太后奏报！”

听到“革命党”三个字，隆裕太后忍不住又打了个冷战，她慌忙止住哭声，问：“电报里说什么，是不是革命党又要变卦？”

见“革命党”起了作用，胡惟德心里一乐，便故作镇静地展开电报念道：“万急。南方伍廷芳代表电：今日经参议院同意，如15日下午12点之前清帝不逊位，则收回优待条件。此布，即转北京。”

隆裕太后听后也顾不上抹泪了，她慌忙将退位诏书交出，命世续和徐世昌赶紧用御玺加印，生怕晚了真要收回优待条件。

盖好印后，胡惟德捧起清帝退位诏书，大声念道：

“朕钦奉隆裕皇太后懿旨，前因民军起事，各省响应，九夏沸腾，生灵涂炭，……袁世凯前经咨政院选举为总理大臣，当兹新旧代谢之际，宜有南北统一之方。即由袁世凯以全权组织临时共和政府与民军协商统一办法，总期人民安堵，海宇乂安，仍合满、汉、蒙、回、藏五族完全领土为一大中华民国。予与皇帝得以退处宽闲，优游岁月，长受国民之优礼，亲见郅治之告成，岂不懿欤！”

念完诏书后，朝见仪式便宣告结束。胡惟德拿着诏书，领着各大臣向隆裕太后和宣统皇帝再次三鞠躬，随后便退出殿外，从此不再是清朝的大臣了。

隆裕太后愣愣地看着这些人走出殿外，而身边的小皇帝溥仪仍旧像往常一样懵懵懂懂——他哪里知道发生了什么事！

等大家都走了，溥仪便也急着跳下宝座，想要走出这阴森的大殿出去玩耍。隆裕太后见后，急忙将小皇帝抱下，不料刚才哭得过于伤心，两人差点摔倒在地。好在太监们急忙赶过来，这才将两人扶住。在太监们的扶掖下，隆裕太后和小皇帝溥仪随后怆然还宫。

千秋万代终是梦，俱往矣，换了人间。清朝二百六十八年，入关后以多尔衮摄政开基，最后以载沣摄政结束。天命之始，天命所终，这一切，莫非也是天数所致？

再说胡惟德，他在出宫后便直奔外交大楼，向前内阁总理大臣袁世凯复命去了。

原来，退位诏书里有这么一条：“由袁世凯以全权组织临时共和政府与民军协商统一办法”。各位，可千万别小看这一条，这说明袁世凯继承权力并非来自南方革命党的承诺，而是来自清室的授权。后来革命党追究起来，袁世凯就说清帝已经退位，如何能再改回来呢？如果要改回来，岂不是要再搞一次复辟和退位？革命党一时语塞，最后只能不了了之。

袁世凯这招，可谓用心良苦、老奸巨猾啊。

其实呢，袁世凯啥毛病没有，他此刻心情好着呢。从上午开始，他便一直和亲信们在外交大楼里等着清帝退位的消息。等到胡惟德等人将退位诏书送到后，袁世凯立刻命令宣读，并让人抄写十几份分别送到各大报社和外交使馆，宣告这一重大历史事件。

就在清帝退位当晚，袁世凯剪去了那根保留了五十多年的大辫子。据后来总统府侍卫官唐在礼的回忆，袁在退位诏书颁布当晚特别开心，他在剪辫子时“不断哈哈大笑，谈话中显出异乎寻常的高兴。袁的这种情况很难见到，后来也未曾见到过”。①

据说，袁世凯当时没请理发师，而是让亲信蔡廷干来帮忙，因为他觉得让外人剪很难为情。剪辫时，袁世凯说：“当年我练新军时，觉得这辫子实在碍事。但这辫子伴随我多年，今天一概剪去，还真有点不习惯呢！”

剪完后，蔡廷干将辫子交到袁世凯手中。袁世凯抚摸了一下，叹了口气，将辫子扔到地上。随后，他站起来呵呵大笑道：“姑且咸与维新吧！”②

也好，旧的不去，新的不来。民国的大幕，总算就此拉开了！

① 唐在礼：《辛亥前后的袁世凯》，见吴长翼编载《魂断紫禁城：袁世凯秘事见闻》，第 95 页。

② 另据莫理循的记载，袁世凯确实是由蔡廷干帮忙剪辫，但日期是在2月16日而非14日。见骆惠敏编：《清末民初政情内幕：莫理循书信集》，知识出版社，1980年，第889页。

七

定都之争

清帝退位尘埃落定后，袁世凯心满意足之余，便令人给南方革命党发去一电，声称共和政体乃最良政体，来之不易，今后共和建设，还需诸君努力云云。

接到电文后，孙中山自然明白袁世凯话里的含义，次日便向临时参议院提出辞呈，并举荐袁世凯为临时大总统，以兑现之前的承诺。

不过，孙中山提出辞职的同时，也提出了三个先决条件：

一、临时政府必须设在南京；

二、新任临时大总统必须到南京就职；

三、新任临时大总统必须遵守临时参议院颁布的一切法律章程。

1912年2月15日，也就是清帝退位的第三天，孙中山率领南京临时政府的各部部长和各路革命军将领，前往朝阳门外的明孝陵致祭，以宣告汉族光复、民国统一。一路上，革命士兵五步一岗、十步一哨，军乐队作为前驱，一时响彻云霄，场面很是热闹。

祭礼结束后，孙中山登台演说，称“推翻帝制来之不易，袁世凯乃当代英雄，功劳甚大。要是他当选总统，必能巩固民国；但临时政府须定都南京，因为北京受专制影响太大，民国初建须革故鼎新，定都南京有利于开创新局面”云云。

紫金山下，明孝陵前，孙中山的演说一如既往的精彩动人，下面的鼓掌声也差点盖过了演讲之声。演说完毕，军乐队又奏起雄壮的音乐，将众人的掌声压了过去，算是礼成。最后，全体人等三呼“民国万岁”，方才散去。

当天下午，临时参议院召开十七省代表投票选举临时大总统。这次选举以省为单位，每省一票，共计十七票。待到投票结束后，监票人打开票箱一看，只见十七张选票整整齐齐地写着“袁世凯”三个大字，于是老袁便以全票当选为中华民国第二任临时大总统。

得此消息后，袁世凯呵呵一笑，却不紧不慢地向南京发去一电，称自己“德薄能鲜”，不敢承担总统一职；如今北方危机四伏，险象环生，目前不便南下；经反复思量后，“与其孙大总统辞职，不如世凯退居”云云。

瞧瞧，老袁这“以退为进”的招数，用得既冠冕堂皇又无懈可击，不但为自己赢得淡泊名利、谦让自抑的好名声，还着着实实将了南方革命党一军。

孙中山等人坚持定都南京，并要求袁世凯南下就职，目的就是以此来限制袁世凯，因为老袁的势力主要在北方。但是，袁世凯是何等人物？他沉浮宦海三十余年，什么大风大浪没见过，岂能看不出孙中山的用意？再者，北方是北洋系的老巢，袁世凯岂有孤身南下、成为南方革命党的傀儡之理？

如此，南京定都的提议，结果不待智者而知之。

果不其然，袁世凯的电报一公布，各方舆论对定都南京一事纷纷表示反对。比如民社、国民协会、《民立报》等八个社团便发表联合声明，声称“定都北京乃民国内政外交之关键，要是舍北取南，帝党势必会死灰复燃，而强敌也有乘机侵略之虞”。

革命资格甚老但辛亥年没分到一杯羹的章太炎，也乘机跳出来和孙中山大唱反调。他宣称南京地处偏倚，备有“五害”：一是威力不能及于长城外；二是北民化为蒙古；三是日本、俄国侵及东三省，中原如失重镇，必有土崩瓦解之忧；四是清帝、宗社党、蒙古诸王可能作乱，致使国家分裂；五是迁都耗费巨资，难以筹划。

在论证了南京不能为“首善之居”后，章太炎含讥带讽地说：“谋国事者当规度利弊，顾瞻全势，而不可以意气争也。”度其语意，则南京一向为不祥之都，孙中山等人这样做，是暗揣私意，故意挑起事端。

在舆论的煽动下，各省都督及绅商代表也纷纷致电南京临时政府，对定都南京表示异议。就连一贯主张建都武昌的黎元洪，这时也改口支持北京定都，“以免酿成大患”。而南方革命军中的许多领兵将领，如浙军司令朱瑞、粤军司令姚雨平、第一军团长柏文蔚等，也纷纷发表通电，主张临时政府建在北京为妥。

在此期间，南京临时参议院更是演出了这样一出活剧：2月14日，议员们对定都南京一事举行投票，结果出人意料，其中竟有20票主张建都北京，远远高于孙中山所主张的建都南京的票数。[①]时在总统府秘书处工作的吴玉章回忆，这次投票，革命党人占据多数，是完全可以根据孙中山的意见通过建都南京决议的；不料，当天有个革命党人李肇甫在会上大放厥词，说了一通

① 其中北京20票，南京5票，武昌2票，天津1票，应到46人，实到28人。

迁都北京的必要，“结果赞成迁都北京的人便占了多数”。[①]

事实是否真是如此呢？也不尽然。革命党人固然年纪轻，意志不坚定，但对“迁都”之说也未必完全同意。比如投票前一天，革命阵营中的重要刊物《民立报》即发表《建都私议》的社论，其中提出八大理由来论证首都宜建于北京。

得知投票结果后，孙中山、黄兴非常生气，当晚便把李肇甫叫来大骂一顿，“并限次日中午12时以前必须复议改正过来”。次日清晨，秘书处把复议咨文准备好，请总统府盖印。此时，孙中山已动身去明孝陵，吴玉章急忙去找黄兴，后者也在穿军装，准备赴孝陵。黄见了吴玉章后说：“过了十二点，如果还没有把决议改正过来，我就派兵来！”说完，黄兴就拔腿走了。吴玉章没办法，只好去找胡汉民，好不容易才拿到钥匙盖了印并发出咨文。经过一天的努力，总算把14日的决议改了过来。[②]

在胡汉民的记载中，黄兴的表现更加直接而鲁莽。据他所说，黄兴连咨请再议也觉得麻烦，说：“政府决不为此委曲之手续，议院自动的翻案，尽于今日。否则吾将以宪兵入院，缚所有同盟会员去。”驻南京的洋记者福莱萨的说法就更夸张，他在写给《泰晤士报》驻北京记者莫理循的信中说：“黄兴手下将领声称，议会要不收回先前决议，就要把议会大楼推倒压在议员们的头上！”[③]

面对黄兴派兵绑人的威吓，加上老会员吴玉章等人的及时疏

---

① 李肇甫为吴玉章的四川同乡，时任参议院全院委员会委员长。见吴玉章：《吴玉章回忆录》，中国青年出版社，1978年，第93页。

② 《吴玉章回忆录》，第94页。

③ 胡汉民：《胡汉民自述》，人民日报出版社，2013年，第65页；骆惠敏编：《清末民初政情内幕：莫理循书信集》，知识出版社，第943页。

通，临时参议院再次投票，最终以19票对8票的结果通过了以南京作为临时政府地点的决议。[①]据称，某同盟会籍参议员投票前痛言，若此案不获通过，则将身殉会场，此表态或对投票结果有所影响。不过，直隶、奉天、陕西、山西、江苏、云南六省参议员仍将票投给了北京，尽管他们大多为同盟会籍。

不管是派兵捆绑议员，还是把议会大楼推倒，这次的迁都决议风波至少从侧面反映出，革命党领袖的民主认识与行事作风大成问题。他们的所言所行和他们一贯声称的理想与追求，着实存在不小的差距。

为促使袁世凯尽快到南京就职，孙中山决定派专使团前往北京，迎接袁世凯南下。专使团以临时政府教育总长蔡元培为团长，外交次长魏宸组、海军顾问刘冠雄、参谋次长钮永建、法制局局长宋教仁、湖北外交司司长王正廷、前议和参赞汪精卫等为欢迎员，阵容不可谓不强大，仪式不可谓不隆重。在原北方议和代表唐绍仪的陪同下，迎袁专使团于2月21日从上海启程，赶赴北京迎接袁大总统。

听说南方专使团出发后，袁世凯却不慌张，只是关照沿途要好生招待，不得怠慢南方客人。等专使团快到天津时，袁世凯又派出长子袁克定亲往天津迎接，以示重视。到北京后，专使团被安排到一个特意准备好的馆舍中休息。

第二天，蔡元培、宋教仁、汪精卫等人前去商议南下一事，袁世凯也不怠慢，亲自出门相迎。待到双方行过礼，蔡元培便说明来意，将参议院投票决议公文和孙中山的书函一并交给袁世凯。

---

① 南京19票，北京6票，武昌2票，应到46人，实到27人。

袁世凯将公文书函略为看过，便故意皱眉叹道：“想我四年前便已退隐山林，不料去岁国事巨变，无奈之下方才重出江湖，以解黎民之困。如今共和已定，我只想做一太平百姓，为何南方诸君非得选中老朽，催促南下？难道这泱泱中华，就没有比老朽更适合的人才吗？”

蔡元培听后道：“袁总统何必自谦。南京临时参议院选举老先生为临时大总统，实乃众望所归。还望袁总统以大局为重，早日赴南京就职，以慰各方人士之愿，则共和事业幸甚！”

袁世凯故作为难，说：“南方人士希望我早日南下，北方人等又苦苦挽留我在北京，我又没有分身术，如何是好？我倒是想去南京就职，但如今北方局势不稳，恐怕形势不允许啊！”

看了袁世凯的惺惺作态后，年轻气盛的宋教仁忍不住站起反驳：“袁总统此言差矣！此次推翻帝制，乃武昌起事、南京告成，何况南京已设临时参议院及临时政府。如今孙总统业已辞职，即当以民意为重，为何迟迟不肯南下，有碍共和大业呢？”

袁世凯正想驳斥，唐绍仪却抢先帮他解了围：“各位不必大发高论，来此也不过请袁公南下就职，何必多费唇舌？至于袁公的考虑，也并非没有道理，只待北方局势稍微平静，即当拨冗启程，不负南方盛意。”

袁世凯听后微微一笑，也不再争论，说：“各位所言极是。既然南方诸君盛情相邀，我当竭诚尽力，早日南行便是。”

听了袁世凯充满诚意的承诺，专使团们心里颇为舒畅，紧张气氛瞬时为之一变。袁世凯也善于把握机会，他立刻下令设宴款待远道而来的南方贵客。杯觥交错间，宾主相谈甚欢，却已不再论及国事。

待到散席回馆，专使团成员们三分醉意、七分清醒。说实话，他们对交涉结果还算满意，但对袁世凯是否真的南下就职，却说不上有十分的把握。

当晚，正当专使团商议对策时，城北突然传来数声炮响，随后便是人喊马嘶，一听就知道大事不妙。困惑惊惧之余，蔡元培等人走到窗前，却见不远处火焰腾腾，兵荒马乱的景象俨然正在上演。

借着大火的余光，专使团发现不远处的街道上突然冒出成群的大兵。这些持枪的丘八老爷，朝着天空不停开火，只见子弹带着长长的亮光，不断撕扯着本是安静祥和的夜空。更糟的是，这群乱兵一路上呼呼喝喝，沿途纵火抢劫，正朝馆舍而来。

还没等众人反应过来，一群乱兵已举着火把，“嘭嘭嘭”地猛砸馆舍大门，馆舍管事人前去招呼：“各位弟兄，这是南方专使团的所在，还望不要惊扰！”乱兵们听后，呸了一声，更加大声地嚷嚷道：“什么专使不专使！越是专使，老子越要打他！”

随后，乱兵们又放了十几记乱枪，子弹“嗖嗖”地从馆舍窗户前呼啸而过，将蔡元培等人惊出一身冷汗。危急形势下，蔡元培说：“情况不妙，看来这些乱兵是冲着咱们来的！不想我们使命尚未完成，却将性命白白送在这里！”汪精卫说：“多说无益，我们不能在此束手待毙，不如从后院觅条出路逃生吧！”

众人听后点头称是，当时也来不及收拾什么文件衣物，便一起下楼朝后院奔去。

还没等到后院，前面乱兵们已将大门砸出几个大窟窿，嚷嚷着要冲进来。蔡元培等人听到后，一个个急得像热锅上的蚂蚁，恨不能长出翅膀飞过墙外。所幸的是，管事人员从房内摸了一条板凳，专使团才得以翻墙逃生。

出了馆舍，专使团决定分开行事，一部分人避入附近的一家教堂；蔡元培与魏宸组、汪精卫三人本想去袁世凯府上质问，但当夜局势实在混乱，未能如愿。据民初闻人齐如山说，蔡元培这些人在墙根蹲了半夜，冻得瑟瑟发抖，很是吃了点苦头。直到次日清早，齐如山来找他们，蔡元培等人才有惊无险地逃进了东交民巷的六国饭店。①

待到次日清晨，专使团其他成员如王正廷等人也陆续赶到六国饭店。众人彼此对视，不免哈哈大笑：只见各人有未穿外衣的，有穿鞋而无袜的，也有穿袜而无鞋的，情形极为狼狈，所幸无人受伤。

得知蔡元培等人逃到六国饭店避难后，袁世凯随后派人前来慰问，并将他们接到府上压惊。再见到袁世凯时，后者也是一夜无眠，而且已经换上马裤、马靴，一身戎装打扮。对于昨晚之事，袁世凯似乎也是一头雾水，正急急忙忙命人四处打探，查明究竟是何人带头闹事，又闹成何等情形。②

不久，各路探子回报，发生兵变的是曹锟统制的北洋第三镇。他们原本驻扎在北京城外，不知何故突然冲进城内，跑到东城和前门一带大肆哄抢，一路焚烧，还跑到专使团所住的煤渣胡同馆舍胡闹。到下半夜，兵变范围继续扩大，西城、北城也发生骚乱，当地土匪闻风而动，趁火打劫，而部分巡警也加入了抢劫的行列。等到清晨，被砸被抢的店铺、钱庄、民居已经有数千家，还有几百间房屋被焚烧，似乎是为了掩盖抢劫的痕迹。

这次的兵变是不是袁世凯一手导演的，目前说法不一。坊间

① 齐如山：《齐如山回忆录》，辽宁教育出版社，2013年，第81页。

② 唐在礼：《辛亥前后的袁世凯》，见吴长翼编《魂断紫禁城：袁世凯秘事见闻》，第99页。

倒有个传闻，说是袁世凯长子袁克定曾找几个北洋军将领商议，说如果家父南下就职的话，到时直隶都督就要由别人接手，届时北洋军恐怕要被裁撤，对大家很是不利；要想不让家父南下，首先要给南方专使团一个下马威，令其知难而退。

曹锟等人听后大为恼火，便说："这事也不难办，只要我们派弟兄们趁夜把专使团的住处围一围，放两枪，把他们吓跑就是。"袁克定听后大为满意，说："只要你们一闹就好办，就算专使团不跑，东交民巷的外交团也会出来抗议，到时家父就走不成了。"①

还有人说，兵变第二天早上，正当唐绍仪向袁世凯汇报情况时，曹锟突然推门而入，向袁世凯报告说："昨奉大总统密令，兵变之事已经办妥！"见曹锟说漏了嘴，袁世凯起身大骂道："胡说八道，滚出去！"②

令人奇怪的是，在当晚兵变中，袁世凯那些主管治安的亲信们毫无动作，比如陆建章的执法处并没有对兵变进行干预，而掌管警政的赵秉钧在当晚传令全城巡警一律撤岗，不得干涉，以至于不少巡警也都趁火打劫，一起参与了抢劫活动。

颇为蹊跷的是，这次的兵变虽说抢劫规模很大，但基本不杀人伤人，似乎是专门冲着有钱的地方而去。特别是城里的银号钱铺，更是一网打尽，遭灾最重。就连官府的存银处，也被洗劫一空。据后来统计，在当晚骚乱中，乱兵们至少抢走了300万以上的银两。

① 参见廖大伟：《1912：初试共和》，第104页。

② 此说出自唐绍仪之口，又云兵变系杨度献计。见陈晨编《袁世凯轶事》，第124-125页。

对于当晚的兵变，袁世凯倒不甚惊慌，他指示在京将领们，切不可擅自去打那些乱兵，以免事情越闹越大。事实上，在得知乱兵们抢劫银号时，老袁心中还不免有些宽慰，因为他也没钱发军饷！既然手下的兵士们“自力更生”，那就由他们去吧！

次日上午，兵变平息，乱兵们拿着抢到的“战利品”陆续退出城外。正当袁世凯和专使团稍稍安下心来时，天津、保定也发来电报，称当晚也发生兵变，商民被抢劫无数，情形竟和北京完全类似。如此看来，这次兵变与袁世凯究竟有无关系，目前仍是难解之谜。

据时在京防营务处的冯玉祥所述：“这天的兵变，最初是从东城铁狮子胡同总统府爆发，变兵是第三镇全体。起事时，他们把总统府团团包围，又撞进去放了一排乱枪，接着便大举抢掠，府中比较珍重的东西，搜刮净尽，连窗户什物也都捣毁一空。袁世凯的卧房也被击破了一角。这样闹了一阵，他们怒犹未息，又大举纵火，接着南北两城也陆续起火。”①

天津、保定的哗变，也大都是以抢劫民财为目的。据曹汝霖所说，这次兵变除抢掠外尚没有伤人奸淫等事，总算是“遵守命令，举动文明”；但在次日，“毅军军官出动巡街，手捧大令，各执大刀，竟有穷民在街捡拾余物者，即目为赃物，就地正法，真是可怜。公然抢掠之兵丁，未闻处罚，贫民捡拾破烂，竟遭杀戮”。②

冯玉祥也说，当时“街上家家铺子都关着门，门上贴出‘抢劫一空’的字条，满街上冷清清的，地上散乱着变兵们扔下的财物。一些穷人们瑟缩着身子到处搜寻拾着。……那些可怜无告的

① 冯玉祥：《我的生活》，世界知识出版社，2006年，106页。

② 曹汝霖：《一生之回忆》，中国大百科全书出版社，2009年，第102页。

穷人们，都被当作了昨夜闹事的匪徒，牵到天桥去砍下头来，把东单、西单和西四牌楼的牌楼上各挂两个，示众了案”。目睹如此惨剧后，冯玉祥忍不住叹道：“人家牵牛他拔橛，草寇逃了民遭殃！”①

不过，冯玉祥认为，说这次兵变的主谋是袁世凯，显然高估了老袁的实力。因为袁世凯回乡数年后，已失去了对第三镇的控制能力，何况后者军纪本就极坏。据冯所说，这次兵变的直接原因是“段芝贵减饷”，因为按之前惯例，军队开拔前士兵每人加饷一两，“现在段芝贵却凭空把这一两银子减去。一两银子似乎算不了什么，可是在士兵的眼中，却非同小可。因为他们天天盼望的就是关饷。饷下来，扣除了伙食费，还剩得多少，他们一切打算和指望就都放在这上面。如今平白少去一两银子，这实在比要他们的性命还要严重。减饷的消息一传下来，士兵们无不愤激，口里不住地咒骂，算是袁世凯的八代遭殃，给他们骂烂了”。

冯玉祥也认为，“这次的兵变，减饷的事实在是一个导火线”，根本原因还在于以下几点：“第一，满清政府虽已推倒，中华民国的金字招牌虽已挂了出来，可是整个社会的实质和政治方面机构，却并没有什么改变。一般人民的脑筋里，依旧牢固地存着一个皇帝的偶像。尤其是军队中，士兵们平素受的政治教育，只是忠于皇家，以革命为反叛。袁世凯以及他的左右，刚不久还是如此教育士兵，并且到处镇压革命，捕杀革命党。忽然一天抖身一变，自己做起大总统，成为革命国家的首领了。……这样，如何维系军心？当时老袁做了大总统，我就常常亲见亲闻许

① 冯玉祥：《我的生活》，108页。

多官长目兵在背后切齿咒骂他，说他是个篡位的奸贼，愤激达于极点；第二，第三镇的队伍自在长春驻扎，军纪即极败坏。开到北京以后，堕落更甚。官长目兵，公开聚赌，纵饮狂嫖，无所不为，训练教育的事，完全废弛了。……第三镇这样，其余京畿一带的驻军无不如此。带兵的荒唐，目兵从而效尤，统帅者听任不问。好像他们以为皇帝倒了，世界变了，一切都可以胡作非为，用不着受拘束的了。”①

无独有偶的是，时在毅军当值、后为国民政府军令部长的徐永昌也认为：“正月十二第三镇在北京兵变，初非袁世凯所主使，有些人委称系袁世凯指使，以抗议南方代表要求迁都南京者，实乃诬传。不过袁适逢其会，利用兵变拒绝迁都，或者有之。因第三镇在汉口与革命军作战之后，士兵回京，仍不忘在外作战时期之不纪律生活习惯，而带兵者战时不知注意约束士兵的轨外行动，战后又疏于整顿与防范，故至酿成兵变。若谓第三镇兵变为袁主使，然则毅军兵变，亦将谓有人主使耶？”

不管兵变是否袁世凯主使，东交民巷的公使团果然在事后迅速做出反应，他们以外国人遭到抢劫为理由，一面向袁世凯提出了强烈抗议，一面还从天津等地调集卫队入京，以加强使馆区的巡逻警戒。不仅如此，公使团还威胁说，如果中国不立刻组建共和政府、恢复良好秩序的话，他们将调集更多兵力进入北京，大有重演当年八国联军侵华的架势。

在简单告知了兵变情况后，南方专使团被袁世凯请回了六国饭店。随后两天里，袁世凯也不再同他们会面，却不时派人将各地变乱的电报送给蔡元培等人阅看，其用意不说自明。

---

① 冯玉祥：《我的生活》，第106、109页。

专使团看到各地电报发来的尽是些坏消息，而当地的报纸舆论都纷纷要求袁世凯留在北京以安定民心，免得局势进一步恶化，导致外国势力进行干涉；有的报纸甚至干脆指责，是专使团的到来使得人心不稳，导致了兵变发生云云。

在强大的舆论压力下，蔡元培等人也觉得局势悲观。他们向南京发去一电，称："北京及天津等地兵变后，无政府状态为害甚大，外人也有干涉之像。经专使团几次会议讨论，全体成员一致认为，不能不牺牲我等此次来京之目的，以保全垂危之大局。"

古话说得好，姜还是老的辣。在政治权术上，南方革命党毕竟远不如袁世凯来得老道；而在政治、经济、军事、外交诸多资源上，他们也远不如北洋势力，哪能像袁世凯一样呼风唤雨、收发自如？在当时的情势压迫下，孙中山、黄兴等人即使心有不甘，也只能接受专使团的建议，放弃原来建都南京并坚持袁世凯南下就职的主张了。

为了挽回点面子，孙中山等人随后要求袁世凯派代表到南京向临时参议院做个说明。既然目的已经达到，袁世凯也乐得大方，他在接到电报的次日便派出唐在礼、范源濂两位专使前往南京，将情况一一说明。

唐、范二人抵达南京前，袁世凯早将临时参议院的议员们大半搞定。这不，唐在礼在会议厅刚刚将情况说明的稿子念了个开头，下面已是掌声雷动，表示予以理解，丝毫没有为难。如此一来，南下就职一事也就寿终正寝了。①

1912年3月10日，袁世凯身穿大礼服，在北京外交大楼中（即前清外务部公署）宣誓就任中华民国临时大总统。是日，前

---

① 唐在礼：《辛亥前后的袁世凯》，见吴长翼编《魂断紫禁城：袁世凯秘事见闻》，第 101 页。

清旧官僚们仍按前朝惯例，向新总统排班谒贺；就连专使团蔡元培等人，也不得不杂列其中，鞠躬相庆。

至此，定都之争、就职风波彻底落下帷幕，孙中山等人完败，袁世凯大获全胜。如此结局，倒像当时流传的一首民谣："横商量，竖商量，摘下果子别人尝；今也让，明也让，吃人的老猿（袁）称霸王！"

可不就是这样，孙中山给袁世凯设定的"定都南京""南京就职"这两道紧箍咒，很快便被袁世凯化于无形中。不过，各位也别着急，孙先生还有第三道紧箍咒呢。

八

南北之争

袁世凯就任临时大总统时，南京临时政府也公布了由临时参议院所制定的《临时约法》。《临时约法》共七章五十六条，因为袁世凯即将就任临时大总统，因而南京的临时参议员们也紧赶慢赶，终于在老袁就任之前将条文拟定。

《临时约法》是中国历史上第一部资产阶级共和国性质的宪法文件，其中第二条明明白白写着："中华民国之主权，属于国民全体。"而整个第二章，规定的全部是人民权利，比清廷那个山呼万岁、强调皇帝神圣不可侵犯的《宪法大纲》要进步许多。当然，这些是各民主国都有的样板文字，《临时约法》中极具"杀伤力"的不是这个，而是关于大总统的权力限制问题。

在南京临时政府的组织问题上，宋教仁等人提倡责任内阁制，目的是限制总统的权力，以防止专制复发；胡汉民等人则主张实行总统制，两派人曾为此发生过激烈的争论。孙中山回国后，认为责任内阁制只适合于和平时期，现在是革命的非常时期，革命党人怎么能在制度上对信任的领袖处处设防呢？这不是坏事吗？孙先生还说，我不会听从这样的意见，高高在上，变成一个“神圣的赘疣”，误了革命的大计。[①]所以，孙中山在任临时大总统时，南京临时政府采用的是总统制。

说到这个内阁制和总统制，其实都是欧美舶来品，这里简介一二。近代西方民主发源于17世纪中叶的英国革命，其中经过数次反复，最终在1688年“光荣革命”中将国王变成了议会的傀儡。换句话说，英国国王虽是国家元首，但只具象征意义，并不掌握实权，权力主要掌握在议会手中。

当然，国王不掌握权力也导致了一个问题，那就是议会只具有立法权而不具备行政权。在多年的政治博弈与实践操作中，英国最终形成了竞争性的政党政治，哪个政党在议会选举中获胜，就由谁来组织政府，即所谓“组阁”。这也是历史上最初的责任内阁制，首相和全体阁员对议会负责。

英国革命一百多年后，美洲大陆的英属殖民地闹独立而诞生了美国。美国是一个新生国家，毫无专制历史的包袱，由此产生三权分立的民主政体，这是拜得天独厚的先天条件所赐。美国的国会和英国的议会类似，但在行政权上，美国人却独辟蹊径，那就是将国家元首和行政权合二为一，也就是人们熟知的总统制了。

民主革命搞得最激烈的法国，却将英美两国的特征加以调和，最终形成既有总统又有内阁总理的模式。法国之所以有总统，是因为他们需要一个国家元首；之所以要设立内阁总理并总揽行政大权，是因为要防止总统擅权。结果，法国的总统反成了一个摆设，只具有象征性意义（“二战”前如此）。[②]

---

① 胡汉民：《胡汉民自述》，人民日报出版社，2013年，第63页。

② 这里的讨论只限于“二战”前，“二战”后法国的政体又有了新变化，总统权力大增。

英、美、法三国之外，还有一种打着“民主”旗号的特殊政体，这便是德国和日本的伪君主立宪制。之所以说它们是伪君主立宪，主要是因为当时它们虽然在形式上和英国类似，但君主的权力和传统专制国家并没有什么两样。它们的议会、内阁，都只是君主的襄助机构，正如宪法第一条的规定，君主的权力至高无上。

清末预备立宪时，清廷的本意是想学德、日模式来糊弄下老百姓，但“假立宪引发真革命”，因为民主仿佛孽种，一旦滋生便会自行生长，当权者要是让民众尝到了民主的滋味，那立宪的进程就不会按当局设计的那样发展，清廷的覆灭可谓前车之鉴。最后，武昌起义一声炮响，全国各地群起响应，这时清廷匆忙间制定《十九信条》，想学英国搞真正的君主立宪，那也已经来不及了。

不管是真君主立宪还是假君主立宪，在当时的中国都行不通。因为革命党第一个要求便是要共和、不要皇帝。因此，革命党对袁世凯主张的君主立宪制基本不予考虑。不过话又说回来，中国毕竟有着两千多年的专制历史，如何选择一个合适自己的政体也的确是个难题。比如南京临时政府，便在责任内阁制和总统制之间来回摇摆，最终在孙中山的坚持下采取了后者。

随着清帝的退位，袁世凯接任临时大总统板上钉钉，这下孙中山等人又犯愁了：这袁世凯是前清体制下的旧官僚，对民主共和制度可谓一无所知；如果按照总统制来运作的话，弄不好就会权力失控，搞出个新的皇帝来。

于是，南京方面又将《临时政府组织大纲》的总统制改成了《临时约法》的责任内阁制。这样一来，大总统的名义上虽然好听，但权力受到内阁总理特别是参议院的严格限制，这显然是南京革命党人为防范袁世凯而特意量身定做的。

对于什么《临时约法》，袁世凯倒不在意。只要他先当上了临时大总统、取得合法地位，南京发来的文件一切都好说，他一概同意。毕竟，那边搞出来的东西都是临时的，到时候老袁真干上了总统，凡事都要推倒重来嘛。要知道，翻云覆雨、暗度陈仓，那可是老袁的强项。

《临时约法》颁布的第三天，袁世凯便按约法第43条向南京临时参议院举荐唐绍仪为国务总理并组织新内阁。本来呢，南京的革命党很想拿下总理这个职位，但由于孙中山和黄兴在民国初建时遇到颇多挫折，因而政治上渐趋消极，他们无意去竞争国务总理这个职位。

袁世凯提名唐绍仪组阁是经过深思熟虑的。唐绍仪是广东人，留美幼童的出身，他在之前的南北和谈中出力甚大，特别在赞成民主共和问题上，更是获得了各方的一致认可。当时的唐绍仪可谓“红人”：袁世凯这边，他是旧雨（老朋友）；革命党那边，算是新知；由他出任首届国务总理，南北双方均可接受。果不其然，南京临时参议院毫无悬念地通过了袁世凯的提议，唐绍仪成为中华民国首任内阁总理。

说起唐总理，这里要简单介绍一下。唐绍仪，字少川，广东香山人，生于1862年，与孙中山是地道的老乡。唐绍仪之父是上海经营茶叶的买办，族叔唐廷枢做过上海轮船招商局和开平矿务局总办，唐家在当地也算是望族了。

1874年，12岁的唐绍仪作为清廷第三批官派留美幼童前往美国，最高念到哥伦比亚大学。可惜的是，由于国内顽固派们的阻挠和责难，这些留美学生在未完成学业的情况下便被全部召回。唐绍仪在美国待了7年多，回国时只有19岁。

年龄不大而学业未成，主管洋务的李鸿章觉得这批半吊子“海归”闲置可惜，于是将这批人分别送到天津各洋务学堂回炉再造。比如蔡廷干被送到天津水师学堂，后来进了北洋水师；唐绍仪也得以继续深造，并于1885年进入天津税务衙门任职。袁世凯担任清廷驻朝鲜通商代表时，唐绍仪被派往朝鲜协办税务，由此和老袁结下不解之缘。此后，唐绍仪一直追随袁世凯，堪称袁手下资历最老的部下之一了。

在袁世凯的提携下，唐绍仪在仕途上也是平步青云，他先后做过外务部侍郎、奉天巡抚和邮传部尚书。1908年，在袁世凯被踢下台后，唐绍仪也自觉辞职赋闲，直到袁世凯再度出山。在同南方革命党的谈判中，唐绍仪一直担任北方议和总代表，足见袁世凯对他的信任。

开弓没有回头箭，首任总理不好当。3月25日，唐绍仪到达南京开始组阁。由于民国初建，南北派系林立，唐绍仪首先要做的就是调和各方矛盾，在权力分配上达到平衡。为此，唐绍仪提议将南京临时政府的九部拆分为十二部，除外交、内务、财政、陆军、海军、司法、教育七部照旧保留外，实业部拆分为工业、商业和农林三部，原交通部再拆出邮电一部。

唐绍仪分拆各部的，表面上看是为了分工更合理，但实际上是为了给各派系多安排几个部长、副部长，以缓和人事安排上的矛盾。可惜的是，唐绍仪的提议遭到临时参议院的反对，参议员们只同意将实业部分为工商和农林两部，邮电仍属交通部，不必分离。因此，南京临时政府便由最初的九部变成十部。

在内阁各部总长的人选问题上，唐绍仪斟酌再三，颇费思量。首先，陆军总长的人选就非常棘手。按南方革命党人的想法，既然孙中山辞去临时大总统，黄兴又不肯做内阁总理，那么陆军总长的位置应该给南方革命阵营；而黄兴作为南方军界领袖，德高望重，由他来担任陆军总长兼参谋总长，应该说是顺理成章、两全其美。

然而，这只是革命党人的一厢情愿。像陆军总长这样重要的职位，袁世凯当然不会让革命党人染指，他选中的对象，乃是其心腹大将段祺瑞。对于革命党人的要求，唐绍仪表示同情，他也确实在袁世凯面前为黄兴力争，并建议改段祺瑞为参谋总长而由黄兴任陆军总长，其理由是南军对此势在必得，如不遂愿，恐战端再起。

对唐绍仪的说辞，袁世凯并未在意，他只淡淡地说了一句："北军亦为段力争。"唐绍仪再争，袁世凯的脸色就不太好看了，他声称，如果段祺瑞不能担任陆军总长，那他也只好辞去大总统一职。

袁世凯的话传到南方，革命党人感到了莫大的侮辱，他们群情激愤，反而非要争这个职位不可。革命党人一激动，北洋系军人也不甘示弱，一些相对中立的派系出来拉偏架，如章太炎、张謇等为首的统一党即发表通电，劝说黄兴放弃陆军总长而改任参谋总长；有"民国产婆"之称的赵凤昌也主动搞起了"灭火"工作，他先后写信或发电报给黄兴及汪精卫等人，劝他们打消争做陆军总长的念头。

黄兴为人一向淡泊名利，其座右铭是"名不必自我成，功不必自我立，功成亦不居"，可谓革命党人中的道德楷模，结结实实的一个厚道人。在此情况下，黄兴顾全大局，自甘退让。在3月28日南方军界会议上，黄兴公开声明自己不接受陆军总长的提名，并恳求大家为了民国的顺利过渡，不要再为此事相争。说到动情处，黄兴声泪俱下，最终平息了这场风波。

黄兴既然答应不做陆军总长，袁世凯也就后退一步，打算安排他做参谋总长，但黄兴对此意兴阑珊，力辞不就。随后，袁世凯在南方阵营中挑选了原江浙联军总司令徐绍祯。徐绍祯虽然资格很老，但他在光复南京时并无嫡系部队，联军各将领对他并不尊重，因而他也有自知之明，不肯出任。最后，还是由副总统黎元洪兼任了参谋总长一职。

3月29日，唐绍仪向临时参议院提交了首届内阁的各部总长候选人名单：外交总长陆征祥、内务总长赵秉钧、陆军总长段祺瑞、海军总长刘冠雄、财政总长熊希龄、教育总长蔡元培、司法总长王宠惠、农林总长宋教仁、工商总长陈其美、交通总长梁如浩。

从名单上来看，外交总长陆征祥是无党派人士，是清末数一数二的外交好手；内务总长赵秉钧、陆军总长段祺瑞、海军总长刘冠雄和交通总长梁如浩是袁世凯的人马；教育总长蔡元培、司法总长王宠惠、农林总长宋教仁和工商总长陈其美是南方革命党的同志。南北双方，可谓平分秋色。

在随后的投票中，除了交通总长梁如浩因票数未过半而被否决外，其他人选都顺利通过。由于交通总长人选被否决，唐绍仪随后又提名汤寿潜为总长人选，但再次被临时参议院否决，最后只好由唐绍仪自兼交通总长了事。

3月30日，袁世凯根据临时参议院的议决结果发布任命，由唐绍仪组织的民国首任内阁正式宣告成立。有意思的是，在南北议和及南京组阁过程中，唐绍仪与南方革命党人颇多交往，双方很有共同语言。内阁成立当晚，唐绍仪在孙中山和黄兴的介绍下欣然加入了同盟会。因此，唐绍仪的这届内阁也有人称为“同盟会内阁”。

按唐绍仪的本意，他可能是想借此调和南北矛盾，以顺利开展工作；但在袁世凯看来，唐绍仪和革命党人未免走得太近了，有离心的倾向。特别在陆军总长的问题上，唐绍仪的表现让老袁很不满意。在他看来，唐绍仪的所作所为纯粹书生意气，不要说北洋系不可能会把这个职位拱手相让，就算让给黄兴来做，黄兴又怎能镇得住北洋系的那些骄兵悍将？

对于唐绍仪向革命党靠拢的表现，小站出身的北洋将领们就更加愤愤然了：首先，唐绍仪虽然在清末做过巡抚、尚书，但终究是个文官，乱世当头，还是枪杆子说了算；其次，老唐为南方如此卖力，甚至不惜出卖自己的阵营利益，这又是想干什么呢？

据说，唐绍仪有一回乘马车回家，迎面来了一列开道的士兵，其手中挥舞着鞭子，大声吆喝，横冲直撞而来。唐绍仪见后，急忙吩咐自己的马车让到路旁。回头一看，对面马车里坐的不是别人，正是总统府拱卫军统领段芝贵。段统领也看到了唐总理，但他对“故人”毫不理会，径直驱车走了。待到段的车子过去，唐绍仪这才暗骂道：“好大的威风！只有前清摄政王才够得上这样威风呢！”

风起于青蘋之末，被夹在南北中间的唐绍仪，他不仅与袁世凯埋下了不和的祸根，而且还被整个北洋系视为“叛徒”。之后，内阁中的种种冲突，无不因此而起。正所谓“人欲横流，千杯难填”，唐绍仪也是身不由己，他对内部的指责颇为委屈，因为内阁中的重要职位都留给了北方，南方所获大多为次要职位——这如何能算背叛“集团利益”呢？

九

全新内阁

1912年4月1日，唐绍仪内阁正式成立。正当国人为纷争的和平解决而欢呼，为共和的胜利和国家的统一而兴高采烈时，民国的起步开始就显得不是那么的顺利。

危机首先在内阁中爆发。唐绍仪组阁后，部分内阁成员对职位安排并不满意而纷纷提出辞职。如农林总长宋教仁，这位三十出头的年轻人，他认为当前有更重要的事情要办，小小的农林总长完全满足不了他的雄心。因此，宋教仁一而再、再而三地请求辞职，弄得唐绍仪非常难堪。

内阁中的另一位同盟会员陈其美，他认为给他的工商总长职位不过是调虎离山之计，因此根本没打算上任，而只是委托王正廷作为次长前往北京代为处理事务。财政总长熊希龄是介于北洋系和革命党之间的统一党成员，他鉴于当时财政问题极其困难，加上内阁中派系复杂，因此也打起退堂鼓，再三向唐绍仪请辞。

按约定，唐绍仪组阁后，南方的国务员们应立即前往北京就任。但在此情况下，连唐绍仪自己也走不了。他一直滞留南京，百般劝说宋教仁等人，希望大家以大局为重，早日北上。眼看首届内阁难产，身为临时大总统的袁世凯也非常着急，他通过电报不断对各方进行疏通，以求事态得到圆满解决。

之所以出现这种窘况，主要还是因为南北双方互不信任。南方革命军和北洋军曾真刀真枪干过仗，加上不久前北京又发生兵变，因此南方革命党担心北上会有危险而主张派兵护送。这种做法无疑将南北矛盾提前激化。

这时，身在武昌的副总统黎元洪站了出来，他一封接一封地给南京发电报，劝告国务员们尽快北上。电报里，黎元洪几近哀求地劝说道：

“民国初建，国本未定，民心动摇。即使大家群策群力，尚难图存，何况各部虚悬？各位要以灭种为旁观，以覆邦为快事，那我黎元洪宁愿垂手待毙，也无怨言！如各位还看得起我，还请按照约定尽早北上就职。在北京的总长可以先行筹办，在南京的总长还望轻车简从，迅速启行！如果各位北上招致危险，请杀我黎元洪以谢天下！要是各位拥兵自重，以致祸端，那诸位也当以死谢天下！五日之内，各位如还在延宕观望，那国民必认为诸位有意弃我民国，如何得了？”①

舆论压力下，滞留南京的国务员们也只好勉为其难地前往北京就职。4月15日，蔡元培、宋教仁及其部分参议员随同唐绍仪一同赴京。由于当时津浦路尚未通车，一行人首先从上海坐轮船到天津，然后由天津转乘火车进京。

临时政府迁到北京后，南京临时参议院也宣布休会，随之北迁。4月29日，临时参议院在京举行隆重的开院仪式，国务总理唐绍仪、各部总长及中外各界人士纷纷出席观礼，就连袁总统也亲自前来祝贺，发表演说。值得注意的是，这是袁世凯第一次到

---

① 参见廖大伟：《1912：初试共和》，第115页。

参议院、也是唯一的一次。说实话，议会到底干吗的、有什么权力和地位，恐怕老袁当时也不甚了了。潜意识里，他可能还是将参议院看成前清的资政院，不过咨询襄助罢了。

1912年4月底，在南北双方的协调合作下，民国政府初具框架，大总统、内阁、参议院都算物有其主，虽然它们都挂着“临时”二字。此时，距离清帝退位才两个多月，离武昌起义也不过半年时间。

新生的民国，类似的政治尝试在中国历史上可谓绝无仅有、毫无先例，速度不可谓不快，成绩不可谓不大。但所谓“欲速则不达”，这民国元年的气象虽然看似姹紫嫣红，颇有欣欣向荣之势，但其内部隐藏的各种汹涌潜流，也绝不容小视。

当时最大的矛盾，也就是前面提到的总统和总理的权限划分问题。按《临时约法》的规定，临时大总统发布命令须经国务总理副署方能生效。这规定的本意原是要从制度上限制袁世凯的权力扩张，但设想虽然很美好，现实中却是行不通的。

就拿袁世凯和唐绍仪的关系来说，从19世纪80年代开始，唐绍仪便一直追随袁世凯，这种僚属身份保持了近三十年。忽然有一天，袁世凯发布命令还需要唐绍仪来副署，非经唐总理的签署不能生效，这算什么事？袁世凯又如何接受得了？再者，以唐绍仪的身份地位和人脉资源，如果没有袁世凯的支持，他哪有能力去掌控当时的复杂局势？

可惜啊，唐绍仪追随袁世凯三十年，骨子里还是个书生。辛亥年南北和谈时，他登上南下的专车便剪去脑后长辫，此举貌似利于谈判，实则和清廷决裂的姿态昭然若揭。在南北谈判和组阁过程中，唐绍仪与南方革命党相处甚欢，这能不引起袁世凯的怀疑和猜忌吗？[1]

按袁世凯最初的想法，他举荐唐绍仪为内阁总理，可能是希望唐作为副手帮助处理政务，而如今唐绍仪和革命党过往甚密，那未免有借南边势力与自己对抗的嫌疑了。公道地说，唐绍仪虽然和革命党关系密切，但实际仍是袁派中人，不过因为责任内阁的缘故而屡屡与袁世凯相争。可问题是，袁世凯是旧派人物，哪里懂得什么总统、总理、责任内阁相互牵制的道理？在他看来，唐绍仪实在是小人得志，无礼至极，难以忍受了。

当时，就连总统府的人，每次见了唐总理前来议事，都私下里愤愤不平地说："今日唐总理，又来欺负我们总统么？"[2]下人的观念尚且如此，身为大总统的袁世凯，他的角色如何能转换过来？现实毕竟是现实，不能用想象来代替。

某次，唐总理又因为某事和袁总统起了争执。老袁听得不耐烦了，他脸一沉，勃然作色道："少川（唐绍仪的字），我现在已经老朽了，你来做这个总统，可好么？"[3]骤然听得这么一句，唐总理当场被吓得冷汗直流。这多年的僚属在官长面前，终究硬气不起来。

由于和唐绍仪之间抵牾过多，袁世凯后来干脆就撇开这个国务总理，直接指挥起赵秉钧、段祺瑞等人了。有了袁世凯的撑腰，原本就对老袁言听计从的赵、段等人更不把这新官上任的唐绍仪放在眼里。弄到最后，赵秉钧这些人连国务会议都不去参

① 参见范福潮：《清末民初人物丛谈》，湖北人民出版社，2009年，第105页；骆惠敏编：《清末民初政情内幕：莫理循书信集》，第822页。

② 唐德刚：《袁氏当国》，广西师范大学出版社，2004年，第52页。

③ 少川是唐绍仪的字，实际上袁世凯仅比唐绍仪大一岁。唐在礼：《辛亥前后的袁世凯》，见吴长翼编《魂断紫禁城：袁世凯秘事见闻》，第104页。

加。就这搞法，唐绍仪这个总理怎么做得下去？

比如在内阁各部人员的安排问题上，唐绍仪主张南北兼顾，但袁世凯直接命令各部仍按之前委任，只做微调而已。在陆军部，总长段祺瑞先是推荐自己的心腹徐树铮为次长，但因为南方革命党的不满，唐绍仪改任原南京临时政府陆军部次长蒋作宾为新陆军次长，并委托蒋物色几个司长、部员人选随同入京。孰料，还没等到蒋作宾进京，段祺瑞已经安排了五个司长，以至于蒋作宾带来的人根本没有位子可以安置，结果引起了一场大风波。最后，唐绍仪只得用增加司长职位的办法来摆平此事。

至于其他部的人员安排，情况也大抵如此。当时的内阁明显分为两派，一派是袁世凯的势力，另一派是南方革命党，两派人马，明争暗斗，不亦乐乎。唐绍仪本是袁派中人，立场却又接近南方革命党，当时被夹在中间而又无法调和双方的矛盾，实在是苦不堪言。用他自己的话来说，“我之内阁，乃背包内阁。多任总理一日，即多负罪一日！”[①]

人员安排还是小事，当时最困扰新内阁的是财政问题。中国有句话说得好，“一分钱难倒英雄汉”。没有钱，再美好的蓝图，哪怕是说破了喉咙，那也是白搭，最终什么事也干不成。而中国人的问题往往在于，他们不喜欢在台面上谈钱，似乎谈阿堵物很俗气，这也不过鸵鸟心态而已。

巧妇难为无米之炊。作为新任内阁总理的唐绍仪同样遇到这个问题，而他当时最重要的任务，就莫过于搞钱了。也许有人问：堂堂一个中华民国，怎么会没钱呢？这可能吗？

---

① 《民主报》1912年6月20日，参见廖一中：《一代枭雄袁世凯》，第328页。

现实是残酷的，当时的情况是确实没钱。试想，要是有钱，袁世凯岂能善罢甘休、革命党又岂会妥协退让？被专制思想熏陶了上千年的中国人，在权力斗争上向来爱走极端，成王败寇，你死我活，从来不懂得什么谈判妥协、有风度的对抗，而辛亥年达成共和、清帝和平退位这种皆大欢喜的结果，在中国历史上实属头一遭呢。

然而，财政上的困窘并不会因为民国新立而有所改善。相反，由于朝代更替，原本应缴纳的税收大都没有正常收取；就是正常收取了，在局势未定的情况下，各级地方也不肯主动解送给中央啊！因此，无论南京临时政府还是唐绍仪的北京内阁，其实都是一贫如洗的穷光蛋，只恨自己不能生出钱来。

当时还有个救急的办法，那就是向洋大人们借款。那有人要问，洋大人们为何要发善心，借给中国钱呢？道理也简单，西方列强搞了上百年的资本主义，财富积累丰厚，而资本的天性是逐利的，当时中国有接近五万万人，那是多大一个市场？哪怕从每个中国人身上赚到一两银子，那也有五亿两白银的利润，简直是不得了的数字。再者，如果拿到中国的政府项目，比如修建铁路或者直接借款，那利润都是十分可观的。

不过，这里有个问题，那就是中国局势一直混乱不堪的话，外国资本也就赚不到钱了。因此，他们需要一个人出来稳定局势。很显然，这个人就是袁世凯了。

袁世凯当上临时大总统后，英、美、德、法组了一个四国银行团，他们主动找上门来，表示可以借给巨款，但要求给予他们优先权。袁世凯此刻正愁没钱办事，这送上门来的买卖岂有拒绝之理，于是便欣然同意，并要求四国银行团先垫付四十万英镑。四国银行团财大气粗，四十万英镑当然不在话下，次日便予以交付。

随后，袁世凯指示唐绍仪继续和四国银行团商谈善后大借款的事宜。谈判过程中，唐总理心情很不愉快，因为洋大人不仅条件苛刻，而且动辄要安插人手进行财务监督，谈判一时陷入了僵局。由于急需用款，唐绍仪便用起了之前老领导李鸿章“以夷制夷”的那套招数，并暗中找了比利时银行借得一百万英镑的垫款。

有了这笔垫款，唐绍仪这才信心满满地前往南京组阁，并在武昌、南京和上海花掉数百万两银子后，方才欣然返京。回京后，还没来得及向袁总统报功，四国公使却发来一个照会，抗议唐总理无视四国银行团的优先权，擅自向别家借得巨款云云。

见此照会，袁世凯也知道理亏在先，只得推说不知此事，将责任一股脑推到唐总理的头上。唐总理正要辩解，袁总统却教了他一个方法，让美国公使从中斡旋调停，届时退掉比利时借款而只从四国银行团告贷。四国银行团都是些见利忘义的商人，他们见唐绍仪答应退掉此款，便也不再追究，双方继续进行善后大借款的谈判。比利时银行毕竟人微言轻，他们干不过四国银行团，也只好忍气吞声将本金和利息索回了事。

随后谈判中，唐绍仪按袁总统的指示，要求借7500万两的巨款，比之前数额多出数倍。洋大人们听后很是吃了一惊，问唐总理这借款将作何用途，唐总理未经思考便随口答道：“无非遣散军队等用处。”

洋大人接口便问：“遣散军队到底要多少款项？”唐总理一时也没有具体测算，只说至少要3000万两。洋大人听后面面相觑，露出一副很不信任的样子。之后，他们称借款可以，但必须派人监督借款用途，不然就不肯出借。

正当谈判陷入困境时，财政总长熊希龄正好来京上任，唐绍仪也就趁势将这借款重担推给了熊财长。熊希龄人称“熊凤凰”，他从小天资聪慧，14岁中秀才，18岁中举人，25岁中进士，少年新进，思想新潮，戊戌年曾参与湖南新政，后又随五大臣出国考察宪政，由此春风得意、青云直上。1909年，熊希龄前往奉天（今辽宁）整理地方财政税收，一时脱颖而出，被誉为朝中理财高手。

辛亥年中，熊希龄因赞成共和而辞官南下，他随后参加了章太炎组织的统一党（后合并为共和党）。被提名财政总长后，熊希龄开始婉谢，但后来盛情难却，只得答应就任。不过，他没有立即前往北京，而是先在南京帮黄兴解决民军的军饷问题，之后才赴北京。

离开南京时，熊希龄对那些缺乏军饷的民军窘状及潜在的兵变危险十分清楚。他上任后，第一件事就是要筹集一笔借款先给黄兴，用以裁撤部队。要说起来，这位新财长也的确有几分本事，他不但善于理财，而且口才很好（这点比唐总理强），硬是凭三寸不烂之舌，将整个借款计划、用途和归还方式等说得是头头是道。洋大人听后也是心悦诚服，当即答应先垫款300万两，随后再议善后大借款的具体事宜。

没想到的是，正当熊希龄兴致勃勃地要将好消息告诉黄兴时，南京却发来一纸电文，称：“垫款章程不但要监督中国财政，还要监督我国军队，是可忍、孰不可忍？！军队乃国防之命脉，岂能容许外国如此干涉！？熊财长难道忘记保路运动是怎么发生的吗？难道不知道埃及借债亡国的教训了吗？这20年来，无数中华志士赴汤蹈火，不惜一死，这才换得民国的今天，难道为了区区300万的垫款就要将民国葬送？哼，我们这些人只要还有一口气在，就决不会承认这亡国的借款条件，请熊财长务必取缔借款。”云云。

被这么大义凛然的电报一吓，熊希龄慌忙看这落款是谁，却见电报下角清清楚楚地写着“黄兴”及南京诸多民军将领的大名。这下，熊希龄气得是脊梁都要冒出火来：哦，我这么辛辛苦苦去和洋人们周旋，好不容易借得三百万银子，图个啥？还不是为了给你黄兴解燃眉之急？这下倒好，狗咬吕洞宾，不识好人心，难道你忘了当初在电报里又是如何急吼吼催款的吗？

一怒之下，熊希龄将黄兴催款的电报公之于众，并将南京民军因为缺饷而可能哗变的危险，还有自己的委曲求全，给大肆铺张、添油加醋地叙述了一番。不仅如此，熊希龄还在电报中讽刺黄兴缺乏政治经验，不懂经济，说要是黄兴当政的话，非将民国葬送不可。

革命元勋黄兴与新任财长熊希龄的电报战，立刻引起了轩然大波。各省都督、议员、报刊等等，纷纷各抒己见，有指责熊希龄软弱外交的，有大骂财长卖国的，也有批评黄兴不顾大局的，不一而足。

舆论浪潮的喧嚣声中，临时参议院也来插一脚，一些议员要求唐绍仪及其阁员前往参议院说明情况。会上，年轻气盛的议员们对唐绍仪群起责问，他们不但追问比利时银行借款的用途，而且还指责唐总理失信于国民、见嫌于邻国，甚至有人大骂唐绍仪是“亡国总理”。

唐绍仪做了30多年的官，哪里见过这般架势。他在会场疲于应付，到后来干脆失去反应，坐在那儿呆若木鸡，一言不发。这下，算是知道民主的厉害了吧。而得知300万垫款泡汤后，熊希龄干脆赌气不去部里上班，政务陷于停顿。

无端受了参议院的这番逼迫，唐绍仪也是气得无处发泄，当晚就向袁总统提请辞职。袁世凯虽对唐绍仪不满，但他也不想让首任内阁这么快就垮台，只好温言挽留，劝唐总理稍安毋躁，姑且忍耐一二。

一波未平，一波又起。借款一事暂时搁下不提，直隶都督的人选问题又起波澜。原来，各省在辛亥年后流行由本省人担任都督，如黎元洪督鄂、阎锡山督晋、李烈钧督赣等，当时直隶一些议员如谷钟秀等人，也提议由新任革命党人王芝祥担任直隶都督。

王芝祥，直隶通县人，原为广西布政使并兼巡防营统领，辛亥年中反正参加革命。后来，由于陆荣廷出任广西都督，王芝祥立足不住，便率部前往南京准备参加北伐。可惜北伐未果，南方革命党便想让他出任直隶都督，以扩大革命党的势力。

卧榻之侧，岂容他人鼾睡？直隶是北洋系的心腹地带，让王芝祥出任直隶都督的提议也是馊得不能再馊了。因此，袁世凯对此完全置之不理，而是直接任命了自己的心腹张锡銮出任直隶都督。

唐绍仪在南京组阁期间试图调和南北矛盾，当时也附和了南方革命党的要求，并向袁世凯提出由王芝祥出任直隶都督。袁世凯虽然心中不快，口头上却不做反对，只说让王芝祥先来北京。唐绍仪以为袁世凯已经同意任命，于是兴冲冲地给王芝祥发电报让他来京。

等王芝祥到了北京，唐绍仪请求袁世凯发布任命书，袁世凯却拿出几份电报，唐绍仪接过一看，原是直隶五路军界反对王芝祥就任都督的通电。唐总理很是气愤，说：“大总统前面已经答应，如何能失信于人？何况，军人干涉政治，恐怕也不是民国之福吧？”

袁世凯哼了一声，说："之前那是你答应的，我何尝予闻？王芝祥是革命党人，他要是做直隶都督，岂不是引狼入室？"唐绍仪忿忿然说："任命不任命，那是内阁的职权，岂能因军人干涉而随意改变？再说了，王芝祥已经到京，叫我这个总理如何交代？"

袁世凯捻须一笑，道："这却不难，老夫自有办法。"

要说起来，军人天职是保家卫国，在国内政治中应该保持中立。但话虽如此，实际上极难做到。比如民国年间，军人干政几乎是稀松平常，之前的北京兵变、这次的五路军界通电，和此后登峰造极的军阀政治相比，实在小巫见大巫，不值一提。

唐绍仪求学时曾亲身感受过美国的民主政治，他也意识到军人干政的严重性，但他手头没有枪杆子，又能奈何？反过来说，要是他有枪杆子，那岂不也是军人干政？这似乎是个奇特的悖论，而在当时却始终无法跳出这个怪圈。

正当唐绍仪十分被动、不知如何向王芝祥解释之时，袁世凯却单独召见王芝祥并答应给他一笔丰厚的经费，让他改任南方军队宣慰使，回南京协助江苏都督程德全遣散军队。唐总理的面子毕竟不如袁总统的大，而王芝祥原本也是个见风使舵的官僚，他得到袁世凯的保证后，竟对朋友的支持置之不顾，一口就答应了袁世凯的新任命。

等到王芝祥拿着任命书到唐绍仪那请求副署时，唐总理竟完全蒙在鼓里，丝毫不知道这回事。等回过神来，他才知道自己被袁总统和王芝祥双双出卖。愤懑之下，唐绍仪断然拒绝了副署的要求。王芝祥却是个很在乎官位的人，他居然拿着没有内阁总理副署的任命书，径直赴南京就任去了！

当晚，唐绍仪一夜未眠，彷徨终夜。此时的他，想起就任总理一个月来的种种挫辱和非难，心中仿佛打翻了百味瓶，伤心、愤懑、孤独、无奈，真是百感交集，一时俱来。

独坐寒窗临孤月，唐绍仪不免自言自语道："民主共和，乃《临时约法》所定。既然大总统的命令不需要内阁副署，那我这个总理，还当它做甚？"

言毕，唐绍仪心意已定。待到天色渐亮，他就收拾行囊，携家眷直奔火车站往天津去了。

十

组阁难产

唐绍仪挂冠而去后，袁世凯也颇感意外。正当他派人前去挽留时，唐绍仪的辞呈已从天津电报局发来。电报中，唐称自己“偶感风寒，牵动旧疾，所以赴津调治，请立即开缺，另请人选”。

眼看首任内阁即将垮台，袁世凯的脸上也很挂不住，随即派总统府秘书长梁士诒前去天津劝驾，看事情有无转机。等梁士诒到了天津，他见唐绍仪去意已决，劝无可劝，也只得怏怏而回。

唐绍仪的不辞而别，表面上看是王芝祥的任命书引起，实则隐含着权力体系构建与现实情况冲突的根本问题。

换言之，如果从遵守法律、遵守《临时约法》的角度出发，唐绍仪的辞职是值得赞扬的，因为他用个人牺牲挽救了法律的尊严，而没有让责任内阁制陷于袁世凯的淫威之下。但从实际情况来说，唐绍仪当时能做的也只有辞职。作为跟随袁世凯多年的僚属，他的力量实在没法和前者相抗衡。

如果从功利角度出发，唐绍仪的辞职显然不合时宜，因为民国初建需要的是大局稳定，当时唯一具有号召力的莫过于袁大总统。可气又可叹的是，唐绍仪的首任内阁竟然以这种闹剧形式收场，这实在出人意料而又不得人心的。

正因为如此，唐绍仪的辞职引起参议院中共和党、统一党一班议员的强烈不满，他们纷纷斥骂唐绍仪“擅离职守、乘间潜逃”，并声称“同盟会员不宜再担任内阁总理”。面对政治对手的攻击，同盟会则对唐绍仪进行了辩解和还击。他们认为，唐绍仪在本次事件中是受逼而退，真正要追究的应该另有其人。

唐绍仪已去，内阁总理不可久悬。1912年6月27日，袁世凯批准了唐绍仪的辞职，随后提名外交总长陆征祥作为总理人选。

让陆征祥接任总理，其实也不是袁世凯的本意。清末时期，有两个人在政务上对袁世凯的帮助特别大，一是唐绍仪，另一个是徐世昌，可谓“左膀右臂”。如今，“左膀”闹翻了脸，袁世凯当时就想提名徐世昌来接任总理一职。

可惜的是，翰林出身的徐世昌还有点“爱惜羽毛”的意识，他不愿意背负“不忠”的骂名而宁可躲在租界做遗老；而同盟会议员这边，他们认为老徐是前清官僚，对共和民主一窍不通，因而坚决反对提名他做内阁总理。

在此情况下，袁世凯决定提名陆征祥继任总理职务。陆征祥出身上海，早年学习外语，后来又进了京师同文馆，是职业的外交人才。民国年前，陆征祥做过多年的驻外公使，在外交界享有盛誉，对外情也了解至深。更重要的是，陆征祥在政治上是个超然派，他不属于任何政党势力，因此容易被各方接受。最终，临时参议院以七十四票通过、十票反对的表决结果通过了陆征祥出任总理的提案。

鉴于唐绍仪混合内阁相互倾轧的教训，同盟会决定让阁中同盟会籍的国务员集体辞职，以免政党之争妨碍将来的施政。同盟会此举，一来可以成全陆征祥组建一个超然内阁，二来也表示同盟会甘于牺牲，决不贪恋权位。

但是，当蔡元培、宋教仁、王正廷等人向袁世凯提请辞职时，袁总统却刻意挽留，以示包容。道理也很简单，袁世凯并不在乎什么政党内阁、超然内阁，只不过希望一团和气，延揽天下英才，为我所用。如果大家都辞职了，反是拆他的台，显得他没有威信。因此，袁世凯挽留的态度是诚恳的，他还不想这么快就和同盟会决裂。

同盟会对此却不以为然，他们认为陆征祥内阁也就是过渡内阁，因为过段时间后临时参议院需要重新选举而变成正式国会。届时，胜出的政党进行组阁，阁中全是一党，岂不更加方便？当时，同盟会中持这种想法的人不少，宋教仁便是其中最坚决的。

为了表示辞职的决心，蔡元培等人写信给新任内阁总理陆征祥，称同盟会籍国务员在7月14日后不再到部办公，同盟会员也不再参加新的内阁。在其去意已决的情况下，袁世凯批准了蔡元培等人的辞职，同日被免的还有交通总长施肇基、财政总长熊希龄，而工商总长陈其美一直没有上任，自然也在免职之列。当然，内务总长赵秉钧、陆军总长段祺瑞还有海军总长刘冠雄这三人，却是岿然不动的。

新总理陆征祥常年在国外办外交，在外面是把好手，对于内政却一窍不通。因此，他对组阁也颇为忐忑。好在袁总统答应帮他物色人选，陆征祥也就暂时应承下来。

同盟会声明不再参加新内阁，但袁世凯不知是真的爱才如命，还是有意挑拨同盟会内部关系，他非得提名同盟会员孙毓筠、胡瑛、沈秉堃为教育、农林、工商三部总长。孙、胡、沈三人均为老同盟会员，孙毓筠做过安徽都督，胡瑛做过烟台都督，沈秉堃则担任过广西都督。不过，他们到京就任参议员后，政治表现稳健，与袁世凯相处甚恰，因而得到提名。

对此，同盟会方面非常生气，宋教仁指责这是在“逼奸”，并要求袁世凯尊重别党决议。袁世凯才不知道什么“别党不别党”，他只管搞他的人才内阁。后来，因为共和党对胡瑛有异议，因而袁世凯用原四川布政使王人文替换了胡瑛，最后提出的新内阁成员名单如下：

财政总长周自齐　交通总长胡惟德

司法总长章宗祥　农林总长王人文

工商总长沈秉坤　教育总长孙毓筠

人员确定后，陆征祥前往临时参议院发表施政演说，同时也提请参议院批准新的内阁人选。由于陆征祥名声在外，之前又是高票通过，很多参议员都想一睹其风采，因此对他的演说极其期待。

当日上午，陆征祥翩然进入参议院，众参议员们都拍着巴掌表示欢迎，会场气氛十分热烈。大概是工作关系，陆总理擅长外语却不擅国语，加上一口的吴侬软语，说话声音太轻，很多议员都听不太清。等到大家竖起耳朵倾听新总理的宏论时，老陆却尽说些鸡毛蒜皮的小事，真是应了“盛名之下，其实难副”的那句古谚，让众议员好生扫兴。

你猜陆总理说些什么？他说的不是什么国家大政方针，也不是什么激动人心的计划战略，而是说了一番轱辘话，淡得如白开水一般：“兄弟我第一次来贵院，十分之荣幸。鄙人20年来一直在外国，20年间，第一次回国仅三个月；第二次回国还是在前年，待了有11个月。回来之后，和外界交往也少，鄙人又不愿吃花酒，不愿恭维官场，亲戚也抱怨我不肯引用己人，不肯借钱，因而在交际场中颇为冷淡。如今以一个不愿吃花酒、不愿恭维官场、不肯引用己人、不肯借钱的人来办一番大事业，鄙人实在是诚惶诚恐。如今有了国务总理，断不可无国务员，若国务员没有才干，单靠着一个总理，也断断不能成事。比如人家过生日，也须先开列菜单，挑选可口的菜蔬，何况是重大的国务员呢？”

对陆征祥演讲的开场白，议员们颇有些意外。他们本以为新总理会有一番高论，没想到却是一番极琐碎而絮叨的发言。听到这里，众议员面面相觑，非但没有给出一点掌声，反而在台下私自议论起来，弄得台上的陆总理极为尴尬，也无意继续演说下去。尴尬之余，他只得将新提名的国务员名单交给议长，自己却提前告退——可怜也没人送他。

陆征祥走后，众议员不免抱怨起来，说：“民国初立，本希望来个有才干的总理，方能兴利除弊。要是这一位来做总理的话，恐怕没有什么指望了。”在这种情绪下，议员们对名单一股脑投了反对票，六位候选人无一通过。

听到这个消息，陆征祥干脆躲进医院装病，并以“无组织内阁能力”提出辞职。就连兼任的外交总长。陆征祥也要一并辞掉。对此，袁世凯也是惊诧莫名，心想这些议员也太胡闹了，前几天还高票通过陆征祥的总理提名，今天又将内阁新成员全部否决，这算个什么事！

要说起来，这突然搞起民主，没有经验情有可原，乱搞一气也实属正常。就说那些年轻气盛的参议员吧，这些人大都三十来岁，他们一味地按西方教科书的教导来行使权力，由此造成立法权和行政权的冲突，而中国的传统是没有立法权的。

作为一个新生的共和国家，在传统皇权缺位的情况下，不为人知的立法权导致新内阁的难产，这让当时局势更为扑朔迷离，也更为不稳定。因此，当临时参议院否决新内阁人选的消息传出后，一些党派团体和舆论都纷纷发表看法，批评那些参议员不顾实情，意气用事，简直就是成事不足、败事有余！

不过话又说回来，参议员们其实也没错，多数人也并非出于私心，而是希望能组建一个合格、健全、有力的内阁。如果他们苟且迁就，成立一个无能之政府，到时亡国丧邦，又如何对全体国民交代呢？当然，也有很多人认为，在民国初建、茫无头绪的情况下，有政府胜于无政府，这次的组阁风波，应该由临时参议院完全负责。

内阁难产这种事，在政治成熟的国家其实不算什么大事。只是在民国共和新立、初试民主时，危机才显得特别敏感而迫切。作为袁总统，自然要对此负责，而受到舆论压力的临时参议院，也主动派代表到总统府协商解决办法。论情论理，这倒是个好现象，参议员们虽然年轻，但毕竟还是真心想把国家搞好的。

袁世凯混迹官场30余年，权术手腕早已炉火纯青。他一方面要维护大总统的威信，另一方面又要让临时参议院就范，这就不得不软硬结合，上多重手段了。7月21日，袁世凯在总统府宴请全体参议员，以加强双方的沟通。

当天，虽然下着瓢泼大雨，但参加宴会的参议员仍有60多人，接近临时参议院人数的三分之二。袁世凯的表现也很谦恭，他一早就到休息室同参议员们握手寒暄，彼此闲谈，形象极为亲和。

晚上6点半，参议员们来到宴会大厅，袁世凯首先发表了一通演说，内容无外乎当前的内政外交、金融财政，却比陆征祥说得入情入理、娓娓动听，听得众议员也是频频点头。

袁世凯演说完毕，副议长汤化龙代表全体参议员发言，表示参议院愿意诚心诚意地扶助大总统稳定局势，建设国家。随后，袁世凯又对众人鞠躬表示感谢，并希望大家不要忘记今天说过的话。众议员也集体鞠躬回礼，现场气氛极为融洽。

与场内的和谐气氛形成鲜明对比的是，北京军警界的高级军官们却在场外召开大会。到会人士个个义愤填膺，正义凛然地斥责参议员们毫无政治责任感，置国家于无政府状态，并声称再这么“无政府”下去，他们就要“被迫”出来维持局面。

会后，军警代表们又炮制出一份攻击临时参议院的电文，遍发黎元洪副总统、各省都督、各军队、各党派团体和各家报馆。文中气势汹汹地威胁说：“临时参议院阻挠新政府的成立，导致外国借款谈判无法进行；如再不发军饷，届时军队哗变，可别怪咱不客气！”

自上次北京兵变以来，军头干政已是第二次，后来更是发展成常态，成为民国难以医治的痼疾。在这些人的挑动下，各省都督、议会和报馆也纷纷谴责临时参议院，声讨的电文雪花般飘来，堆起来足足有一丈多高。

在舆论的斥骂下，参议员们反成了过街老鼠，落到人人喊打的地步。最过分的是，北京城里甚至出现匿名传单，悬赏十万大洋取议长吴景濂等人的性命；更有署名为“健公十人团”的某团体，他们给临时参议院送了103份信（参议员人人有份），警告参议员们要再胡搞的话，届时给每个人奉送十枚炸弹，好生享用。

对于北京军警的恶劣行径，南京民军的主要将领则在第一军军长柏文蔚的领衔下，向袁世凯提出了强烈的抗议，并要求社会各界特别是军人必须尊重国家的立法机关。柏文蔚等人指出，一旦军队构成压迫议会的先例，民国的未来必将后患无穷。这倒是明智之言，有先见之明。

接到这份抗议电报后，袁世凯见好就收，他随后便通电军警界，禁止他们再发出如此无聊的传单，并命令内务部和陆军部对此事进行调查（结果当然是口头警告，不了了之）。在舆论有利的情况下，袁世凯迅速提出第二份内阁人选的新名单，如下：

财政总长周学熙　司法总长许世英
教育总长范源濂　农林总长陈振先
交通总长朱启钤　工商总长蒋作宾

袁世凯这次提出的名单，除了蒋作宾为同盟会员外，其他都是袁世凯的夹袋中人。由于同盟会已经决议不参加新内阁，蒋作宾随后表示不能出任，请求另选贤能。事实上，袁世凯并非不知同盟会的决议，但他仍坚持提名蒋作宾为工商总长人选，似乎就是要以此打击同盟会，并提升自己的威信。

7月25日，临时参议院再次开会讨论内阁新人选，总理陆征祥没有出席而是委派陆军总长段祺瑞前来说明提名理由。段祺瑞倒是没有废话，只见他一身戎装，雄赳赳、气昂昂地走进会场，这让参议员们感到十分不自在。

段祺瑞说完离场后，参议员们也陷入了矛盾：要是迫于军警和舆论压力屈服的话，议会将丧失存在的价值；可要是继续坚持投反对票的话，非但政治危机愈演愈烈，弄不好人身安全都成问题。在现实和信念之间，参议员们也实在有些左右为难。

经商议后，临时参议院决定以“新人选需要资格审核”为名推迟投票，并希望袁世凯发布禁止军人干政的公告，以表示参议院并非在压力下进行国事讨论。对于参议员们的心思，袁世凯自然心知肚明，当晚他就安排了一个军警界与各党派参议员的茶话会，让各方相互交流，彼此沟通，以促成明日的投票。投票当天，袁世凯又公开发布禁止军人干政的电报，算是给足了参议员们面子。

随后，投票过程也就波澜不惊了。除工商总长蒋作宾因票数不足未能通过外，其他五位总长均顺利过关。蒋作宾被否决，一是同盟会参议员按其政党决议所为，二来也是临时参议院挽回面子之举。再怎么说，他们也没有完全屈服于袁世凯和外界的压力嘛。

蒋作宾被否后，袁世凯再次提名同盟会员刘揆一为工商总长人选，似乎不打开这个缺口决不善罢甘休。最后，袁世凯的努力得到了回报，刘揆一决定接受这个职务并公开声明退出同盟会。这一次，袁世凯又笑到了最后。

在袁世凯的百般运作和各方妥协下，组阁危机宣告化解，陆征祥内阁得以名义成立。之所以说“名义成立”，主要总理陆征祥考虑到自己不被参议院信任，于是他干脆称病不出，也不到部处理政务。在此情况下，袁世凯只好让内务总长赵秉钧暂时代理总理职务。

总理人选的不确定，让袁世凯很是头疼。不过，好在孙中山、黄兴马上要来北京了，这个问题可以留到那时再协商解决。

十一

和平竞选

应该说，孙中山辞去临时大总统后，心情不算糟糕，更没有认为革命失败。他明确表示："解职并不是不理事，而是要投身于民生事业中去。"换言之，民族主义革命已经成功，民权主义且交给袁世凯去尝试，自己则致力于民生主义事业。如此一来，三民主义也就顺利实现了。

而这时，北京政局屡现危机，袁世凯为调停党争而向孙中山、黄兴伸出了橄榄枝，邀请两位革命元勋来京晤谈，共商国家大计。对于袁世凯的邀请，同盟会中分成两派：稳健派支持两人北上，他们认为这是英雄相见、巨头相会，既能稳定政局，同时也是民国发展之福；激进派则认为这是圈套，革命领袖不应深入虎狼之地。

而在这时，原湖北革命元老张振武被杀一事，更是掀起了轩然大波。张振武是武昌起义发起人之一，和孙武、蒋翊武并称"首义三武"。辛亥年后，黎元洪逐步掌控了湖北局势，原革命党人被排挤而日益边缘化。对此，孙武、蒋翊武消极引退，张振武则心生愤懑，对黎元洪极其不满。

1912年5月，在袁世凯亲信、参谋次长陈宧及黎元洪的策划下[1]，“首义三武”被召到北京，但袁世凯只封他们为毫无实权的总统府军事顾问官。对此，张振武多次表示不满，他对陆军总长段祺瑞抱怨说：“难道我们湖北人，就只配做个顾问官吗？”

在张振武的一再要求下，袁世凯只好又封他为蒙古屯垦使加以敷衍。张振武接受委任后，非常认真地向袁世凯申请经费，以开办专门机构。老袁对此未予理会，张振武一怒之下便擅自回了武昌，并利用此前势力公开设立屯垦事务所，并打算募集一镇精兵前往蒙古。

眼见张振武去而复返，黎元洪本就十二分的不乐意；而张振武又重新聚集旧势力，黎元洪更是感到极大的威胁，于是决心和袁世凯联手除掉张振武。1912年8月初，张振武和亲信方维等人随同参议员刘成禺、郑万瞻一起前往北京。临行前，黎元洪赠给张振武四千大洋作为旅费，双方看似和好如初，实则一个阴谋就此展开了。

事后，黎元洪向袁世凯发出一封密电，其中揭发了张振武的种种不法行为，并要求将之就地正法。而在这时，张振武还在北京到处会客，与各界人士联络感情。8月15日晚，张振武和湖北来京将领在六国饭店宴请姜桂题、段芝贵等北洋将领，以消除南北军界隔阂，化解之前的敌意。

当晚10点，酒阑人散，张振武在回旅社途中被潜伏的军警拦截。被捆绑押解到京畿军政执法处后，军法处长陆建章向张振武出示了黎元洪的电报和袁世凯下令处决的军令。次日深夜1点，也就是张振武被捕3个小时后，在未经任何审讯的情况下，张振

① 当时黎元洪兼任参谋总长，但一直未上任，事务均委托参谋次长陈宧处理。

武被绑在军法处的木桩上枪毙。临刑前，张振武仰天长啸：“想不到共和国也如此黑暗！”同晚，随同张振武进京的方维也在被抓后处决。

张振武被杀后，很多同盟会会员纷纷劝阻孙中山不可贸然进京。作为权宜之计，同盟会经商议后决定让孙中山先行，而让黄兴暂时称病，视情况而后定，以防两大革命领袖被一网打尽。8月18日下午，在袁世凯的迎孙专使张昉和程克的陪同下，孙中山及夫人卢慕贞、秘书宋霭龄等人乘轮船北上。

袁世凯给予孙中山的礼遇不可谓不高。在欢迎晚宴上，袁世凯为孙中山亲自执盏，堪称殷勤备至。致辞中，袁世凯以极诚恳的口气说：“我盼望先生与克强（即黄兴）已经很久了。今天克强未与同行，不能共聆伟论，实在令人遗憾。所幸先生惠然前来，让我感到十分欣慰。现在时局动荡，边警屡起，我又见识浅陋，能力有限，谨代表四万万同胞感谢先生，还望先生不惜赐教、大力匡助！”

袁世凯的谦恭和马屁相当到位，孙中山自然没话说。交谈中，孙中山提出：“袁公任大总统十年，练兵两百万；我经营铁路，延伸二十万里。到那时，我们民国难道还能不富强吗？”[①]袁世凯听后，连连点头。不管孙中山说什么，袁总统总是说好。

8月28日，袁世凯在总统府举行盛大宴会，参议院议长、各部总长和各界名流一体作陪。席间，袁世凯致欢迎辞说：“孙先生游历海外二十余年，此次来京与我商议国家大计，各项政见初见端倪，大大有助于民国前途。孙先生这次来京，与我相谈极其诚恳，可见之前谣传全是误会。民国由此更加巩固，此最可欢迎

① 参见白蕉：《袁世凯与中华民国》，中华书局，2007年，第47页。

之事。”说罢，袁世凯向孙中山举酒致敬，并高呼道：“中山先生万岁！”

盛情难却之下，孙中山也起立作答：“今日承大总统特开宴会，备极嘉许，实在感谢。大总统富于政治经验，善于练兵，如今担任国事，实在值得国人庆贺。”说完，孙中山也高呼道：“袁大总统万岁！中华民国万岁！五大民族万岁！”互呼“万岁”声中，宴会气氛一时达到高潮。①

袁世凯的付出终于有了回报。9月24日，临时参议院以69票赞成、2票反对的绝对多数通过了袁世凯对赵秉钧出任内阁总理的提名。由此，组阁危机彻底化解，赵秉钧内阁也成为民国建立后的第三任内阁。

在袁世凯的盛情款待下，孙中山也失去了仅有的一点警惕。9月初，孙中山就致电黄兴，敦促他早日赴京，以消除外界的各种谣传，促进南北统一。9月9日，黄兴还在途中时，段祺瑞、黎元洪、黄兴三人被授为陆军上将；同日，袁世凯又发布命令，特授孙中山“筹划全国铁路全权、组织铁路总公司”，并极慷慨地让交通部每月拨给办公费3万银圆。

三雄会后，孙中山曾这样评论袁世凯：“袁之为人，甚有肩膀，其头脑亦甚清楚，见天下事均能明澈，而思想亦甚新；不过做事手腕，稍涉于旧。但办事本不能尽采用新法，......故欲治民国，非具有新思想、旧经验、旧手腕等不可，而袁总统适足以当之。”②

---

① 参见廖一中：《一代枭雄袁世凯》，第339页。

② 参见石之轩：《袁世凯1916：悬崖上的龙椅》，陕西人民出版社，2013年，第1页。

1912年10月，黄兴从北京返回阔别多年的家乡湖南，途中正值他39岁生日。在饱览了祖国的大好河山后，黄兴回想起这十余年的革命生涯，他不禁感慨万千，赋诗一首：

卅九年知四十非，大风歌好不如归；惊人事业如流水，爱我园林想落晖。

入夜鱼龙都寂寂，故山猿鹤正依依；苍茫独立无端感，时有清风振我衣。

此时的黄兴，将届不惑之年。对他来说，革命已成昨日云烟。经过多年居无定所、漂流海外的生活后，如今革命成功、民国初立，黄兴萌生出功成名就的退意，也属正常。久动思静，革命党人主动放弃军权，固然是情非得已，但革命者最终选择一条和平竞争的道路，岂非国家之幸、国民之福哉？！

不过，同盟会中的激烈派却对孙、黄等人的想法感到大惑不解，元老级人物谭人凤即大发感慨："以前有人写诗，说'周公恐惧流言日，王莽谦恭下士时'，这两句正好应该送给孙、黄二人。不过一番款洽，竟然就中了袁世凯的圈套。孙中山还说什么愿袁世凯为十年总统的胡话，就连黄兴也立刻改变了论调，难道袁世凯真的有魔力吗？这些人怎么会被他玩弄于股掌之间而不悟呢？真是奇哉怪也！"①

清帝退位后，像黄兴那样看淡革命而转向和平政治竞争的人并不在少数，比如章太炎就公开声称，"革命军起，革命党消"，要求将原来革命党的秘密组织改为合法组织，开展公开的

① 谭人凤：《谭人凤自述》，人民日报出版社，2011年，第99页。

政治活动。

事实上，章太炎的提议在当时颇具代表性。在很多人眼里，清帝已经退位，异族统治也已结束，以后都是汉人间的事情。那不管袁世凯也好、孙中山也罢，只要天下太平不打仗，为国为民求发展，有什么事情不可以好好商量呢？

在“革命党消”的呼声中，一场热火朝天的组党运动也开始在全国各大城市相继上演，并在1913年国会选举前形成高潮。不出所料的是，那位提出“革命军起，革命党消”的章先生也成了组党运动的急先锋。

1912年1月，章太炎联合江苏都督程德全成立中华民国联合会并自任会长，程德全为副，张謇、熊希龄等名流都是会中骨干。在此期间，光复会会长陶成章在上海广慈医院被人刺杀。令人痛心的是，主持这次刺杀事件的竟是上海督军陈其美，而执行人则是后来鼎鼎大名的蒋介石。

陶成章被刺死后，章太炎随后将中华民国联合会改组为统一党，并更加激烈地斥骂同盟会。在老章看来，同盟会是一个有严重暴力倾向的组织，这些人置国家利益和民族大义于不顾，在和议已成的情况下还想继续捣乱；要是这些人侥幸得了国家政权，必定要排斥异己，恢复专制。章太炎甚至直言不讳地指出，他另搞其他政党，就是针对同盟会的。对于老章的倒戈反向，同盟会也不免愤而反击，他们在报纸上大骂章是个疯子，并放言章太炎要拿枪打国务总理唐绍仪，他才有严重的暴力倾向。

和同盟会闹矛盾的，还有武汉首义的那些革命党人。南京临时政府成立后，在上海活动的几位武昌首义者如孙武、张振武等都未能在临时政府中谋得职位，因而对同盟会，特别是黄兴等人极为不满。在他们看来，武昌是首义，同盟会是外来抢功的和尚，可这些人连个陆军次长的位置也没留给他们，这也太说不过去了。

此前率军攻入南京的浙军司令朱瑞，他是光复会会员，本就和同盟会有矛盾。黄兴当上陆军总长后，朱瑞不但不服指挥，私下里还蔑称黄是“汉阳败将”。后来，朱瑞与孙武等人在上海组织“民社”并公推黎元洪为领袖，目的就是要与同盟会分庭抗争。

此外，民国初年的活跃政党还包括孙洪伊、汤化龙发起的“共和建设讨论会”；清末旧官僚岑春煊组织的“民国公党”；参议员谷钟秀、吴景濂等人组织的“统一共和党”；陈锦涛、王宠惠等人发起的“国民共进会”；范源廉、黄远庸等人发起的“国民协进会”；籍忠寅等人组织的“国民公会”；温宗尧等人组织的“国民党”，等等，其间林林总总，竟然有数十家。这些政党、半政党分分合合，数月一变或一月数变，成员甚至领袖也毫不固定，今日是此党，明日成彼党，令时人为之目眩，也让后来的研究者为之头疼。

如一时雄起的共和党，便是由统一党、民社、国民协进会、国民公会和上文提到的国民党五个组织合并而来。1912年5月，共和党在上海张园正式成立，黎元洪被选为理事长，张謇、章太炎、伍廷芳、那彦图为理事，另选出干事54人，包括熊希龄、范源濂、朱瑞、程德全等。大体而言，共和党多为清末立宪党人及旧官僚，政治取向是维护统一共和、支持中央集权主义，因而也被袁世凯用以对抗同盟会。

当然，共和党也有自己的想法，他们虽然用国权主义抵制同盟会的民权主义，并在参议院中与同盟会作对，但其实也是想借袁世凯的支持来发展自己的势力，以待日后能参与或独立执政。

共和党成立后，全国各地均设分部，党员数量一度超过10万人。

在全国各地组党运动如火如荼的形势下，同盟会也感到了莫大的压力。1912年3月，同盟会在南京召开本部大会，宣布正式改组为公开的政党。组织公开后，同盟会靠着此前的革命盛誉在各地发展迅速，数月之间，会员便增至十数万人，成为民初势力最大的政党。

由于同盟会在参议院已不占绝对多数，宋教仁向孙中山、黄兴提出改组同盟会，并打算像共和党一样合并其他主张接近的小党派。孙、黄二人辞去公职后，政治上一度消极，宋教仁也得以施展手脚，对同盟会进行一次大规模的组织更新。

1912年8月13日，同盟会、统一共和党、上海国民公党、共和实进会及国民共进会发布联名宣言，宣布成立新的国民党，同盟会名称退出历史舞台。8月25日，国民党在北京湖广会馆召开成立大会，到会者有两千人之多。会上，国民党选举孙中山、黄兴、宋教仁等9人为理事，孙中山被推为理事长。另外，大会还选出29名参议，包括胡汉民、李烈钧、柏文蔚、张继、于右任、马君武等，阵容空前强大。由于孙中山正醉心于他的铁路实业计划，因而宋教仁被委托为代理理事长，专心党务。

短短一年间，民国便出现了如此多的政党，在这光怪陆离的政治热潮下，其中隐忧也不容忽视。事实上，这些所谓政党其实难称政党，它们和历史上的朋党倒是一脉相传。就像《真相画报》上的一幅漫画，上面讽刺说："什么子叫党，什么子叫派，原本一伙人，也进谗言把他害；什么子叫改，什么子叫革，排挤与钻营，更比从前了不得。"

当时，也有人一针见血地指出，民国初年的这些政党不是政见的结合，而是感情的结合、权势的结合，甚至干脆就是金钱的结合，只不过老祖宗之前叫什么君子党、小人党，现在的人套了个政党的名词。这些所谓的党派，无一不是中上层士大夫的俱乐部（包括国民党在内），他们毫无民众基础，也没有切实可行的党纲，很多党派对自己的党纲不甚了了，不过是作为点缀和摆设罢了。

另外，当时最乱的便是跨党行为，有人最多跨了十几个党派。总理赵秉钧就说："我本不晓得什么叫党，不过有许多人劝我进党。统一党也送什么党证来，共和党也送什么党证来，同盟会也送得来。我也有拆开看的，也有撂开不理的。"说到这里，怀揣八个党证的赵秉钧摸了摸脑袋，对身边人笑道："我何曾晓得什么党来！"

赵秉钧出任内阁总理后，黄兴等人还积极劝说新内阁成员全部加入国民党，就连大总统袁世凯也成了他们的拉拢对象。对此盛情，老袁却不以为然，他对国民党参议柏文蔚说："诸位的党纲，我倒是很佩服。但要让各国务员全部是同党，我却以为大可不必。试想一国之间，政党甚多，入甲党则乙党为敌，入乙党则丙党为敌。纷纷扰扰，争吵不休，于国于民，又有什么好处呢？"

按《临时约法》规定，国会选举应在约法颁布10个月内举行。对当时国人来说，政治选举是新鲜玩意儿，但并不是第一遭。清末立宪时，清廷已经搞过一次，只不过那次是选举资政院议员和各省咨议局议员，尚不能算国会选举和地方选举，最多只能算预演。

临时参议院制定的《国会组织法》以美国为范本，国会分参、众两院，其中参议院名额274名，具体分配如下：1. 每省10名，分别由各省议会选出；2. 蒙古27名、西藏10名、青海3名，分别由其选举会选出；3. 中央学会8名、华侨代表6名。这个名额分配既保证了各省的发言权，也照顾了蒙古、西藏、青海乃至学界、华侨的特殊性。众议院名额则按人口比例主义，每80万人分配议员名额1名，总计议员596名，由各省组织选出。

饭要一口一口吃，民主也要一步一步来。民国首次国会选举并非真正意义上的普选而是带有各种限制，如年龄限制为21岁以上、选举区内居住满2年以上等。此外，财产与教育也有限制，具体如下：1. 年纳直接税2元以上；2. 有价值500元以上不动产；3. 小学以上毕业；4. 有与小学以上毕业相当的资格。

这次的选举，女子没有选举权和被选举权，由此各省登记的选民在4000万左右，约占全国总人口的十分之一。这一数字，是清末选民的24倍，进步也算不小了。

按计划，国会选举从1912年12月上旬开始，到次年3月结束。对此，各党派不敢有丝毫的怠慢，它们在选举筹备阶段便开始明争暗斗，好一派“八仙过海，各显神通”的热闹景象。

1912年10月，清末闻人梁启超结束流亡生涯返回国内。他的归来，也给即将到来的国会选举制造了不小的变数。回国前，梁启超致信袁世凯并分析了民国初年的政治形势。据他的看法，国内政治力量分三派：一是以袁世凯为首的军政实力派；二是由清末立宪派转来的改良派；三是孙中山等人的革命派。其中，第一派不搞政党，第二派组成政党，第三派改造成政党。

进一步说，就是第一派掌握实际的权力，第二派组织政党来与第三派在议会中展开竞争。更直白地说，就是第二派帮助第一派牵制革命派，以便第一派顺利执政，这也算是别出一格、颇具特色的政治见解了。

梁启超认为，当时中国不适合立即实行西方制度，而应先搞开明专制，用改良主义的方法逐步推进体制革新。为此，梁启超写了一份《中国立国大方针商榷书》，而这也成了共和建设讨论会的指导纲领。

共和建设讨论会由孙洪伊、汤化龙等人发起，其中以清末立宪党人和旧官僚为主。1912年8月，共和建设讨论会和国民协会等几个团体合并成民主党。梁启超回国后，民主党又与共和党及从共和党中分出的统一党组成联合战线，准备在国会选举中共同对付国民党。

就力量对比而言，当时民主党、共和党、统一党三者联合，也敌不过国民党的势力。而在此刻，代理党务的宋教仁异常积极，他在1912年10月中旬后离京南下，前往各省布置国民党选举事宜。在他的努力下，国民党在各地选举动员会都开得非常成功，特别是宋教仁的演说极具魅力，吸引了众多民众前来听讲。

当然，聆听演说的不仅是国民党员、新闻记者和普通民众，其中也混杂着袁世凯派来的探子。每次宋教仁演说完毕，袁世凯总能通过各种渠道了解到国民党的动向。有一次，宋教仁在演说中称："我们此时虽然没有掌握军权和政权，但世界上的民主国家，政治的权威是集中于国会的。所以，我们要停止一切运动，来专注于选举运动。我们要在国会中获得半数以上的议席，进而在朝，就可以组成一党的责任内阁；退而在野，也可以严密地监督政府，使它有所忌惮而不敢妄为；应该为的，也使它不敢不为。"

宋教仁的这段话，深刻揭示了民主政治中关于立法权至上、权力制衡的真谛，而他试图通过夺取选举胜利并组织完全内阁的想法，也称得上教科书式的经典范例。但话虽如此，要真正操作起来却并非易事。据说，袁世凯听到这段话后便很不高兴，他愤愤然地对身边幕僚说："噫！宋教仁还想组建政党内阁吗？何相逼如此之甚也！"

说到底，袁世凯不但对国会、立法权、政党内阁之类毫无概念，就连监督政府也都视为离经叛道，这也是传统专制政治所无法理解的。由此可见，教育老百姓还是小问题，教育领导才是民国初年不容忽视的大问题。

大总统不知何为民主和选举，下面也好不到哪儿去。比如竞选，各政党除集会演讲、宣传政见外，更多的是倚仗地方权力和耍弄手段来控制选举。如湖南选区，国民党便在选举前将各县县长大多调整为国民党员，选区的监督也全部委派国民党党员担任，结果共和党在湖南惨败，国民党候选人从国会议员到省、县议员，都以百分之九十以上的比例当选。

湖南这么搞，江西、广东、湖北这些由国民党控制的地区也是如此。其他党派也不甘落后，如统一党利用河南都督张镇芳的关系使尽手段，日的就是不让国民党当选。由此，民国首次国会选举出现各种怪状和丑闻，什么拉票、抢票、毁票，还有金钱贿买、暴力威逼和胁迫等，也就不足为怪了。总而言之，各种手段无奇不有，不怕做不到，就怕你想不到。

厚道地说，初次选举出现这些乱象也不算新闻，毕竟这些乱象在清末立宪时就已经出现过。即使是现在，很多国家的选举丑闻也是层出不穷，100多年前初尝民主的中国出现这种事，又算得了什么呢。

在宋教仁和诸多国民党员的努力下，国民党在参众两院的初选和复选中获得了巨大的胜利：众议院596个席位中，国民党获269席，占45.1%，共和党、统一党、民主党共154席，只占25.7%；参议院274个席位中，国民党获123席，占44.9%，共和、统一、民主三党共69席，占25.2%。由此，国民党虽未获得过半数的绝对优势，但所占议席远超过其他政党，即使共和、统一、民主三党联合，也不足以相抗衡。

选举胜利后，国民党上下一片欢腾，宋教仁也是十分的激动。在他看来，胜利的曙光已在眼前，组阁的梦想即将实现。但万万没有想到的是，危险正慢慢向他逼近。百年历史瞬间而过，有时候回头想想，宋教仁所迷恋的选举胜利，何尝不被后人所迷恋并迷信着，但在残酷的事实面前，它只是一个幻想，或者只是一个幻象罢了。

事实上，宋教仁所热衷的选举政治本身就充满了矛盾：一方面，他想和袁世凯调和，另一方面，他又想和袁世凯争权；一方面，国民党放弃了军事，另一方面，它却又想争夺政权。如此做法，在一个沿习千年、以武力为后盾的专制国家中，这如何能办到呢？宋教仁以为只要有一部《约法》，借着《约法》中规定的“责任内阁”之空名，加上一个在国会拥有多数议席的政党，便足以对付袁世凯的军政力量，岂非是漠视传统和现实的书生之见？

宋教仁也许忘记了，在辛亥年中，革命党人之所以放弃和袁世凯的争夺，最主要的原因是他们无法和袁世凯的军事力量相抗衡，这才不得不依靠袁世凯的力量迫使清帝退位。试想，革命时期用武力尚且不能达到的目的，又怎能在袁世凯已经掌握政权时，再用和平的、选举的方式夺回来呢？这也未免太天真、太浪漫、太不现实了吧。

十二

真相难寻

1913年2月，宋教仁辞别家人，在长沙、武汉、南京、杭州等地演说游历一番后回到上海，并准备于3月20日乘火车前往北京。

宋教仁每到一地，往往要发表演说，其中不乏抨击袁世凯政府的言辞。当时有人劝他不可过于锋芒毕露，以免遭遇不测之险。宋教仁对此不以为然，说："我这一生，光明磊落。平生既无宿怨，也无私仇。光天化日的政客竞争，又怎会有如此卑劣残忍的手段？"

宋教仁毕竟年轻阅浅，太过大意了。他对当时各种复杂力量的过分轻视，此所谓"被胜利冲昏了头脑"，真为后来者留下了一个血淋淋的教训。

3月20日晚十点，在黄兴、于右任等人的陪同下，宋教仁来到沪宁火车站准备北上。正当大家兴高采烈地谋划着民国未来的美好蓝图时，火车汽笛"呜呜"响起，提醒火车即将出行，旅客们赶紧上车。从休息室到检票口不过数十米，两三分钟即可走到。而此时，却突然下起了小雨。

在众人的簇拥下，宋教仁和黄兴在前面并排走着，一路上还说说笑笑。当他们快走到检票处时，斜刺里突然窜出一条黑影。说时迟、那时快，只听“砰”的一声枪响，走在队伍前面的宋教仁表情痛苦，他扶着身边的铁栅栏，忍着痛叫道：“我中枪了！”

一片惊呼声中，紧接着又是两声枪响。等众人反应过来时，凶手却是身手敏捷，一下就消失在迷蒙的夜雨之中，跑没影了。此时，宋教仁歪倒在地上，手还紧紧捂着受伤的腰部。等同伴们找来汽车送他去医院时，血已经流了一地。经医生检查，宋教仁是背后中枪，子弹斜穿到腰部，肾脏、大肠均被击中。

毫无疑问，这是一桩精心策划的政治暗杀事件，目的就是要置宋教仁于死地。

经简单手术后，宋教仁脸如白纸，他知道自己的生命即将走到尽头，便呻吟着对陪护在侧的于右任口授遗嘱，说有三事还需同志相助：一是将他在南京、北京及东京寄存的书籍全部捐入南京图书馆；二是他家中一向贫寒，老母尚在，希望各位故人能代为照料；三是诸位同志要继续奋斗救国，不要以他为念而放弃责任。

言毕，宋教仁痛苦至极，他一会双手抱肩，一会合成十字，似乎有说不尽的苦楚。旁边一班陪护的友人，也都为之恻然落泪。经第二次缝肠手术后，宋教仁的伤情更加恶化，他还呻吟着说：“我为了调合南北，费尽苦心。可是造谣者和一般人民不知原委，每多误解，我真死不瞑目！”

挨到3月22日凌晨4点，在黄兴、于右任等人的围侍下，宋教仁最终还是在辗转苦痛中气绝而亡，年仅32岁。临终前，宋教仁双目直视不瞑，双拳紧握不张，眼眶中尚有泪珠，足见他对这个美好的世界是何等的眷恋和不舍。

宋教仁游杭州西湖时，曾口占五绝二首，一曰：“日出雪磴滑，山枯林叶空；徐寻屈曲径，竟上最高峰。”；二曰：“村市沈云底，江帆走树中；海门潮正涌，我欲强挽弓。”

要是将两首诗的最后一句合并，便是“竟上最高峰，我欲强挽弓”，这颇有不祥味道了。也许是命运的捉弄，也许是世事的无常，在他即将到达政治生命的顶峰时，黑暗的陷阱却早已布下，宋教仁的生命之火和无数人为之激动的政治理想也随之无情熄灭。

时代的巨浪，将这位年少英雄推上了政治的浪尖，但最终的结果却是无可抗拒的死亡。

宋教仁，字遁初，号渔父，湖南桃源人。他从小天资聪颖，20岁中秀才，后在武昌读书时，在黄兴的影响下走上革命的道路，并任华兴会副会长。1904年底，宋教仁在筹划起义失败后流亡日本并成为同盟会骨干。在日本期间，宋教仁勤奋好学，并翻译了《日本宪法》《英国制度概要》《美国制度要览》《各国警察制度》《德国官制》等书籍。

1907年，在日本试图谋划强占中国领土延边地区时，宋教仁潜入日本秘密组织“长白山会”，并获取了日方伪造的延边地区归宿假证据。由此，他写出了一本书，并帮助清政府在维护延边地区主权问题上取得成功。

武昌起义后，宋教仁担任南京临时政府法制院院长，协助临时参议院制定法令。唐绍仪内阁时，宋教仁被提名为农林总长。同盟会改组为国民党并获得国会选举胜利后，宋教仁极有可能出任新的内阁总理。但谁也没有想到的是，最后竟然会是这样的结果。

那么，谁是杀害宋教仁的幕后元凶？

第一个怀疑对象当然非袁世凯莫属，因为他有太多理由要杀宋教仁。袁世凯曾经很欣赏宋教仁，并试图将他拉进自己的队伍。据说，宋教仁回湖南省亲时，袁世凯曾赠予50万银圆的银行支票，让宋随意支用，可后者除用了二三百银圆外，其他一概未动。宋教仁身上西服早已破旧，袁世凯亲自为他定做新装，连尺码都看得非常准确，足见其用心良苦。

可惜的是，在袁世凯的亲善拉拢下，宋教仁却是如此“不识抬举”。他在各地演说时，毫不忌讳地攻击北洋政府并言动一时，由此引起老袁的恼恨，似乎也在情理之中。如今，国民党在选举中获胜，宋教仁即将成为一个难以对付的对手，袁世凯怎能不萌生杀意？

令人无语的是，宋教仁临终前还请黄兴代笔致电袁世凯，报告被刺经过：“窃思受任以来，束身自爱，从未结怨于私人。如今国本未固，民福不增，遽而撒手，死有余恨。伏冀大总统开诚心布公道，竭力保障民权，俾国家得确定不拔之宪法，则虽死之日，犹生之年。临死哀言，尚祈鉴纳。”

临死之人，期望殷殷，章士钊说他是“至死不悟”，闻者皆心酸。

而袁世凯得知宋教仁被刺的消息后，也是十分惊诧。他随即致电江苏都督程德全，要求迅速缉拿凶犯，按法严办，以维国纪。宋教仁身亡的凶讯传来后，袁世凯发布命令，要求国务院从优议恤，并称：“前农林总长宋教仁，奔走国事，缔造共和，厥功至伟。适统一政府成立，赞襄国务，尤能通知大体。擘画劳苦，方期大展宏猷，何遽闻惨变？民国新建，人才难得，该凶犯胆敢于众目睽睽之地狙击勋良，该管巡警并未当场缉拿，致被逃逸，阅电殊堪发指。凡我国民，同深怆恻。”

就当时而言，还不能认定袁大总统就是幕后凶手。道理很简单，在国会选举结束的敏感时期将宋教仁刺死，袁世凯的嫌疑无疑是最大的。按他通常的办事手段，恐怕不至于出此下策。由此，国民党人虽然心中怀疑，但至少表面上没有表露。

斯人已去，太息长存。1913年4月13日，国民党人在上海举行追悼大会，前来为宋教仁致哀者竟达2万余人。4月25日，谭人凤等人请求政府为宋教仁铸像并开设公园，以资纪念。1914年6月，公园建成，地址就在宋教仁遇难处不远（今闸北公园）。宋教仁遗体迁入墓地当天，前来送葬者又达数万人，谭人凤、王惠宠、居正、章太炎等国民党要人及社会名流也都纷纷赶来参加葬礼。

宋教仁墓的顶端塑有鹰斗蛇的青铜雕塑，墓前有一只碑，碑文“宋教仁先生之墓”，乃孙中山的墨迹。墓区正中雕有宋教仁的全身西服坐像，像座正面刻“渔父”两字，系章太炎篆文手迹；背面刻铭文：“先生之死，天下惜之。先生之行，天下知之。吾又何记？为直笔乎？直笔人戮！为曲笔乎？曲笔天诛！于乎！九泉之泪，天下之血。老友之笔，贼人之铁！勒之空山，期之良史。铭诸心肝，质诸天地！”这是于右任的手笔。

宋案发生后，江苏都督程德全下令上海地方立刻缉拿凶犯，公共租界当局、沪宁铁路局也都纷纷悬赏缉捕，空气为之一紧。重赏之下，必有勇夫，沪上租界巡警和包打听们纷纷出动，四处寻找破案信息。和以往刺杀案悬而未破不同的是，刺宋案的破获出乎意料的顺利，令人有些难以置信。

就在宋教仁被刺第三天，古董字画商王阿发到英租界捕房报案，说一周前曾去上海青帮大佬应桂馨家中，后者拿出一张照片，说愿出酬金1000大洋将照片上的人刺死，王阿发当时没有答应。宋案发生后，王阿发现各报所刊登的宋教仁照片正是应桂馨给他看的那个人，所以赶紧前来报案。

得此信息后，公共租界巡捕随即在某妓院将应桂馨一举抓获。前往应家搜查时，巡捕们发现其中一人神色紧张，而此人正是杀害宋教仁的凶手武士英。令人不解的是，应桂馨被抓时，武士英也在妓院，后因前往应家报信而鬼使神差地被抓。

历史总是那般的吊诡。论常理，武士英是杀人凶手的话，应桂馨被捕时就应该立刻逃之夭夭，他居然在应家自投罗网、束手待擒，实在令人不解。武士英被捕后，很快承认了刺杀宋教仁的行径，他供称自己真名吴福铭，山西人，曾就读于贵州某学堂，后在云南军营中做过管带，现因军伍被裁，来沪一游。某次茶馆饮茶时，遇着一陈姓朋友，经他介绍认识了共进会会长应桂馨。应桂馨请武士英暗杀一人，说这人是无政府党，杀他就是替四万万同胞除害，并答应事成之后酬劳1000大洋，于是武士英答应前去。

行刺当天，陈姓朋友告诉武士英说那人姓宋，今晚要上火车，正好去收拾他。说完，陈给了武士英一把五响手枪，又另招了两人前往火车站。等他们进站后，正好宋教仁进休息室，陈便把目标指给武士英看，让他随后动手。过了一会儿，宋教仁等从休息室出来，走至半途时，武士英便开枪打了一下，随后逃回应家报功去了。得知宋教仁确实被刺后，应桂馨还称赞武士英能干，并承诺将来送他出洋游学。武士英缴还的手枪，后来也在应家搜到。

应桂馨是上海滩上赫赫有名的青帮大佬，当时他有两个头衔，一是中华民国共进会会长，一是江苏驻沪巡查长。应桂馨年轻时曾加入青帮，陈其美在上海谋划革命时与他结识，陈本人还经常住在应桂馨提供的自家住宅，这里也成了当时革命党人的秘密据点。这一时期，陈其美与应桂馨相互加入对方组织，即陈其美参加了青帮，而应桂馨也加入了同盟会。

上海光复之战中，青帮成了革命党人的坚定盟友，他们自告奋勇地组织了敢死队参加革命。上海光复后，陈其美成立沪军都督府，当时也得到了青帮的鼎力支持。革命最初，青帮和革命党有过一段蜜月，应桂馨也被陈其美任命为谍报科长。孙中山回上海后，也是由应桂馨负责接待和保卫，并曾组建卫队随同前往南京。

按说，应桂馨在革命成功后有个不错的政治前途，但此人身上江湖气、流氓气太重。他当上卫队长后，开始还对来访的亲朋故友比较客气，后来人来得多了，他就看人下菜，有时还对客人恶语相向。孙中山见他不适合接待工作，于是将他改调临时政府庶务长，但应在日常工作中又有贪贿行为，因此临时政府即将解散时，应被打发回了上海。

1912年6月，在陈其美的支持下，应桂馨当上了中华国民共进会会长，这是一个由上海青帮、洪门和公口联合成立的准政党组织，也是帮会组织公开化的产物。后来，武昌革命党人试图发动南湖马队暴动推翻黎元洪，应桂馨也代表共进会参与其中，后因事败而被通缉，并仓皇逃回上海。

由于清末革命中有众多的帮会成员参与其中，这些人的素质普遍不高，在社会上造成了很大的混乱，因而袁世凯上台后便采取措施解决帮会问题，以维持地方稳定。在得知应桂馨参与武昌暴动时，袁世凯派出内务府秘书洪述祖前往上海，希望取缔共进会，并妥善处理好帮会与地方治安的问题。

洪述祖也不简单，他是清代著名学者洪亮吉的曾孙，此前在刘铭传、俞廉三、张之洞等地方大员手下做过幕僚。但是，此人有才无德，贪欲甚旺且胆大妄为，每次都是被任用一段时间后被踢出。武昌起义后，洪述祖的机会又来了，因为当时南北代表在张之洞前幕僚赵凤昌那里议事，而洪述祖与赵凤昌不仅是老相识，还有亲戚关系。由此，洪述祖在南北议和中成为袁世凯的眼线，并立下大功。

清廷倒台后，唐绍仪本打算让洪述祖出任国务院秘书，但考虑到他之前的种种劣迹，后将他改任内务部秘书。由于洪述祖和袁世凯及内务总长赵秉钧的私人渊源并不深，因而他傍到新主子后是格外的卖力，争宠立功的心情非常迫切。

同为帮会中人，洪述祖很快和应桂馨一见如故，并帮后者解除了通缉令。备受革命党人冷遇的应桂馨，也就立马见风使舵，投靠了袁世凯集团。不过，应桂馨并未割断与陈其美等人的关系，颇有点“双面间谍”的味道。毕竟，当时上海还是国民党的天下。

对于应桂馨的投机行为，陈其美等人也早有察觉。特别在破获宋案时，国民党人发挥了大作用。比如揭发和抓获应桂馨，从应家搜到应桂馨与洪述祖及内务总长赵秉钧的大量密电函等，背后都有陈其美势力的影子。

在这些密电函中，主要是应桂馨和洪述祖之间的情报交换。宋教仁领导国民党在国会选举中胜利在望时，两人来往电报开始出现“激烈文章”的字样。对此，历史学家有两种解释：一是认为应、洪二人打算对宋教仁行刺；二是认为应、洪二人谋划从日本购买孙中山、黄兴、宋教仁的劣史，准备在报纸上进行丑化。

1913年3月后，应桂馨和洪述祖的电文中出现“毁宋”字样，而这个“毁”字也同样有两种解释。从电文分析来看，最开始的“毁宋”含义是通过媒体丑化孙、宋等人，但由于应桂馨拿不出实质性证据（即所谓“劣史”），而洪述祖为了立功又提高了价码，于是应桂馨铤而走险，“毁宋”变成了“去宋”，也就是除掉宋教仁以获取巨额报酬。就“去宋”而言，这件事只有洪述祖和应桂馨知道，目前尚无直接证据证明赵秉钧与袁世凯了解此事。

令人奇怪的是，武士英在法庭上却将之前供述全部推翻，他声称刺杀宋教仁完全是自己一人所为，并否认自己曾经见过应桂馨。不仅如此，武士英还声称自己是为北方除害，似乎有意为应桂馨脱罪并将视线转到袁世凯身上。由于武士英前后的供词翻得太离谱，这就不得不让人怀疑有人在幕后串供、故意唆使了。

更奇怪的是，武士英被捕后一直表现从容，没有丝毫的畏惧。他在出庭受审时，还沾沾自喜地说：“我生平未曾坐过汽车，此次因此案而坐公车，也是一乐。”武士英前后反复的行为让人百思不得其解，而且他的背景也一直没有真正搞清楚：他的被捕很奇怪，他的供词很荒唐，他的来历没人证实，而他的暴死更是一个难解的谜团。

武士英和应桂馨最初被关押在租界，后来被引渡到中国法庭。就在预审前一天，身体强健的武士英突然死亡，而整个事件一点线索也没有。由于没有记载有外来者接触犯人，因而武士英被看守者毒杀的嫌疑最大。更棘手的是，武的被杀，凶手干得非常漂亮，没留下任何痕迹，以至于当时都没有留下什么有价值的证据。

目前主流看法认为袁世凯将武士英杀人灭口，这很可能是无稽之谈。武士英的经历和背景与北京方面没有一点联系，说袁世凯杀人灭口非但理由上站不住脚，从技术上说也几乎没有可能。

当时上海是国民党势力的大本营，破案、审判等工作也基本在国民党控制之下。武士英引渡到中国法庭后，被关押在上海海运局沪军六十一团的军营中，而该团是陈其美的老部队改编。如果说杀人灭口，最大的可能是来自应桂馨的帮会系统或者陈其美的内部势力。至少，武士英的口供不一和被突然灭口，在这个幕后黑手没有被彻底揭露出来之前（唆使武士英翻供并将之灭口的很可能是同一主使人），宋案永远只能是一个谜。

至于后来应桂馨的死，基本是自寻死路。“二次革命”期间，应桂馨趁乱逃跑，后躲到了青岛租界。袁世凯击败革命党人后，应桂馨也不甘寂寞地跳了出来，他在1913年底公开请求“平反冤狱”，说什么“宋教仁是主谋内乱之人，却死有余荣；武士英为民除害，反冤沉海底”，实际上是为自己鸣冤求功。

不仅如此，应桂馨在青岛找到洪述祖并强索报酬，未果后又跑到北京，并写信给袁世凯索取杀宋的报酬。这个应桂馨可谓是头脑发热，他也不掂量掂量自己的分量，一开口就索要50万银圆，而且还要求授予他“勋二位”，两者缺一不可。

对付应桂馨这样的流氓，袁世凯还是很有一套的。没过几天，四个彪形大汉以搜查烟土为名爬墙进了应桂馨的住所，所幸应本人不在。得知这一消息后，应桂馨吓得连行李也不敢去收拾，便仓皇逃往天津，但最终仍不免一死。就在火车开到廊坊附近时，应桂馨在车厢中被人乱刀砍死，死状极惨。从这个意义上说，应桂馨的被杀，也算是为宋教仁报了仇。[①]

---

① 刺死应桂馨的是北京执法处的郝占一和王双喜，而下命令的人极有可能是袁世凯。参见袁克文：《辛丙秘苑》，第3页；陈晨编：《袁世凯轶事》，第282页。

更让人头大的是，仅过了一个月，宋案中被攻击得很厉害的另一个嫌疑犯赵秉钧也突然死亡，这让宋案显得更为扑朔迷离。宋案发生后，赵秉钧辞去总理之职，并在风声过去后出任直隶都督。目前很多历史书都称赵秉钧是被袁世凯毒死的，但这种总统毒杀前总理的重大事件，多少显得有些离奇。

至少在相关记载中，没有找到赵秉钧被毒死的任何确凿证据。事实上，赵秉钧的死亡很可能是正常病故，只是死亡时间与应桂馨的被杀过近，这大概是所谓历史的偶然性了。据载，赵秉钧早年随左宗棠大军西征，曾在星星峡戈壁滩遭遇大风雪，结果连人带马埋没雪中三昼夜，由此筋骨折伤，一生多病而且不能近女色，唯与鸦片烟相依为命。

赵秉钧为官多年，他在袁世凯初起时发迹，并专攻警政。袁出任直隶总督推行新政时，赵秉钧在天津筹建了中国最早的警务系统，开创中国警察制度之先河。赵秉钧在清末一直跟随袁世凯，后来还出任过巡警部右侍郎，他常年负责警务、民政，并无特别的劣迹。

最有意思的是，至少从表面上来看，赵秉钧和宋教仁的关系还算亲密。宋教仁在北京任职时，因住在城外不便而常留宿赵家。宋教仁退回50万银圆支票给袁世凯时，也是委托赵秉钧办理并请求其另为偿付5000银圆债务。[①]要是两人关系不好，断不可能有此委托。

据说，宋教仁遇刺消息传到北京后后，赵秉钧正在主持内阁

① 《新纪元报》，1913年4月3日。关于宋教仁当时的财政状况，其在与友人刘羹臣的一封信中说："弟目下财政颇困，兄如需款，请暂借用，至沪后当另设法也。"此信可谓旁证。

例会。他听后大惊失色，一边绕桌子不停转圈，一边自言自语："人若说我打死宋教仁，岂不是我卖友，哪能算人？"不一会儿，总统府电请总理，赵即仓皇离去。从时人留下的现场记录来看，赵秉钧的严重失态似乎并非故意表演，反倒是因不知情而手足无措，假如他事先得知刺宋计划，想必也不至于如此。[①]

不过，赵秉钧是知道洪述祖"毁宋"活动的，由此才会说"人若说我打死宋教仁，岂不是我卖友，哪能算人"这样一句话。由此看来，赵总理虽然在政治上对宋教仁搞了些小动作，但对于宋教仁被刺一事，最起码也负有管束下属不严的责任。

据记载，赵秉钧死前一直抱病工作，之前并无什么异常之事。凌晨时，赵秉钧突然腹中剧痛，其家人急忙派人将天津最有名的军医屈永秋、徐德顺和名医王延年请来，但这三大名医也毫无办法，最后赵秉钧于当天上午死亡。事后，家属、医生等人都没有提出什么异议，更没有说他是中毒而死。由此，认定赵秉钧被袁世凯毒死，多少有些过于武断。

宋案中最为阴险狡诈的内务府秘书洪述祖，他倒是在宋教仁被刺死后以最快的速度逃到了青岛租界。所谓天网恢恢、疏而不漏，洪述祖于1917年春在上海时被宋教仁之子宋振吕及宋之秘书刘白认出，结果洪被扭送到上海地方法院，后来又被解到北平法院。1919年，洪述祖被判绞刑，这也是民国首例绞刑。行刑过程中，不知何故，洪述祖竟然头颈分离（或因绞机使用不当所致），其状可怖。

---

① 张国淦：《孙中山与袁世凯的斗争》，载《近代史资料》1955年第4期，第145页。关于赵秉钧的失态，有多人见证，章士钊在《书赵智庵》中亦有加载，见《章士钊全集》第八卷，文汇出版社，2000年，第278页。

在狱中时，洪述祖自知难免一死，他自作一挽联为自己辩护："服官政，祸及其身，自觉问心无愧怍；当乱世，生不如死，本来何处着尘埃。"既不服气，就去阴曹地府见宋教仁、应桂馨辩驳一番吧。

至于另一嫌疑人陈其美，则更像是冤冤相报，自食其果。陈其美是浙江湖州人，他的兄长陈其业有二子即近代史上大名鼎鼎的陈果夫、陈立夫；其弟陈其采早年赴日本学习军事，为日本士官学校步兵科第一期。[①]毕业回国后，陈其采出任驻沪新军统带，年方23岁。不久，陈其采又出任湖南新军标统、湖南武备学堂监督等职，可谓官运亨通。

弟弟的成功经历给了陈其美很大刺激和启发，他当时在当铺里做学徒，26岁了还没满师，想不到弟弟不过在日本留学几年，便已经前途似锦。于是，陈其美也要求弟弟给予资助并于1906年赴日，后入东斌学校学习军事。

陈其美到日本时，东京已有几千名中国留学生，革命思潮广为传播，由此他也很快加入同盟会，并结识了黄兴、宋教仁、汪精卫、胡汉民等人。与这些老资格的同盟会领导人相比，陈其美虽然参加革命较晚，资历也比较浅，但他有个优势就是年龄较大，社会经验丰富，由此也很快跻身核心圈。

陈其美在革命中虽然表现甚佳，但个人名声很不好，比如生活腐化、流氓习气等等。在做上海都督时，由于频繁出入下流场所，陈其美经常被舆论攻击为"杨梅都督"。据说，陶成章某次从南洋募款回来，陈向陶要钱作为革命经费，陶不仅不给，还说："上海尽有够你用的钱，我的钱要给浙江革命同志用，不能

---

① 吴禄贞、张绍曾等均为其同期。

供你嫖妓。”由此，两人结下梁子。

陈其美身兼革命家和青帮的双重身份，他做事一向胆大妄为、心狠手辣，民国多起知名的政治暗杀都有他的身影。如陶成章被刺一案，便是陈其美一手策划。更讽刺的是，陶案后大家都说要抓凶手，陈其美也说抓凶手，可凶手不是别人，正是他指使手下蒋介石干的。

宋案两个月后，陈其美又策划了一场对青帮大盐枭、新进革命党徐宝山的暗杀。当时，刺客将炸弹放在古董花瓶里，然后由冒充的古董商送到徐家，将徐宝山炸死。值得注意的是，宋案中的报案人也是个自称卖画的古董商人。

商务印书馆的创办人夏瑞芳和上海守备使北军将领郑汝成，也都是被陈其美策划暗杀。此外，陈其美还派人暗杀和他争上海都督的光复军领袖李燮和，虽然未曾得手，但也将李燮和从上海吓跑。陈其美的作风一向独断专行，辛亥年时，他不经任何法律手续即将镇江军政府总参谋、攻克南京有功的江浙联军参谋长陶骏葆枪毙，并一度打算刺杀镇江军政府都督、北伐军临淮总司令林述庆，而后者在1912年也是死得莫名其妙。

宋案中，陈其美的影子虽然无处不在，但目前也没有直接证据证明他在其中扮演了什么角色。“二次革命”期间，上海检察厅的很多原始档案都被人有意捣毁，真相更是难以查明。也许冥冥中自有天意，擅长暗杀的陈其美最后也在1916年被人暗杀，而这次的主使人不是别人，正是辛亥年他所收的部下、同为帮会人物的张宗昌。

最不可思议的是，目前绝大多数的历史书，不管正史还是野史，甚至是历史小说，都异口同声地断定袁世凯是宋教仁被刺杀的幕后元凶，随后他又杀了武士英、杀了应桂馨、杀了赵秉钧，临死前还派人刺杀了陈其美。要是洪述祖早点被抓被杀，估计也得算在袁的头上。

宋案后，黄兴曾激愤地说：“前年杀吴禄贞，去年杀张振武，今年杀宋教仁；你说是应桂馨，他说是洪述祖，我说确是袁世凯。”但如《论语》中所言，“君子恶居下流，天下之恶皆归焉”。认定袁世凯是杀人元凶，只因为袁是个称帝复辟的坏人，所以历史便可以不顾证据的鉴别与细节的推敲，只管将屎盆子一股脑扣在袁的头上，这未免太过荒唐可笑和不负责任了。

跟随袁世凯多年的机要秘书、于民初秘闻多有了解的张一麐曾对宋案有过一评语，曰：“宋案之始，洪述祖自告奋勇谓能毁之。袁以为毁其名而已，洪即唆使武刺宋以索巨金，遂酿巨祸。袁亦无以自白。小人之不可与谋也，如是。”[①]这段话简短有力，或许是离“宋案”最近的真相了。

作为宋教仁的好友，于右任为雕像撰写的铭文可谓惨烈沉痛。但到底是谁杀了宋教仁，众多史书，众说纷纭，至少到现在为止，不得不遗憾地说，宋教仁被刺一案仍旧是个谜。于右任在铭文中“勒之空山、期之良史”的愿望，至今没有实现，恐怕也永远不会实现了。

---

① 白蕉：《袁世凯与中华民国》，第49页。

十三

二次革命

1913年宋教仁遇刺案虽然闹得沸沸扬扬，不过民国首届国会仍于当年4月8日在京开幕。这一天，当选的参、众两院议员们穿着崭新的大礼服，顾盼自雄地走进了议院会场。或许因为“宋案”的缘故，袁世凯当天并未出席，而是派了总统府秘书长梁士诒及内阁总理、各部总长前来致贺，加上前来观礼的内外来宾，场面倒也算隆重。

上午11点，各方人员均已到齐后，国会筹备委员顾鳌宣布开幕典礼开始。总统府秘书长梁士诒拿着袁世凯的贺词上前念道：“我中华民国第一次国会正式成立，此实四千余年历史上莫大之光荣，4万万人亿万年之幸福。世凯亦国民一分子，当与诸君子同深庆幸。”

说罢，梁士诒高举双手喊口号：“中华民国万岁！民国国会万岁！”梁士诒这么一举手，台下议员们也都纷纷响应，口号声震耳欲聋，会场气氛又达到了高潮。

国会开幕后，首先是选举正副议长，两派人马（国民党一派，共和党、民主党和统一党结成另一派）立即展开了激烈的争夺。最终，国民党参议员张继和王正廷分别当选为参议院正、副议长；而众议院选举中，民主党议员汤化龙当选议长，共和党议员陈国祥当选副议长，双方基本打平。

在“宋案”陷于停顿、国会议员们忙着搞选举时，袁世凯也没闲着。他此刻正在策划一件大事，那就是之前没搞好的“善后大借款”。凭着多年的政治经验，袁世凯早就料到要同革命党人摊牌，因此他要筹措足够的资金来打仗。不管是什么情况，没有钱总是万万不能的。

4月26日晚，国务总理赵秉钧、财政总长周学熙、外交总长陆征祥在北京汇丰银行大楼与英、法、德、俄、日五国银行团代表进行了最后的谈判。谈判进行得很艰苦，双方代表一直谈到次日凌晨才最后议定各项具体条款。

在此借款合同中，五国银行团答应借给民国政府2500万英镑，年息5厘，期限47年。由于为借款而发行的债券在伦敦市场上按9折出售，再扣除6%的佣金，借款等于只有2100万英镑；如再扣掉之前各国银行的垫款、借款及偿付各省遣散军队等费用的话，袁世凯实际拿到手的不足1000万英镑，但到期归还本息则要6789万英镑了（比庚子赔款还苛刻）。

善后大借款签字的消息公布后，立刻在国内引起了轩然大波。首先是来自国会的质疑，国民党籍参议院议长张继和副议长王正廷通电全国，称善后大借款不经国会批准即行签字，无疑视国会如无物，实在岂有此理。随后，黄兴、柏文蔚、李烈钧、胡汉民等人也都纷纷发电报斥责袁世凯违法借款，藐视立法机关，大有兴师问罪之势。

既然钱已到手，袁世凯也就撕下脸皮，他非但不理睬国民党人的抗议，反而气势汹汹地斥责孙、黄等人说：“我现在算是看透了，孙文这些人左也是捣乱，右也是捣乱，除了捣乱，他们就没有别的本领了。你听听，孙文说什么‘公今日舍辞职外，决无他策’，还说什么‘必以前次反对君主之决心，反对公之一人，义无反顾’。他妈的，孙文还想下定决心跟老子干呢！你们可以告诉国民党人，我袁世凯就不能听人捣乱，他孙文若敢动枪动炮，或另行组织政府，我就发兵征伐，而绝无姑息养奸之余地。”总统府秘书长梁士诒说：“大总统，这样太直接了吧？”袁世凯气呼呼地答道：“就说是我说的，我对这话负责！”[①]

事情闹到这步田地，双方也只有兵戎相见了。6月9日，袁世凯先下手为强，免了李烈钧的江西都督职务，改由黎元洪兼署；14日，又将广东都督胡汉民免职；30日，安徽都督柏文蔚也被免职。如此一来，国民党籍的三位都督都被袁世凯以“不称职”“不孚众望”的名义罢免。当然，根本原因还在于，“不服从中央”。

李烈钧被免职后，他没有立即举兵讨袁，而是先通电下野，随后于6月15日离开南昌前往上海。到沪后，李烈钧与孙中山、黄兴、陈其美等人反复会商，众人都认为现在已无退路，唯有举兵反抗，或许还有一线生机。

7月7日，李烈钧返回江西后秘密召集旧部，并于7月12日占领湖口炮台。次日，李烈钧成立讨袁军并发布檄文，宣布江西独立。随后，柏文蔚与胡汉民、陈炯明也分别在安徽、广东宣布独立。

早在李烈钧宣布独立前，北洋军便已开始向南方各省渗透。1912年秋，北洋军应鄂督黎元洪之邀陆续进入湖北境内；1913年4月，黎元洪又以湖北局势不稳为由，请求袁世凯再派李纯的一

① 参见白蕉：《袁世凯与中华民国》，第49-50页。

个步兵团到武汉。等到1913年5月中旬后，南北对立之势日益明显，北洋军也开始大批南下；到5月底，驻扎在湖北的北洋军已经超过2万人。

北洋军的军事计划是沿着京汉线、津浦线两路分进，一路以湖北为基地，进攻江西与湖南；另一路以徐州为前沿，向安徽与江苏进军。李烈钧在湖口宣布独立后，李纯及王占元即率所部沿京汉铁路南下并很快进抵江西九江；与此同时，冯国璋、雷震春、张勋等部也沿津浦路进兵，向南京逼近。

在旅长马继增的率领下，李纯部前锋第十一混成旅很快便进驻九江，扼住了入赣的战略要地。李烈钧讨袁军的前锋林虎所部也不甘示弱，随后扣留了由德安开往九江的火车，并将前哨布防前移，准备迎战。

然而，李烈钧的讨袁军有一个严重问题，这就是部队内部分化。当时，江西虽有陆军两个师和一个混成旅，共10团的兵力，但第一师师长欧阳武和第二师师长刘世钧均举棋不定，并暗中与袁世凯、黎元洪互通信息，敌友难分。当时完全服从李烈钧领导的，只有林虎第一师第一旅（两个团）、周璧阶第九团、李明扬第十团、卓仁机的机关枪大队和方声涛的新编旅（后来鼎鼎大名的陈铭枢和蒋光鼐均在其中任营、连长），兵力不足5个团。

7月12日拂晓，林虎部主动出击，其一路向沙河镇挺进，一路袭击十里铺的北洋军。激战数日后，讨袁军初战告捷并迫使北洋军暂时后撤。但林虎部激战的同时，方声涛部进攻九江失利，这严重影响了战局的发展。

沙河镇受挫后，李纯随后调整部署，他调集3个团的优势兵力向林虎部反扑。尽管后者顽强抵抗，但毕竟敌强我弱，讨袁军在激战一昼夜后被迫撤退。数日后，北洋军第二师在师长王占元的率领下开赴九江，段芝贵的8营拱卫军也随后进抵九江，海军次长汤芗铭所率的舰队也到达前线，北洋军实力大增。

部署完毕后，袁世凯任命段芝贵为第一军军长兼江西宣抚使，坐镇九江，统一指挥前线作战。随后，段芝贵以李纯为左路军司令，王占元为右路军司令，会同海军舰队进攻湖口。在汤芗铭四艘军舰的配合下，北洋军兵分两路，一路由第六师第二十二团团长张敬尧率领，另二路由第二师旅长鲍贵卿率领，向湖口炮台发起了猛烈的进攻。

林虎部进攻失败后，方声涛率右翼军约5000人进行了坚决的抵抗，战斗十分激烈，第九团团长周璧阶在冲杀中不幸阵亡。撤退途中，该团营长龚星胜眼见胜利无望，竟带领两个营及炮队、机关枪队向北洋军投降，结果右翼军兵力大减，基本失去了进攻能力。

7月25日，北洋军攻陷湖口，李烈钧率讨袁军余部退守吴城。湖口要塞失陷后，江西已是门户大开，无险可守，而北洋军乘胜追击，攻下德安、建昌、吴城，随后合击南昌。由于实力相差悬殊，南昌于8月18日宣告失陷。

无可奈何之下，李烈钧也只好率部下何子奇等人乘两艘快轮沿赣江南下，经樟树镇到达萍乡后与唐蟒率领的湘军援赣部队会合，随后又在袁州同林虎解散剩余部队，最后应湖南都督谭延闿之邀率少数亲信随员乘火车去长沙。李烈钧到达长沙时，谭延闿已取消湖南独立，但他并不想和革命党交恶，而是安排李烈钧、林虎等人秘密流亡日本。至此，江西战事宣告平息。

在北洋军与李烈钧讨袁军激战的同时，第二军的冯国璋、张勋、雷震春等部也进入江苏，准备进攻南京。此时，黄兴组织了讨袁军司令部，他一面命令驻徐州的冷遹第三师向邻近的北洋驻军立即发起进攻，一面又令第八师骑兵团及机关枪连、炮兵营、工兵营组成混合支队，开赴徐州前线支援第三师。之后，第一师第一旅开往徐州增援，第二旅开赴临淮关，协助安徽讨袁军协防北洋军倪嗣冲部；第一师和第八师的其余部队，则暂时驻防南京。

受到冷遹部的攻击后，北洋第五师在师长靳云鹏的指挥下坚守待援，并多次打退讨袁军的进攻。得知徐州已经爆发战事后，辫帅张勋不待袁世凯的命令便派出3营如狼似虎的辫子兵前去支援，而田中玉的巡防营也从兖州开到前线，随即加入战斗。冷遹部被北洋军左右夹击后，势不能敌，只得后撤到徐州以北的柳泉待援。

这时，第八师的混成支队和第一师第一旅相继赶来增援，南北军再度展开激战，双方你来我往，阵地几度易手，不分胜负。这时，黄兴还试图利用张勋忠于清室的情结来离间张勋倒戈，他致电老张说："袁世凯本是清室权奸，异常险诈，戊戌政变便是他告密导致。辛亥年间，袁世凯假借民军名义，欺负孤儿寡妇，乘机盗窃权位。袁世凯不仅是民国的大盗，也是清室的贼臣，天下人皆可讨伐之。还望张公深明大义，再造国家。"

接到电报后，张勋还没等看完便一把撕了个粉碎，他破口大骂道："呸！我以前只知道大清朝，现在就知道袁总统。什么讨袁军司令黄兴？我老张岂是你能诱惑的吗？"[①]

辛亥年时，张勋曾被江浙联军打得落花流水，此时正要找

---

① 虽系野史，却也传神。蔡东藩、许廑父：《民国演义》，上海文化出版社，1983年，第210页。黄兴派人劝说张勋事，参见骆惠敏编：《清末民初政情内幕：莫理循书信集》，第146页。

个机会出出胸中恶气。骂罢，张勋命令部下向讨袁军发起猛烈进攻。这时，骑兵团团长张宗昌在所部被打散后突然叛变，一时军心大乱，讨袁军被迫退出了徐州。

在北洋军的步步紧逼下，讨袁军中的高级将领们斗志消沉，士气全无。坐镇南京的黄兴也是一筹莫展，整个司令部充满了悲哀失败的情绪。就连江苏都督程德全也来捣乱，他发布取消江苏独立的电报，并密令捉拿黄兴。在此情况下，黄兴也觉得事无可为，后在日本友人的帮助下于夜间乘船离开南京，一走了之。

黄兴从南京不声不响地出走后，其他高级将领洪承点、冷遹等也随即出走。这时，代理江苏民政长蔡寅、第八师师长陈之骥和代理第一师师长周应时等人干脆宣布取消独立。得知前方大乱的消息后，革命死硬派何海鸣、张尧卿、韩恢等人建立铁血监视团，他们星夜从上海赶到南京，不过此刻为时已晚，黄兴等人早已人去楼空。

与武昌起义一样，革命士兵在高级将领缺位的情况下再次主动站了出来。在何海鸣等人的鼓动下，第一师士兵赶走师长陈之骥[①]，并与第八师联合占领都督府，再次宣布独立。

这时，张勋所部前锋已经抵达南京城外，而此时何海鸣领导的讨袁军连师长都无法选出。尽管如此，士兵们的战斗自觉性仍旧非常之高，他们每天都在街上站岗巡视，敌人一发起进攻，他们无须号令便奋身前往；即使在阵前，他们也无须指挥，便向前攻击。值得一提的是，临时领袖何海鸣革命精神强大，下手也狠，将怀有异心的军官一律剪除，颇似法国大革命罗伯斯庇尔的风格。

① 陈之骥为同盟会员，也是冯国璋的女婿。

如果说“二次革命”是辛亥革命后续的话，南京保卫战无疑是最激烈的。等到冯国璋指挥北洋军汇集南京后，双方势力可谓极其悬殊。不过，即使在这种情况下，南京保卫战仍坚持了20天，这和何海鸣等人及革命士兵艰苦卓绝的革命精神是分不开的。在这20天里，南京讨袁军与北洋军在雨花台、紫金山、天保城、幕府山等地展开了激烈争夺，讨袁军并未明显落于下风。

8月底，各支进攻南京的北洋军相继到齐，其中以冯国璋、雷震春和张勋部为主，张宗昌与徐宝山的叛军也加入了攻城之列。在这些部队中，张勋的辫子军最为凶悍，而冯国璋坐镇后方，最后在海军的掩护下才参与总攻。

9月1日，北洋军对南京城发起全面进攻。张勋的辫子兵在朝阳门一带挖地道进去，用炸药将城墙轰塌两丈有余后，辫子兵随即蜂拥而入。这时，太平门、通济门、神策门也相继被攻破，何海鸣等人率领士兵们在钟楼、内桥、鸽子桥、花牌楼等处与北洋军展开残酷的巷战，战斗一昼夜后仍不屈服。次日上午，讨袁军在雨花台与北洋军进行了最后的决战，最终伤亡殆尽，何海鸣等人则于武定桥下乘小船逃走。

南京城破后，张勋的辫子兵按照“老规矩”在城内大肆抢掠，洗城三天。对此，张勋不闻不问，如同天经地义一般。在辫子兵的肆虐下，南京城陷入了极度的混乱，中外为之震动。据说，辫子兵抢劫时毫无顾忌，几乎无兵不抢，所到之处，挨家挨户，挖地三尺，一丁点都不放过。三天过后，用时人所言就是，南京城内，“各等人民皆体无完衣，家无一餐之粮”。

说起张勋，也是近代史上的一大传奇人物。他本是土匪出身，后参与中法之役，累功升至参将。甲午之役，张勋随提督宋庆出战，大败而归，后又投到袁世凯的门下。庚子之乱后，慈禧太后从西安回銮，张勋所部被袁世凯派去执行沿途护卫的任务。

这下，老张可是抓到机会了，他在这段时期里可谓肝脑涂地，大表忠心；而老太后也是投桃报李，一时大加笼络，恩宠备至，令老张激动万分，感激涕零。事后，慈禧太后亲自点名让张勋率部入京，执行拱卫京畿的任务。清末时，张勋被外放江南提督，他对大清的感恩戴德和康有为截然不同，那真是发自肺腑，不容有丝毫的怀疑。

辛亥年中，张勋率领辫子兵与革命军血战一场，最后因势不能挡而狼狈退出了南京城。清帝退位后，张勋所部退守兖州，后被改名为"定武军"。出奇的是，在民国的新气象里，张勋非但自己拒不剪辫，所部也一律留辫。"辫帅"和"辫子军"之名，也就不胫而走。

张勋对脑袋后的辫子很有感情，这个感情是认真的。早在辛亥时，坐镇南京的老张就派出军警，凡剪辫之人即指为革命党，由此被砍掉的脑袋不敢说上千，至少也得上百。不仅如此，张勋还把那些无辫之头高悬在大行宫、花牌楼一带，制造血色恐怖。就他那德行，如何会主动剪掉辫子，他对辫子简直是爱如至宝啊。

本来呢，袁世凯打算安排冯国璋出任江苏都督，但老张在这次的南京之战中表现得太过抢眼。为表示赏罚公平，袁世凯也只好把江苏都督的位置给了张勋。对此，冯国璋倒没说什么，他随后率部渡江而去。老冯毕竟是北洋系元老，他不急这一时半会儿。

张勋做了江苏都督，南京的老百姓可就得哭爹喊娘了。当时偌大一个南京城，简直就退回了大清朝，整个一片乌烟瘴气，看不到一点民国的气象。在张勋的引导下，南京城内又兴起了留辫子的风气（半数是假辫子）。道理很简单，张勋只认那些有辫人士，那些穿西装、剪短发的洋气朋友，他看了不但生气，搞不好还要掉脑袋呢！

在前清时，张勋没机会过总督的瘾，这次可没打算浪费机会。要知道，他现在这位置，可就是当年的两江总督，那是曾国藩、左宗棠这等人物才做得上的。要是换了以前，老张是做梦都不敢想啊！

为此，张勋命人将江苏都督府的大柱和栋梁全部涂上朱红色，前清的吹鼓手和炮手也都找了回来，并照老样子每天开吹三次，开炮三回。在张大帅面前，千万不要用“前清”字样，因为在他的统治范围，还是“大清天下”。所以，南京城内大小官员们见了“大帅”都要行跪拜礼，要自称“卑职”。军营里更是如此，绝不允许悬挂民国的旗子，而要悬挂红色白边的蜈蚣旗。都督府门前的大桅杆上，也不挂民国五色旗，挂的是一面斗大的“张”字红旗。

在国人面前，张勋是够狠，但在日本人面前却没了脾气。原来，辫子兵在南京胡闹时，有次不慎杀伤了几个日本人。这下不得了，几乎要闹出国际冲突。日本驻华公使随即向袁世凯提出最严重的抗议，日本军人们还向政府请愿，要求出兵报复。听了这消息，不但袁世凯被吓得不轻，张勋也吓得够呛。最后，张勋只好低三下四地到日本驻南京领事馆亲自道歉，一点脾气也没有。

因为这事，张勋在两江总督的位置上还没把屁股坐热，就被袁世凯打发去做长江巡阅使了。这可是把辫帅给气得半死。迫于国际压力，张勋向袁世凯讨得50万银圆开拔费后，这才怏怏不乐地将江苏都督的位置让给了冯国璋。

据说，张勋开始是不肯辞任的，后来袁世凯迫于日方的压力，不得不派出阮忠枢前去劝说。阮忠枢到南京后刚一张口，张勋便眼睛一瞪，大声吼道："老子这印把子是拿性命换来的，你少管闲事！"没办法，阮忠枢只好掏出老袁的亲笔信，其中不无哀婉地说："两年来，我非驴非马，忍人所不能忍，受人所不堪受，衰朽如此，更何希望！……我弟素明大义，洞察时局，尤勿固执己见，置国民大局于不顾……"话说到这份上，张勋这才答应挪窝。①

"二次革命"来得快，去得也快。从效果上看，国民党激烈分子所发起的这场战争非但没有给自己加分，反而给了袁世凯一个树立权威的好机会。事实上，袁世凯虽为大总统，但如历史学家唐德刚说的，"当时的全国各省基本都被当地的土军头所盘踞，应缴中央的各种地方税收，统统都被借口扣留了。袁氏的中央政府对他们，可说是毫无办法。既不能行文，更不能动武，结果弄得中央政府分文不名，只有靠举债度日。"②换言之，这次的战争实际上给了袁世凯实行武力统一的机会。

从这个意义上说，"二次革命"是民国年后的第一次南北战争，也是辛亥年中那场未完成战争的继续。可惜的是，那只是革命的退潮或者说未尽的尾声。战争的最终结果，袁世凯所代表的北洋军政集团大获全胜，国民党在广东、江西、安徽三省的势力被一一清除。"三藩"既除，其他各省大佬也就噤若寒蝉，唯袁世凯是命了。

"二次革命"后，北洋军源源不断进入了南方各省，除广

① 石之轩：《袁世凯1916：悬崖上的龙椅》，陕西人民出版社，2013年，第41页。

② 唐德刚：《袁氏当国》，第104页。

西、贵州、四川、云南四省外，其他各省均已成为北洋军及其附属军的控制范围。即便是以上四省，还有山西的阎锡山、东北的张作霖，在袁大总统的威势之下，哪里还敢心怀异志。

历史总是充满了讽刺。辛亥年后，真正统一的中华民国也就在“二次革命”后袁世凯统治下的那两三年。在列强环伺、国弱民穷的险恶局势下，中央集权确实能给国家带来高效率的行政，这个要求也合乎现实的需要。由此，袁世凯在“二次革命”时获得民众的支持并借以获得正义性与合法性，这一过程非但不是偶然，反而是众望所归呢。

十四

制造总统

“二次革命”后，袁世凯的威势暂时达到了高潮。不过，当时还有两个重要问题没有解决，那就是制定中华民国正式宪法和选举民国正式大总统。倒腾了半天，袁世凯这才发现，他这个大总统其实还是临时工。

宪法不宪法，袁世凯并不想理会。他的当务之急，是先把这个临时大总统转成正式大总统。是啊，这“临时”二字，怎么听都觉得别扭，何况被赶到日本的孙先生也曾在这个位置上待过三个月呢。因此，将革命党人镇压下去后，袁世凯最着急的便是“自我扶正”，由临时转为正式。在他看来，后面的日子虽然还很长，但关键几步非走好不可。

对此问题，两院议员们也有两种意见：一是主张先制定宪法，后选举大总统；另一种则主张先选举，后制宪。前一种观点认为，先有鸡才有蛋，没有正式宪法，哪来的正式大总统呢？这听起来逻辑没毛病，因而在最开始时，这种观点占据了主流。

不过细想一下，后一种观点听起来也不错，凡事有个轻重缓急，制宪是个漫长审慎的过程，好比百年大计，不可仓促地拍拍脑袋就定案；更何况，目前局势急需高效率的行政系统，选举大总统真是火烧眉毛的事。再说了，因为没有正式大总统，各国政府都不便承认。这中华民国都“民国二年”了，在世界上还没取得正式球籍呢。

“二次革命”前，两派意见相争不下；“二次革命”后，情况就大不同了。此刻的袁世凯，兵强马壮、财大气粗，早已是今非昔比，他要关心总统的转正问题，那国会议员们就不能太热心于宪法的制定。因此，议员们最后屈从了袁世凯的意见，先选举、后制宪，将袁世凯扶正了再说。

按法理，《大总统选举法》是宪法的一部分，但如今袁总统要得急了，议员们也只好先集中精力搞这一部分。1913年10月4日，经国会两院通过后，宪法起草委员会将新出炉的《大总统选举法》公布，并宣布在两天后进行总统选举。

为什么要在两天后进行总统选举呢？原来，再过几天便是民国的生日，也就是双十国庆。袁世凯希望在这天举行大总统就职典礼，一来好事成双、锦上添花，二来也便于欧美各国对中华民国加以承认，岂不美哉？

早在“二次革命”前，袁世凯就在暗地里谋划此事了。由于国民党在国会中是第一大党，人多势众，他们要是在选举中作起对来，也是件麻烦事。毕竟民国了嘛，袁世凯也要做做样子，不能蛮干。这使用武力解决问题虽然简单易行，但终究有点吃相难看，面子上挂不住。

当时的舆论大佬梁启超是支持袁世凯开明专制的，这让老袁十分满意。袁总统一高兴，随后便从善后大借款中拨出专款160万银圆，让梁老师去策划一个新党，也就是将国会中的其他几个政党加以合并，以共同对抗国民党。梁启超到京后，立即同共和党、民主党、统一党积极磋商，准备搞联合战线。

要说起来，民国初年的政党其实也没啥原则立场，他们听说梁启超拿了100多万活动经费，上边又有袁世凯支持，合并建党，何乐而不为呢?

取得初步意向后，梁启超以共和党理事长黎元洪的名义，邀请国会三党议员召开了一次恳谈会。会上，梁启超当席指出："目前共和、民主、统一三党联合，国会中尚不能占据多数，这种现象极为可忧。不管是为三党考虑，还是为反对党考虑，都应该三党合并，使中国能逐渐形成两大党对峙的局面。这样，政党政治才能逐步走上正轨。"

对于梁启超"两党竞争"的政治构想，汤化龙、孙武等人纷纷表示支持，三党合并事宜进行得非常顺利。5月29日，三党在北京举行合并大会，当时有1000多名党员到会，场面也颇为壮观。

会上，三党代表宣布正式合并为"进步党"，会上选举黎元洪为理事长，梁启超、张謇、伍廷芳、孙武、那彦图、汤化龙、王赓、蒲殿俊、王印川9人为理事，名誉理事有冯国璋、周自齐、熊希龄、张绍曾、阎锡山、胡景伊、尹昌衡、蔡锷、唐继尧、陆荣廷、张镇芳、杨增新、程德全、朱瑞等20多位实力人物，另外还有100多位名流为参议，阵容相当强大。

进步党的主要领袖和骨干力量，其实都来自清末立宪党人。在梁启超的影响下，进步党的政治立场倾向于拥护袁世凯政府，其主要作用是在国会中对抗国民党，支持袁世凯实行中央集权。当然，这种做法没有脱离政党竞争的范畴，倒也不必苛责。

进步党成立后，袁世凯还不放心，他又授意总统府秘书长梁士诒，由他出面以每月200元津贴的价格收买了国会中的另外一些议员，如李庆芳、梅光远、康甲臣、陆梦熊等人，随后又集合潜社、集益社、议员同志会等小团体，最终又拼凑了一个公民党。公民党不为他事，唯一的宗旨就是要将袁世凯扶上大总统的宝座。

万事俱备，只欠东风。武力上打败了革命党，政治上做了充分的准备，袁世凯心想这选举肯定没问题了。就算有问题，袁世凯也设有后招。

1913年10月6日，759名国会议员来到选举会场，正式选举民国首任正式大总统。按照新公布的《大总统选举法》，选举大总统必须有三分之二的议员出席，采取无记名投票方式，候选人得票四分之三以上才能当选。[①]当时，国民党议员在国会中虽然占据多数，但因为受到“二次革命”的牵连，因而没有提出候选人。至于其他人等，不过是“陪太子读书”，帮袁世凯装点下门面而已。

刚开始时，选举还算正常。第一次投票后，经统计，袁世凯得471票，黎元洪154票，其他还有几个候选人得了零星数票。这次，袁世凯虽然得票最高，但因为某些议员投了无效票，因而老袁的得票仍没有达到法定四分之三多数，因此还需要再进行一次投票。

这时，气氛就不对了。突然间，会场外来了很多貌似军人的不相干人等，他们打着“公民团”的旗号前来现场围观。听说袁世凯居然没有当选后，这些“观众”整齐严肃地大踏步进入会场，正在投票的议员们立刻被他们里三层外三层地围了个水泄不通。议员们何曾见过这等“民主”架势？只得公推议长前去交涉，要求这些人退出会场，不得干涉。

---

① 得票四分之三以上才能当选，显然太苛。

谁知那帮人听后，反而大声嚷嚷起来："我们都是公民团，今日推选大总统，关系重大，要是你们选出辜负众望的大总统，我们是不答应的！我们丑话说在前头，要是所选非人，今天各位就甭想走出会场！"

如此情形，议员们也就明白了几分。但还别说，当时议员们还颇有些骨气，在如此高压之下，他们偏不肯将票投给袁世凯。

第二次选举后，袁世凯虽然得了497票，但黎元洪也多得了几票（162票），袁世凯仍旧没有达到法定多数。从效果上来看，"公民团"的做法其实是在添乱，黎元洪多得的几票，说不定就是反感他们行径的议员投的，虽然他们未必真的支持黎副总统。

由于当时投票流程不甚熟练，从发票、填票、投票、开票、唱票，这一圈搞下来大约要三四个小时。这时，议员们肚皮饿了，打算明日再进行第三次选举。但是，"公民团"们不答应，他们早已将会场团团围住，许进不许出，就连四面围墙也站满了军警，谁也别想跳出这包围圈。

时间快到了晚上，议员们饿得急了，想闯出大门去找点吃的，那也不行。还没等走到门口，他们便被"公民团"拽住，轻则破口大骂，重则饱以老拳，把议员们打得抱头鼠窜，狼狈逃回会场。最可笑的是，某些议员平时好吸大烟，一时间烟瘾犯了也没法补充，这群人在会场上哈欠连天，鼻涕不是鼻涕，眼泪不是眼泪，真是急得抓耳挠腮，捶胸顿足，徒然让"公民团"笑话。

当然，也有送饭的。比如支持袁世凯的公民党给他们的议员送饭来了，"公民团"便放他们长驱直入。进步党也派人来送吃的，但这些凶神恶煞的"公民团"不让他们随便进去。进步党的人急忙说："我们是拥护袁总统的！""公民团"们听了喜笑颜开，大手一挥，说："那就赶紧进去吧！"

国民党也派人来送饭，说："我们是国民党的，给议员们送饭！""公民团"们大怒，骂道："国民党的不准进，饿死活该！"

眼看不继续选举就不许出门，议员们也只好忍气吞声地接着进行第三次投票。按《大总统选举法》第二条："两次投票无人当选时，就第二次得票较多者二名决选之，以得票过投票人数之半者当选。"也就是说，这次只能在袁世凯和黎元洪中间选举一人，而且只要过半数就可当选。

待到选票发到各议员手中，"公民团"又叫嚷起来："选举袁总统！""谁不选袁总统，就别想出门！""谁不选袁总统，就别想吃饭！"

在此声浪下，饥肠辘辘的国民党议员们早已是手脚发软，头昏眼花。但即便是这样，仍有部分硬骨头的议员在选票上画叉，以示抗议。投票结束，袁世凯得了507票，自然过了半数而当选为中华民国第一任正式大总统。

事实上，袁世凯转正原本毫无悬念，"公民团"之举实在是弄巧成拙。本该下午就结束的投票，被他们弄到晚上才结束，差点还饿出几条人命来。等到宣布投票结果，那些议员们不是饿得发晕就是憋得发昏，哪里还有力气去鼓掌祝贺新总统当选呢！

"公民团"的人听到袁世凯当选后，倒是兴高采烈了一下。他们高呼数声"大总统万岁"后，随后便一溜烟地呼啸而去，想必到规定地点领赏去了。只可怜那些饿了十几个小时的国民党议员，在一片狼藉中，他们相互搀扶着，颤颤巍巍地摸出门外。啥也别说了，吃饭去吧！

此时总统府却是热闹非凡，里边鞭炮齐鸣，山呼万岁，前来热烈祝贺的人几乎挤破了门槛。由此，袁总统导演的这幕选举闹剧总算是拉上了帷幕。

等到第二天，议员们继续选举副总统。这次，“公民团”却不来捧场了，会场也是稀稀拉拉，出席的人少了许多，不过将黎元洪勉强选出了事。得知自己当选为副总统后，黎元洪也不惊不喜，心静如水。别人向他贺喜，他也觉得无甚可贺的。

1913年10月10日，袁世凯终于如愿以偿地当上了正式大总统，他特意将就职典礼和国庆日放在一起，并向清室商借了太和殿来举行这一盛大仪式。应该说，这是袁世凯这辈子最荣耀的时刻了。

太和殿庄严宏大，气势雄伟，本是前朝皇帝用来举行登基典礼的地方。清帝退位后，这里无甚用处，冷落已久，阶前长满了杂草。经总统府一班人的精心拾掇，倒也干净整洁，陈设华丽，就等袁大总统前来宣誓致辞了。

当日上午十点，文武百官、各国公使均已到齐。在大礼官的引导下，身着一身崭新元帅服的袁总统大阔步地走了进来。这时，国乐奏起，外面也放起了礼炮，统共一百零一响，气氛十分庄重。

待礼炮放完，侍从官奉上总统誓词，袁世凯也就照着念了一遍。之后，底下各官员在大礼官的引导下向着大总统三鞠躬，袁还一鞠躬礼。这时国乐又奏了起来，袁总统便在音乐声中徐徐退场，前往休息室暂做休整。

等到各国公使到达大礼堂后，袁大总统又在大礼官的引导下前去接见。中外双方彼此鞠躬行礼，英国公使作为公使团代表宣读颂词，接着袁总统答词，译员在旁翻译不提。至此，各国算承认了中华民国，世界上多了一个新生的共和国。

这时，一身戎装的陆军总长段祺瑞走了进来，向袁总统报告阅兵仪式已经准备妥当，请袁总统前去天安门阅兵。袁总统于是邀请各国公使一同前去观礼，在他的率领下，文武百官和各国公使都簇拥着来到天安门。

此时天安门前，早有两万多北洋将士在此候命，他们齐刷刷地列成方阵，手里的枪械也已擦拭一新，只待司令官一声令下，便要迈开方步，在大总统面前显摆显摆（大概也有不少“公民团”成员）。见自己一手练出的部队很是长脸，又听了各国公使的阿谀夸赞，袁总统自然是乐得喜不自禁，笑逐颜开。

高兴之余，袁总统大开赏赐，给各位有功之臣颁发勋章：最有功者三人，授勋一位，分别为徐世昌、赵秉钧和世续（世续本是清室代表，不在民国为官，不知为何要授予他）；各省都督大员授勋二位，分别为浙江都督朱瑞、云南都督蔡锷、山西都督阎锡山、贵州都督唐继尧等人；后面还有陆建章等人分别授予勋三位、四位、五位不等。反正这玩意不费钱，多发几个也无妨。

不仅如此，袁总统还特命内务部、农林部、工商部和交通部颁发通告，将公共游玩场所一律开放三天，任人游览，不收门票，以示与民同乐，其乐融融。

行文于此，笔者却要好心提醒各位，此时袁世凯就任大总统，除了逃到海外的革命党人恨得直咬牙外，当时在国内完全算得上是众望所归，中外交赞为中国的“华盛顿”“拿破仑”呢！可别恼！

实事求是地说，在这片欣欣向荣的空气中，国人都希望民国能在袁总统的领导下富国强兵，一扫昔日的屈辱心酸。可谁又曾料到，袁世凯后来会让国事烂得一发不可收拾，他这一世英名，也都尽付流水。

乱世出枭雄，枭雄变小丑，可叹乎？可惜乎？可怜乎？历史便是这样的戏剧化，让无数后人为之唏嘘不已。

十五

解散国会

“二次革命”中，部分意志坚定的国民党员如参议院议长张继等抛弃议席离京南下，但贪图名禄的毕竟是大多数，国会中仍以国民党议员最多。当然，擅自抛弃议席、放弃合法斗争是应鼓励呢，还是应当坚持职守、力争到底，自然是仁者见仁、智者见智的问题。

对于这些“捣蛋”的国民党员，袁世凯也很是头疼，只是时机未到，暂时隐忍不发。当孙中山、黄兴等人在南方公然“作乱”时，一些求功心切的部下建议将解散国民党，甚至有人自告奋勇地要带兵去捉拿这些“乱党”。袁世凯听后不以为然，当场斥责道：“不可胡来！”

不过，您也别以为袁世凯真的要尊重政党政治。他当时没有借机解散国民党，那是因为国会还没有选举他当正式大总统呢。要是解散了国民党，那国会就开不成；国会开不了，就没法搞大总统选举，反而麻烦。

俗话说得好，“不是不报，时候未到”。等到袁世凯把正式大总统弄到手后，他就要给国会找碴了。袁总统找的第一个碴，是《大总统选举法》。各位可能觉得奇怪了，袁世凯不就是按

《大总统选举法》才选上大总统的吗，这个法怎么了？

原来，按《临时约法》第三十条规定，临时大总统有“公布法律”之权。当时国会被袁世凯催得急了，于是制定《大总统选举法》后便在政府公报上直接公布了，未经袁世凯之手。议员们当时大概想，袁世凯对总统转正望眼欲穿，肯定没意见啊。谁料袁世凯却把这这档子事记在肚子里，暂时不说而已。

等当上正式大总统没几天，袁世凯便让总统府给国会发了一道咨文，其中称：民国制定法律，应分“提案、议决、公布”三个过程，国会未经总统府便贸然宣布《大总统选举法》，这不仅蔑视大总统的权威，同时也侵犯了大总统的公布权。这种违反《临时约法》的行为，如不解释清楚，影响极坏。咨文最后，袁世凯要求国会立刻给予合理答复。令人喷饭的是，袁世凯在咨文中引经据典，处处援引《临时约法》，还真头头是道，一点都不含糊呢。

此时国会议员们正忙着讨论中华民国的宪法草案，他们没时间来管什么袁大总统的咨文，只说国会制定法律直接公布乃是各国通例，原本就不须经过总统副署云云。从这点也可看出，《临时约法》制定时过于仓促，加上起草者水平有限又夹带私心，结果出现多处模棱两可、不切实际甚至矛盾冲突的规定，这下被袁世凯给抓了把柄。

正常而言，立法机关制定并公布法律本就无须行政首脑副署，又何必在《临时约法》中加上总统有“公布法律”之权的条款呢。

当然，袁世凯绝不是要维护《临时约法》，恰恰相反，他的真实动机是要找国会的碴，而且还要找《临时约法》的碴。如前面所说，《临时约法》采用责任内阁制，大总统基本是个虚职，立法权掌握在国会，而行政权在内阁，这才是让袁大总统最不满意的地方。试想，老袁好不容易从清室和革命党手中夺得江山，岂有江山夺下后，自己睡于卧榻之侧的道理？

过了两天，袁世凯见国会并无复文，自己的出招仿佛泥牛入海，不见踪迹，心中不免十分恼怒。随后，袁世凯便命国务院派出施愚等八名委员前往国会干涉。施愚八人奉了大总统令，自然是意气风发，他们随后雄赳赳、气昂昂地迈进国会大门，要替大总统讨个说法。

八委员来到国会会场时，正好宪法起草委员会在进行民国宪法草案的一读审核。诸议员见这八人突然闯入，不觉愕然。八委员得意之余，便将袁总统的新咨文交予议长。在这咨文中，袁世凯除了陈述上一咨文的内容，又提出以后国会开会时应及时通知国务院，以便随时派人前来出席陈述。这回，老袁的狐狸尾巴总算露出来了，这便是行政干涉立法的勾当了。

传阅了袁大总统的新咨文后，国会议员们很是惊诧莫名，他们答复说："民国立法，权在国会，不受行政之干涉。诸位到国会来未免违法，还请回去告诉大总统收回成命为好。"

八委员可不管你什么立法、什么行政之类玩意，他们随后掏出一份文件交给议长，说："大总统还有一份咨文，诸位看后便清楚了。"

事情到这，就是图穷匕见了。这份文件上白纸黑字、明明白白地写着这么几条：

一、将《临时约法》第三十三条，"临时大总统得制定官制官规，但须提交参议院议决"，改成"大总统制定官制官规"——行政制度和法规与国会没啥关系了。

二、将《临时约法》第三十四条，"临时大总统得任免文武职员，但任命国务员及外交大使须得参议院同意”，改成“大总统任免文武职员”——人事权也归了大总统。

三、将《临时约法》第三十五条，“临时大总统经参议院同意，得宣战媾和及缔结条约”，改成“大总统宣战媾和及缔结条约”——宣战、外交这样的国家大事，议员们年轻不懂事，还是让我老袁来办稳妥，你们就歇着吧。

此外，袁世凯还在咨文中提出，在“公安、防御、灾患”的非常时期，大总统有特别处分权和制定法律权，只需国会开会时再加承认即可。

各议员阅后吃惊不小，这袁世凯提出的几条完全是总统制的规定，甚至与君主制相差无几。如此提法，和目前宪法草案中主张的责任内阁制几乎有天壤之别。而现在，宪法起草委员会已经将宪法草案拟定得差不多了，哪有屈服于袁总统要求的道理?

于是，议员们当场便驳斥道：“我等正在进行宪法草读，只能由国会议员列席旁听，诸位原本不该前来；至于代大总统陈述咨文，更与约法章程不符，还请诸位自重。”

说罢，议员们竟然撇下八委员，只管自己审核宪法草案去了。八委员本是奉着大总统的命令而来，不想乘兴而来、败兴而归，回去不免气恼，自然在袁世凯面前添油加醋地数落了国会的一番不是，其中也不乏劝说袁世凯乘机解散国会的。

听了八委员的回报，袁总统却不动声色，只淡淡地说：“你等不要着急，我自有办法。”

再说国会那边。受了袁世凯的一番逼迫后，议员们也有一种不祥的预感，于是加快了宪法草案的审读进度。没几天，宪法草案便进入了二读阶段。袁世凯得知宪法草案和《临时约法》没有大的区别后，随即便发了几通密电，暗暗布置起来。

数天后，各省都督、民政长与北洋将领的电报雪花般飘来，他们个个指责“国会专制”，并一致支持袁世凯的“合理要求”；还有几个袁世凯的心腹就更露骨了，他们在电报中直接提出撤销宪法起草委员会、撤销宪法，甚至解散国民党、解散国会，大家散伙得了。

接到这些援电，袁世凯当然是喜不自胜，以为议员们会就此屈服。不料，宪法起草委员会中偏有些硬骨头的家伙，他们不畏外界压力，硬是在10月31日下午通过了宪法草案的三读程序，并准备交国会公布。这部宪法草案，由于主要在天坛祈年殿起草，因而也被称为“天坛宪草”。

“天坛宪草”主要秉承《临时约法》精神，共10章113条，其中主张责任内阁制，并对大总统及国务院权力进行了严格的限制，因而也有人称之为“超议会制”。如是，议会的权力过大而总统的权力过小，又怎能不起冲突。

眼看“天坛宪草”就要表决公布，这下袁世凯按捺不住了，他使出了最后的狠招——釜底抽薪，解散国民党！

这里还需插一句。宋教仁被刺后，内阁总理赵秉钧为了避嫌而称病辞职，当时由陆军总长段祺瑞暂替总理。袁世凯剿平“二次革命”后，便由进步党推出熊希龄重新组阁。熊希龄原在唐绍仪内阁中做财政总长，这次他挟进步党势力，网罗了梁启超、张謇、汪大燮等名流，组成了号称“第一流”的人才内阁，其阵容之豪华，就是国民党也得甘拜下风。

为了搞掉国民党，袁世凯想来想去，决定还是让熊希龄出马更为名正言顺。有人会问，熊希龄是进步党员，他不是北洋的人，怎么会对袁世凯俯首听命呢？

说到这事，有这么一个传闻，说熊希龄辞去财政总长时，袁世凯为了笼络他，特命他出任热河都统，以示器重。大家想，热河是个什么地方？那是前清皇帝的避暑胜地，所以熊希龄到了热河后，把公署搬进承德避暑山庄内。但是，在昔日的皇帝行宫中办事，宫中的珍宝又未曾清理，不免有瓜田李下之嫌。

据称，有次北洋系老大哥姜桂题来访，熊希龄好生招待之余，临别时还偷偷将一把乾隆皇帝用过的折扇作为私人礼物馈赠给了姜桂题。孰料，老姜是个粗人，他回京后又顺手将此扇转送给了袁大总统。后者见后心中狐疑，由此派人前去暗中调查，结果发现避暑山庄失窃了不少珍宝，熊希龄也就被抓了把柄。

得知袁世凯要求他解散国民党后，熊希龄未免有兔死狐悲之感。毕竟，熊希龄在政治上一贯跟随梁启超，如果国民党被解散，那谁又能保证进步党不会被解散呢？可是，袁大总统的理由也很冠冕堂皇，“警备司令部查获乱党李烈钧与国民党议员徐秀均等人来往密电，试图分裂国家”，国民党不能辞其咎！当然，最终迫使熊希龄在取消国民党籍议员资格和解散国民党命令上签字的原因，恐怕还是内务府调查热河珍宝被盗的案卷。

据说，袁世凯并没有公然胁迫熊希龄签署命令，而是派人暗中将热河行宫盗宝案在报纸上放出风声，先给熊希龄一点压力，让他识相点。数日后，袁世凯将熊希龄召至总统府议事，并让手下有意无意地将查办热河盗宝案的卷宗给熊希龄看到。这下，熊希龄是大惊失色，只好乖乖地在取消国民党员议员资格及解散国民党命令上签字。[①]

这人要是被拿住了要害，实在是有苦难言。

---

① 熊希龄涉嫌盗宝而被胁迫一案，参见郑廷玺：《挟制熊希龄解散国民党》，吴长翼编：《魂断紫禁城：袁世凯秘事见闻》，第247-248页。

熊希龄一签字，那边三百多军警早已准备妥当，随后便凶神恶煞地直扑广安门内大街的国民党北京支部。这下好，不仅代理事长吴景濂被当场逮了个正着，其他职员也通通被关押起来，不得外出。等拿到国民党议员的住址后，这帮军警又按图索骥，于当晚分批闯入每个国民党籍议员的家中，第一件事便是搜缴议员证章、证书。要是议员们稍有质疑和反抗，这帮丘八老爷便拔出手枪，恶狠狠地顶在议员脑袋上威胁。

这秀才遇到兵，哪里还有什么道理可讲嘛！

等到午夜时分，军警们已缴得350多件国民党议员的证章、证书，正待他们想去总统府邀功请赏时，袁世凯却又下了一道严令，让他们继续搜缴“二次革命”前已经脱党及跨国民党的议员证书，而且必须当晚完成。没办法，这些鹰犬们只得在凌晨时分挨家挨户继续搜查，直弄得北京城内鸡飞狗跳，鸡犬不宁。等到破晓时分，总算又收缴了80多件。

原来，老袁做了一个算术题：要是只收缴350件国民党议员证书的话，剩余的议员在国会中仍旧过半数，还有可能继续开会；现在又剥夺了80多名脱党及跨党议员的资格，这下两院议员已经去了大半，国会就开不成啦！

等到第二天，议员们前去参众两院开会，那门口早有荷枪实弹的丘八老爷拿着一张名单在此站岗，凡是进入的都必须检查议员证书，那国民党和参加过国民党的议员们的证书昨晚便被这些人收了去，哪里还进得去？

民初国会有个诨号叫“八百罗汉”，就是说国会中有820人，但在昨晚被取消资格的便达到438人，这参众两院议员尚不足半数，还怎么开会？国会既然瘫痪了，那附属的一切委员会，尤其是宪法起草委员会和制宪会议，也就无限期延宕了。

那些残余的议员们气愤不平，还要向总统府提出抗议，但很快被老袁骂了回来："你国会都开不成了，抗议何来？"

不等这些人再闹事，袁世凯干脆一不做二不休，他在1914年1月10号发布命令，将国会解散，议员们通通遣散回籍。老袁的理由同样冠冕堂皇：既然国会已经开不成了，那民国岂能再给你发工资？即使要再开国会，那也得重新召集。由此，中华民国第一届国会在干完选举袁世凯为正式大总统的这一件正事后，也就此寿终正寝。

国会是个伟大的东西，但它的伟大只有在失去之后才会显示其价值；在它存在的时候，却往往受到人们的百般嘲弄和讥讽。眼看木已成舟，这班议员们也只好自认倒霉，这白白丢了年薪上千元的职位不说，最后还在那些丘八老爷的威喝之下，落得只领取几十块大洋的川资打道回府，实在是晦气之至。

看到这里，大多数人或许以为袁世凯要搞赤裸裸的专制了，但老袁并没有那么头脑简单。他解散国民党和国会，并不是不要国会和宪法。相反，他是要一个合乎自己意愿的"国会"和"宪法"，这就是设在国会之外的政治会议和后来的《中华民国约法》，这是后话。

将国会解散后，袁世凯意犹未尽，他又下令将地方议会也一并解散。对于这点，各省都督们倒是十分赞成，毕竟谁也不想受议会的限制。至于国务总理熊希龄，他被多次胁迫后，这时也忍耐不住了。在签署解散地方议会命令后，熊希龄向袁世凯提出辞职，司法总长梁启超、教育总长汪大燮也受他的牵连一并辞职。

见熊希龄去意已决，袁世凯也就稍做挽留，之后照呈批准，总理一职暂由外务总长孙宝琦代理。说来也够冤，湖南才子熊凤凰拜相还不到半年，除了给老袁当枪使，基本什么事也没干成。

这还不算，抱负满满的熊才子还落得一身的不是，真是弄得声名扫地，狼狈不堪。受此挫折后，熊希龄也就绝意仕途，转而从事慈善教育事业去了。这倒也好。

话又说回来，民国年后的制宪进程也不甚完美。比如《临时约法》，因为要限制袁世凯，就特别赶在袁世凯就任临时大总统前匆匆出台。当时制宪过程不过一个月，在三读程序中竟然使用起立表决，不可不谓之仓促草率。

制宪会议中，对于实施内阁制还是总统制这样的核心议题，当时只有6名议员做了简短的发言，并在不到4小时内就完成了表决，这未免也太过轻率。要知道，美国1787年宪法关于是否实行总统制的辩论，足足进行了10天哪。作为一个新生共和国的国家大法，以如此迅速的速度，外加掺入制宪者的私心，如何能调和各方利益、帮助新生政权顺利过渡并促进国家的发展和国民的幸福呢?

《临时约法》有两个重大缺陷，一是忽略了三权分立中的司法权，这导致了立法权和行政权发生冲突时，缺乏一个制衡的力量；二是对中央和地方的权力划分没有做出规定。在《天坛宪草》中，这两个缺陷仍没有得到很好的纠正，而且还增加了其他毛病，如设立国会委员会代行国会权力、议会有宪法解释权等；而对大总统的各项权力，却进行了更为严格的限制。

这种“议会太强、总统太弱”的“超级议会”模式，导致立法权大大压倒甚至侵犯了行政权。这种不平衡状态和偏激做法，是很值得商榷探讨的。

从袁世凯的角度来说，他也不是一味反对国会和宪法，至少在《天坛宪草》三个半月的制定过程中，制宪会议并没有受到太多的干扰，经费也得到了充足的保证。宪法草案的顺利出台，便是明证。事实上，袁世凯对共和民主并不了解，他在政治立场上多倾向于实用主义，对于《临时约法》和《天坛宪草》在行政权上的束缚，袁世凯何尝不感到极其痛苦，并试图有所补救。

然而，在袁世凯的修宪要求被制宪会议无情拒绝后，形势便急转直下了。从学理上说，袁世凯提出的修正案类似于法国的半总统制，即扩大了总统权力而适当缩小了议会权力，因为法国革命后议会权力太大，由此频频倒阁，导致政局混乱，这其实也不是什么好制度。

事实证明，目前法国的半总统制既造就了一个相对强势的总统，也产生了一个相对稳定而有效的内阁，这种权力的平衡比单纯的内阁制和总统制来得更加符合实际。

可惜的是，年轻的议员们明显缺乏政治经验和妥协的意识，他们试图按照自己对民主共和的理解来制定一个宪法的美好蓝图，而丝毫不考虑当时最具实力的北洋军政集团的利益和诉求。这样蛮干，又岂能不失败？要知道，民主的真谛本就是妥协，需要在有风度的对抗中进行反复多次的均衡博弈，这才能形成各方都能接受的共识与制度性安排。

从年龄上看，制宪会议的议员们实在太年轻、太缺乏政治经验和阅历了。71名制宪会议议员中，40岁以下的占94%，而其中35岁以下的又占到68%。他们中的很多人只有留学或革命的经历，不但缺乏行政管理经验，就连一般的社会经验也严重缺乏。

在几近于封闭的状态下，这些人只知道模仿和想象，一味按照外国教科书来制定民国新宪法。他们的想法固然很好，但制定的这个宪法文本再完美，与中国实际情况不符合，同时又不具备可操作性，又有什么用呢？所以说，教条主义不但会害死人，而且会害几代人呢！

等到国会被解散、《天坛宪草》无限期搁置后，不仅国会的制宪活动被中断，就连国会本身也皮之不存。由此，民国进行到第三年时，便进入了袁世凯的威权统治时期了。

十六

北上入瓮

解散国民党是内阁总理熊希龄签署的命令，而要说起解散国会，这个提议不是来自别人，正是出自副总统兼湖北都督黎元洪之手。

有人会觉得奇怪了，这黎元洪不是革命元勋吗，怎么也为虎作伥，跟着老袁助纣为虐了？

其实也不奇怪。黎副总统虽是民国元勋，但并非革命首义，他原是湖北新军第二十一混成协协统，是湖北军界的第二号人物。试想，人家原本官当得好好的，根本就没有造反的打算，只不过因为形势所迫，才被革命士兵们硬拉出来做了首领。最开始时，黎元洪还死活不肯顺从革命，那句著名的“莫害我”，岂不是出于他之口？就凭这句话，要是造反不成、朝廷追究下来，黎元洪按犯罪情节的话，还只能算被胁迫呢。

黎元洪为人传统，本就是讲究忠君爱国的旧派军官，他不仅在武昌起义前杀害过革命士兵，当上湖北都督后也对那些起义出身的人充满了戒备和敌意。在他眼里，这些人怎么看都是些贼心不死的乱党，万不可不防。比如“首义三武”（孙武、张振武、蒋翊武），其中就有两位间接死于黎元洪之手。

张振武之死，前文已详细叙述。蒋翊武之死，也和黎元洪有不小的干系。原来，在南北议和后，蒋翊武担任了湖北军务部副部长，但受“群英会”暴动牵连而被迫去职，政治上一度陷于消沉。宋教仁被刺后，蒋翊武返回湖南参加“二次革命”，也曾在岳阳拉起一支队伍。“二次革命”失败后，袁世凯到处通缉捉拿革命党，蒋翊武也只得逃出省外。

晦气的是，蒋翊武没和黄兴等人一起跑到日本去避难，而是南行到广西，结果被当地巡防营抓到桂林受审。得此消息后，黎元洪随即致电袁世凯，请求迅速诛杀“乱党”。于是，袁世凯便命广西都督陆荣廷将蒋翊武就地枪决。可怜这革命首义，最后落得葬身他乡。

黎元洪痛恨革命党并非没有原因。武昌起义前，黎元洪亲手杀死革命士兵是为了维护旧秩序，起义后则更多的是权力争夺和个人恩怨。机运巧合，黎元洪虽靠武昌首义上位，但他是被强迫参加革命的，因而那些革命党首领如张振武、蒋翊武等人也不免对这个逼出来的湖北都督心存蔑视。特别在南北军交战时，这种情绪更是表露无遗。

据说，由于黎元洪一度不从革命，张振武就曾放言：“这次革命，虽将武昌全城占领，而清朝大吏潜逃一空，未杀一个以壮声威，未免太过宽容。如今黎元洪既然不肯赞成革命，又不受同志抬举，不如将黎斩首示众，以扬革命军声威，使一班忠于异族的清臣为之胆落，岂不是好？”

如此“恶语”，传到黎元洪耳中，哪能不衔恨在心！而且，张振武在公开场合也对黎大都督十分藐视，他曾当众斥责黎元洪：“要不是我们把你拉出来，你哪里有今天？”

黎元洪混迹官场多年，他对那些造反起家的人有着本能的抵触；而那些自认为有功的革命党首领对身居高位的黎元洪同样心怀不满，彼此面和心不合，抵牾不断。在双方矛盾日趋紧张后，黎元洪采取了投靠袁世凯的策略，以取得北洋势力的支持。

在袁世凯这边，由于湖北首义的特殊地位，袁大总统对那些革命党同样是深恶痛绝。因此，两人一拍即合，张振武的被杀就是大总统与副总统合作默契的一个明证。

民国年后，湖北那些激进的革命党人也没有停止斗争，他们试图从黎元洪手中夺回权力，但数次暴动都没能成功。比如“二次革命”期间流产的“改进团”暴动，非但没有把黎元洪赶下台，反而被后者以维护治安的名义加以严厉镇压，多名革命党头领未经审判便被枪杀。

“改进团”暴动失败后，黎元洪对湖北革命党进行了一次严厉的整肃，被杀被捕者有上百人之多。在黎元洪的威势下，湖北革命党人纷纷离开武汉，前往上海等地继续揭发老黎镇压革命的罪行。

在将革命党赶走后，黎元洪在湖北的统治也就稳定了许多。但很不幸，此时袁世凯也盯上他了。本来呢，黎元洪在革命后极力和袁世凯保持一致，各大问题上亦步亦趋，紧紧跟随。如在定都北京一事上，黎元洪就帮了袁世凯的大忙。宋教仁遇刺后，黎元洪也发表通电，提出按法律解决，以大局为重，切不可意气相残，实际上是给袁世凯拉偏架。宋案证据公布后，黎元洪又说什么追查真相会导致“人心摇动，谣琢逢起”，他甚至极荒唐地提出：“宁可令宋教仁冤死，也不可因追究冤死之因而打破宁静的大局。”瞧瞧，这副总统说的什么话？！

在“善后大借款”问题上，黎元洪同样站在袁世凯一边。他不但支持借款，还杜撰了一通“不借外债的六大危害”，以证明借款的合理性。“二次革命”爆发后，北洋军以湖北为进攻江西的基地，黎元洪也给予了大力支持。选举正式大总统时，黎元洪更是亲自致电参议院和共和党本部，全力推荐袁世凯作为正式总统候选人，这简直就是露骨的拥戴效忠了。

但很可惜，黎元洪这些明显亲善的举动仍未能赢得袁世凯的充分信任。在袁总统的眼中，黎元洪虽然不算革命党，但毕竟不是北洋旧人；更让老袁感到不安的是，黎元洪打着支持中央政府的旗号，他也在暗中发展了自己的势力。当时，黎元洪在湖北握有四个师的兵力，而且还先后被推为共和党、进步党的理事长，政治影响力不可小觑。

“二次革命”后，湖南、江西、安徽等省都换上了北洋系的人。既然袁世凯要在战略上控制南方各省，湖北当然也不能例外。更何况，武汉乃九省通衢，战略位置非常重要，如不将黎元洪解除兵权并调出湖北，终究是个隐患。因此，在黎元洪当选为民国副总统后，袁世凯先后四次邀请黎元洪进京，表面上是要求履行副总统职责，实则要将黎元洪置于自己的控制之下。

军阀年代，“有兵才有权，有地盘才有势力”。黎元洪当上湖北都督后，他深知控制地方对个人权势的重要性，因而对袁世凯的调虎离山计也是心知肚明。对于北上一事，黎元洪是想方设法，一拖再拖，死活不肯离开湖北半步，他非要以民国副总统的名义兼任湖北都督。换言之，副总统可以不做，湖北都督不能不当，黎元洪也是个精明人。

黎元洪不肯轻易就范，袁世凯也不免有些踌躇。这时，袁的手下们大骂黎元洪不识抬举，他们主张霸王硬上弓，将黎元洪调出湖北，让北洋的人去做湖北都督。最后，据说是“太子”袁克定想了一条妙计，最终迫使黎元洪乖乖就范。

袁克定是袁世凯长子，正室于夫人所出。此人从小便十分机敏，胸怀异志，不在其父之下。袁世凯当上了民国大总统后，袁克定也就野心膨胀，成天琢磨着让父亲登基为帝，好将这袁氏江山传位于他，过过皇帝的瘾。

袁克定是个聪明人，他观察一番后发现，民国最显赫的人物除袁世凯之外，其次便是陆军总长段祺瑞。老段握有军权，如要复辟帝制，必须得到他的支持。于是，袁克定屡次派人去探段祺瑞的口风，看他是否支持袁世凯称帝。去的次数多了，又稍微露骨了点，结果把老段惹怒，袁克定的心腹也被他痛斥一顿："袁总统屡次宣言，誓不为帝，克定身为长子，岂有不知之理？如何一味地痴心妄想，想做皇帝，岂不可笑？"

碰了一鼻子灰后，袁克定恼羞成怒，于是心生一计，要将段祺瑞从北京调开，让他离开袁世凯身边，慢慢冷落他，削去他的兵权，到时段祺瑞想不就范都不行。再者，当时袁世凯正为无法调动黎元洪一事而烦恼，如果让段祺瑞去办这事，并让老段担任湖北都督，岂不是一石二鸟，妙计得逞？

袁克定的这点小聪明还真打动了袁世凯。老袁当时还考虑了另外一点，那就是将黎元洪调往北京后，湖北的军队如何处理的问题。他考虑来考虑去，觉得袁克定说得不错，此事非段祺瑞出马不可。

1913年12月8日，武昌阅马场上锣鼓喧天，军乐齐鸣，还不时放起了阵阵礼炮。原来，这天段祺瑞来到武昌，黎元洪不敢怠慢，给予了去年欢迎孙中山的同等礼遇。不过想想也是，黎元洪当协统时，老段早已是统制，军阶高于黎元洪。如今，段祺瑞虽是陆军总长，而黎元洪是副总统，但后者心里也清楚，副总统不过是个虚职，哪能跟老段相提并论。

对于黎元洪的谦恭，段祺瑞也不客气，无论是在阅兵还是宴席，老段都摆出一副上级领导的样子，丝毫没把黎副总统放在眼里。等到酒足饭饱之后，段祺瑞把黎元洪叫了过去，说："我此次来湖北，主要有两件事：一是和副总统商议湖北军队的整顿问题；二是大总统特派我前来邀请你去北京，有要事相商。"

黎元洪听后一愣，好半天才回过神来。他知道这次躲不过去了，但表面还故作镇定，说："大总统多次邀我入京，实在是盛情难却。不过湖北革命党十分猖獗，我一时半会实在走不开。既然段总长说起整顿军队一事，不如等我留在武昌协助完成后，再行赴京如何？"

段祺瑞摆摆手，说："黎副总统尽可放心。我段某混迹军界十几年，其他不敢说，但整顿军队这点小事，恐怕还难不倒我。怎么，黎副总统难道还不相信我？"

黎元洪听后赶忙说："岂敢！岂敢！"

段祺瑞说："既然如此，黎副总统也不必耽搁，这里的事我会妥善处置。袁大总统催得急，不如今晚你就成行吧？专车都给你准备好了。"

可怜黎元洪还没来得及给家人道别，便被段祺瑞半推半送地弄上火车（也就是段祺瑞南下的专列），即刻赴京去了。临走前，黎元洪还幻想能够再回来当他的湖北都督，于是将都督府的事宜暂时委托给了参谋长金永炎。

黎元洪哪曾料想，他这前脚一上车，袁世凯的电令后脚就到了：陆军总长段祺瑞代理湖北都督。两个月后，等段祺瑞将湖北的军队裁编得差不多了，北洋军的将领段芝贵和王占元先后担任湖北都督，这里已经没黎元洪什么事了。

黎元洪到京后，袁世凯也很给面子，他派出总统府军事处总长、侍卫武官、承宣官及全体国务员、各部代表到车站前去迎接，袁克定也作为袁世凯的代表前往恭候。副总统专列到站之时，车站周围都有军警站岗，闲人不得入内；另外，袁世凯还派出一营拱卫军列队迎候，持枪致意，以示隆重。最离奇的是，袁世凯又派出迎接孙中山的那辆金漆朱轮双马车，也让黎元洪过过国家元首的瘾。

等到黎元洪去见袁世凯，那简直比见段祺瑞还要谦恭十倍。按时人描述，黎之见袁，如“一极可敬之少年见一极尊严之长辈”。袁世凯呢，尽管招待殷勤，但不经意间还是流露出“请君入瓮”的得意之色，而黎元洪在老袁面前真是诚惶诚恐，抱着十二分的小心和谨慎。

最有意思的是袁世凯给黎元洪安排的住处：南海瀛台。瀛台位于新华门总统府内的东北处，四面环水，虽然风景甚佳，但终究是当年慈禧太后软禁光绪皇帝的地方，未免有些不吉利。对于这个典故，袁世凯心里当然清楚。为了避嫌，总统府早命人将这里打扫干净，并换了一块匾额，叫“小蓬莱”。

看来，袁世凯是要黎元洪在这里做快活神仙了。神仙嘛，不就是不管俗事，混吃等死呗（黎元洪毕竟成不了仙）。

至于黎元洪从湖北带来的随行人员，他们并没有入住“小蓬莱”的资格，而是安置在东厂胡同的将校俱乐部。从此，黎元洪也就失去耳目，和当年的光绪皇帝差不多了。

当然，袁大总统还是讲人情的。黎元洪到京数日后，其家眷也被安排来京，一起住进了南海瀛台。生活待遇上，袁世凯给予黎元洪十分优厚的待遇，每月薪俸1万银圆（仅次于袁世凯），办公费2万银圆。光这两项，黎元洪每月便可拿到3万银圆。因为他实在无公可办，每日不过散步、读书、看报、写字，真是悠哉游哉，做了一个政治寓公。

不过话说回来，也不能完全说袁世凯软禁黎元洪。为了向黎元洪示好，营造大总统和副总统的和谐气氛，袁世凯经常在晚饭后邀请黎元洪一起散步聊天，还让子女们常去黎元洪家拜访，造成总统和副总统两家人亲密无间的假象。

为了更好地控制黎元洪，袁世凯还提出两家换亲，即黎元洪的长子娶袁世凯的女儿，袁世凯的儿子娶黎元洪的女儿。这个计划，娶媳由于黎元洪夫人强烈反对而未果，而嫁女则顺利实施，可惜是个悲剧。[①]

尽管在表面上给予极高的尊崇与礼遇，但袁世凯对黎元洪仍不放心，因为后者的地位和名望，还是相当的影响力，当时想利用这点的人也不少。为了监视黎元洪的一举一动、一言一行，袁世凯特意派出总务厅长唐在礼对瀛台严加防范。

总统府本就警备森严，能进出的人并不多，更不要说瀛台受到了特别的“优待”。对此，黎元洪也是敢怒不敢言，甚至连他的湖北亲友来访，也会有人监视并报告袁世凯。到后来，黎元洪也就习惯了这种生活，他干脆深居简出，有钱就收，也不过问政治，袁世凯爱怎么搞就怎么搞去。

在瀛台的日子里，黎副总统没有做成神仙，倒做成了菩萨——人送绰号“黎菩萨”。

从1912年12月入住到1915年10月搬出，黎元洪总共在南海瀛

---

① 黎元洪的小女儿黎绍芳当时只有8岁，与袁世凯第九子袁克玖定亲后，后来或因这场政治婚姻的不幸福而郁郁寡欢，最终发展成精神病并死于精神病院。参见张华腾：《洪宪帝制：袁氏帝梦破灭记》，中华书局，2007年，第26页。

台待了近三年。正如黎元洪在《致鄂中父老》中说的，“遥望汉江，不禁泪下”。这个傀儡副总统，在这如同软禁之所，虽说是韬光养晦，但终究有些心酸与不自在呢。[①]

① 侯杰、姜海龙：《百年家族：黎元洪》，河北教育出版社，2006年，第178页。

十七

二十一条

客观地说，袁世凯搞内政是把好手，方方面面被他弄得服服帖帖，但搞外交就是另一回事了。论理，袁世凯在朝鲜任事起家，对外交事务熟稔于心，但问题的关键不在于此。因为办外交，主要取决于国家的实力大小，所谓弱国无外交，难办了。

1914年7月，第一次世界大战爆发。趁着欧洲列强相互开打、无暇东顾的好时机，日本对山东青岛下手了。青岛原为德国强租，但德国人在中国根基尚浅，此刻又被欧战缠身，日本这时对德国宣战并占领青岛，绝对是“低风险、高收益”的好勾当。

1914年9月2日，日军借口当年“三国干涉还辽”的旧事对德宣战，随即在龙口登陆，并向青岛发动进攻。得知日军侵入山东半岛后，袁世凯当晚即召集会议，内阁各总长全部参加，可见事态严重。据与会的外务部参事顾维钧回忆，袁世凯问陆军总长段祺瑞，如果抵抗的话可以维持多久，段祺瑞说可以抵抗48小时。袁世凯问其他总长的意见，其他人都默不表态。袁世凯只得决定按1904年日俄战争时期的老办法，划定日军过境的走廊和交战区，以尽可能地防止战争波及其他地区。

事实上，“一战”爆发后中国已经宣布中立，日军借欧战之机侵略中国的行为违反了国际法，逻辑上也匪夷所思。但是，一个国家的国际地位往往由实力来决定，在无力阻止日军行动的情况下，袁世凯也只能再次接受当年日俄战争时期的屈辱“中立”。

德国在青岛的驻军十分有限，在象征性抵抗后，青岛便告失守。①但日本并未就此收手，反而以胶济铁路是德国产业为由，出兵占领了整个胶济铁路并进占济南火车站。之后，日军将德国雇员全部赶出门外，由日本人全面接手，丝毫没有理会袁世凯政府发出的“中立”声明。不仅如此，日军还不顾袁世凯政府的一再抗议，随后又将胶济铁路沿线的矿山、企业及海关加以全面占领，事实上是继承了德国的一切侵略权益。

众所周知，日本对中国的侵略是有计划、有步骤的，正如臭名昭著的“田中奏折”说的：“欲征服中国，必先征服满蒙；欲征服世界，必先征服中国。”②日本在甲午战争中攫取了朝鲜和中国的台湾，在日俄战争中获得东北的侵略权益，清末时期又鼓动反满主义颠覆清王朝，这一次当然也不会局限在青岛一隅。

果不其然，日本驻华公使日置益在1915年1月18日从东京回任后，他谒见袁世凯时突然抛出日本对华要求，其中共计五号二十一条，这就是历史上骇人听闻的“二十一条”。

“二十一条”的主要内容包括：

---

① 据德使墨尔记载：德军抵抗八周，德方损失1800人，受伤4千人。见墨尔：《蒋介石的功过：德使墨尔驻华回忆录》，台湾学生书店，1994年，第38页。另据曹汝霖：《一生之回忆》，徐树铮瞒着段祺瑞送给德军两千步枪及子弹，第195页。

② 目前史学界对“田中奏折”的看法有争议，其奏折或无，但“欲征服中国，必先征服满蒙；欲征服世界，必先征服中国”的战略思想却是不争的事实。

第一号共四条，要求中国承认日本继承德国在山东的一切权益；山东省不得让与或租给他国；准许日本修建自烟台（或龙口）连接胶济路的铁路；山东各主要城市开放为商埠。这四条，实际上是要把山东变成日本的势力范围，为瓜分中国做准备。

第二号共七条，要求中国承认日本在东北和内蒙古东部的特殊权利，日本人有居住往来（实际上是无限制移民）、经营路矿等项特权，且不许其他列强介入；旅顺、大连的租借期限及南满、安奉两铁路期限均延长至99年。这七条，是阴谋将东北和内蒙变成日本殖民地。

第三号共两条，要求把汉冶萍公司改为中日合办，中国不得自行处理，附近矿山不准公司以外之人开采。这两条因为辛亥年南方革命党向日本借债所致。

第四号一条，要求所有中国沿海港湾、岛屿概不租借或让给他国。换句话说，中国成为日本的被保护国。

第五号是最狠的，共七条，包括：要求中国政府聘用日本人为政治、军事、财政等顾问；中日合办警政和兵工厂，中国向日本采购一半以上的军械；武昌至南昌、南昌至杭州、南昌至潮州之间各铁路的建筑权让与日本；日本在福建省有开矿、建筑海港、船厂及筑路的优先权；日本人在中国有传教之权，日本人经营的医院、寺庙及学校，在内地有土地所有权，等等。这七条要是实行，简直就是把中国变成日本的附属国，与朝鲜地位等同了。

日本此时抛出“二十一条”并非偶然。早在1900年，日本浪人内田良平便发起了一个名叫“黑龙会”的间谍组织，这个组织以中国黑龙江为名，其用心显而易见。黑龙会名义上是个民间组织，但和日本军方勾结很深。自成立伊始，他们就深入朝鲜、中国东北和蒙古、西伯利亚等地，其活动包括刺探收集情报、秘密绘制地图、收买民族败类、策动内乱等，比如朝鲜合并、中国革命、拉拢宗社党人等，背后都不乏黑龙会的影子。

黑龙会在思想上自命为黄种人的代表，并提出由日本充当远东盟主，亚洲各国在日本的领导下对抗白种人。事实上，这种所谓的“亚细亚主义”，不过是以日本为首领的亚洲版门罗主义，也就是后来“大东亚共荣圈”的思想根源。

1914年欧战爆发后，内田良平觉得时机已到，随后以黑龙会名义亲自起草了一份名叫《对华问题解决意见书》（即《黑龙会备忘录》）的文件，并将之转呈给当时的日本首相大隈重信。在这份意见书中，内田良平提出：趁中国目前尚未强大且孤立无援之机，胁迫中国接受秘密条约，造成“保护国”的既定事实，以打击袁世凯的威望，支持一切反袁力量并促成中国的内乱；支持除袁世凯以外的帝制复辟活动，使中国在政体上与日本保持一致，为今后中日合并创造条件。

黑龙会的逻辑是这样的：欧战爆发后，日本应趁着西方列强无暇东顾的宝贵时机有所作为，因为欧战终有结束之时，届时列强仍会重返远东，继续其瓜分和掠夺；如日本在大战期间抢先对中国下手，加以独占并造成既定事实的话，届时列强东返也无可奈何。这样，日本就树立了远东霸权，并可以此为基础，进一步争夺世界霸权。

黑龙会的计划主要包括以下几条：一是在南满和东蒙确定统治权，随后向这些地区大量移民，为日本扩展打下牢固的基础；二是在中国内地修建并控制铁路网，开发那些取之不尽的资源矿产，并排斥列强前来竞争；三是取得中国的政治、军事、警政、财政的监护权，将中国变成日本的保护国，为中立合并打下基础，即所谓“朝鲜道路”。

更为可叹的是，当时的日本元老重臣及内阁军部，他们不仅在侵华的思维逻辑上和黑龙会不谋而合，就连侵华步骤和计划蓝图都是高度一致。事实上，后来的“二十一条”即以内田良平的这份意见书为蓝本，而之后所谓的“田中奏折”“大东亚共荣圈”等等，在思想和理论上都与这个《黑龙会备忘录》是一路货色，其狼子野心，可谓昭然若揭！

再说袁世凯，他接到“二十一条”后，表面上未动声色，只说事关交涉事宜，须由外交部主管办理，届时由外交总长与贵公使交涉。等日本公使走后，袁世凯知道事态严重，随后召集紧急会议，讨论对策。

据记载，袁世凯对“二十一条”的批示非常详细，如第一号关于旅大南满铁路展限问题，袁批示：此本于前清中俄协定东三省会议时，已允继续俄国未满之年限，由日本展续满期，今又要重新更定。但将来若能收回，对于年限没有多大关系，此条不必争论。

对第二号至第四号，袁批示：对承认德国利益问题，应双方合议，何能由日本议定、由我承认？这是将来之事，不必先行商议，可从缓议；对合办矿业问题，袁批示：可答应一二处，须照矿业条例办理，愈少愈好，可留与国人自办；对建造铁路，袁批示：须与他国借款造路相同，铁路行政权须由中国人自行管理，日本可允以管理借款之会计审核权，惟须斟酌慎重；对开商埠问题，袁批示：须用自开办法，并应限制，免日本人充斥而来，反客为主；对汉冶萍问题，袁批示：这是商办公司，政府不能代谋；对福建问题，袁批示：荒唐，领土怎能让与第三国；对内地杂居问题，袁批示：治外法权未收回之前，不能允以杂居。

对于第五号，袁批示：此项限制我国主权，简直以朝鲜视我，这种条件岂平等国所应提出，实堪痛恨；日本自己亦觉不妥，故注“希望条件”，不理可也。万万不可开议，切记切记！后两句，袁世凯特意加朱笔密圈。

日本此时提出“二十一条”，实际上是有备而来，因为它之前便已料定中国缺乏反抗能力，因而从一开始便警告袁世凯这是秘密条约，必须从速商定，不得外泄。如果中国不答应，日本就要海陆并进，大举进攻，而当时列强均无能力前来干涉，美国虽未介入欧战，但也不愿独力阻止日本的侵略计划。对此，日本早有战略预估，因而也就肆无忌惮了。

“二十一条”是袁世凯从政以来最严重的危机，所幸应对还算有效得体。袁世凯采取的第一个措施，是利用各种渠道摸清日方的底牌。他先派出日籍顾问有贺长雄返回日本访问日本政界元老松方正义及山县有朋，探查其中的内幕；随后又派人花重金收买日本间谍，调查日方的有关情况，以在谈判中争取主动。

为配合摸底活动，袁世凯在谈判中故意采取拖延战术，他先将对外交涉不甚在行的孙宝琦换下，并再度起用了善于在困难局面前谈判的前外交总长陆征祥，并指示后者和曹汝霖在谈判中逐条商议，务必拖延时间，不可被日本人牵着鼻子走。

为了贯彻袁世凯的指示，陆征祥也想了很多办法。比如日本提出每天开议，陆征祥则和颜悦色地指出，他的事务非常繁忙，每周只能开一次会，最后使得日方妥协，每周会谈三次。每次谈判时，陆征祥总是故意缩短会议时间，比如每次开会，陆征祥说完开场白后即命献茶，并尽量拖长喝茶的时间，这与猴急的日方代表形成了鲜明的对比。但是，日本代表对此也无可奈何，因为这是东方的礼节。[①]

袁世凯的努力最终有了回报，他通过各种渠道了解到，“二十一条”并没有经过御前会议（如要动用武力必须经过御前会议），而是大隈重信内阁擅自采取的秘密行为。由此，袁世凯有步骤地通过报纸及外交渠道将“二十一条”的内容透露出去，结果在国际上引发了一场轩然大波。“二十一条”立刻成为各国媒体的头条新闻，这也使得日本企图尽快结束同中国的秘密谈判变得不可能。[②]

得知“二十一条”内容后，美国国务卿随即照会中日两国，声明中日所缔结的条约如有违门户开放政策的话，美国将一概不予承认。在各方压力下，中日谈判也陷入了僵局，一拖便是四个月过去。

眼看谈判桌上无法取得进展，日本人随后在东北、山东、福建沿海等地增兵，摆出一副谈判失败即开战的架势。1915年5月7日，日方提出最后通牒，限袁世凯政府在48小时内对一至四号及福建问题给予日本“满意之答复”，否则就要诉以“必要之手段”。

在此情况下，袁世凯召集政府各要员开会，与会者包括副总统黎元洪、国务卿徐世昌、参谋总长及各部总长、各院院长等。会上，袁世凯悲愤陈词，称在“国力未充，难以兵戎相见”时，只能暂时忍辱，不然将重蹈甲午之覆辙。权衡利害，不得已接受

① 参见唐德刚：《袁氏当国》，第145页。

② 美国驻华公使芮恩施从顾维钧处获悉“二十一条”，《华盛顿邮报》率先刊出“二十一条”全文，也可能是通过顾维钧的渠道。参见习贤德：《孙中山与美国》，上海人民出版社，2008年，第49页；唐德刚：《袁氏当国》，第140、143页。

日本通牒之要求，何等痛心！何等耻辱！经此大难后，大家务必以此次接受日本要求为奇耻大辱，本着卧薪尝胆的精神，做奋发有为之事业。不然，十年之后，非但不能与日本一较高下，亡国之危险将更甚今日！①

1915年5月9日，外交总长陆征祥、次长曹汝霖及中方谈判代表施履本将“二十一条”的最后修订本交给日本公使日置益，危机暂时化解。据当事人曹汝霖后来的回忆：“当时，我心感凄凉，有一种亲递降表的感觉。”国耻面前，凡我国人，自当感同身受。

尽管是大兵压境下的城下之盟，但将日本提出的“二十一条”原件和修订本相比，二者还是有霄壤之别的。在四个月的艰苦谈判中，日本在各方压力下自行取消了最凶残的第五号要求；要求“所有中国沿海港湾、岛屿概不租借或让给他国”的第四号删除，改由中国自行声明；第三号中的两条删除一条，第一、二号中的十一条中日本所要求的无限移民及日商课税须得日本领事之同意，“中国方面绝对不能接受”，其他条文不是“留待日后磋商”，就是加进了限制条件，最后签订的实际上只有“十二条”。

即使是已经签订的，后来也大多被袁世凯设法破坏掉。比如允许南满、东蒙地区中日杂居以及杂居地的商租权问题、聘请日本顾问等，袁世凯就说：“购地租地，我叫他一寸地都买不到手；杂居，我叫他一走出附属地，就遇到生命危险；至于警察顾问用日本人，我用虽用他，每月给他几个钱罢了。至于顾不顾、

① 转引自侯宜杰：《袁世凯一生》，第346页。袁世凯事后对百官的发奋之语，参见白蕉：《袁世凯与中华民国》，第124–132页。

问不问，权却在我。其他各条，我都有破坏之法。”[①]

袁世凯是个玩弄权术的高手，那这次是否有效呢？据后来在东北的日本人说：“我们日本人在东北，如被囚禁于附属地界内，一步不敢出附属地。”至于日本人向中国人购地、租地问题，更是谈不上，因为袁世凯暗中制定了惩治国贼条例交给东北地方官员，所以日本人根本就买不到也租不到地。至于那些受聘的日本人员，他们也表示：“我等名为顾问，其实绝无人顾，绝无人问。”

这里有个人需要提一提，这就是后来的东北王张作霖。张作霖马匪团练出身，后来从良投军，民国初年只是巡防营统领，但“二十一条”签订后，袁世凯曾秘密派段芝贵去了几次东北，张作霖势力突然大增，并从德国洋行购买了大量军械。他声称：“只要有我在，日本人就不敢出附属地！”之后，日本人想在南满、东蒙开发产业，但大都遭到张作霖阻挠而极少施行。

在做事方式上，张作霖和袁世凯颇有相像之处，两个人都是枭雄，重权术，轻条规，袁世凯也对张作霖颇有惺惺相惜之感。据袁世凯的女儿袁静雪回忆：当时袁世凯对张作霖极为笼络，每次张作霖来，袁世凯都在办公室接见，而张作霖当时只是二十七师师长，按理只能在居仁堂的楼下被接见。有一次，张作霖在谈话时不时注视离他座位很近的四块打簧金表，这四块表样子极其精致，每块表的边上环绕着一圈珠子，表的背面是珐琅烧的小人。袁世凯见张作霖十分喜欢，谈完话后就将这

① 转引自张妍：《原来袁世凯》，重庆出版社，2006年，第201页。

四块表送给了他。[①]

袁世凯用张作霖暗中抵制日本，这或许是后者成为“东北王”的开始。话又说回来，对付日本这种虎狼之国，也必须起用张作霖这样的枭雄，袁世凯在这方面还算有用人之明。

另一方面，日本的强蛮恶行也引发了中国人民的极大愤怒。当时，全国各省都督都向袁世凯表示支持，他们不断呼吁中央决不能屈服于日本压力，而总统府每天都收到潮水般涌入的信件和电报，一时间民情沸腾，有抵制日货的、有毁家纾难的，民众的爱国情绪日益激昂。就连海外的留学生、侨胞等也纷纷奔走呼吁，坚决反对签订“二十一条”。

在长达八个多月的抗议浪潮中，日本成为过街老鼠，不仅在经济上遭受重大损失，国际上也受到了欧美列强的压力。如历史学家唐德刚评价的：“日本虽然费尽心机提出灭亡中国的‘二十一条要求’，但弄得臭名昭著，也只落得个雷声大、雨点小的收场，为天下笑。”[②]

不仅如此，大隈重信还因为未经御前会议就贸然提出“二十一条”，结果导致外交失败而下台。接任首相的寺内正毅不得不承认：“大隈内阁向中国要求‘二十一条’，惹中国人全体之怨恨，而日本却无实在利益。”

尽管日本的阴谋最终破产，但中国在这次危机中的受损也堪称惊人。如延长旅大租期至99年等，都是丧权辱国、不可思议的。条约签订第二天，袁世凯在大总统申令中表示：该条约“创

① 袁静雪：《我的父亲袁世凯》，见吴长翼编《魂断紫禁城：袁世凯秘事见闻》，第20页。

② 唐德刚：《袁氏当国》，第146页。

巨痛深，引为惭憾，已则不竞，何尤于人。我之积弱召侮，事非旦夕，亦由予德薄能鲜，有以致之”。其中的无奈、惭愧之情，溢于言表。

结合当时的国际形势和双方实力对比来看，袁世凯采取的外交和谈判策略还算可圈可点，后来历史主流将“二十一条”认定为袁世凯为复辟帝制而采取的投日卖国行为，这或许有些言之不公了。如张学良在“九一八”事变后说的：“当年袁世凯应许‘二十一条’时，我是学生，一腔热血，誓死反对；及至二十年后我执政，还不如人家。”

毕竟，在实力悬殊的情况下，逞一时之勇并非明智之策，而袁世凯也没有像宣传中说的那样全盘接受“二十一条”。至于谈判中所做的巨大牺牲和让步，实属委曲求全的屈辱外交，而非有意卖国性质。

特别要说明的是，此等评价并非有意为袁世凯等人喊冤抱屈，乃历史评判须以事实为基础，如果仅从忠奸之价值判断，难免脱离事实真相，对历史人物也是不公道的。在民族感情受到伤害的情况下，参与谈判的曹汝霖、陆宗舆（时任驻日公使）在五四运动时被爱国学生追打，也是无可奈何之事。所谓弱国无外交，弱国的外交人员更是被放在火上烤也。

难能可贵的是，被袁世凯通缉而流亡海外的国民党人如黄兴、陈炯明、柏文蔚、钮永建、李烈钧等人，他们在国难面前非但没有乘袁之危而共同倒袁，相反，他们选择了公开呼吁同志“暂停革命，一致对日”。这才是真正的爱国革命者，而非一味的捣乱革命者。[①]

① 唐德刚：《袁氏当国》，第108页。

但话又得说回来，要是袁世凯真的像他所说的那样，痛定思痛，卧薪尝胆，奋发向上，那十年后再与日本兵刃相见，也无外乎“知耻近乎勇”。但可笑又可悲的是，不出一年，国耻未洗，国势未兴，袁世凯却将自己的发愤之言忘得一干二净，非要冒天下之大不韪去搞什么帝制复辟。到那时，哪怕袁世凯黄袍加身，也不过落得身败名裂，遗臭万年，那就不是“知耻”，而是忒无耻了。

十八

太子好梦

1913年11月初，国民党被解散后，国会因议员人数未过半而瘫痪。11月底，袁世凯又搞了一个政治会议，表面上是作为自己御用的咨询机关，实际上是想用它来取代国会。

袁世凯搞的这个政治会议并非选举产生，其中由袁世凯自己指派10人，国务院指派4人，各省各部各派2人，总名额是80人。这80人中，大多为前清旧官僚、各界名流或立宪党人，比如杨度、杨士琦等，其中也不乏原革命党人如孙毓筠等。前云贵总督、李鸿章的侄子李经羲，则被任命为政治会议议长，张国淦为副议长。

袁世凯和国会的冲突主要在制定宪法问题上，因而政治会议成立后，袁世凯也想将它变成一个造法工具。但是，政治会议的性质是咨询机关（类似前清资政院），最多只能研究研究政策、提供点政策参考之类。因此，他们便建议袁世凯组织一个临时的“约法会议”，来专门从事“增修约法”一事，也显得名正言顺。

袁世凯觉得这建议可行，于是在1914年3月召开“约法会议”，以孙毓筠、施愚为正副议长，准备在袁大总统的亲自指导下制定一部新约法，以替代南京临时政府制定的《临时约法》和流产的“天坛宪草”。

“约法会议”共57人，后于当年5月公布了一部新的中华民国约法，姑且称之为“袁记约法”。这部新的“根本大法”，对原先体制做出了重大修改，立法机关由原来的参众两院改为一院制，即传说中的“立法院”。

鉴于组织立法院是一项极其艰巨的任务，于是立法院未建立之前，就改由“参政院”代行立法职权。参政院院长由副总统黎元洪兼任，副院长为汪大燮，参政员73名，而之前的政治会议也就寿终正寝。

参政院和立法院的根本区别在于，立法院通过选举产生，行使立法职能，是民众的代议机关；参政院诸公则由袁总统钦定，实际上是以咨询机关的名义代行立法权。你说这参政院有用吧，它不过是个御用机构；要说它没用吧，它还实实在在地制定了数十种法律，比如森林法、出版法、国籍法、著作权法等等。这些法律，还是有草创之功的。

参政院制定的法律中，最为人诟病的莫过于1914年底制定的《大总统选举法》。这就有些中西合璧、助纣为虐，可谓前无古人、后无来者，世界上也找不到第二部。这个《大总统选举法》有两怪：第一怪是大总统任期，一任就是10年，长得过分且不说，还可以连任，而且连任几次也没规定，几乎等同于终身制；第二怪是现任大总统有权推荐下一任总统候选人，只需事前用嘉禾金简封着，密储于大总统府的金匮石室中，等大总统死了，再去开启。这套玩意，和雍正搞的秘密建储倒是一脉相承。但如此一来，袁世凯要传妻传子，谁能奈何？

参政院何以会制定这样一部稀奇古怪的选举法呢？原因很

简单，前面那个“根本大法”已将之前责任内阁制改成了总统制，而且还不是一般的总统制，是“超级总统制”。在这一制度下，袁世凯不仅掌握了所有的军政大权，就连总统的任期、候选总统的推选等也都大大超越了一般总统的权力，简直就是无法无天了。

换句话说，袁世凯苦于之前的“超级议会制”对行政权特别是总统权的严格限制，所以这次改制不仅夺回了原属于总统的各项权力，而且还要变本加厉，几乎要和德国、日本那种伪君主立宪式的皇帝权力并驾齐驱了。

在“袁记约法”下，责任内阁制被总统制代替，国务院也就不复存在。为了更好地行使权力，袁世凯在总统府下设立政事堂，以前清内阁协理大臣徐世昌为国务卿，杨士琦、钱能训分别为左、右丞。

按理，近代民主体制应是国会行使立法监督权，总统或内阁行使行政权、法院司法独立的三权分立架构，其中又包括选举代议制、政党竞选执政、元首选举产生等基本构成要素和运作模式。但在袁大总统的大刀阔斧之下，民国初年的共和民主气象一扫而空，只剩下中华民国一副空招牌，令人咋舌不已。

“超级总统制”下的总统和德国皇帝、日本天皇还是有区别的，那就是：总统候选人可以由上一任总统秘密推选，但毕竟不是名正言顺的继承。所以，袁世凯不急，但有人急了。

这人是谁呢？那就是准“太子”袁克定。

袁世凯一生共一妻九妾，生下十七子、十五女。他的子女虽多，但和袁克定的年龄相差较大，如次子袁克文，比袁克定小12岁。因此，袁世凯对袁克定一直另眼相看，好生培养。至于袁克定，他从小就跟着袁世凯，无论老袁驻节朝鲜还是小站练兵，也无论巡抚山东还是总督直隶，袁克定未曾离开过一步。

要说这个袁太子，倒也算出落得相貌堂堂，一表人才，一改其父那种身材五短、赳赳武夫的形象。袁世凯前清为官时，袁克定曾供职农工商部，后来还升任右丞（类似厅局级），后来因为袁世凯被赶出北京，袁克定也只好随同父亲回籍。

天有不测风云，辛亥风云突变之际，袁克定在河南老家骑马时不慎摔伤，因为医治不及时而落下病根，走路有点跛态。袁世凯看了十分心痛，次年便送他到德国继续治疗。[①]

德皇威廉二世见民国大总统的长子前来就医，自然十分重视，招待也极为殷勤。威廉二世是个有野心的人，他正想在远东扩展势力，于是不时在袁克定耳边吹风："中国现在搞的民主共和，并不适合中国国情。中国要想发达，必须向德国学习，非帝制不能为也。大公子回国后，请一定转告大总统，中国若要恢复帝制，德国一定尽力襄助。"

袁克定回国时，威廉二世特意写了一封信让他转交袁世凯。信中的大概意思，也是主张中德亲善提携，并劝告袁世凯称帝云云。[②]

在德期间，袁克定为德国所取得的成就惊叹不已，由此也对德国帝制功效深信不疑。1914年，袁公子在德国脚伤没治好，倒是揣着一个皇帝梦回了国。之后，袁克定在家中刮起了一阵"德国旋风"，他给自己和弟弟们都定做了一套威风凛凛的德国亲王将校服，隐然以"太子"自居。

可惜的是，袁世凯当上总统后，却对家人、亲戚十分避嫌。

---

① 详情见袁克文：《辛丙秘苑》，第13页。

② 参见张华腾：《洪宪帝制：袁氏帝梦破灭记》，第57页。

他几个成年的儿子，在前清时还在官府中任职。但到民国后，在袁世凯的坚持下，反而没有一个人在外做官，这让袁克定十分胸闷。

好在机会说来就来。民国年后，袁世凯发现北洋军已是暮气沉沉，而且派系林立，自己掌控起来不再得心应手。从1912年春的“北京兵变”中，袁世凯已经感觉到，他原来的那些将领们，现在大都各有山头，指挥不易。

于是，袁世凯便着手重建自己的军队，如京畿五路巡防营（冯玉祥十六混成旅即出自于此）等。而这时，保定军校校长蒋方震提出编练“模范团”以重整军威，袁世凯便采纳了这个建议。

所谓“模范团”，就是从各师中抽调各级军官分别充当军官和士兵，建制为团，训练半年后派到各师，以改造优化军队中的军官结构。最开始时，袁世凯打算让云南来京的蔡锷担任“模范团”团长，但这一提议因遭到北洋系将领的反对而作罢。[①]

袁克定听说此事后，也想效仿当年小站练兵，于是他向老头子提出，由他来担任“模范团”团长。袁世凯听后觉得不妥，但在袁克定的软磨硬缠下，只好答应和陆军总长段祺瑞商量下。老段听说要让袁克定担任团长后，立刻大摇其头：“什么？让大公子任团长？这怎么行？！他对军事一点都不懂，派他去练兵岂不是大出洋相？再说了，他腿脚不好……”

还没等段祺瑞嘟嘟囔囔说完，袁世凯就气呼呼地走了。[②]

由于“模范团”团长人选难产，袁世凯最后只好自己兼任

---

① 据说是王士珍阻之。转引自彭秀良：《王士珍传》，中华书局，2013年，第81页。

② 参见张华腾：《洪宪帝制：袁氏帝梦破灭记》，第80页；石之轩：《袁世凯1916：悬崖上的龙椅》，第65页；侯宜杰：《袁世凯一生》，第310页。

了。直到办"模范团"第二期时，段祺瑞已被挤到西山"养病"去了，袁克定才如愿以偿，当上了第二期团长。但问题是，袁大公子可没有他老爹当年那份吃苦的劲头和责任心，他从小就是公子派头，怎肯和袁世凯那样"每日与士兵们共奔走"，若说颐指气使、目中无人，他倒是有一套。

尽管袁克定是个"野心大、能力小"的主，但凭着袁家大公子的地位，当时仍有很多人趋奉门下。毕竟，袁克定是"太子"嘛，万一押宝押对了，岂不是鸡犬升天、飞黄腾达？中国从来就不缺这号势利钻营的人物。

当时紧跟袁克定的人中，文有杨度、梁士诒之流，武有段芝贵、陈光远之辈，袁克定这"太子"还没做成，"太子党"倒是人才济济，从中央到地方，到处都有袁克定的人。

之前的"北京兵变"，据说袁克定就颇有嫌疑。当时袁克定知道老爹不愿离开北京，于是背着袁世凯策划了这场兵变。不过，袁克定的计划是指使北洋第三镇攻进皇宫，将小皇帝溥仪赶走后效法宋太祖"陈桥兵变"，给袁世凯来个"黄袍加身"。可笑的是，袁克定的计划没有通知禁卫军，结果禁卫军不知就里，拼死抵抗，袁克定的军队竟然攻不进去。恼羞成怒之下，这帮丘八老爷一不做二不休，干脆把兵变演成一场抢掠商家的浩劫。[①]

袁世凯复辟闹剧中，最令人捧腹的莫过于袁克定伪造《顺天时报》的传闻。《顺天时报》是袁世凯每天都要读的，因为这报纸发行量大，而且还是日本人办的，从中可以看出日方动向，而当时袁世凯对日本的态度最为敏感。为了促成老头子称帝，据说

① 张国淦：《洪宪遗闻》，见吴长翼编《魂断紫禁城：袁世凯秘事见闻》，第285页。另见白蕉：《袁世凯与中华民国》，第28页。

袁克定竟然伪造了一份专门鼓吹帝制、拥护袁大总统做皇帝之类消息的假报纸每天送给袁世凯看。

据袁世凯的女儿袁静雪回忆："假版的《顺天时报》是大哥（袁克定）纠合一班人搞出来的，不但给父亲看的是假版，就是给家里其他人看的也是假的。大哥使我们一家人和真实的消息隔绝了开来。不料有一天，我的一个丫头要回家探望她的父亲，我当时是最爱吃黑皮的五香酥蚕豆的，于是让她顺便买一些带回来吃。第二天，这个丫头买来一大包，是用整张的《顺天时报》包着带回来的。我在吃蚕豆时，无意中看到这张前几天的报纸，竟然和我们平时所看到的《顺天时报》的论调不同，就赶忙寻着同一天的报纸来查对，结果发现日期相同，而内容很多都不一样。我当时觉得非常奇怪，便去找二哥（袁克文）问是怎么回事。二哥说，他在外边早已看见和府里不同的《顺天时报》了，只是不敢对我父亲说明。他接着问我：'你敢不敢说？'我说：'我敢'。等到当天晚上，我便把真的《顺天时报》拿给了父亲，我父亲看了之后，便问从哪里弄来的，我便照实说了。我父亲当时眉头紧皱，没有任何表示，只说了句：'玩去吧'。第二天清晨，他把大哥找了来，及至问明是他捣的鬼，父亲气愤已极，就在大哥跪着求饶的声音中，用皮鞭子把大哥痛打了一顿，一边打，一边还骂他'欺父误国'。从这以后，我父亲见着他就有气，无论他说些什么，我父亲总是面孔一板，从鼻子里发出'哼'的一声，不再和他多说什么话，以表示对他的不信任。"[①]

① 袁静雪：《我的父亲袁世凯》，见吴长翼编《魂断紫禁城：袁世凯秘事见闻》，第24-25页。另据唐在礼的说法，伪造《顺天时报》系袁克定与段芝贵合谋（唐在礼：《辛亥前后的袁世凯》），见吴长翼编：《魂断紫禁城：袁世凯秘事见闻》，第157页。

以上传闻不知真假，不过袁克定还有一个撒手锏，那就是令袁世凯挥之不去的“家族魔咒”。袁世凯家族中，外出做官的都没活过六十，如袁甲三、袁保恒、袁保龄、袁保庆这些厉害人物，乃至袁世凯的父亲袁保中，也是壮年而终。由此，60岁这道大关成了压在袁世凯心中长久的梦魇。而从民国后开始，袁世凯的身体每况愈下，这更让他疑神疑鬼。

在年届六十的大限即将来临时，袁克定声称，“只有称帝才能突破这一魔咒”，这就不能不对袁世凯产生强大的吸引力了。毕竟，皇帝是九五之尊嘛，世界上还有什么比这更尊贵的呢？或许，这个魔咒真的不敢侵犯真命天子？

从这个角度来说，如果袁克定真的伪造《顺天时报》的话，把板子全打在袁克定的屁股上也不公道。毕竟在那个时代，袁世凯也迷信啊。[①]

和袁克定热衷于帝制不同的是，袁世凯的次子袁克文却对此漠不关心。不仅如此，这位“皇二子”还写了首讽父诗，姑录如下：

乍着微棉强自胜，阴晴向晚未分明；南回寒雁掩孤月，西落骄阳黯九城。

驹隙存身争一瞬，蛩声警夜欲三更；绝怜高处多风雨，莫到

---

① 袁家做官的人活不过六十、称帝可以冲破魔咒的说法，袁世凯之孙袁家诚曾提及。又有说袁世凯曾和张一麐说：“袁氏三世无年，无能过六十者。逮其本人五十八九岁时，亟亟尝试，自投瓮中，岂其私以为帝王历数所在，不在其限乎”。首次披露这一说法的，则为1916年出版的《最新袁世凯》一书，其中云“袁逆今年58岁，历年看相算命均言项城万不能过今年。有逢迎旨意者谓须有极大喜庆冲喜，不特无凶险，且有非常大吉。”参见石之轩：《袁世凯1916：悬崖上的龙椅》，第6-7页、第9页。

琼楼最上层。[①]

诗中的重点是最后两句，无外乎劝老头子“莫到琼楼最上层”，否则站得高，跌得重，老本全赔光。苏东坡曾说，“高处不胜寒”，想必袁大总统也跟着头脑一起发热，早已忘却了。

据说，袁世凯临死时曾嘟囔了一句：“是他害了我。”袁世凯没说这个“他”到底是谁，一般人都认为是大公子袁克定。[②]要说这复辟丑剧，袁克定还真要负一半的责任，他自己想做太子想疯了，结果把老头子推到火上去烤，害得袁世凯一世枭雄，最后被这竖子所害，落得个可惜、可笑、可叹的千古骂名，真是窝囊至极。

袁克定这个人，不文不武，品不高，德不显，糊涂半生且不说，晚年还好男宠，最终倾家荡产，潦倒而终。袁世凯之败，袁克定能辞其咎乎？

---

① 这首诗还有个版本，意境颇美：乍着微绵强自胜，荒台古槛一凭陵；波飞太液心无住，云起苍崖梦欲腾。几向远林闻怨笛，独临虚室转明镫；绝怜高处多风雨，莫到琼楼最上层。

② 袁克齐则在《回忆父亲二三事》中说，袁世凯死前将袁克定叫入里屋，说：“这个事我做错了，你以后不要上那几个人的当！”而袁世凯死后，袁克定抚棺痛哭，大呼：“我对不起爸爸！”见吴长翼编：《魂断紫禁城：袁世凯秘事见闻》，第79页，第83页。

十九

外来和尚

话说袁世凯当上终身大总统后，还将总统选举法也一并改了，既可传子，又可传妻，与之前皇帝实无区别，不过略欠一顶皇冠、一个名号。但是，袁克定还不满足，非怂恿着老头子继续向帝制迈进，这一来二往的，老袁也就动了心。

万事俱备，只欠东风。就在这关口上，袁大总统的美国顾问古德诺教授从太平洋彼岸发表了一篇宏论。此举不但送了“东风”，也在不经意间为帝制复辟拉开了序幕。

说起这古教授，本和袁总统同年所生，他老兄原是美国哥伦比亚大学的法学院院长，也是当时外交新锐顾维钧博士的老师。古教授原是做学问的老夫子，当时已在哥大教书三十载。要说他的理论水平和教学水平，那当然没得说，不过他常年生活在象牙塔中，不知中国人事险恶，结果误上贼船，毁了自家前程。这事说来话长，且容慢慢叙来。

辛亥年后，民国处于从专制到民治的转型时期。袁世凯当上大总统后，他一来苦于自身理论水平不足，二来也是为了装点门面，于是向外国聘请了两位政治法律专家，一是日本的有贺长雄，另一位就是古德诺教授。

以古德诺的水平，做袁大总统的法律顾问当然不在话下。他接到聘书后，也是欣然就道，愉快上任。毕竟，老古每年可从这里领取年薪两万五千银圆，这在当时的世界人才市场上，绝对是凤毛麟角。

促成古教授来华一事的，很可能是他的中国弟子顾维钧。顾从美国博士毕业回国后，首任总理唐绍仪不仅向袁世凯极力引荐，而且还将他招为女婿，由此顾维钧在仕途上平步青云，宏图大展。后来，老丈人虽然和袁翻脸，但顾博士仍为袁总统信任并担任了机要秘书一职。

来华后，古教授和总统府签了三年合约。但一年后，美国著名学府霍普金斯大学给他寄了份校长聘书。作为学界中人，古教授难免心动，于是和总统府协商后，决定同时兼任二职。

1914年8月，古教授返回美国就任校长，在华顾问事务暂时委与他人，但仍由他遥为指导。等到次年美国大学放暑假，古德诺便再度来华。而他这次所待的六周时间，正是民国共和政治与复辟帝制斗争的敏感时期。

古教授是世界一流的学问家，但学术上的“政治学”与现实中的政治斗争完全是两码事。他老夫子是不明就里，一下就陷入了一场凶险的政治漩涡之中。古德诺第一次来华时，正值“二次革命”爆发，他作为美国南北战争后成长起来的一代，自然站在袁世凯政府的一边，视南方革命为叛乱，这或许是古教授遭人忌恨的原因之一。

若以立场论，古德诺是倾向于总统制的。民国第一届国会天坛修宪期间，他也替袁世凯拟了一份宪法草案，其中内容却和“天坛宪草”大相径庭。在老古看来，中国疆域太广，各地也不稳定，推行责任内阁制并无好处；而国会权力过大，本该与国会平行的大总统形如橡皮图章，这也大大有损于三权分立的平衡。这种体制，实际上是一种国会独裁，最终导致国家一事无成。

因此，古德诺向袁世凯建议，中国应实行强有力的中央集权，而总统制是最合适的选择。古教授的看法和观点对袁世凯产生了很大的影响，而他也在无意中成为袁世凯推行总统制的最佳辩护人。正所谓，外来的和尚好念经，革命党人虽然心有不甘，但对于古德诺这个"反动学术权威"却也无可置辩。后来，袁世凯取消"天坛宪草"，解散国民党，解散国会，也就顺理成章了。

对于后来那个"袁记约法"，古德诺倒是十分推崇。他返回美国出任约翰斯·霍普金斯大学校长后，就在当年的美国政治学会年会上做了一个关于民国政改的主题演说，其中对"袁记约法"改行总统制赞叹有加，大有"吾道得行"的兴奋呢!

古德诺第二次来华期间，袁大总统请古老以评议《天坛宪草》为题，就各国现行国体的优劣作一文章，以供民国政府参考之用。对于这等作业，古德诺早已成竹在胸，因为这本就是他作为法律顾问的分内事。

受人所托，忠于人事。古德诺这么敬业的一个人，加上袁总统礼贤下士，于是他尽其平生所学，写了一篇万言条陈供袁总统参考，算是一报知遇之恩。[①]尽管古德诺一再声称自己是从纯学理的角度对中国问题提出建议，但以古教授的学术地位，他这篇文章对后来政局的影响大大超出了他的想象，这就不是他能掌控的了。

---

① 古德诺这篇名为《共和与君主论》的文章于1915年8月10日发表于北京《亚细亚报》上。

要知道，那些蓄势待发的帝制派政客们对古教授的学理推导毫无兴趣，他们要的是文章对总统制和中央集权的大力宣传，要的是关于“君主制优于共和制”的片言只语。帝制急先锋杨度更是捡到鸡毛当令箭，他简直是如获至宝，随后便将古教授的文章汉译为《共和君主论》，并交各大媒体广为传播，为帝制先声狠狠添了一把火。

也许有人会问，那篇洋洋万言的大作中，古教授到底说了啥？细说起来，老古的文章做得还真不赖。简而言之，古德诺的主要观点是：各国的政体制度，比如帝制与共和，本身并无天然和绝对的优劣之分，其中的关键在于各国各族对制度的认同，是否适用才是正道。换句话说，一味地照搬照抄，全盘西化，未必是件好事。

当然，古教授的观点和一切从实际出发的哲学观点颇为接近，此乃放之四海皆准的真理，所以他又以各国历史和国情加以推导。比如，英国是最先推翻帝制、搞民主共和的国家，当时连查理一世的脑袋都砍了下来，但革命领袖克伦威尔当上“监国”后，推行的同样是专制。更麻烦的是，在“监国”体制下，接班人问题没法解决，因为民选的领导人如何安排接班，在当时尚无先例。于是，克伦威尔快死时让儿子上位，但小克伦威尔没有经过战争，也就没有威信，结果很快被议员们给轰了下去。克伦威尔的儿子做不成监国，其他人就更没有这个威信，最后议员们商量来商量去，还是请被废的太子（即查理二世）来做皇帝的好，这样至少名正言顺——人家毕竟是几百年的皇族血统嘛！

于是，大英共和国便又成了大英帝国，即便后来“光荣革命”，也只是换一个皇帝，而不是换一个国体。大英帝国依然是大英帝国，只是皇帝不再是查理一世时期的皇帝，而是受到议会的严格限制，所谓虚君制是也。英国是近代最典型的君主立宪制，虽然保留皇帝，但实行的是地道的民主议会政体，这和“一战”前德国、“二战”前日本的君主立宪制有着天壤之别。因为德皇、天皇仍有至高无上的权力，这种体制实际是一种伪君主立宪制。清末预备立宪时，清廷模仿的也是这种体制。直到滦州兵谏，清廷匆匆抛出“十九信条”，这倒是英国虚君制的君主立宪。但可惜，晚了！找不到买家了！

至于共和政体，当时有两个典型案例，一是实行总统制的美国，一是实行责任内阁制的法国。从效果上看，美国比较成功，但他们的案例不可复制，因为美国是个成立不到200年的移民国家，既没有专制传统，也没有土生土长的皇族势力。更重要的是，美国地广人稀，只要肯努力，人人都可以有好的发展机会，这是其他国家不能比拟的。此所谓“美国特殊论”也。

法国则不然，从帝制到共和，从共和到帝制，来回打转，倒值得当时的民国引以为教训。法国革命最为追求自由民主，因而也最为酷烈，不但要砍国王的脑袋、砍贵族的脑袋、砍高级教士的脑袋。闹到最后，革命领袖的脑袋也被一砍再砍。最后，砍无可砍，人人都厌恶了这种朝不保夕的极大混乱，结果拿破仑横空出世，在煊赫武功下加冕称帝。但是，建立在军事基础上的拿破仑帝制同样不稳定，法国在革命后的100年中也一直在帝制和共和中摇摆。倘若以法国为参照物，便可预知中国的共和之路绝不会一帆风顺。更令人汗颜的是，法国的革命共和并没有给法国带来强大和稳定。

至于拉美国家，那简直就是民主共和的火葬场。在摆脱了西班牙、葡萄牙的殖民统治后，墨西哥、阿根廷、秘鲁、巴西等国也在欧美影响下采取民主共和制，但由于严重缺乏共和政体所必需的经济、社会、文化、教育等条件，结果画虎不成反类犬，它们的共和政体也相继变成了寡头独裁政权。而这些独裁者一旦去世而又没有固定继承人，国内往往群雄并起，举国大乱，民不聊生。

在这篇长文中，古教授特意举出墨西哥独裁者迪亚斯为例证。迪亚斯统治墨西哥30余年，最初还相安无事，但他年老昏聩后，由于没有法定继承人，结果群雄纷争，国将不国。古教授由此指出，与其搞个人独裁的寡头政权，倒不如直接实行帝王专政，因为帝制尚有法统可继，不像个人专制的寡头政权，一旦老寡头死了，众多小寡头必须大打出手才能接班。所以，“假共和”倒不如真帝制，这样国泰民安的概率还大些。

古教授最后总结说，帝制、共和原本半斤八两，不过各有所适。如果按当时民国的社会、经济、政治等各方面条件，君主立宪是相对适宜的选择；如果要实行共和政体，那就应该加重行政部门的权力，而不能像法国那样突出议会权力，否则势必频频倒阁；鉴于民国当时无法实行普选，实行限制代表制和立法一院制颇为可行。

对于帝制的反转问题，古教授也未置可否，他预留了但书三点：一要全民认可，不得稍有反对的动乱出现；二是列强对恢复帝制没有异议；三要落实真正君主立宪的具体计划。三者缺一不可。

如此看来，古教授不过理论推导，以之后的百年历史验证，还得承认这老头看法客观英明，确实高见。可惜啊，文章是好文章，发表的时间和地点都不对，结果被那些无耻下流的帝制派政客故意曲解利用。人家古教授明明说“共和帝制，各有所适”，到杨度笔下却成了“共和不如帝制”，这真是动机叵测，祸害无穷。[①]

古德诺二次来华的时间不过6周，无意中被人抬出来唱了这么一出大戏，最后是“哑巴吃黄连”，背了个大黑锅。后来，古德诺也发现风向不对，他不甘心为帝制派所利用，于是一边招待中外记者，说明真相；另一边又将其文章刊登在《京报》（英文版）上，以正视听，但为时晚矣。帝制派不过利用古教授的文章做个引子，为将来鼓吹帝制铺路，大戏还在后头，但主角已经不是古教授了。

再者，大洋彼岸的霍普金斯大学即将开学，古校长也没有时间与精力去纠缠于这场笔墨官司。在他返回美国后，杨度反成了古教授“君宪救国”的代言人，真是把老古活活气死。更糟糕的还在后面，复辟帝制失败后，袁世凯身败名裂自不必说，就连远在美国的古教授，也给连累苦了。

原来，古德诺出任约翰斯·霍普金斯大学校长时，声望并不亚于普林斯顿大学校长威尔逊，而当时共和党也有意提名古德诺作为总统候选人和威尔逊一争高下。不料，有人怀疑老古受贿而执笔，实为袁世凯的御用文人，结果古校长有口难辩，他本该似锦的前程，因为被袁世凯帝党的一记臭蛋击中而烟消云散，真是飞来横祸、无妄之灾，令老头抱恨终身。[②]

至于另一位日本顾问有贺长雄，他的名气不如古教授，但也并非等闲之辈。有贺长雄不仅是国际法专家，而且曾与日本首相大隈重信组织过进步党，并创立了早稻田大学。在古教授发

① 古德诺《共和与君主论》及杨度《君宪救国论》原文，参见白蕉：《袁世凯与中华民国》，第143-181页。

② 参见张华腾：《洪宪帝制：袁氏帝梦破灭记》，第102页。

表《共和君主论》的同时，有贺长雄也发表了一篇名叫《新式国家三要件论》的文章，可惜他主张帝制的观点过于隐晦，不够拉风，所以不为帝制派所喜。

在帝制复辟进入实施阶段后，有贺长雄在背后做了几件实实在在的工作，他以日本皇室为蓝本，向袁世凯进呈了一份《皇室典范》，主要内容包括：

> 一、中华帝国大皇帝传统子孙，万世延绵。
>
> 二、大皇帝位传统嫡长子为皇太子，皇太子有故，传嫡长孙。
>
> 三、中华帝国大皇帝，为汉、满、蒙、回、藏五族大皇帝，公主、郡主得下嫁五族臣民。
>
> 四、皇室自亲王以下，至于宗室，犯法治罪，与庶民同一法律。
>
> 五、亲王、郡王得为海陆军官，不得组织政党及为重要政治官吏。
>
> 六、永远废除太监制度。
>
> 七、宫中设立女官，永远废除采选宫女制度。
>
> 八、永远废除各方进呈贡品制度（满、蒙、回、藏各王公世爵年班朝觐贡品除外）。
>
> 九、皇室典礼事务，设宫内大臣掌领之。
>
> 十、凡皇帝亲属，不得经营商业，与庶民争利。

袁世凯推行洪宪帝制后，有贺长雄的这十条皇室典范得以应用，倒也算有那么一点进步和借鉴之处。最奇的是，在当时外国人中，唯独有贺长雄对袁皇上自称“外臣”，虽说忠心耿耿，但也不免有些肉麻。这不，有贺长雄的行为引起了在华日侨的极大愤怒，他们认为有贺氏“玷污了日本人的体面”，并宣布从日籍中将有贺长雄除名，即所谓的“日奸”也。

不过，有贺长雄对此可不在乎。袁世凯死后，他又接连给黎元洪、冯国璋及徐世昌三位总统做法律顾问，直到1921年病死。有贺之义举，诚可谓鞠躬尽瘁，死而后已。看来，他还真是中国人民的“好朋友”。[①]

---

① 参见张华腾：《洪宪帝制：袁氏帝梦破灭记》，第104-105页；唐德刚：《袁氏当国》，第165页。

二十

筹安请愿

好风凭借力，送我上云端。有了古德诺教授一字千金的《帝制共和论》，袁总统这下真要订制龙袍，做起皇帝美梦来了。至于杨度那些人，自然把古教授的文章捧为“圣经”，那种急不可待、一心要抢头功的敬业精神，真是令人仰慕而不足以表达敬意。

古教授的文章不过是篇理论性的开场白，杨度等实干家们则于1915年8月乘势拉开了帝制运动的帷幕，这就是近代史上臭名昭著的“筹安会”。

筹安会挂牌当天倒没有太大的动静，只不过将写有“筹安会”三个大字的招牌挂出。不知道的人，还以为出了一帮能人异士，可以将这乱象百出的民国筹划消停，让小老百姓也能过个安稳日子，倒也不失为一桩善事。

不料数天后，杨会长便在各大报纸上发布筹安会成立启事，并公布该会宗旨宣言，其中便掐头去尾地窃用了古德诺教授的话，说什么“君主实较民主为优，而中国则不能不用君主国体”，“我等身为中国人民，国家之存亡，即为身家之生死，岂忍苟安漠视，坐待其亡！用特纠集同志组成此会，以筹一国之治安”。

最后，杨会长公布了发起人，分别为：杨度、孙毓筠、严复、刘师培、李燮和、胡瑛，也就是人们常说的“筹安六君子”。

尽管声称是学术团体，尽管有“爱国热忱”作为掩护，但杨度文章发表后，筹安会的“六君子之心”，也就路人皆知了。筹安会显然不是什么简单的学术研究，而实际上是政治团体；这“六君子”的说法也颇为滑稽，也不知是帝制派自封，还是评论家给他们送的帽子，结果一传十、十传百，“筹安会六君子”之名不胫而走。

“六君子”本是好词，中国历史上有两组非常知名的：一是反对明朝宦官而惨遭迫害的左光斗等“东林六君子”；二是戊戌政变中所害的谭嗣同等“戊戌六君子”。杨度这几位仁兄，叫一声“帝制六人帮”倒是恰如其分，他们又何德何能，能配上“六君子”之称呢？真是奇哉怪也，想必意在讽刺，不足为喜。[①]

“筹安六君子”的来历，这里稍做简介。杨度，字皙子，湖南湘潭人，他20岁中举，后来又拜在湖南名士王闿运门下学习经世致用之学。清末留学热潮兴起后，杨度于1902年东渡扶桑，入东京宏文书院学习师范。1903年清廷举行经济特科考试，杨度回国应考。初试揭榜后，杨度高中一等第二名，第一名则是后来总统府的秘书长梁士诒。

梁士诒是广东三水人，与梁启超同时就读于佛山书院且于1889年同榜中举，后来他中了进士、点了翰林，散馆后供职于国

---

① 据笔者揣度，杨度与戊戌被杀的杨锐、刘光第倒是同门师兄弟，莫非“六君子”之反讽，由此而来。

史馆。梁士诒喜欢研究财政、河渠等实用之学，当时朝廷给他分配的工作不合他的兴趣，于是他也参加了经济特科考试并且勇夺第一。

天有不测风云，梁士诒在复试时被小人中伤。有人密报慈禧太后，说梁士诒是逆党梁启超之弟，名字也很反动，所谓“梁头康尾”，人品可知。“梁头”还好理解，这“康尾”什么意思呢？原来，康有为字祖诒，正好与梁士诒同一个字。戊戌年后，慈禧太后最恨康、梁二人，梁士诒中此暗箭后也是心灰意冷，退出竞争；至于这第二名杨度，因为和戊戌年被杀的杨锐和刘光第同出王闿运门下，于是也识趣地远遁而去，免得招来横祸。

受此挫折后，杨度再赴日本学习法政。由于他人品潇洒，智商高超，很快便在东京留学圈声名鹊起。当时，杨度还被推为留日学生总会干事长。孙中山对杨度也颇为欣赏，一度还想拉他入同盟会，但杨度在政治上倾向于君主立宪，既不保皇也不革命，于是婉拒了孙的请求。在日本期间，杨度发表了大量政论文章，一时有理论家之称。1905年清廷派出五大臣考察宪政，据说交差的调研报告就有一部分是出自杨度的手笔。

清廷实行预备立宪后，杨度在军机大臣张之洞和袁世凯的共同保荐下进了宪政编查馆，由此和袁世凯拉上关系。袁世凯被赶回老家后，杨度并没有同进退，而是继续留京为官。等到袁世凯复出就任大总统后，杨度发现曾和自己一同落难的梁士诒，竟然早在总统府秘书长的位置上坐得稳稳当当，成了袁总统跟前的大红人。这可真是羡煞人也、气煞人也。

杨度早年随王闿运学习帝王之术，这时也敏锐地看到了太子袁克定的帝制阴谋。随后，两人一拍即合，勾搭成奸。1915年4月，杨度写了一篇《君宪救国论》的文章，经袁克定牵线搭桥，袁总统见了此文十分欣赏，当场写下“旷代逸才”四个大字，并制成金匾赐给杨度。[①]见了这四个字，杨度是既喜又忧，喜的是袁总统还认可他这个人才；忧的是他在袁总统的眼里只是个“逸才”，能不能得到重用还是未知数。而这，大概也是杨度急于表现的原因吧。

至于孙毓筠、李燮和、胡瑛这三位，前文也曾提过，这次的华丽转身着实让人大跌眼镜。孙毓筠是安徽寿州人，他在日本留学时加入同盟会，辛亥年出任安徽都督，是一名老资格的革命党了。“二次革命”失败后，孙毓筠先后出任政治会议议员、约法会议议长、参政院参政等职。这次杨度发起筹安会，孙毓筠积极响应并担任了副理事长。

胡瑛是湖南桃源人，和宋教仁是同乡，也是个老革命党。1905年，胡瑛与吴樾密谋炸死出洋考察的五大臣，结果事情没办好，吴樾成了烈士，胡瑛则亡命东京，并于当年加入同盟会。后来，胡瑛又回国参加日知会，与黄兴等人密谋举行长沙起义，但因事泄而被捕入狱。武昌起义后，胡瑛出任湖北军政府外交部长，南京临时政府成立后又被孙中山任命为山东都督（占据烟台一地）。袁世凯当上大总统后，胡瑛被解除都督职务而委以陕甘经略使、青海屯垦使之类的虚职。胡瑛和杨度是好朋友，于是也列名于“六君子”之一。

三个湖南佬，共唱一台戏。李燮和是湖南安化人，他先后参加过华兴会、光复会、同盟会，辛亥年和陈其美一起组织了上海起义，并做过吴淞军政府都督。后来，受陈其美的排挤，李燮和又出任光复军总司令，并随同江浙联军攻克南京，为革命事业立

---

① 唐德刚：《袁氏当国》，第165页。

下过汗马功劳。

按说，孙毓筠、李燮和、胡瑛这三位朋友原本是同盟会骨干，辛亥前后也曾为共和革命冲锋陷阵、出生入死，如今却摇身一变，反水投靠帝党，真是人间易变、世事无常，令人慨叹。想必是对革命前途极度失望并发现共和政体不适合中国国情吧，这三人穷而思变，虽被革命朋友视为“反骨仔”也在所不惜。

至于严复与刘师培两位，那是学界名流大师，如此德高望重、备受景仰的人物，如何也来掺和这趟浑水，倒是令人费解。严复是福建闽侯人（今福州），原本是福州船政学堂的最优等生，学业上比北洋水师中的那些老同学刘步蟾、林泰曾、邓世昌等人更胜一筹，后来又被选送到英国皇家海军学院留学，可惜学成后没调入北洋水师而是被任命为北洋水师学堂总教习。想必，文人出身的李鸿章认为最优秀的学员上战场冲杀是一种浪费，派去培育更多的人才方是正途。不过这也是好事，不然严复极可能像他的老同学一样，或在黄海大战中为国捐躯，葬身鱼腹；或在威海兵败后，举枪自戕，以身殉国。

话说严复担任水师学堂总教习期间，此时的黎元洪还是他的学生。甲午战败后，严复也就绝意海军，改而从事翻译著述事业，如赫胥黎的《天演论》、亚当·斯密的《原富论》等，都是出自严复的手笔。他提出的“信、达、雅”三字，至今都是翻译学的圣经。

可惜的是，严复虽被誉为“西学第一”，但因为各种原因而没有得到重用。[①]袁世凯出任直隶总督后，倒是对他青眼有加，不过此时严复已经绝意仕途，因而拒绝了老袁延他入幕的再三邀

① 据其自述，系因嗜好鸦片而不为李鸿章所喜。

请。尽管如此，严复对袁世凯的慧眼识人仍旧心存感激。当袁世凯被罢出京时，独有严复挺身而出并大声疾呼："世凯之才，天下无两"，"此人国之栋梁，奈何置之闲散？"

民国年后，严复被任命为北京大学（原京师大学堂）第一任校长。以他在学术界的地位，自无问题。有意思的是，严复虽然精通西学，但在民国初年极力倡导"复古尊孔"，并发起了北京孔教会。当然，也有人说，严复列名筹安会是杨度肆意为之，严复并不知情；但从之后情况看，尽管严复从未参加过筹安会的活动，对帝制运动也持消极态度，但他在整个过程中一直保持沉默，并没有公开站出来辟谣，这也可见他对帝制之说并不反感。这就是"复古尊孔"的结果嘛。[①]

刘师培是江苏仪征人，是当时和章太炎齐名的国学名手，他早年留学日本时也曾加入同盟会，但并不热心革命而专心学术。回国后，刘师培被两江总督端方延入幕府，学问大有长进。刘师培倒是对帝制运动颇有兴趣，在杨度发表《君宪救国论》后，他也发表了一篇《国情论》的文章与之唱和。不过，好在刘师培不太涉足政界而醉心于经学、小学、汉魏诗文等中国传统文化，终成一代国学大师。

认真说，要是一班无耻政客、下流文人鼓吹帝制，以图私人功名利禄，想必袁世凯也能洞察其奸。但杨度、严复、刘师培这样顶尖的文化名流和大才子也赶来支持，若说袁世凯一点都不动心，恐怕也难。据袁世凯的心腹说，袁总统听说连严复都参加了筹安会，他"极为欢悦"（此等欢呼雀跃之态尽可脑补），随即

---

① 据曹汝霖所言，严复实为被列名。见曹汝霖：《一生之回忆》，第141页。

拨款二十万，供筹安会研究之用。

正所谓，来得早不如要得好。正当筹安会的同党们敲响第一声锣鼓并摇旗呐喊、闹腾得正欢时，另一彪人马却突然异军突起，霎时间便将筹安会的风头抢去。这又是何人呢?

此人却非他人，正是前文说到的梁士诒。在清末经济特科考试中，梁士诒遭人暗算，正当他沮丧之时，正好袁世凯在直隶推行新政，延请人才，于是他在唐绍仪的推荐下，出任北洋书局总办。由此，梁士诒也就紧跟唐绍仪，成为北洋系下唐记小集团的成员。

1906年，唐绍仪接替盛宣怀督办铁路总公司，梁士诒也就协助老唐主持路政，由此发挥专长，一发而不可收。唐绍仪出任奉天巡抚后，梁士诒也立稳脚跟，成为五路铁路提调（总经理）。邮传部成立后，梁士诒顺势当上铁路局局长，后来又奏办交通银行，由此发展出清末民初的一大势力，即所谓“交通系”。作为首领的梁士诒，又被人亲切地称为“梁大财神”。

袁世凯当上大总统后，梁士诒出任总统府秘书长，并先后兼任过交通银行总理、财政次长等肥缺要职。“袁记约法”颁布后，袁总统以政事堂取代了之前的国务院，由徐世昌充当国务卿，杨士琦、钱能训分别为左、右丞，结果梁士诒一时失势，无处安身，最后只捞得税务督办一职，令梁大财神好生懊恼。

祸不单行的是，肃政厅（相当于前清都察院）此时又提出了“三次长参案”和“五路大参案”，搞得交通系上上下下，人人自危。所谓“三次长参案”，指的是对陆军次长徐树铮、交通次长叶恭绰和财政次长张弧的弹劾，而叶恭绰和张弧都是交通系人马；“五路大参案”是关于津浦、京汉、京绥、沪宁、正太五大铁路局的营私舞弊案，更是矛头直指交通系。在此情况下，交通系大佬、当时还兼任交通银行总理的梁士诒当然脱不了干系。

无可奈何之下，梁士诒只好去找“太子”袁克定帮忙。在“太子爷”的一番指点后，梁随后召集交通系干将开会。会上，梁士诒提出：“目前交通系之窘境，唯有支持帝制，方可取消参案；要是不赞成帝制，后果恐怕不堪设想。”

见手下干将还不明白，梁士诒只好直接点明：“赞成帝制不要脸，不赞成就不要头。要头还是要脸，你们自己看着办。”会上诸人你看看我、我看看你，最后一致同意：“要头不要脸！”①

财神出马，一个顶十。数日后，参政院门口突然涌来了大批的请愿团，各行业、各阶层、各团体，应有尽有。只见他们手里拿着请愿书，口里还念念有词地呼着口号：

“变更国体，唯我民意！”“君主立宪，造福万民！”……

这势头，与二十年前的“公车上书”有几分相似，又与七八年前的国会请愿运动雷同，但这骨子里，终究透出点星宿老仙派的味道。

自从清末实行预备立宪后，民意渐开，请愿本不是什么稀罕事。当年为请求清廷“速开国会”，各省立宪团体就曾进行过全国总动员。这次貌似依葫芦画瓢，但总觉得有点不对劲。问题还出在这个“民意”上。按理说，这次来请愿的诸多人等穿着打扮远不如清末的那些立宪派士绅，应当更代表民意，但这些人的脸上又看不出发自内心的热忱，反像是未经排练的啦啦队，和之前大总统选举时的“公民团”倒有几分神似。

① 张国淦：《洪宪遗闻》，见吴长翼编《魂断紫禁城：袁世凯秘事见闻》，第289页。

原来，梁士诒等人决定“要头不要脸”后，随后发起了一个公民请愿团的组织，成员除了交通系人马外，又有张镇芳、那彦图、梁鸿志、阮忠枢、夏寿田一干政界名流，并公推沈云霈为会长，预备发起请愿运动。

这时，署理湖北军务的彰武上将军段芝贵从武昌回来。这位原本就自命为袁世凯的干儿子，回京不为他事，只因筹安会给地方遍发电报寻求支持，当时已具声势。他不能让这六君子抢了“拥帝”的头功，这才急匆匆回京，要大展拳脚。

段芝贵回京后拜访了老友阮忠枢，在后者的牵针引线下，段芝贵与公民请愿团一拍即合，决定由段芝贵出面邀请朱启钤、雷震春、江朝宗、周自齐、袁乃宽、朱家宝、张作霖、陆建章、顾鳌等实权人物，共同组成全国请愿联合会。一时间，帝制请愿会声势大振，会中骨干、“十三太保”很快闻名天下。

在梁士诒、段芝贵等人的秘密操作下，各地官吏也应邀派出“公民”前来代表“民意”（费用当然交通系全包）；随后，这些人又买通一些报纸，每日以“民意”的幌子鼓吹帝制，弄得跟真的一样。是啊，只要有真银子，就不怕什么假民意嘛！

全国请愿联合会是有权、有钱、有势的主，那几个要笔杆子的“六君子”哪能匹敌？参政院门口递请愿书的表演，其实就是“十三太保”策划的杰作。这次来请愿的分为商界、学界、女界等各界请愿会，凡是来参加请愿的，都发参政费，人人有份，按照身份、地位、名气给予不同的价码。试想，交通系遍地撒钱，这声势能小嘛！

杨度忙乎了半天，结果梁士诒等人反而后来居上，自己的风头被硬生生地抢去。此情此景下，杨逸才也忍不住悲愤地说：“梁大财神啊梁大财神，你可真行！你财大气粗，人多势众，我搞不过你，但你也别猖狂，我们走着瞧！”

狠话归狠话，但秀才们囊中羞涩，区区20万银圆终究做不成什么大事，最后也只是组织一些财神看不上眼的乞丐请愿团、妓女请愿团，聊壮声色。在梁士诒、段芝贵等人的压迫下，筹安会很快就明日黄花，最后门可罗雀、无人问津。恼羞成怒之余，杨度也只得灰溜溜地将“筹安会”的招牌摘掉，又换了个“宪政协进会”的牌子挂出来。但是，这老酒新瓶的，终究搞不出什么新花样。

无可奈何花落去，辛苦一场为他人作嫁衣裳。由此，“筹安会六君子”也就让出舞台，请愿改制的大任改由梁士诒那个经费充足、人才鼎盛的全国请愿联合会一肩挑了。

在全国请愿联合会大肆造势下，中央大员除黎元洪、段祺瑞数人不予理会外，其他人几乎是争先恐后地排班劝进，而各地劝行帝制的电报也如雪花般飘进参政院。帝制先锋、御干儿段芝贵更是联合龙济光、张作霖、赵倜、倪嗣冲、陈宧、汤芗铭、阎锡山、张怀芝等等，发出所谓“十九将军联名劝进”通电，硬是把这场帝制运动推向了高潮。

正所谓，好事多磨，夜长梦多。正当帝制党人以为参政院将批准他们的请愿要求时，某个大文豪却突然抛出一篇重磅文章，其中冷嘲热讽，给袁总统浇了一瓢凉水，也令帝制党人速胜的希望完全落空。

这又是何等人物呢？

二十一

皇帝上马

1915年8月20日，上海《大中华》月刊上发表了一篇名为《异哉，所谓国体问题者》的雄文，之后各大报刊纷纷转载，一时洛阳纸贵，盛况非常。据说，转载此文的各报也跟着发财，报纸一出去就立马销售一空，想看的人买不到报纸，只好向人辗转抄读。[①]

这事说来奇了，要说民国初年也没有报刊禁令，资讯堪称自由发达。当时各大报馆林立，彼此竞争不暇，何以会一文惊天下，竟至于一报难求呢？看来，此文作者来头不小！

不错，此人便是年少成名的大文豪、大才子梁启超。

梁启超是广东新会人，16岁中举，后投到康有为门下学习新学（康老师此时尚未中举）。戊戌年，梁启超随康老师参与维新变法，事败后流亡日本。在日本时期，梁启超和同盟会的笔杆子们在各自报纸上展开激辩，虽然同盟会有汪精卫、胡汉民等同时

① 《异哉，所谓国体问题者》一文于1915年8月20日在上海《大中华》月刊上发表后，8月31日后在京津各报转载。参见董方奎：《梁启超与护国战争》，重庆出版社，1986年，第65页。

上阵，但梁大才子孤身一人也未曾落得下风。

民国年后，梁启超一度同袁世凯合作，并组建了进步党和国民党相抗衡。熊希龄组阁时，梁启超出任司法总长，但在国民党和国会相继被解散后，他和袁世凯的“蜜月”也就宣告结束。事后，尽管袁总统再三邀请他担任参政院参政，但梁启超觉得自己信奉的政党政治无所施展，于是加以婉拒并去了上海。

帝制派得意猖狂之时，梁启超的《异哉，所谓国体问题者》一文可谓掷地有声，给了这些小丑们一记当头棒喝。文中，梁启超一针见血地指出：“君主之所以可贵，主要依赖于历史习俗上的一种似魔非魔的观念，以维持其尊严。这种尊严决不可亵渎，一旦亵渎，势必不能维持。好比木偶泥雕，放在殿堂中供人膜拜，自能产生灵验。但如果突然有狂生将它拽倒践踏，投到猪圈之中，即使再能修复并重新放在殿堂之中，那也没有灵验了。如今的君主与共和也是一个道理。一旦共和以后，君主便不再具有至高无上的尊严，加上革命家们对君主日夜痛诋，君主在国民心中已经毫无之前的神圣。要是再返帝政，岂不是从猪圈中将木偶泥雕重新取回？失败是必然的。”

随后，梁启超又讥讽袁世凯言行不一、举止不定：“辛亥八月至今尚不足四年，忽而满洲立宪，忽而五族共和，忽而临时总统，忽而正式总统，忽而制定约法，忽而修改约法，忽而召集国会，忽而解散国会，忽而内阁制，忽而总统制，忽而任期总统，忽而终身总统，忽而以约法暂代宪法，忽而催促制定宪法。每颁行一个制度，不到半年又推翻重来，令全国国民彷徨迷惑，莫知适从，政府威信，扫地尽矣。”

杨度虽是“旷世逸才”，但这位袁总统的刀笔吏毕竟干不过那位笔端蘸满感情的大文豪。后者的嬉笑怒骂，不仅将杨度、梁士诒之流的声誉掼到了谷底，就连皇帝候选人袁世凯也被打得浑身灰溜溜的，几无面目见人。

据说，袁世凯通过秘密渠道得知梁启超有此雄文，一度还派人以20万银圆的价格购买（可见筹安会不值钱，尚不如梁大才子一篇文章），不让其发表（要是成交，岂不是史上最贵的一篇文章），但同样被梁启超婉拒。

当然话说回来，因为有租界的原因，袁总统时期的舆论还算自由宽容，不然任凭你梁启超妙笔生花，他给你来个严格管制，让你无处发表，最后也只能压在箱底，烂在肚肠。

事实上，梁启超并不完全反对帝制，他也在文中指出："如果中国要重返帝政，只有两个途径：一是大总统内治修明之后，百废俱兴，家给人足，整军经武，尝胆卧薪，遇有机会"一战"而霸，功德巍巍（如法国之拿破仑），亿兆敦迫，方可受兹大宝，传诸子孙；二是经过第二次大乱后，全国沸腾，群雄割据，剪灭之余，乃定于一。"

就这点而言，梁启超的思想和古德诺教授的观点倒有异曲同工之妙。但问题是，古教授的但书和梁启超所列的条件、途径，当时可曾具备?

不管怎么说，被梁启超的文章这么一搅和，帝制运动的急行军也不得不为之刹车。1915年9月1日，正当参政院要讨论那些堆积如山的国体更改请愿书时，袁总统却突然派出政事堂左丞杨士琦。开始，帝制派人物还以为袁总统亲自派人前来支持，他们在杨左丞发言前，几乎将巴掌都给拍红了。

不料，杨左丞掏出大总统的一纸宣言书，待恭恭敬敬地捧读后，大概意思却是"大总统有保持大局之责，更改国体不合时宜；国民请愿须征求多数国民之公意，自必有妥善之上法"云云，这下帝制派们可是傻了眼了。

参政院院长黎元洪这天却是到会的，他听完后接过杨左丞的话头说："大总统的宣言书，确为至理。"没想梁士诒未等"理"字话音落地，便大声起立道："大总统的意思，无非是要征求多数国民之公意。现在国民请愿，民意却是趋向君宪。本院主张，也应当尊重民意呢。"

被梁士诒这么一抢白，黎院长正待反驳，底下的帝制派人士们却使劲拍起掌来，震响全院，窘得那黎院长也只好默默退回原座，继续做他的黎菩萨。后来，参政院再开会，他也就称病不去了。

其实呢，袁总统的这个宣言书确实话中有话。你想老袁也不是傻子，梁士诒等人搞的这些请愿把戏他岂能不知？因为此等请愿只能做个序幕，不能当成正戏；要是真搞拥戴，那正戏就该是多数国民之公意。这样的话，那就应该召集国民会议，以示名正言顺。

再说了，袁世凯当年逼迫清帝退位和要挟革命党人时也以国民公议为借口，如今要从总统制退回帝制，他也得以国民会议的手段来消除他的道德歉疚呢。

再直白点说，请愿拥戴固然热闹，但方法有失妥当；要是经过"国民会议"或"国民代表大会"之类机构加以公决，那本大总统还是可以考虑加冕称帝呢！

等到梁士诒等人摸透了袁总统的心思，那帝制运动又继续鼓噪前进了，参政院也很快制定出国民代表选举办法。到了这里，袁总统也就半推半就，同意在10月20日开始国民选举，并将选举办法发给各省操办。为加速帝制进程，国民代表直接在各省投票决定国体，无须来京召开国民会议。

按说，清末民初也搞过几次选举了，各地积累了不少经验。但这次的选举办法和过去大不相同，因为这些“国民代表”大都已经指定，首先在京的军政人员便占了一大部分，这些人当然都是拥袁的，只不过按籍贯分回各省去投票而已。

至于给各省留出的名额，也都由各省将军、巡按使来决定，方法是每县推选一个选举人前往本省指定场所报道，选举操办人员会在投票前招待选举人，试探下他们对帝制的态度。如果碰到支支吾吾、不明确表态或者干脆反对的，操办人员随后就会有密令给原县官，指斥其办事不力，并限令重新推举选举人。

如此方法下，帝制派终于在全国范围内选出1993名国民代表。投票当天，在各省将军和巡按使的监督下，各代表进行记名投票。在此之前，选票上早已印好“君主立宪”四个大字，代表们只需在下面空白处写上“赞成”或“否认”二字，然后签上自己的大名，便可投票了。而在投票前，每名代表都收到500大洋的川资和公费。[①]试想，钱也收了，加上又是记名投票，哪个代表要是乱写，保准吃不了兜着走。

与国体投票同时进行的是皇帝推举，其程序也完全一样，只不过推举票上印着“兹推戴袁世凯大总统为中华帝国大皇帝，以国家最上完全主权之皇帝，传之万世”的字样，也是写上“赞成”或者“否认”，然后签名投票。

于是乎，投票结果可想而知：全国1993名国民代表，赞成帝制并恭戴袁世凯为皇帝的票数一张不少，整整1993张选票，都清清楚楚、工工整整地写着“赞成”二字，既没有一张废票，也没

① 唐在礼：《辛亥前后的袁世凯》，见吴长翼编《魂断紫禁城：袁世凯秘事见闻》，第147页。

有一张反对派。如此壮观而完美的投票结果，古往今来，也就袁大总统独一份了。[①]

喜剧既然开场，想收脚也来不及了。1915年12月11日，参政院代行立法院召集各参政开会，在审查了国民代表的投票情况后，参政院决定以全国总代表的名义上推戴书，拥立袁总统为中华帝国皇帝。话音刚落，公推的执笔代表早已胸有成竹，不消十分钟便已拟就劝进书，真是下笔千言，一气呵成，通过也就不在话下。

当天下午，当参政院将劝进书的大红喜报送到总统府时，袁总统尽管早已是心花怒放，但他还得效仿一下先贤的“三揖三让”，以示谦恭。第一份劝进书被退回后，参政院也不气馁，随后又命秘书厅重拟一份拥戴书。令人吃惊的是，秘书厅的秘书员竟当场拟就了一份新的劝进书。这等才子，真是难能可贵了。[②]

“三揖三让”本应该是三次，但不知何故，袁总统省去一道，在第二次拥戴书送来后就加以接受，这让主办者觉得有些意犹未尽。试想，第三份劝进书都已经打好腹稿，还没来得及写呢。

不管怎么说，经过三个多月的努力，帝制派终于是大功告成了。之后，袁克定催促老头子赶紧举行登基大典，以免夜长梦多。但袁世凯认为，登基仪式事关重大，应按照中国人的传统

① 据涂竹居：《汤芗铭在湘筹备帝制》，湖南郭人漳在国体选举会上签名故意少了三点水，成为废票。此事不知真假。见吴长翼编：《魂断紫禁城：袁世凯秘事见闻》，第 247–248 页。不过，1993 张选票已在公文中发表，参见白蕉：《袁世凯与中华民国》，237 页。

② 参见侯宜杰：《袁世凯一生》，第346页。据说，此才子系江苏代表缪荃孙，由此赚了三千大洋，参见文斐编：《我所知道的北洋三杰》，第252页。

习惯挑个良辰吉日，也好从容筹备，免得届时仓促行事，有失体面。随后，袁世凯任命朱启钤为大典筹备处主任，并准备在1916年1月1日正式登基。

正式登基前，袁世凯决定举行一次百官朝贺会，并让袁克定挑个好日子。袁克定急不可耐，说："就明天，12月13日就是个好日子！"

当天上午，袁世凯在总统府举行百官朝贺会。由于时间仓促，事前也没做什么准备，前来朝贺的官员只包括在京官员，地方大员们都没有参加。滑稽的是，这次朝拜也没有统一服装，有的穿长袍马褂，有的着西装礼服，武官更是戎装入贺，而有些闲职人员干脆穿着便服就来了。

仪式由袁皇上的御干儿段芝贵主持。令他百思不得其解的是，皇上竟命朝贺时行三鞠躬礼，他想象中的三叩九拜竟然无从施展。9点整，在4名武官的引导下，袁世凯身着大元帅戎装来到居仁堂（而不是大家猜想的那身价值百万的龙衮服和皇冠）。因为素来讨厌元帅军帽顶上插羽毛，袁世凯甚至连帽子都没有戴，这反而衬得他那大脑袋油光锃亮，仿佛紫气东来，洪福齐天。

此时，文武百官已经分成班次，但由于那御干儿段芝贵是个武人，也不懂得什么司仪的规矩。这不，还没等袁皇上就座，他自己抢先拜了下去，而旁人因为无人指挥，参拜时乱七八糟，有鞠躬的、有下拜的，也有喊"皇帝万岁"的，参差不齐，反弄得袁皇上坐也不是，站也不是。踌躇半天后，老袁左手扶着御座龙椅，右手还手掌向上，频频向鞠躬叩拜者点头示意；遇到年长位高的，袁皇上还上前搀扶，以示谦逊。

据躬逢盛会的曹汝霖回忆，袁世凯在仪式结束后发表了一段讲话，大意是：当今国事艰难，全国人民代表恳请更定国体，并推戴我即帝位。既是万众一心，我也只好义不容辞。只是时局艰难，当此大任无异于跳入火坑。我为国民，明知是火坑，也不能不跳云云。这段话，倒和当年溥仪继位时载沣说“快完了，快完了啊”有异曲同工之妙。①

朝贺仪式结束后，袁皇上便让大家散去，各自回去上班，就连筵席也没有请大家吃一顿。等大伙走出居仁堂后，这才回过神来：这朝贺仪式搞得也未免太简陋、太节约了吧！就跟平常一样，好像是关门做皇帝，偷偷摸摸、见不得人似的。这算怎么个回事呢？

一时间，热心拥戴的各帝制派人物对主持仪式的御干儿段芝贵很不满意。由于没有过足瘾，这帮人见了那御干儿几乎就要老拳相加了。②

不管怎么说，袁世凯虽然没有举行登基仪式，但也算是即皇帝位了。新朝嘛，自然得有点新气象，比如觐见礼由跪拜改成鞠躬，也算一大进步。另外，按照外臣有贺长雄的意见，宫中永远废除太监宫女制度而改设女官，也算和之前王朝划清了界限。

中国古代历史上，新王朝建立后都要“徙居处、改正朔、易服色、变牺牲”。这“牺牲”祭品变不变倒无关紧要，国都也是好不容易才争取来的，因此“徙居处”也就大可不必；但在“改正朔”上，还需做做文章，那就是1916年后废除“民国五年”

---

① 曹汝霖：《一生之回忆》，第161页。

② 袁世凯举行百官见面会情景，参见唐在礼：《辛亥前后的袁世凯》，吴长翼编《魂断紫禁城：袁世凯秘事见闻》，第155-156页；张华腾：《洪宪帝制：袁氏帝梦破灭记》，第120-121页。

而改行洪宪元年，历法也改用《洪宪元年历书》；[1]至于“易服色”，按今文经学的“夏黑商白周赤”的三统循环理论，洪宪王朝应崇尚红色，因而登基三大殿的廊柱都要刷成红色，瓦也要换成红瓦，以示喜庆。

除此之外，皇帝登基还要对有功之臣封王赏爵，好处均沾。这里倒遇到一点小问题，那就是之前的故人旧友，袁皇上也不好意思让他们称臣，于是列入旧侣（载沣、奕劻、世续、那桐、锡良等前清王公或名臣）、故友（徐世昌、赵尔巽、张謇、李经羲之“嵩山四友”）、耆硕（王闿运、马相伯等）三类，这些人可以享受不臣之礼。

至于其他公、侯、伯、子、男五爵，那受封的人就多了。但凡各省将军、巡按使、护军使、镇守使、师旅长以上人等，见者有份，一口气封了128个，就连已故的前国务总理赵秉钧也追封了一等公。

在这欢快的日子里，也有不和谐音。比如朝贺仪式上，前陆军总长段祺瑞和前副总统黎元洪就不曾前来。而这次的封爵中，段祺瑞也是榜上无名。

在前清时，黎元洪只是个协统，按官阶比袁世凯差了好几个档次。对于这么个人物，要换了从前，袁皇上原本不用多理会，但考虑到黎元洪毕竟做过副总统，也不好对他太苛。称帝后，袁皇上决定封黎元洪为“武义亲王”，并派人将做好的亲王服给“黎亲王”送去。

孰料，这个前副总统却很有骨气，他屡加拒绝，就是不肯接

---

① 据说，袁世凯曾这样解释“洪宪”：“洪”乃前明“洪武”，“宪”乃前清立宪。参见陈晨编：《袁世凯轶事》，第151页。

受。这下，惹得前去送货的步军统领江朝宗恼怒异常，他几乎要打上门去。得知此事后，袁皇上却命他暂且姑息。[①]

事后，黎副总统拒受册封的事很快传遍了整个京城，一首童谣不胫而走：

“好江山，做不牢；好江山，做不牢；亲王奉送没人要！”[②]

---

① 黎元洪拒绝受封“武义亲王”的事，参见张国淦：《洪宪遗闻》，载吴长翼编《魂断紫禁城：袁世凯秘事见闻》，第 296 页；侯杰、姜海龙：《百年家族：黎元洪》，第 184 页。

② 陈晨编：《袁世凯轶事》，第201页。

二十二

将军护国

1915年底，正当袁世凯欢天喜地地准备登上皇位时，半路里却突然杀出个“程咬金”，把老袁的好事给硬生生搅黄了。这个“程咬金”，又是谁呢?

认真说，他不姓程，也比程咬金帅气，这就是被称为“飞将军”的蔡锷。

蔡锷，字松坡，湖南邵阳人，他生于1882年，13岁中秀才，15岁受湖南学政徐仁铸举荐入湖南时务学堂学习。时务学堂为维新党人谭嗣同、唐才常等人为宣传变法而设立的新式学堂，也是当时湖南维新派的大本营。

后来，大才子梁启超应邀来到时务学堂担任中文总教习。变法失败后，谭嗣同被杀，梁启超流亡日本，湖南时务学堂也就关门了。后来，梁启超得知蔡锷等学生在找寻他的消息后，便设法将他们召到日本，并进入由梁自任校长的东京大同高等学校继续学习。名师出高徒，这也是近代史上的一段佳话。

庚子年中，蔡锷曾秘密回到湖南参加唐才常的自立军起义。然而，起义刚一发动即告失败，唐才常被杀，蔡锷再次潜回日本，转入成城学校学习军事。1903年，通过梁老师的关系，蔡锷进入日本陆军士官学校第三期骑兵科，后以优异的成绩毕业而与同期入学的蒋方震、张孝准并称为“中国士官三杰”。

蔡锷毕业之时，正好赶上清廷大力推行新政的好时候，而后者的重中之重又是编练新军。因此，日本留学回国的军事毕业生大多获得重用，成了各省争抢的香饽饽。蔡锷回国后，先后在江西、湖南、广西等省的武备学堂任教或者编练新军，由于他观念新颖、能力出众，很快便在南方军界中崭露头角，成为各方器重的后起之秀。

据抗战名将李宗仁的回忆，当年他在广西陆军小学就读时，最崇拜的就是学堂总办蔡锷。据他描述，蔡校长每次骑马时，不是像一般人那样翻鞍上马，而是从马后飞奔，以跳木马的方式纵身跃上马背，把小学员们看得眼睛发直，惊为神人。其实，那些小学员哪里知道，这位英气勃发、高不可攀的“飞将军”，人家可是日本士官学校骑兵科的科班出身，货真价实的海归呢。

这里稍插几句闲话，蔡锷这些早期留学的人和1905年后大量涌到日本的那些人还不一样。后来的那帮人，大都在东京华人圈中鬼混，留学一年却连日文都没学会几个的大有人在。在他们中间，革命党出了不少，真材实料的还真不多。和留美、留欧的学生比起来，当时留日学生的水平明显要差几个档次。比如后来清廷举办留学生考试，前五名均为留美、留欧学生，留日学生竟无一及格。毕竟，日本的东西原本就不正宗嘛。当时的北洋军，因为聘用的是德国教官并从保定军校获取军官来源，他们对留日士官生不像南方各省那般重视，这大概是辛亥年北洋军相对稳定的原因之一了。

蔡锷回国后，在广西待的时间最长。但由于当地官场的排斥，蔡锷在1911年春应云贵总督李经曦的邀请，出任云南新军第十九镇三十七协协统并兼任云南讲武堂的教官。在此期间，蔡锷潜心研究军事，编有一部《曾胡治兵语录》。这本书，不仅袁世凯见了十分赞赏，就连后来蒋介石也为之手不释卷，并成为黄埔军校学生的必读书目。

对蔡锷来说，调任云南可谓意义重大。因为在此之前，他一直是教官的身份，到云南后才成为有实权的带兵官。当时云南新军的骨干军官大都是倾向革命的留日士官生，而蔡锷在他们中间资历最老，从军又早，因此被推为大师兄也就不在话下。武昌起义后，云南新军随后响应革命。在云贵总督李经曦逃走后，作为新军协统的蔡锷被推为云南都督，时年29岁。

在政治立场上，蔡锷主要受梁启超的影响。准确地说，他并不是革命派而是立宪派，比如贵州独立后局势陷于混乱，蔡锷应贵州立宪派的邀请派出部下唐继尧率兵进入贵阳，随后便将革命党杀得人头乱滚，而唐继尧反被任命为贵州都督。“二次革命”中，蔡锷表面上声称中立，实际则站在袁世凯的一边并支持袁世凯“平叛”。

“二次革命”后，袁世凯在各省推行军民分治、废行都督，而此时蔡锷和云南军界也产生了矛盾。趁此机会，袁世凯将蔡锷上调北京，改由原贵州都督唐继尧署理云南都督。蔡锷到京后，袁世凯很是重视，因为当时北洋军暮气渐深，实力大不如前，袁世凯试图用组建“模范团”、进行第二次“小站练兵”的方法来改造北洋军。当时他最看重的，便是军事才能卓越的蔡锷。

当时的蔡锷和老师梁启超都对袁世凯抱有幻想，希望中国出一个强人带领国家走向强大，因此对袁世凯的知遇感念在心。这一时期，梁启超组织进步党与国民党相抗衡，正是和袁世凯的蜜月时期。可惜的是，这段感情维系时间很短。在国民党解散后，梁启超所主张的政党政治在无形中消散，而袁世凯试图让蔡锷出任“模范团”团长的意图也遭到北洋派内部的强烈抵制，最后只能作罢。

蔡锷在北京待了三年，其间虽然担任过将军府办事员、参政院参政、经界局督办等职，但都是一些虚职，这让正值当打之年的蔡锷感到有志难伸，郁郁寡欢。特别在谈判“二十一条”的过程中，蔡锷更是对袁世凯失望至极。

据稗官演义中说，蔡锷在此期间经常纵情酒色，留恋风尘，并结识了勾栏中的名媛小凤仙。小凤仙是京城八大胡同的头牌姑娘，人长得标致姑且不说，关键是她颇具侠气，一双慧眼能识天下英雄。蔡锷邂逅小凤仙后，两人是英雄美女，惺惺相惜，蔡将军也就时常沉迷于小凤仙的温柔乡中。

相处日久后，小凤仙也看出了蔡锷的压抑与憋屈。特别在帝制运动日益猖狂后，蔡锷更是整日唉声叹气，于是凤仙姑娘便试探他：“蔡将军，日下请愿运动愈发兴盛，我的一些姐妹也想组团参加，你看这事如何？”蔡锷听后，不免烦躁，便闷声不答。

小凤仙见蔡锷如此反应，便已猜到七八分，说：“蔡将军，我看你也是有志之人，为何不站出来做一番大事业呢？”蔡锷叹道：“举国汹汹，我纵有杀贼之心，但身处京城，形如囚禁，无可脱逃啊！”小凤仙说：“既然将军有意，那我倒有一办法。”

说完，小凤仙便在蔡锷耳边低语了一阵。蔡锷听后大喜，随即按计行事。

开始，蔡锷先到梁启超那里征询老师对帝制运动的看法。在得知梁老师决意反袁后，蔡锷便将小凤仙给自己脱身的计谋说了一遍，梁老师也很赞同。随后，梁启超便离开北京并发表了那篇著名的《异哉，所谓国体问题者》，而蔡锷却故意在公开场合嘲笑梁老师的迂腐错谬，他逢人便说："我们先生是书呆子，不识时务！"袁党的人便问他："你为何不劝你先生？"蔡锷说："书呆子哪里劝得过来，但书呆子也做不成什么事，何必管他呢？"同时，蔡锷还与帝制派人物打得火热，并在云南军界请愿改行帝制时率先签名，似乎也加入了帝制派阵营。

蔡锷原本是南方军界中的领军人物，加上有个名重四海的梁老师为之著文提携，帝制派人物自然不敢大意。对于蔡锷的动向，袁世凯很早就派有暗探跟踪，他对于蔡锷的突然转变并不轻易相信，反而加强了监视。

某日，暗探们听到蔡锷家中突然传来激烈的吵闹声。原来，蔡锷的原配夫人因丈夫近日一直与小凤仙鬼混，不过稍劝了几句，蔡锷却趁势发作，要将夫人休掉，打回老家。这事传到老袁耳中，不免为之一乐。后来，蔡锷也就乘机将夫人送回老家，这其实也是小凤仙金蝉脱壳计策中的一部分。

夫人离开京城后，蔡锷更是成天和小凤仙在一起厮混，而那些侦探见蔡锷沉湎声色，也日渐放松了警惕。一日，蔡锷携小凤仙前往第一舞台看戏，侦探们自然例行公事，尾随于后。蔡、凤二人进了包厢后，也未见什么动静，蔡锷还将大衣脱下挂在衣架上，外面的人可以看得清清楚楚。戏过中场，蔡锷突然起身前往小解，侦探们见他大衣尚未取下，因而也不以为意。

不料戏已演完，蔡锷却始终不见回来，侦探们这才知道大事不好。等到他们追上小凤仙并索问蔡锷下落时，小凤仙笑道："各位大人，我乃风尘中人，蔡将军有何公干，岂是我等所能问、所能得知的呢？"侦探们听后大呼上当，也只好自认倒霉。

其实，等侦探们醒悟过来时，蔡锷早已登上了前往天津的火车。正当侦探们还在北京到处找寻时，蔡锷已经在朋友的帮助下乘轮渡海，潜往日本。等到了日本，蔡锷给袁世凯发去一电，称自己患有喉疾，正在日本医治云云。

老奸巨猾的袁世凯此时哪敢相信，他随即便命令沿海，特别是云南、广西的地方官员严加缉拿，不得让蔡锷潜返入境。老袁不愧是老袁，比那些蠢笨的侦探就是强很多。此时的蔡锷果然已在前往云南的路上，这封电报也是他托付友人在他离开日本后才拍发的。[①]

1915年12月19日，也就是袁世凯接受帝制的一周后，蔡锷经越南抵达云南昆明。由于北洋军势力在辛亥年后一直未曾染指云南，这里也成了反袁革命基础最好的地区。

当时的云南将军唐继尧，他虽然比蔡锷大一岁，但在资历上却是蔡锷的学弟，并曾是蔡锷的部下。[②]蔡锷担任云南新军协统时，唐继尧不过是他手下的营管带（营长）。直到辛亥革命后，蔡锷派唐继尧率部出兵贵州，唐继尧这才青云直上并出任了贵州都督，隐然与蔡锷平起平坐。

蔡锷调任北京后，唐继尧接替为云南将军。经过三年的苦心经营，此时的唐将军在云南已是根深蒂固，今非昔比。本来呢，按照梁启超的计划，蔡锷应自命云南都督，然后统率旧部，举旗反袁。但是，此刻唐将军是否愿意充当旧部，这显然是个问题。

好在唐继尧的本意也是要反帝制的，而且他对当年蔡将军对自己的提携也心存感激。因此，等蔡锷到昆明后，唐继尧假

---

① 蔡锷脱逃和小凤仙之类多数只是传说，参见董方奎：《梁启超与护国战争》，重庆出版社，1986年，第82、88页。

② 唐继尧是日本士官学校第六期炮兵科，与李烈钧、赵恒惕、阎锡山等为同期，也是革命党人最多的一期。值得注意的，云南革命时，唐继尧等人才是革命中坚，实力在握，蔡锷实有架空之虞。

意让贤，让蔡锷来当云南都督，领导反袁。但蔡锷是个明事理的人，他知道自己不过是个空降的光杆司令，因而到昆明后他并未以老长官自居，而是以旧友共事，以拥唐为要，双方相处还算融洽。

蔡锷抵达云南前，海内外的反袁人士如李烈钧、程潜、戴戡、方声涛、熊克武、但懋辛等人，早已在唐继尧的暗中支持下齐聚昆明，共商倒袁大计。而此时，也正是筹安会六君子和十三太保搞帝制活动的最高潮。等蔡锷到了昆明，云南方面的军队、粮饷、军火等早经准备妥当，昆明也成为名副其实的“反帝”中心。

1915年12月22日，唐继尧、蔡锷等人发表通电，要求袁世凯取消帝制，并将帝制派祸首杨度、孙毓筠、段芝贵、梁士诒等十三人明正典刑，以谢国人。电文中，唐、蔡诸人要求袁世凯在24小时内公开答复。几番电报来往后，袁世凯宣布在平定云南前不予登基。于是，唐继尧、蔡锷、李烈钧等人便于25日召集群众大会，宣布云南独立，举起反袁大旗。

得知消息后，昆明民众欢声雷动，并举行了规模浩大的游行活动。蔡锷在群众大会上发表演说：“我们所争取的不是个人的权力地位，而是四万万人同胞的国格！我们与其屈膝而生，毋宁断头而死！”台下民众听后一起鼓掌，民意昭然。这下，反袁号角一经吹响，便一发而不可收，袁皇上的小日子也就不好过了。

在宣布云南独立后，唐、蔡、李等人随即组建护国军，出兵讨袁。护国军共三个军，第一军总司令蔡锷，率军西向，攻往四川；第二军总司令李烈钧，兵进广西，直抵广东；第三军总司令由唐继尧兼任，主要坐镇云南后方。1915年底，蔡锷的第一军和李烈钧的第二军陆续开拔前线，由此拉开护国战争的序幕。

蔡锷的第一军共三个梯团、六个支队[①]，兵力只有几千人，出征时仅两个月的粮饷。而且，部队基本是步兵，只有一个骑兵连和少量的重武器，弹药也不足，可谓十分悲壮。按照作战计划，第一军兵发四川，分别向叙州、泸州、重庆三个目标挺进。

李烈钧率领的第二军有两个梯团、四个支队，主要是参加赣宁之役的老班底，如第二梯团长方声涛等人。第二军的计划是先入广西，再下广东，然后北上湘赣和第一军会师长江。由于兵员不足，第二军曾在沿途招收招兵买马，扩充实力，后来的李宗仁将军便是在此时加入李烈钧的队伍，由此成为一代名将的。[②]

话说回来，如果当年袁世凯能任命蔡锷做“模范团”团长，想必也不会有这场麻烦。如今，梁启超、蔡锷师徒一文一武，笔杆子、枪杆子一起上，老袁家的皇帝美梦、锦绣江山，恐怕就要化成泡影了。

① 朱德当时任第六支队长，即原来滇军步兵第十团团长。

② 当时李宗仁本已弃武从文，在一所中学之内做体操教员，护国战争爆发后，他再度投笔从戎，从基层做起，由小排长起家。见《李宗仁回忆录》，广西文史资料研究委员会内部资料，1980年，第77页。

二十三

窝里造反

蔡锷、唐继尧、李烈钧等人反袁并不奇怪，因为他们本就不是老袁的体系中人。最开始时，袁世凯没有把云南造反看得有多严重，因为云南是穷省，造反的队伍也不过万把人，力量还不如“二次革命”时期的革命党人。想当年，南方革命党控制的几个省份都同时独立了，军队也大大超过了护国军，结果还不是被北洋军打得落花流水、稀里哗啦？

但现在情况又不同了。孔夫子曾教导我们，“名不正，则言不顺；言不顺，则事不成”。“二次革命”时，袁世凯是代表中央平叛，得道多助，所以一鼓荡平；但现在的老袁已经不占理了，因为你要搞复辟、做皇上。这总统誓词言犹在耳，如今却要强迫民意，搞假选举、弄真皇帝，那只要有人振臂一呼，原本就不满的声音就如滔滔江河，汇成洪流了。

老袁起家的本钱，原本在于他多年经营的班底，也就是他在小站练兵、巡抚山东、总督直隶、做北洋大臣及军机大臣时所培养和提拔的各路文武大员，这些人才是袁世凯的本钱。有了这些人，哪怕摄政王载沣把他一脚踢回老家，但那套班子却不是谁都能指挥得动的。

经过多年的精心打造，袁世凯的班底大体可以分为文武二类：文有徐世昌、唐绍仪、阮忠枢、杨士琦、梁士诒、周自齐、周学熙、严修、于式枚、梁如浩、梁敦彦、张一麐、金邦平、傅增湘、施肇祥、曹汝霖、陆宗舆、杨度等；武的那更是将星如云，如王士珍、段祺瑞、冯国璋、姜桂题、张勋、张锡銮、倪嗣冲、雷震春、江朝宗、曹锟、张怀芝、段芝贵、陆建章、李纯、陈光远、王占元、田中玉、鲍贵卿、何宗莲、商德全、王英楷、徐树铮、靳云鹏等；介于文武之间的，还有赵秉钧、田文烈等人。

正是靠了这个班底，袁世凯才得以在武昌炮响后东山再起，并把大清给赶下了台，自己顺顺当当做上了民国大总统。按理，此时袁世凯手下谋士如雨、猛将如云，如果他能以国计民生为念，励精图治，这些人自然可以成为安国经邦之才。但要是老袁重返专制搞独裁，搞家天下、太子党，那向心力、号召力也就没了。

特别是老袁推行“军民分治”“废都督”“军事处”“模范团”等举措后，那些老部下们感到自己的利益受到损害，不满之心日渐增长。等到帝制运动时期，一批新进党徒为了贪图荣华富贵而不惜将老袁绑上复辟帝制的战车，而老资格的部下如段祺瑞、冯国璋等人知道帝制不可为，诸人暗萌自立之心，这民国就不免乱象丛生了。

人心要是乱了，这老袁的队伍就不好带了！

得人才者兴，失人才者亡，说来容易做时难。早在袁世凯逼迫清帝退位时，老袁身边有一批人退出政坛，不再跟随。如“北洋三杰”的“龙首”王士珍，他自命忠于清室，民国后隐居乡里；前清协理大臣徐世昌也一度隐退；于式枚以遗老自居，退居青岛；至于那位有个性的辫帅张勋，他一再声称忠于清室，其次才是袁世凯，这大清朝都亡了，他的军队还拖着大辫子，也是个不稳定因素；加上民国初年，老袁便与唐绍仪失和，主管警政的心腹赵秉钧又暴死，旧有班底中的一些重要人物已经消退，这才给了那些新进党徒机会。

袁世凯宣布帝制后，他自己也觉得在原来的那些老领导、老同事、老朋友面前不好意思，于是有了前文提到的旧侣、故友、耆硕之分。但如此欲盖弥彰，老朋友们也并不买他的账，比如袁世凯亲封的“嵩山四友”（徐世昌、赵尔巽、张謇、李经羲），除了李经羲坦然接受外，其他三人都对此不屑一顾。

尽管袁皇上给予“嵩山四友”免跪拜称臣、赐朝服肩舆、入朝赐座并许以优厚年金（年薪2万银圆）的待遇，但张謇等人仍不以为然，不予理会。也许，他们心里暗想：小样，就你这德行，还能称王称帝？做你的白日梦吧！

至于徐世昌，他得知自己被封“嵩山四友”后，非但不高兴，反而抱怨说：“嵩山四友者，永不叙用之别名也。阳尊之而阴摈之，吾又何贵乎此？”①

与徐世昌的消极不同的是，袁世凯的另两位老友严修和张一麐则对复辟帝制明确表示反对，他们一再劝阻袁世凯不要走上这条绝路，但袁世凯终究未曾醒悟。严修是天津人，进士出身，他原本是贵州学政，袁世凯在直隶办新政时将他延请为直隶学校司督办，将直隶境内的教育改革搞得有声有色。1905年，严修在袁世凯的举荐下升任学部侍郎，随后在全国推广“废科举、办新

---

① 察存耆：《袁世凯与奕劻》，见吴长翼编《魂断紫禁城：袁世凯秘事见闻》，第199页。

学”的教育改革运动。袁世凯被罢官时，严修公开站出来为袁世凯上折鸣不平，而且亲自到车站送袁世凯回乡。为此，严修也被清廷罢官，两人可谓患难之交。

袁世凯复出后，他几次请严修出任教育总长之职，其中也不乏报答老友之意。但此时的严修已经绝意仕途，他一心一意从事教育（南开大学系他创办），就连袁世凯的几个儿子如袁克定、袁克文也与严修有师生之谊。后来，在听说袁世凯要复辟帝制后，严修急忙从天津赶到北京前去劝阻。

见了袁世凯，严修也不客气，他开门见山地说：“我听说大总统受杨度等人撮弄蛊惑，要变更国体、改行帝制，心里十分着急。杨度为人一向阴险狡诈，为了发达不择手段，大总统一定要小心此人。如今共和思潮深入人心，要是逆历史潮流而动，必将天下大乱，后果不堪设想。大总统你想，历朝历代的帝王家有什么好下场？你何苦要去做什么皇帝呢？你别看外面搞请愿、搞选举，闹得乱哄哄的，可大总统对外面的事情真相，又知道多少呢？”

见袁世凯还没有醒悟，严修有些激动起来：“大总统！现在的局面危险万状，你要不及时刹车回头的话，我真是为你担心，为克定和袁氏家族担心哪！”听到这里，袁世凯频频点头，似有触动。但严修走后，袁世凯又故态复萌。[①]

曾在经济特科复试中获得一等第二名的张一麐，他也跟随袁世凯多年，并深受信任。袁世凯担任军机大臣并参与新政立宪事宜时，张一麐是最得力的助手，几乎与他形影不离。袁世凯一出

① 张华腾：《洪宪帝制：袁氏帝梦破灭记》，第159页；石之轩：《袁世凯1916：悬崖上的龙椅》，第85页。

山，便立即把张一麐调到身边，后又任命他为机要局局长，所有重大事件的策划都少不了张一麐的身影，而机密文件也大都是由他来起草和保存。

作为袁世凯的心腹亲信，张一麐对帝制运动的猖狂感到忧心忡忡。某次，他终于抓住机会向袁世凯进言："大总统，辛亥年时我曾劝你自立为帝，取代清廷，但那时你没有答应。如今时机已失，民心已定，决不可改弦更张，重蹈覆辙啊！如果你现在非要冒天下之大不韪而帝制自为，恐怕真的要大祸临头呢！"

见张一麐说得这么认真，袁世凯便敷衍他说："这都是外面的传闻，复辟帝制是没有的事，请仲仁（张一麐字仲仁）放心！"张一麐听后很高兴，出去后便说袁总统无称帝之意，为之辟谣。袁克定和杨度等人听到后，气得直牙痒痒，后来想方设法将他改任为教育总长，目的就是要把张一麐从袁世凯的身边调开。①

北洋系武将中，段祺瑞是唯一公开反对帝制的。辛亥南北谈判期间，段祺瑞联合北洋将领发电报逼宫，为袁世凯拿下江山起到了重要的作用，而他也自认为是促成共和的有功之臣。等到"二次革命"后，帝制派的活动日益露头，段祺瑞看袁世凯真是想当皇帝，这下可把老段气坏了。

中国古话说得好，"飞鸟尽，良弓藏；狡兔死，走狗烹"。袁世凯巩固了自己的势力后，他发现段祺瑞在北洋军中也已自成一派，而老段为人刚愎自用，很多事情不向袁世凯请示便自行决定，他提拔的军官也大多是自己的学生部属。如此以往，恐有军权旁落的危险。

① 张华腾：《洪宪帝制：袁氏帝梦破灭记》，第162页。

1901年，在段祺瑞的原配夫人去世后，袁世凯为了笼络这位干将，将自己视同己出的义女张佩蘅介绍给段祺瑞做续弦。由此，两家女眷来往密切，袁世凯的子女有时也叫段祺瑞姐夫的。①

但在民国年后，段祺瑞与“太子”袁克定的关系一直不和。对于袁克定试图插手军队的企图，段祺瑞十分反感，而袁克定则利用各种机会在袁世凯面前诋毁老段“擅权”“图谋自立”，等等。这时间久了，袁世凯终于起了疑心，后来便设立陆海军大元帅统帅办事处，委派其侍从武官荫昌、陆军总长段祺瑞、海军总长刘冠雄、海军司令萨镇冰、参谋次长陈宧等人为办事员，并请出王士珍出来主持常务，一切军政要务均需报袁世凯定夺。

段祺瑞也是个聪明人，他知道袁世凯这是有意削夺自己的兵权，于是他干脆找各种借口不参加统帅办事处的会议，对于陆军部的事务也多交给次长徐树铮处理。有一次，袁世凯将段祺瑞召至总统府查问一件公事，段祺瑞不太清楚，说要到部里去查一下。袁世凯很生气，说：“你们部里的呈文都上来了，你还去部里查什么呢？”

原来，段祺瑞根本没处理过这事，呈文也是次长代他签名送上去的。由此，袁世凯见人就大发牢骚：“你看看，我们北洋的人都成了什么样子！芝泉（段祺瑞的字）不到部里去办公，华甫（冯国璋的字）身为地方大员，每天睡到中午十二点才起床！这像什么样子！”②

在一些重大问题上，袁世凯与段祺瑞也产生了尖锐的矛盾，

---

① 文斐编：《我所知道的北洋三杰》，第106页。

② 周俊旗：《百年家族：段祺瑞》，河北教育出版社，2006年，第82页。

比如袁世凯对陆军次长徐树铮非常反感，几次想把他调走。但段祺瑞一直袒护徐树铮，并声称："要撤徐树铮的职也可以，那就将我也一起撤了！"

由于段祺瑞经常称病，袁世凯也就顺势让他养病休息，改由王士珍代理陆军总长一职。帝制运动进行到高潮时，袁世凯对已被解除兵权的段祺瑞还不太放心，于是又把他召来问话，说："芝泉啊，你休息的这段时间里，形势变化很大。现在各界人士纷纷请愿，要求变更帝制，你看我该怎么办？"

段祺瑞听后霍然起身，大声道："大总统，你别看我在养病，但这些人的勾当我一清二楚。目前国家好不容易安定下来，如果现在又走回头路，对国民如何交代？那些所谓的民意，都是小人捏造的，为的是自己升官发财，大总统你可千万不能轻信哪！"

袁世凯心里不悦，但表面上还装出一副平静的样子，说："芝泉，民意不民意，我也不去管它真假。我就问问，你的意思如何呢？"段祺瑞愣了一下，说："大总统，你待我二十年，恩重如山，我自当言无不尽，我实在不愿意看你成为罪人啊！"①

最后，两人的谈话不欢而散。

袁世凯称帝前，段祺瑞曾召集心腹徐树铮、曾毓隽等人，他十分悲愤地说："项城看来真是要做皇帝了，无可救药啊！想当年，我领衔诸位发布拥护共和通电，如今我要是拥项城为帝的话，那我在国人眼中还算人吗？试问二十四史，还能找出我这样的人物吗？所以无论公与私，我都宁死也不参与帝制。我打算归

① 石之轩：《袁世凯1916：悬崖上的龙椅》，第92页；张华腾：《洪宪帝制：袁氏帝梦破灭记》，第151页。

隐山林，决不多发一言。”[1]

不过话说回来，像段祺瑞这等人物，本就是民国的开国元勋，若按民国政治的运作，他完全有机会接袁世凯的班。如今，袁世凯要搞“家天下”，断了段祺瑞等人做国家元首的念想不说，还要做袁家特别是那个袁克定的臣属，这就是降志辱身，令人难以容忍了。

不过，段祺瑞毕竟跟了袁世凯这么多年，他当时并无反袁之心，不过以消极怠工加以抵制，而袁世凯还是领着帝制的战车不断前冲，最后一哄而散，悔之晚矣。

开弓没有回头箭，世上终究没有后悔药可吃。在后来取消帝制的当晚，袁世凯把张一麐找来谈话，他极其悔恨地说：“我当时没有听你和范孙（严修的字）的话，现在想来真是又悔又愧啊！范孙跟随我多年，从来没有跟我提起过什么官阶升迁；你在我的幕中也有十几年了，也从未提过什么个人要求。可见那些淡泊名利和荣华富贵的人是多么的可贵，这才是真正的国士啊！那些曾经推戴我的人，难道他们真是为国为民吗？他们今天推戴我为皇帝，明天就可能反对帝制，这种人真是比比皆是哪！总之，我办事时多，读书时少，这也是咎由自取，怪不得别人。”

说到这里，袁世凯十分沉痛地说：“只是误我事小，误国事大。当国者不能不引以为戒啊！”[2]

和段祺瑞一样，冯国璋也和袁世凯有某种亲眷关系。原来，在夫人去世后，冯国璋继娶了袁世凯家的家庭教师周女士。不过

---

① 文斐编：《我所知道的北洋三杰》，第89页。

② 参见张华腾：《洪宪帝制：袁氏帝梦破灭记》，第163页；石之轩：《袁世凯1916：悬崖上的龙椅》，第152页。张一麐评价：“项城能出此言，毕竟英雄本色。”参见白蕉：《袁世凯与中华民国》，283页。

和段祺瑞不同的是，冯国璋对袁世凯并没有那么直率。据说，在1915年夏天（也就是帝制初起时），冯国璋听到点帝制风声后便直奔京城，去找袁世凯问个究竟。见面后，冯国璋先是试探说："大总统，我最近在外面听说您要变更国体、恢复帝制，不知是真是假？如果是真的，我们在地方上应该如何布置，能否预为密示？"

袁世凯听后，勃然变色道："华甫啊，这都是谣传！你想，我们老袁家就没有活过六十岁的人，我今年都五十八了，就算做皇帝，又能做几年？再说了，做皇帝就要传子，可你看看我的儿子中，哪有一个是成器的？这大儿子克定是个残废；二儿子克文就会装假名士；三儿子克良更不像话，整就一个土匪性子。至于其他的儿子都年幼，哪一个能承继大业？况且帝王家的子孙大多没有好下场，我就算是为子孙着想，也不能这么做啊！我绝无皇帝思想，这点你尽管放心。"①

袁世凯的这番话说得入情入理，冯国璋听后十分满意，于是高兴地回到南京，并有意将他和袁世凯的谈话泄露出去，为后者辟谣。不料过了几个月，帝制运动就紧锣密鼓、大张旗鼓地进行起来，冯国璋这才知道上了老袁的当，此后再也不相信袁世凯了。在选举袁世凯为皇帝的闹剧中，作为江苏最高军政长官的冯国璋几经劝告才稍微露个面，他随便这些人怎么折腾，反正他不赞成，也不反对，一声不吭。

冯国璋反对帝制的原因和段祺瑞差不多，唯独不同的是他多上了袁世凯一个当。冯国璋自认为自己不是袁世凯的第一心腹，

① 袁世凯与冯国璋关于国体的谈话为当时《申报》刊载。参见白蕉：《袁世凯与中华民国》，第133-135页。

至少也是第二、第三，不料老袁竟然将他如此欺骗，真是岂有此理。再者，袁世凯不称帝的话，他和段祺瑞都有可能接班，而要是摊上袁克定这个主的话，“这样的曹丕将来如何伺候！”（冯国璋原话）。[①]

据袁世凯的女儿袁静雪回忆说，其实袁世凯当时早知道冯国璋的用意，他是故意用这话来给冯国璋封口的。所以，等冯国璋前脚刚走，袁世凯便气冲冲地上楼跟家里人说：“冯华甫岂有此理！冯华甫岂有此理！”[②]

帝制运动中，反对袁世凯称帝的多是一线重要干部，而热心于此往往是那些二线的新进干将。道理很简单，这些人就是要投袁世凯所好，夺拥立之功，也好乘机排挤前面的老干部，为自己晋身求封嘛。

孔夫子说得好，“君子不党”。所谓“结党”必然“营私”，当时的北洋系就是这样一个无组织、无理论的大帮派。袁世凯这个帮主要做皇帝，那排名前几位的大佬就没了当帮主的机会，因为皇帝要传儿子嘛。至于排名靠后的那些人，他们要想挤到前面去的话，就要投帮主所好，拥护帝制就是谋取功名富贵的好办法，正如杨度之流。

总而言之，天下熙熙，皆为利来；天下攘攘，皆为利往。一个“利”字，可解释万般难题，也可网罗芸芸众生，彼此心照不宣罢了。

正如后来事实所证明的，别看那些二线干将闹腾得欢，真正

---

① 《文史资料选辑》第26辑，转引自石之轩：《袁世凯1916：悬崖上的龙椅》，第163页。

② 袁静雪：《我的父亲袁世凯》，见吴长翼编《魂断紫禁城：袁世凯秘事见闻》，第28页。

考验到自身利益了，那一个个都现了原形。比如地方大员中，最早给袁世凯发劝进电的湖南将军汤芗铭，他原本不是北洋系，而是在民国后才投靠袁世凯并成为新进亲信的。正因为如此，汤芗铭才要急吼吼地要抢这个头功。

其他一些新进军官也是如此，如小站士兵出身的张敬尧，他在剿灭“二次革命”和“白狼之乱”中立下大功，当时已被提升为第七师师长。张敬尧对袁世凯可谓感恩戴德，他在梁士诒组织各省请愿联合会的宴会上放言高论：“大总统高升皇帝，发一道上谕就可以了嘛，搞这些名堂干啥子？谁要是敢反对，我就砍了谁的脑壳子！”

二十七师师长张作霖在民国后突然受到袁世凯的恩遇，因此支持帝制的态度也是异常坚决。他在劝进密电中称：“东三省人民盼望大总统做皇帝久矣！关外谁要是敢有异议的，我张作霖决不手软。如果内省有反对的，我愿意率部入关以平内乱，哪怕是刀斧加身，我也毫不畏惧。”①

对帝制最卖力的，当然是上文提到的那位御干儿段芝贵。他不但自己上表言忠，而且还积极联络各省将军、护军使、镇守使上劝进书。功夫不负有心人，后来在劝进书上签名的各省将领包括广东龙济光、奉天段芝贵、河南赵倜、湖北王占元、安徽倪嗣冲、四川陈宧、江西李纯、陕西陆建章、湖南汤芗铭、浙江朱瑞、山西阎锡山、察哈尔张怀芝等19人，而镇守使还有天津商德全、广东龙觐光、冀南王怀庆、陕南陈树藩等36人。从资历上看，这些人基本是北洋系或投靠北洋系的二三流人物，而且是不是真心拥立，尚未可知也。

① 以上见张华腾：《洪宪帝制：袁氏帝梦破灭记》，第166页。

护国战争爆发后，袁世凯分别调派曹锟、张敬尧和冯玉祥的队伍入川对阵蔡锷的第一军，广东龙觐光与广西陆荣廷则协防李烈钧的第二军。按理说，北洋军在兵力、兵员素质和装备补给各方面都远好于护国军，一举荡平并非难事。然而，护国战争并没有打什么硬仗，双方刚一接战即陷入相持，倒是各种通电满天飞，你声讨、我调停，闹得不亦乐乎。用历史学家唐德刚的话来说，所谓的"护国战争"根本就是个"泡沫战争"，或者叫"口舌之战"。

当时，蔡锷率领的护国军第一军左路是护国战争中的主力，但实际上只有4000多人，他们与川军接战后顺利攻占了叙府；第一军右路则在戴戡的率领进入贵州，进逼贵阳。1916年1月27日，刘显世被一番运动后随即以贵州都督的名义宣布独立，护国军可谓兵不血刃，便解除了对云南的威胁。

2月2日，原为蔡锷部下的川军第二师师长刘存厚，率所部3000人在泸州附近的纳溪宣布反正，并引导护国军入川。这时，北洋军总指挥曹锟已经坐镇重庆，张敬尧、吴佩孚等部也已经赶到泸州前线，双方激战相持一个月后，蔡锷率护国军撤退。与此同时，冯玉祥所部也趁着护国军兵力空虚之时猛攻叙府，并在3月2日重新夺回城池。但是，冯玉祥随后又按兵不动，骑墙观望。

在护国军失利的情况下，四川将军陈宧和前敌督师的曹锟却并不追击，反而与护国军暗通款曲，相互协议停战。3月15日，在梁启超的策划下，原为岑春煊部下的陆荣廷在广西宣布独立，并趁势夺了临武将军、云南查办使龙觐光所部的军械饷银，这下立刻扭转了护国军的不利形势。

在此情况下，袁世凯想调冯国璋和张勋等老将前去剿平西南"叛党"，但冯国璋早已是阳奉阴违，不肯出兵的理由又多又名正言顺。至于辫帅张勋，他也不跟袁世凯兜圈子，而是直接跟派来劝解的特使阮忠枢提出“四不忍”，作为拒绝出兵的答复。

何为“四不忍”？曰：“容忍纵容长子，图谋复辟帝制，密电岂能戡乱，国本因而动摇，一不忍也；赣宁乱后，元气亏损，无开诚布公之治，开奸佞尝试之门，贪图尊荣，将国家当作赌注，二不忍也；云南不靖，兄弟阋墙，寡人之妻，孤人之子，生灵堕于涂炭，地方夷为灰烬，国家养兵，反而自祸，三不忍也；宣统名号，依然存在，妄自称尊，惭负隆裕，生不齿于世人，殁受诛于《春秋》，四不忍也。”

要按老张的看法，这袁项城完全是无风起浪，瞎闹一场；你说原来硬逼着清帝退位，已经是铸成大错；如今又想搞帝制，那也行啊，这现成的宣统皇帝就在宫中，可以把他请出来再坐龙廷嘛！要是你老袁要做皇上，哼哼，恐怕有点不自量力呢！

被阮忠枢逼得急了，张辫帅就沉下脸来，说：“他闹他的云、贵，我守我的徐州，干我甚事？”一下就推了个一干二净。唉，在辫帅的心目中，袁总统的地位终究比清朝的皇帝差了一大截。人家宣统是真命天子，你袁世凯算干吗的——半路天子吗？

3月19日，就在广西独立后的第四天，一道密电呈到了袁世凯的桌前。这道密电是直隶将军朱家宝送来的，上面明明白白地写着要求袁世凯取消帝制、惩办祸首等内容。等袁世凯看到后面的诸多签名后，差点没有昏死过去：只见冯国璋、李纯、朱瑞、靳云鹏、汤芗铭几个人的大名，都清清楚楚、白纸黑字地列在上面。更要命的是，这五个人还在偷偷联络其他各省的将军一起联名反对帝制。

这道“五将军”密电可谓一道催命符。这回，袁世凯算是知道众叛亲离和当年隆裕太后被逼退位的滋味了。

1916年3月22日，袁世凯宣布取消帝制，并向西南各省提出议和。在取消帝制前，袁克定跪求老头子千万别做傻事。他哀求说，要是现在退位，必然大伤士气，何况叛军远在西南，未必能直捣燕京，何必如此仓皇？袁世凯长叹一声，将“五将军”密电掷给这个犬子，说：“祸不在外，祸在萧墙之内！现在不退，难道你还想家破人亡吗？”①

为了维护稳定，从皇帝位置上退下来的袁世凯仍自命为民国大总统。对于这点，北洋系内部倒问题不大，西南护国军则表示了强烈的不满。他们认为，袁世凯已经没有资格继续做大总统了，因此护国战争还得继续。除非袁世凯主动惩办祸首、赔偿帝制的花费并自动下野，战火才能平息。

走到这一步，袁世凯可谓是进退两难，而随后的形势对他更加不利。4月6日，龙济光在护国军的压力下宣布广东独立；6天后，浙江屈映光又告独立。照这架势下去，辛亥年各省独立的历史又要上演了。

5月1日，清末就是袁世凯死对头的前两广总督岑春煊与梁启超等人在肇庆成立“两广都司令部”；5月8日，又成立了“护国军军务院”，正式和袁世凯政府分庭抗礼。

5月9日，陈树藩赶走袁世凯的心腹大将陆建章，宣布陕西独立；5月中旬，冯国璋、张勋等人策划南京会议，有17省代表参加。尽管会议没有取得任何成果，但冯国璋这些地方大员隐然有“东南互保”之势，袁世凯已经开始说不上话了。

5月18日，尽管知名的革命党陈其美在上海被刺杀，但还没

① 据说，袁克定听说袁世凯要取消帝制，其表示：“称帝之事，四海皆知，出尔反尔，其祸更烈！”参见石之轩：《袁世凯1916：悬崖上的龙椅》，第86页。

等袁世凯高兴，更大的打击来了。5月22日，四川将军陈宧在四川宣布独立；一周后，湖南将军汤芗铭也宣告湖南独立。

曾有人说，让袁世凯提前一命呜呼的直接原因是“起病六君子，送命二陈汤”，这话怎么说呢？

在中医里，“六君子”指的是“人参、甘草、白茯苓、白术、陈皮、半夏”这六味中药，但这里是暗指帝制运动中筹安会的杨度、孙毓筠、严复、刘师培、李燮和、胡瑛六人；“二陈汤”原本指中药半夏和橘红，这里却是指陕西镇守使陈树藩、四川将军陈宧和湖南将军汤芗铭这三人。

汤芗铭是湖北立宪党人汤化龙之弟，他早年学习海军，1910年曾任海军统制萨镇冰的参谋长。武昌起义后，汤芗铭率舰队投入革命军。“二次革命”中，汤芗铭在湖口之役中立下大功，随后被任命为湖南都督。帝制运动开始后，汤芗铭投其所好，积极劝进，后被册封为“一等侯”。

可惜的是，好景不长。护国军兴起后，湖南倍感压力，汤芗铭在其兄汤化龙的劝说下宣布湖南独立，并通电全国：“芗铭虽有知遇之私情，不能忘国家之大义，但使有另途之悔悟，决不为萁豆之相煎。如必举全国而牺牲，唯有以我相见。情谊两迫，严阵上言。”

袁世凯看到汤芗铭的电文后，连呼：“完了！完了！”由此病势加重，最终一命呜呼。不过，尽管汤芗铭“气袁”有功，但因为之前的种种表现，终为湘人所不容，最后在袁世凯死后逃出湖南，从此在政坛上一蹶不振。[1]

陈树藩是陕西人，保定陆军速成学堂出身，他在辛亥年中投

---

① 汤芗铭1904年曾入同盟会，后又反悔，并割破孙文皮包窃取文件，也是百变之人。见唐德刚：《袁氏当国》，第15页。

机革命，民国年后做上了陕南镇守使。帝制运动后，袁世凯为笼络陈树藩而将他任命为陕西督军。但是，随着反帝制运动的不断高涨，陈树藩最终在北方各省中率先宣布独立，这无疑给了袁世凯一个沉重打击。

陈宧在民国初年也算是赫赫有名的人物了，他本是湖北安陆人，其叔祖父为前清工部尚书陈学棻，也算是世家子弟，清白出身。清末时期，陈宧虽然只有秀才功名，不过倒也中西兼习，他先后在武昌经心书院、湖北武备学堂、京师大学堂中就读，后经人介绍而投入四川总督锡良门下。1909年，锡良调任东三省总督后，陈宧也水涨船高，出任北洋新军第二十镇统制（师长）。

民国年后，陈宧出任参谋次长。据《世载堂杂忆》中称，章太炎在民国初年入京时，他一见陈宧便矍然道："中国第一人物，中国第一人物。他日亡民国者，必此人也。"[①]

不过，陈宧并非袁世凯当年的小站旧人，因而他在北洋军阀中根基不深。也正因为如此，在袁世凯重出江湖后，陈宧极力卖身投靠，尤其是在帝制运动时期，更是丑态百出。

据说，帝制运动发起后，陈宧向袁世凯大表忠心："我军人以定乱保安为天职，但知效忠元首，不知其他。……伏乞大总统俯顺舆情，毅然裁断，早定大计，以幸天下。"[②]随后，陈宧又自告奋勇地请求出镇四川，以防止西南各省起事。离京赴四川上任时，陈宧更是伏地九叩首，膝行而前，大呼："大总统如不明岁登基，正位中国，我陈宧死都不回来！"[③]

① 刘禺生：《世载堂杂忆》，第202页。

② 张华腾：《洪宪帝制：袁氏帝梦破灭记》，第203页。

③ 刘禺生：《世载堂杂忆》，第198页。

这种肉麻的程度，就连饱经沧桑的老袁都起了一身的鸡皮疙瘩。

事后，曹汝霖也忍不住在回忆录中说："陈宧向项城辞行，竟行三跪九拜之礼。项城惊异道，何必如此。陈以陛下登基大典，臣恐未必能躬预，故先行庆贺。项城即说，即改国体亦废跪拜礼了。陈又跪下，三嗅项城之足而退，据说这是喇嘛对活佛的最敬礼。"[①]章太炎时听说后，也讽刺道："陈宧真的能与袁世凯共始终吗？无论如何，谄佞之人，事出常情，大事既去，必生反噬。陈宧这次远离都门，实则为北洋旧人所倾轧，不过是借此深固袁世凯之宠信，难道这种人能始终忠于袁世凯吗？"[②]

果然，就任四川将军没多久，陈宧因为受到护国军的压迫而发表独立通电，其大意是："鄙人多次忠告项城，希望他能主动退位，切不可将退位和善后二事混为一谈，更不能以善后为由，加以推迟。最好的办法，是即日宣告退位，示天下以大信。鄙人为川民请命，项城虚与委蛇，是项城先自绝于川。我不能不代表川人，与项城告绝。自今日开始，四川省与袁氏个人，断绝关系；袁氏在任一日，其以政府名义处分川事者，川省皆视为无效。"

据说，袁世凯于某日拨款十万与陈宧，他问负责财政的梁士诒："陈宧靠得住否？"此时梁士诒已被陈宧买通，他向袁世凯保证陈宧是可信的。陈宧的独立电到后，袁世凯把梁士诒找来，并与他一同进膳。席中，袁世凯又问："陈宧靠得住否？"梁答："靠得住。"袁世凯便将陈宧的独立电交给梁士诒，梁看完

① 曹汝霖：《一生之回忆》，第163页。

② 刘禺生：《世载堂杂忆》，第198页。

后呆若木鸡，袁世凯则拂袖而起，一怒而入，由此落下病根。[①]

是啊，汤芗铭、陈树藩、陈宧这三人原本是何等忠心耿耿，何等期盼袁世凯称帝，如今却调转枪头，反戈一击，这让老袁是何等伤心与寒心。特别是陈宧，袁世凯对他可谓恩重如山，一而再、再而三的提拔，据说还将于夫人所收养的义女许配给他。现在好，"将在外，君命有所不受"，陈宧这些人被护国军逼得急了，他们为了自保，只好宣布独立，这才暂时保住了自己的地盘。至于袁皇上怎么想，那就不是他们考虑的事情了。

最绝的，还是这个陈宧。他不但宣布独立，而且还宣布与袁世凯断绝一切个人关系。据说，袁世凯接到陈宧的电报后当场给气晕了过去。醒来后，袁世凯两颊红如炭火，双眼噙满泪水，半天都未出一言。[②]估计，这投机小人把袁总统的心都伤透了，难怪连蔡锷都骂他是个四处讨好的无耻之徒。

说来好笑，护国战争其实是三军无主，不过是个"泡沫战争"；但袁世凯的洪宪王朝本质上也是"泡沫王朝"，一捅就破。没了老班底的支持，就算没有蔡锷等人的云南举义，袁世凯这个皇上恐怕也是做不成的。

罢罢罢，早知今日，又何必当初？

---

① 刘禺生：《世载堂杂忆》，第201页。

② 张华腾：《洪宪帝制：袁氏帝梦破灭记》，第217页。

二十四

羞愤而终

在老部下们纷纷造反时，袁世凯自己家里也不消停。这不，洪宪王朝开张还没两天，袁世凯的弟弟袁世彤、妹妹袁书贞居然登报声明，同袁皇上脱离兄弟、兄妹关系，真是让老袁哭笑不得。

袁世彤是袁世凯的八弟，他一直在老家操持家务而从未外出做官，但这老弟却很关心政治，时不时写信给老兄，指斥他这个不对、那个无理。这回老兄要做皇帝了，袁世彤非但没有高兴，反而大骂老兄是“清室之逆臣、袁家之不孝子孙”。

不仅如此，袁世彤还在家里拉起一支二十来人的“讨袁军”号称勤王，要为清室讨伐袁世凯这个贼臣。得知这消息，袁皇上怒道：“老八和我闹家庭革命了！”但毕竟是亲兄弟，老袁不能让他胡闹，随后便令地方派出十几位警察将他们给镇压下去。

至于袁书贞，她早年嫁给山东巡抚张汝梅之子为妻，原本和袁世凯关系不错，两家人逢年过节还经常走动，并常有书信往来，馈送更是不断。这一次，因为袁世凯要复辟帝制，袁书贞写信给兄长：“袁、张二姓，世受清恩。兄长代清为民国总统，还可以说是民主；如今又要称帝，到时如何去见地下的隆裕太后？

你虽假托民意，但以妹视之，其实就是叛逆罢了！”袁世凯阅后，掷书于地，怒不可遏，夫人于氏只好从旁劝道：“她没这福气做皇亲国戚，算了吧！”[1]

就连袁世凯自己家里，也没有太平日子。在伪造《顺天时报》露馅后，太子袁克定总觉得父亲不再信任自己而打算改立其他弟弟，于是他还想来个“玄武门之变”，把假想敌老二和老六一并干掉；新华宫里的那些姨太太，则成天在那为封“妃”啊、“嫔”啊吵闹不休，惹得老袁暴跳如雷。据说，后宫开始是这样安排的，正室于夫人为皇后自然没话说，姨太太们则有子的封“妃”，无子的封“嫔”。听了这话，一些陪侍多年而无子的姨太太们，那可不就立即闹起来了！

宣布退位前，袁世凯先派人将自己的想法告诉了老友徐世昌和段祺瑞，并让徐世昌出任国务卿，段祺瑞出任参谋总长，以帮他解脱困境。[2]袁世凯本以为自己废除了帝制，又将老朋友请出来维持局面，按理可以混过去了，但西南各省仍旧不依不饶，非要袁世凯就地下野。

从辛亥年的“非袁不可”到如今的“非去袁不可”，区区数年，竟已是天壤之别。首任内阁总理、老部下唐绍仪这时也在电报中斥责说：“撤销帝制之令而仍居总统之位，在执事之意，以为可敷衍了事。第在天下人视之，咸以为廉耻丧尽，为自来中外历史所无。”具有多年流亡经历的康有为则建议，袁世凯应“速

① 袁家趣事，参见陈晨编：《袁世凯轶事》，第161页。

② 袁对段云：我老且病，悔不听汝言，致有今日，取消帝制汝可相助为理乎？段云：当竭力相助，容与东海熟计之。参见石之轩：《袁世凯1916：悬崖上的龙椅》，第153页。

携家眷，游于海外”，若“早行一日，国民可早安一日”；[①]蔡锷、唐继尧、梁启超等人也纷纷要求袁世凯洁身引退，抗议声浪真是接二连三，应接不暇。

闹到现在，只要袁世凯占着这总统位置不下来，这全国各地的“劝退、迫退、乞退乃至斥退”的函电便日夜不绝地不断涌来。乖乖，比原来拥帝时的规模还要多出几倍。

至于那些帝制派的喽啰，什么“六君子”、什么“十三太保”，大都是些上不得台面的东西，这下也溜的溜、跑的跑，没走的也早已是鸦雀无声，只剩下袁世凯这么个孤家寡人，衰病残年，苟延残喘。在这种情况下，原本以为靠自己的老资格就能力挽危局的徐世昌也是焦头烂额，最后只能知难而退，挂冠而去。

4月22日，段祺瑞接替徐世昌出任国务总理（取消政务堂，改回原来国务院），组建新内阁。段祺瑞重掌大权后，情形就有点类似当年袁世凯逼宫了，只不过当年的袁世凯换成了现在的段祺瑞。当段祺瑞准备任命自己的心腹徐树铮为国务院秘书长时，袁世凯以“总理是军人，秘书长不宜再是军人”加以反对。事后，段祺瑞十分生气，他把烟斗狠狠掼在桌上，厉声道：“今日还是如此！”

至于另外一个股肱干将冯国璋，这时也没有闲着。他仿照当年清帝退位的优待条件也给老袁量身定做了一个：一、往事不追；二、公权不褫夺；三、私产不没收；四、居住自由；五、全国人民予以应有之尊敬；六、民国政府每年给予岁费十万元。[②]

---

① 康有为对慰庭总统老弟（袁世凯）嬉笑怒骂之长文，参见白蕉：《袁世凯与中华民国》，第297-313页。

② 张华腾：《洪宪帝制：袁氏帝梦破灭记》，第212页。

这个优待条件，基本代表了北洋系的意见，毕竟袁世凯是他们的老领导，事情不好做得太绝。

据说，袁世凯看到这个优待条件后，虽然心里很不舒服，但还是表示接受。据后来的历史经验，要是袁世凯真按照这个优待条件下野的话，那也未必没有东山再起的机会。毕竟，袁世凯下台了，谁又可以真正取代袁世凯的地位呢？段祺瑞、冯国璋还是黎元洪？

恐怕谁也取代不了，后来的军阀混战就证明了这点。相反，如果袁世凯能够活下来的话，再次出山也并非没有可能，后来段祺瑞、黎元洪不都是屡屡下野、又屡屡复出吗？以退为进，有时倒不失为一个很好的策略。

但可惜的是，袁世凯自己顶不住了，称王称帝非但没有帮助他破除家族魔咒，反而加速了他的死亡。据袁静雪回忆：1916年元宵节，全家人围在一起吃元宵，六、八、九三个姨太太为了“妃”“嫔”的名分又在袁世凯面前大声争吵。袁世凯长叹了一口气，说：“你们不要再闹了！都要回彰德去，等着送我的灵柩一块儿回去吧！”①

说完，袁世凯便起身回办公室了。当时护国战争已经爆发，袁世凯整日忧心忡忡，精神不振。被这么一闹后，袁世凯开始饭量减少，慢慢就恹恹成病了。②

在各方要求总统退位的声浪中，袁世凯方寸已乱，他自动退位心有不甘，接着开战又有所不能。弄到最后，心力交瘁，他的

① 张华腾：《洪宪帝制：袁氏帝梦破灭记》，第184页。

② 袁静雪：《我的父亲袁世凯》，见吴长翼编《魂断紫禁城：袁世凯秘事见闻》，第25-26页，第61页。

身体也垮了。1916年5月的最后几天，袁世凯已经不能办公；6月5日，袁世凯一度休克昏迷；延至6月6日早上6点，袁世凯终于放弃了对命运的抗争，一命归西。

袁世凯在清末时得过软足病，这也是摄政王载沣将他开缺的由头。辛亥年复出时，袁世凯入宫时还需要仆役搀扶（却不知是真的还是装的）。[①]这一次，袁世凯得的病却是膀胱结石导致尿毒感染全身。[②]这个病原本不会导致生命危险，但袁世凯为人比较固执，一直不肯看西医、不肯动手术，加上帝制后的种种不顺，急火攻心，更是加重了他的病情。

等到病情急剧恶化、小便不畅后，在袁克定的坚持下，袁世凯才让法国医生贝希叶前来诊治，但此刻为时已晚。贝希叶建议袁世凯到医院去动手术，或许还有一线生机，但被袁世凯拒绝。在此情况下，贝希叶只好在袁世凯卧室给他导尿，但此时导出来的全是血尿。袁世凯自知不起，便急忙让人把徐世昌和段祺瑞找来。两人到后，他把总统大印交给徐世昌，说："总统应是黎宋卿（黎元洪的字）的。我就是好了，也准备回彰德去。"

据说，在6日凌晨昏厥复苏后，袁世凯对侍疾在侧的老友徐世昌低声说："杨度杨度，误我误我。"也有人说，袁世凯临终时说："是他害了我！"[③]可是，到底是谁害了袁世凯，杨度、袁克定，还是他自己，随着袁世凯这么一蹬腿，谁又知道？

---

① 另说是袁世凯做寿被人弹劾，谢罪出宫时"从殿阶坠地，跌伤右腿"。侯宜杰：《袁世凯一生》，第99页。

② 参见袁静雪的说法及总统府后来发布的公告。石之轩：《袁世凯1916：悬崖上的龙椅》，第140页。

③ 据说，袁世凯临终前曾骂袁克定，谓"一生威名，皆为汝所败"。见陈晨编《袁世凯轶事》，第232页。

据说，袁世凯死前曾自撰一联："为日本去一大敌，看中国再造共和。"[①]事实上，经过这几年的治理，民国发展已上轨道，中央财政也有了很大的改观，从民国初年的借债度日到每年库存可余两千万元，这已经是非常不容易了。[②]可惜袁世凯偏要做什么皇帝，洪宪帝制这么一折腾，这几年的治理成果灰飞烟灭、化为乌有且不说，袁世凯死后的中国更是陷入了军阀割据的混乱时代。

试问黎民何辜，非要受此之罪？

据说，袁世凯幼年时，叔父曾问其志，袁答："愿流芳千古，毋遗臭万年。"孰料却适得其反。[③]各位，您说做皇帝到底有啥好处？试想那袁世凯袁皇上，从1915年12月12日接受拥戴到1916年3月23日撤销帝制，这洪宪王朝不过维持了83天。在这83天里，袁世凯既没有举行过登基大典，也没有戴过皇冠、穿过龙袍，搞个百官见面会还偷偷摸摸，胆战心惊，充其量也就是个关门皇帝，结果却落得众叛亲离，声名扫地，更有史书上如潮如涌的千古骂名，这又是何苦来哉？

若是抛开政治纷争，以普通人的眼光来看的话，老袁这个人还算说得过去。袁世凯出身于耕读官宦世家，几代人聚族而居，这种传统的家庭最重"忠孝"二字。所以，袁世凯逼迫清帝退位时也一再以民意为借口，不到关键时候自己不出头，就是为了逃避"逼宫"和"不忠"的骂名。后来，为了当总统、当皇帝，袁世凯也都是通过"选举""推戴""公决"等方式来进行，至少

① 陈晨编：《袁世凯轶事》，第253页。

② 据财政总长周学熙言。见张华腾：《洪宪帝制：袁氏帝梦破灭记》，第133页。

③ 陈晨编：《袁世凯轶事》，第19页。

在形式上显得是“合理合法”的。

在孝道问题上，袁世凯也是无可指摘。他的嗣母牛太夫人、本生母刘太夫人，只要条件允许，袁世凯必定晨昏定省，很能讨老太太的欢心。据袁世凯的女婿薛观澜回忆说，袁世凯有个姐姐未嫁而未婚夫病死，遂终身不嫁，平日凛若冰霜，永无笑容，袁世凯尊敬而畏惮之，就算当了大总统后，每次向姐姐请安也不敢坐下。[①]薛观澜评论袁世凯时，称他“守礼甚严，秉性孝悌，私德无亏”，应当不是护人之短的溢美之词。

清末民初时期，大户人家一般都妻妾成群，袁世凯也不例外，其一生中共一妻九妾，子女三十二人。这样一个大家庭，通常都会有很多矛盾，但至少在袁世凯生前，全家人唯其是从，家庭基本维持了和睦的状态（死后姑且不论）。

袁世凯对子女的管教也很严格，他在家中设了私塾，并分男馆、女馆（男馆由严修指点，女馆也聘请多位才女，如冯国璋之继室周女士），不但子女都要入学，就连年轻的姨太太也要入女馆学习。袁世凯虽然信奉“棍棒之下出孝子”，也没少责打他的儿子（哪怕成家后也在所难免），但他对子女还是难免舐犊情深。据袁静雪说，袁世凯经常和她们讲故事，有时还故意将银圆放在不易找到的地方让她们去找，谁先找到就赏给谁；有时候她们实在找不到，袁世凯就提示她们，最终帮她们找到。[②]

在子女的婚姻问题上，袁世凯同样讲究“父母之命、媒妁

---

① 据袁克齐所说，袁世凯之姐在老家当家，且对袁世凯读书督责甚严，因而其家人又流传一句话：“四大人怕二姑奶奶。”见袁克齐：《回忆父亲二三事》，吴长翼编：《魂断紫禁城：袁世凯秘事见闻》，第84页。

② 袁静雪：《我的父亲袁世凯》，见吴长翼编：《魂断紫禁城：袁世凯秘事见闻》，第 57 页。

之言”，而且要求门当户对。当时与袁家结亲的多为高官巨户，如长子袁克定娶湖南巡抚吴大澂之女，长女袁伯祯嫁两江总督张人骏之子，五子袁克权娶两江总督端方之女，其他亲家还包括孙宝琦（内阁总理）、陆建章（陕西督军）、张百熙（邮传部尚书）、杨士骧（直隶总督）、薛福成（驻外大使）、荫昌（陆军大臣）、陈启泰（江苏巡抚）、周学熙（财政总长）、那桐（军机大臣）、黎元洪、曹锟等。从某种意义上来说，子女结亲也是袁世凯扩展自己势力的一种方式。

袁世凯待人接物，虽然一向喜怒不形于色，但面色和善，双目炯炯，很尊重人也很注意听人说话，所以各方人才奔走其门，如同过江之鲫。袁世凯的身材不高，但多年军旅生涯养成的气质，让人觉得他虽然外表和善，实则不怒而威。

阎锡山就曾说，他见过袁世凯两次，但仍不清楚袁长什么样。因为在接见时，阎锡山既敬又畏，几至汗流浃背，完全不敢直视。[①]袁世凯不管站着还是坐着，总是挺直腰板，哪怕坐在沙发上和人谈话，他也是直着腰靠着沙发背，从来没有歪斜着，更不会陷进去。有意思的是，袁世凯每次坐下时，总是鼻子先“嗯”的一声，然后一边摸着胡须，一边慢慢坐下。由于腿比较短，袁世凯坐下后一般双脚叉开，两腿垂直，仿佛骑马蹲裆的姿势，从来也没有跷过二郎腿。

至于袁世凯的饮食起居，基本是常年不变，非常的刻板。他每天的作息一般如下：早上6点起床，6点半早餐（总是一大碗鸡丝汤面），7点下楼办公会客，11点半午饭（菜的花样大都不变，清蒸鸭子必不可少）；午饭后休息一个小时，下午2点到5点

① 文斐编：《我所知道的北洋三杰》，第149页。

继续办公会客，然后带着家人去中南海各处散散步，晚上7点吃饭，9点归寝，十分有规律。

袁世凯的穿着打扮也很简单，从不讲究，除了上朝时穿朝服袍褂外，在家中一般只穿短装制服（练兵时的习惯）。袁世凯一般不喝酒，只有在过年过节全家聚餐时才喝点绍兴酒；烟除了雪茄外，其他如水烟、旱烟、香烟一概不抽，对鸦片烟更是深恶痛绝。①

由于袁世凯死时还是在职的总统，因此黎元洪继任后仍以在职国家元首的规格给他治丧。当时中央政府除拨款50万银圆用于丧葬费用外，还通令文武机关下半旗、停止宴乐27天，民间娱乐也停7天；文武官员和驻京部队一律佩戴黑纱；设立“恭办丧礼处”，以曹汝霖、王揖唐、周自齐三人承办大典丧礼，黎元洪、徐世昌、段祺瑞三人总负责。

袁世凯死后，那些在护国战争中明里暗里背叛他的袍泽故旧也纷纷“冰释前嫌”，或亲自或派随员赶到北京沉痛悼念老领导，所以袁世凯的葬礼也办得风风光光，备极哀荣。最可叹是那御干儿、奉天将军段芝贵，他在得知袁世凯死讯后急忙从关外星夜兼程赶来，等到了新华宫灵前更是呼天抢地，涕泪涟涟，不知道的人还以为死的就是他亲爹（真是孝子！）。发丧当天，段芝贵身着麻衣，手持哭丧棒，随侍棺后，哭天喊地，其声如老牛呜呜然。目睹此景，于夫人也不得不感动地说：“这假儿子比真儿子还好！”②

---

① 袁世凯的饮食起居情况，参见袁静雪：《我的父亲袁世凯》，见吴长翼编《魂断紫禁城：袁世凯秘事见闻》，第39-45页。

② 参见陈晨编：《袁世凯轶事》，第177页。

从6月6日到27日，袁世凯的灵堂共停灵21天。在此期间，京城文武百官每日按班次前来致祭行礼，驻京部队也分批前来，举枪致哀。灵堂外面，还搭建了数座牌坊，另有京城内外的高僧、名道和喇嘛也来念经诵佛，超度总统亡魂。

6月28日，袁世凯的灵柩从北京运回河南彰德。当时起灵的杠木棺罩用的都是皇家规格，新华门内用32人的小杠，出新华门后改为80人的大杠，一路上黄土垫道，并有警察开道、陆军仪仗队一个团、海军仪仗队一个连，外加文武百官、亲朋故旧，共计两千人前来送行。至于赶来观看的群众，那更是人山人海，盛况空前，比当年慈禧太后的葬礼热闹多了。

灵柩的后面，袁克定和弟弟们披麻戴孝，手里拿着哭丧棒步行，妻妾、女儿和媳妇则坐着素轿跟在后面。因为和大哥袁克定为安葬的墓地发生争执，老二袁克文一怒之下竟然出走天津，不来参加送殡仪式，真不愧是名士做派。①

在灵柩抬上预备的专列后，一般官员也就送到车站，另一列专车则运送袁世凯的知交故旧（如徐世昌、严修等）、治丧人员、护送军队及其物品前往彰德。火车开动后，车站鸣炮101响，向已故总统告别。经过保定、邯郸时，当地官员还举行了隆重的路祭。到彰德后，袁世凯下葬于故居洹上村以北一里的墓地，整个墓园占地二百余亩，系德国工程师设计建造。当时，墓地栽满松柏，所以陵墓又称“袁公林”，据说当地人还有折此地松柏辟邪的习惯。

由于袁世凯的葬礼排场太大、吃席太多，最后结算时发现入不敷出，政府所拨的专款扣去葬礼费用后不足以建造墓地工程。

---

① 袁克文：《辛丙秘苑》，第39页。

为此，徐世昌、段祺瑞、王士珍等八人联名发起公启，请求社会各界人士解囊相助，最后又凑到25万银圆，才最终了结了袁世凯的丧事。

袁世凯生前为官多年，如果按“三年清知府、十万雪花银”的标准应该置下不菲的家产。但是，袁世凯一生经手的钱财无数，但其“不用私人、不存私财”“贪权不贪财”的名声还是为人所公认（比他有钱的部属多了去了）。[①]袁世凯死后，徐世昌受老友之托给袁家分配遗产，他把袁世凯一生所积累的田产股票现金折为三十份，儿子与姬妾无子者各一份，未出嫁的女儿两人一份，每份八万余元，共计两百余万元。[②]

正如袁世凯所预料的，大公子袁克定和二公子袁克文很快便将分到的家财挥霍一空。袁克定在解放后靠着政府每月20银圆的救济为生，而袁克文虽然风流一生，死后只在笔筒里找到20银圆，就连后事也是他在青帮的弟子凑钱办的。这些公子哥儿，哪里是做皇帝的料。[③]至于其他子孙，除袁克文第二子袁家骝和妻子吴健雄成为知名科学家，其他大多默默无闻。

有意思的是，袁世凯晚年念叨的那个家族魔咒在他的子孙中却基本无效。袁家后代不仅大都活过了60岁这道坎，而且长寿者不乏其人。比如袁克定就活了80岁，袁克文虽然只活了43岁，

---

① 张一麐评语，参见张华腾：《洪宪帝制：袁氏帝梦破灭记》，第231页。

② 袁世凯丧葬规模、费用和家产情况，参见袁静雪：《我的父亲袁世凯》、袁克齐：《回忆父亲二三事》、萧景泉：《丧葬秘事》，吴长翼编：《魂断紫禁城：袁世凯秘事见闻》，第68页、第81页、第304-322页。另参考王锡彤：《抑斋自述》，第235页。因为王也参与管理袁世凯之家产，尤其股票等对外投资。

③ 袁克定、袁克文的情况，参见袁静雪：《我的父亲袁世凯》。吴长翼编：《魂断紫禁城：袁世凯秘事见闻》，第69-77页。

但这应该和他长期放荡不羁的生活有关，他的儿子袁家骝91岁高寿，直到近年才去世（2003年）。如果袁世凯泉下有知，会不会为自己的称帝决定而苦笑不已呢?

历史总是充满了巧合。辛亥革命进行了83天，洪宪帝制也就搞了83天即烟消云散。历史的可笑之处往往在于，袁世凯本可以成为华盛顿，本可以成为拿破仑，但作为时代产物的他，却最终选择做了袁世凯。

洪宪帝制失败后，袁世凯的暴卒解决了很多问题。但是，袁世凯死后的民国，它的明天就一定会更好吗?

二十五

新大总统

1916年6月6日早上6点，内外交困的袁世凯怀着几分惆怅、几分不甘心，最终一命归西，终年58岁。

古话说得好，“万般皆是命，半点不由人”。要是袁世凯能撑住不死，说不定还有东山再起甚至再度改写历史的机会。但是，身体是革命的本钱，没有健康的身体做保障，一切的一切，也就永远归零了。

由此，一代枭雄袁世凯，也就在历史的舞台上彻底出局了。

袁世凯死后，黄兴写了个挽联，颇值玩味，曰：

“好算得四十年来天下英雄，陡起野心，假筹安二字美名，一意孤行，居然想学袁公路；

仅做了八旬三日屋里皇帝，伤哉短命，援快活一时谚语，两相比较，毕竟差胜郭彦威。”

挽联中的袁公路，指的是三国袁术，他在诸侯中是第一个称帝的，结果两年不到呕血而亡，为天下笑；郭彦威是五代后周太祖郭威，他出身将门，后来黄袍加身，当国只有3年，不过治绩尚可。这副对联，有贬有褒，比起其他嬉笑怒骂的文字，也还算公道。

各方评价且不去管它，袁世凯的死在当时引发了一个最迫切的问题，那就是：谁来继任袁大总统空出的位置呢？

护国战争爆发后，袁世凯已经宣布从皇帝宝座上退位。但从法律上说，他仍是中国民国的大总统。按1915年《总统选举法》，继任总统应由上一任总统推荐，推荐名单写在“嘉禾金简”上，而金简又藏在“金匮石室”中，要等上一任总统死后才能打开。[①]

到底有没有金匮石室和嘉禾金简这一回事，目前有很多传闻。其中，流传最广的是这么一说：袁世凯去世当天，段祺瑞、黎元洪、徐世昌和另外几个政府要员一起去开启金匮石室，想要看看袁世凯到底做了什么安排。

所谓“金匮石室”的做法，其实是仿照雍正皇帝的秘密建储制度，只不过清朝的建储密诏藏在乾清宫“正大光明”匾额下，而“金匮石室”秘设于总统府万字廊内。段祺瑞一行人打开密室后，只见一个黄布包裹里藏着一张考究的泥金纸。纸有一尺多长，上下分别写着“兆民托命”和“民国万年”四个大字，中间则写着几个人的名字。

大家凑近一看，上边赫然写着“黎元洪、徐世昌、段祺瑞”三个人的名字。

也有人说，这份名单并非袁世凯最初书写，而是护国战争爆发后临时更改的。据说，袁世凯最初写的只有袁克定一个人的名字，但随着护国军步步紧逼，他手下将领又不肯用命，袁世凯知道老袁家没有“家天下”的命，于是背着袁克定将名字偷偷地改

① 参见陈晨编：《袁世凯轶事》，第271页。

成了“黎元洪、徐世昌、段祺瑞”三人，以求补救。[①]

关于“金匮石室”的故事，由于当事人大多秘而不宣，是否真实存在，目前还是个疑问。比如黎元洪，每当有人问起这事时，黎菩萨总是故作神秘，笑而不答。

传闻是真是假，姑且不去追究，但继任大总统的问题是火烧眉毛，必须最先解决。按照本国传统，“国不可一日无君”，这个问题不解决，不但后面的事情没法展开，就连国家都有可能陷入四分五裂的危险境地，这可是开不得玩笑的。

那么，谁有资格来接任袁世凯的位置呢？这事说来还真是颇费思量，不好决定。如果按实力、论影响，当时的国务总理段祺瑞是最合适的人选；但要说起资历和名望，则以前清协理大臣徐世昌声望最隆（相当于副总理）。事实上，老徐不仅和老袁是老交情，而且一直是袁世凯的左右手，堪称袁世凯集团中的第二人物。在袁世凯退隐期间，北洋系也主要由他来照拂。

但是，北洋系之外的一个重要人物也不能小觑，那就是武昌首义的革命元勋、副总统黎元洪。黎元洪虽然谈不上什么实力和资历，但他在法统与名分上占优，接任总统最为名正言顺。

由此可见，“嘉禾金简”上写着“黎元洪、徐世昌、段祺瑞”三人名字的传闻不是空穴来风，而是由这三人的实力和名望所决定的。如果“嘉禾金简”的传闻是真的，那上面有三个候选

---

① 文史资料研究委员会：《辛亥革命回忆录》第六集，第305页。另据曹汝霖所云，袁世凯临终前两手向空中乱抓，喉间迷迷糊糊仿佛有“黎”字之音。徐世昌遂大声问，是黎元洪吧？即同段祺瑞大声答道，知道了，放心吧！后开启“嘉禾金简”，确实写着“黎元洪、徐世昌、段祺瑞”三人名字。由此亦可见，袁世凯尚知国事承续与体统。见曹汝霖：《一生之回忆》，第166页。

人，究竟该由谁来接任呢？

如果袁世凯还有一口气在，估计他会希望徐世昌接任，因为老徐是多年老友，而且是翰林出身，经纶满腹，加之从政多年，可谓老成稳重，算得上最佳人选；至于段祺瑞，虽说也是多年的部下，但他终究是武人出身，而且政论、立场和老袁多有不合；和这两人相比，黎元洪显然是落在最后面的。

但是，中国人的传统最讲究“名分”二字。所谓“名不正则言不顺，言不顺则事不成”，偏偏黎元洪在这点上占尽优势，非徐世昌与段祺瑞所能比拟。所以说，历史的发展往往不可捉摸，有时候还真由不得人呢。

徐世昌虽说是北洋元老，但他毕竟是读书人，深知儒家学理和名分的重要性。在一阵尴尬的沉默后，素有“水晶狐狸”之称的徐世昌首先打破僵局，他声明自己不做总统，很明智地退出了这场竞争。

徐世昌心里也清楚，自己在北洋集团中虽然名望甚高，但手中并无一兵一卒；要想做民国大总统，就必须仰仗那些北洋将领和地方实力派。远的不说，就现任的内阁总理段祺瑞，恐怕就不好说话呢！

至于老段，此刻也是左思右想、暗自掂量：这千载难逢的机会下，是趁势拿下，还是礼让一二？这机不可失、时不再来，还真让人难以选择。老段也知道，徐世昌虽说是北洋大管家，但他并不是自己的对手，而黎元洪就比较麻烦了。

论实力，老段完全可以登上总统之位。但目前黎元洪是副总统而自己是内阁总理，名不正言不顺且不说，这要是强行上位，非但南方护国军不答应，就是北洋内部恐怕也会有人说三道四。比如南京的冯国璋，就未必会让自己如愿啊！

徐世昌的意思，也不主张老段出任总统。虽然老段是北洋的自己人，但要考虑全局的话，他还是认为由黎元洪来接任大总统比较妥当。道理很简单，黎元洪以副总统的名义接任总统之位，既名正言顺，又可以笼络南方的护国军和革命党，国家不至于陷入分裂，也算是两全其美的好办法。

对于徐世昌的意见，段祺瑞最初没有表态。但他思虑再三后，觉得老徐说得还是很有道理：这老袁刚死，国家正处于纷争之中，如果再来个名分之争，非但总统做不安稳，恐怕连现在这个内阁总理都做不成呢！既然如此，倒不如顺水推舟，避虚就实，让没有实力的黎元洪做个名义大总统，实权由自己掌握，还可以落个顾全大局的好名声，何乐而不为？

既然老段想通了，事情就好办多了。本来呢，黎元洪对接任总统的问题没有发言权。毕竟他来北京后，基本被袁世凯给软禁了，非但毫无兵权，就连自己的人马也没有，他拿什么去和北洋系竞争呢？如果自己真的接任大总统之位，那也实属侥幸，全仗着北洋系给自己面子。

黎元洪的担心并非没有道理。当时的北京完全由北洋系控制，实权掌握在段祺瑞的手中，如果他真要跟自己作梗，这大总统还不如不当。想到这里，黎元洪一再推脱，不肯就任。直到段祺瑞保证维持北京的秩序，并约束北洋系的那些骄兵悍将，黎元洪这才答应接任大总统之位。

当时的北洋系虽然已经四分五裂，但有些人听说黎元洪接任大总统后，一个个都老大的不乐意。是啊，黎元洪不是北洋的人，凭什么让他捡这个便宜呢！据说，袁世凯刚咽气不久，一些倾向于段祺瑞的北洋系文武大员聚集在国务院里，他们坚持要段祺瑞仿效当年宋太祖赵匡胤黄袍加身，继任大总统之位。事后，段祺瑞严加拒绝，并邀集徐世昌进行了好一番劝解，这些人才怏怏而去。

1916年6月6日下午，段祺瑞在国务院签署了由黎元洪继任大总统的通电。次日上午10点，在东厂胡同的宅邸里，黎元洪以副总统的资格继任为民国第二任大总统。当天的就职典礼非常冷清，只有段祺瑞和少数内阁阁员参加。新任大总统黎元洪则在几个幕僚和典礼官的簇拥下来到就职大厅，在发表了一个简短的演说后，便匆匆就任。

据说，袁世凯生前曾对黎元洪这个儿女亲家开玩笑说："今日之我，为的是将来之你。人多颂扬我的才，我看还不如你的福。"[①]袁世凯一语成谶，要说起来，素有"菩萨"之称的黎元洪还真是运气不错。

黎元洪的父亲黎朝相，他早年参加过鲍超的"霆军"，并在镇压太平军中屡立战功，后被擢升为游击（武职从三品）。但各方平定后，像黎朝相这样的军功人员多如牛毛，清廷也不可能一一安置。最后，多数人得到一笔数量可观的"休致费"后，就此解甲归田。

黎朝相退役后，将全家迁到了汉阳，并用遣散费盖了一所房子，一半供家人居住，一半对外出租，以换取一些生活费。也就在这年（1864年），黎元洪出生于汉阳，因其祖籍是湖北黄陂，所以民国时又被称为"黎黄陂"。

如果正常的话，黎家可能就在汉阳安家立业，做个普通老百姓安度一生。但晦气的是，承租黎家房屋的一个房客，因为涉嫌谋反而被官府捉拿，结果黎朝相也被连带"窝藏罪犯"之嫌，最

① 侯杰、姜海龙：《百年家族：黎元洪》，第190页。

后房屋被官府没收。

走投无路之下，黎朝相只好重操旧业，他跑到天津北塘再度投军，又一次栖身于行伍之间。黎朝相走后，黎家立刻陷入了窘境。1877年，14岁的黎元洪突染重病，几乎不治。黎朝相得知后，心急火燎地从天津赶回探视，好在黎元洪福大命大，这才渡过这一鬼门关。

黎元洪病愈后，黎朝相考虑再三，决定将全家迁到自己的驻地北塘，以免再次发生类似的后顾之忧。在父亲的影响下，黎元洪从小也对军事感兴趣。他在读书之余，常去父亲的兵营观看操练，由此产生了弃文从武的念头。1883年，20岁的黎元洪考入北洋水师学堂，学习舰艇操作与海军战术。但不幸的是，黎朝相在次年突然壮年猝死，尚在就读的黎元洪只能独力担负家庭的重任，并在读书之余负担继母、夫人和幼弟的生活。

好在水师学堂当时有一笔津贴，黎元洪省吃俭用，就靠着这点钱勉强养家糊口，但日子过得十分紧巴。为了省钱，黎元洪每次回家探视时都是徒步往返，来回要走上近百里的路程，目的就是省下一个光洋的路费。①

1888年，黎元洪从水师学堂毕业后被派往“来远”舰上见习。“来远”舰是当时北洋水师中最新的装甲巡洋舰，由德国伏尔铿造船厂建造，1887年刚下水。见习一年多后，因为广东水师急需人才，北洋水师提督丁汝昌便将黎元洪派到“广甲”舰上充当三管轮。

“广甲”舰是福州船政局自行组装生产的一艘铁胁木壳兵

① 黎元洪早年情况，参见侯杰、姜海龙：《百年家族：黎元洪》，第6–9页，第15页。

舰，它隶属于广东水师，但由于后者训练水平相对较差，因此每年都会和北洋水师协同操练。1894年甲午战争爆发后，广东水师的“广甲”“广乙”“广丙”三舰也随同北洋水师参战。黄海大战中，由于“济远舰”擅自撤离战场，与之编组的“广甲”舰也在管带吴敬荣的率领下随后逃跑，最后又在惊慌失措中搁浅于大连湾三山岛附近。由于担心被日舰发现，“广甲”舰最终自毁以免资敌，而黎元洪等人跳海逃生，回到了旅顺。

甲午之战后，北洋水师全部覆没，广东水师也是损失惨重。船都没了，那些原本为人钦羡的海军将领也大都被朝廷革职，各回原籍，自谋出路，黎元洪当然也不例外。

正当黎元洪彷徨无计之时，之前的老领导、由两广总督调任两江总督的张之洞正在南京设立延才馆，招聘武备人才。得此信息后，黎元洪急忙赶到南京去投奔。张之洞对黎元洪的海军背景并不感兴趣，他当时要招募的是炮台防御专才。黎元洪灵机一动，便把自己曾经学过的陆上防御理论叙述了一遍，张之洞对此很是赞赏，于是委派他监修南京城外的炮台。由此，黎元洪弃水登岸，开始转型为陆军将领。

1896年，张之洞调任湖广总督。由于黎元洪在南京干得不错，张之洞便将他带回老家湖北，继续效力。这时，清廷出台编练新军的政策，其中有南北两个试点：北是袁世凯的小站练兵，南为张之洞编练的自强军。在此期间，黎元洪得到了张之洞的极大重视，并曾三次受命前往日本，考察东邻的陆军训练和军事工业等。[1]

对于黎元洪，张之洞还算赏识。他曾写了个“智勇深沉”

① 分别为1898、1899、1901年。

的条幅赠给黎元洪，并上奏朝廷，称其“忠勇可靠，堪当重任”。[①]此后，黎元洪也算仕途平顺，由帮带升管带、千总，再升守备、都司，随即又晋升为副将，成为武职中的从二品大员。1906年，清廷计划在全国范围内编练新军36镇，湖北新军的任务是两镇，当时练成第八镇和第二十一混成协（相当于旅），前者由总兵张彪任统制，后者由黎元洪出任协统。由此，黎元洪也成为湖北军界的第二号人物。

第八镇统制张彪长期跟随张之洞，但他是个旧派军人，对新军操练并不熟悉。在清末的几次秋操中，张彪名义上是南军总统官，但实际指挥者是黎元洪。特别在1908年太湖秋操中，黎元洪率南军和北军对抗，三战三胜，由此声誉鹊起，引起了军界的关注。

黎元洪是新派军人，对手下士兵也还不错，但他在仕途上顺风顺水，因而对革命党原本并无好感。武昌起义爆发后，黎元洪亲自坐镇第四十一标并下令关闭营门，禁止士兵外出参加暴动。其间，有位名叫周荣棠的革命士兵翻墙而入，前来四十一标联络起义，但很不幸被抓获。为防止军心动摇，黎元洪当即下令处决。[②]直到午夜时分，革命党用蛇山和楚望台上的大炮轰击四十一标，黎元洪方知大势已去，只得打开营门，各自逃生。

黎元洪逃出营门后，来到幕友刘文吉家中暂避。慌乱当中，黎元洪感到大难将至，他语无伦次地对刘文吉说：“我身居协统，如今部下兵变，死也是死，不死也是死。如果革命党失败，

---

① “智勇深沉”四字，即老实嘴笨之别名也。参见侯杰、姜海龙：《百年家族：黎元洪》，第27页。

② 侯杰、姜海龙：《百年家族：黎元洪》，第62页。

朝廷必定重罚我；如果革命党成功，我恐怕也性命不保。这下如何是好，如何是好？”刘文吉劝他说：“现在事态不明，还是先观望一下为好。说不定会有出人意料的结果。”

刘文吉还真有先见之明。一夜激战后，尽管革命党已经取胜，但临时指挥起义的首领大都资望太浅，不能服众；而原先那些革命党首领又一个个下落不明，革命士兵们陷入了群龙无首的境地。

命运的改变，也许就在不经意间。黎元洪没想到的是，正当他惶惶不安时，革命党人已经探得他的下落，并决定由他来出任军政府都督。黎元洪对此十分惶恐，连称：“莫害我，莫害我！”但革命党哪里管得了那么多，他们大笔一挥，便在军政府的布告上签下了黎元洪的大名。这就叫霸王硬上弓，想不做都不行。

三天后，黎元洪也想通了，反正这“黎大都督”的名声已经传遍全国，认与不认已无区别，倒不如干脆就认了算了。于是，黎元洪积极投身革命事业，一举成了首义元勋，并进而当上了民国的副总统。[①]

袁世凯时期，黎元洪被段祺瑞半请半骗地弄到北京，形同软禁。好在他懂得明哲保身之道，但凡具体事务，概不插手。袁世凯对他也还算满意，两人还结为儿女亲家（其中也不乏强迫的因素）。

顺从归顺从，在称帝这样的大是大非问题上，黎元洪还是保持了坚定的立场，保住了革命的气节。当袁皇上封他为“武义亲王”并派人送来“亲王”服时，黎元洪死活都不肯收下，还将来

① 以上参见侯杰、姜海龙：《百年家族：黎元洪》，第63-67页。

人赶出门外。

正因为黎元洪在关键时刻做出了正确的抉择，这才顺顺当当地接了老袁的班。是啊，和正儿八经的民国大总统相比，“武义亲王”又算得了什么呢？

所以说，黎元洪也是个高人哪！

二十六

重新斗法

黎元洪刚一上任，就遇到了麻烦，那就是接任的法律依据：究竟是根据1912年制定的《临时约法》，还是1914年的袁记约法?

在6月6日的国务院通电中，段祺瑞称“副总统黎元洪代行中华民国大总统之职务”。所谓“代行”，依据便是袁记约法，其中规定“大总统因故去职或者不能视事时，副总统代行大总统职权”，但期限只有三天，不能继任。

袁世凯死后，段祺瑞自命为北洋系接班人，他当然不希望将袁世凯一踩到底，因为对袁世凯过多地打压贬斥，反而会损害自己的合法性，所谓“投鼠忌器”是也。为了表示自己继承的是北洋系的衣钵，老段在必要时还得将袁世凯的牌子扛出来为自己树威，这也是他坚持袁记约法的原因所在。

对于老段的说法，南方护国军当然不能接受。他们认为，袁世凯帝制自为，早已丧失了合法性；袁世凯制定的约法，也只是称帝的工具，断不能成为黎元洪接任总统的依据。因此，黎元洪继任总统应该按民初《临时约法》继任，而不是什么“代行”。

聚集在上海的两百多原国会议员，他们也都赞同护国军的说法并发表联名通电，要求以《临时约法》和1913年国会制定的《大总统选举法》为准，黎元洪继任前总统袁世凯的任期至民国七年十月止（即1918年10月）。

当然，国会议员们之所以坚决要求按《临时约法》来处理总统继任问题，其中还有一个重要原因，那就是：如果按袁记约法，第一届国会的恢复将遥遥无期；而要按《临时约法》，被袁世凯解散的第一届国会将重新恢复，议员们就可以再次上岗了。

由此可以看出，所谓接任总统的法律依据，从小里说，是关系到黎元洪、段祺瑞及议员们的切身利益问题；往大里说，这可是关系到民国未来政治走向的大问题。

处于风口浪尖上的黎元洪，此刻却闪烁其辞，两边都不敢得罪，也不敢轻易表态。从感情上说，黎元洪愿意接受南方的说法。因为按《临时约法》规定，他可以名正言顺地继任总统，而且任期有两年有余；如果按袁记约法，他只有三天的代行期，尽管他这时已经成为事实上的大总统，但难保实权在握的段祺瑞中途会不会变卦。在北洋系的包围下，黎元洪也不好公开响应南方的意见，只能装聋作哑，静观其变，以换取段祺瑞的支持。

各方压力下，段祺瑞却不想把这个问题搞得太清楚。他一会儿说黎元洪接任总统是“代行”，一会儿又说是“继任”，再不然就用一个中性的“接任”，以图蒙混过关。但老段越是心虚，南方就越是揪住不放。各种质疑、质问乃至抗议的通电纷纷涌进国务院，非要把两个约法的事情问个明白不可。

事实上，不论是民初的《临时约法》也好，后来的袁记约法也罢，老段其实都不喜欢。因为按民初的约法，虽然大总统的权力是虚、总理的权力是实，但国会的权力太大了，总统和总理都要受到国会的严格监督和极大限制；而按照袁记约法，总统的权力又太大，总理不过是总统的执行人角色。

由此，老段提出一个自己的解决方案，那就是仿照民初临时参议院的召集办法，由各省各派三名代表赴京组成“修正约法委员会”，以制定一个新的约法发布执行。对此，无论是南方护国军还是上海的议员们，都纷纷表示反对。要知道，南方护国军争的正统地位；而议员们要的是恢复国会，老段抛出的这个“修正约法委员会”，不痛不痒，完全没有考虑到这些人的用意和利益，他们如何肯轻易答应。

不要说南方护国军和议员们不答应，就是北洋系内部也不以为然。和老段同样老资格的冯国璋就不甚赞成，他的代表与南方互通声气，明里暗里拆老段的台。正当各方为此事争执得不可开交时，一个意外的事件打破了僵局，这就是海军的介入。

当年6月25日，驻沪海军司令李鼎新、第一舰队司令林葆怿、练习舰队司令曾兆麟发布联合通电宣布独立，并要求按照民初约法召开国会。由于当时的海军分为第一舰队、第二舰队和练习舰队，而主要力量又在第一舰队，第二舰队仅为巡防长江的一些小型炮舰，因此这次事件等于整个海军都倒向了南方。

淞沪一带是冯国璋的地盘，他害怕海军在他背后捣乱，于是向段祺瑞施加压力，要求迅速解决约法问题。在南方步步紧逼而北洋内部又出现裂痕的情况下，老段也只好做出重大退让，之后以总统令的方式宣布遵行《临时约法》，并重新召集国会。

袁世凯死后的第一场风波终于平息了下来，唐继尧也随后代表南方护国军通电全国，宣布取消军务院，南北军事对立宣告结束。

宣布遵行《临时约法》后，黎元洪再次以总统令的形式重新任命段祺瑞为国务总理并委托组阁。6月30日，段祺瑞提交内阁名单：外交唐绍仪、内务许世英、财政陈锦涛、司法张耀曾、教育孙洪伊、农商张国淦、交通汪大燮、海军程璧光，至于陆军总长，还是老段自兼。不论是因为军事上的自负还是出于控制实权的考虑，老段对于陆军总长的这个位置，一向是当仁不让。

对于老段的这个组阁安排，黎元洪照单全收，两人配合默契，相处还算融洽。即便是黎元洪稍稍提出点自己的意见，老段也能做出调整，以示尊重。后来，张国淦、汪大燮请辞不就，内阁成员改由许世英任交通总长、孙洪伊任内务总长、范源濂任教育总长、谷钟秀任农商总长，而外长唐绍仪一直未能就任，后由伍廷芳出任。

段祺瑞的新班子搭配了南北双方的人马，颇有些团结统一的意味。但明眼人一看就知道，黎、段体制的一大特点是“黎虚段实”，虽然南方在这套班子里有几个名额，但实权仍掌握在以段祺瑞为首的北洋系手中。至于总统黎元洪，他也极力在南北间斡旋，调和彼此间的矛盾，力图新一届政府能够正常运作。在各方努力下，新班子虽然说不上万象更新，倒也心领神会，各尽其责。

一团和气的后面，南北分歧依然存在。新班子成立不久，南方便提出惩办帝制祸首，并提交了一份13人的大名单。看到这里，读者也许会觉得奇怪，要说推动老袁称帝的祸首，林林总总不下数十人，其中还不乏盘踞各省的督军们，为何只惩办13人呢?

名单当然大有玄机。在这13人中，最早鼓吹帝制的“筹安会六君子”，杨度、孙毓筠、严复、刘师培、李燮和、胡瑛这几个手无寸铁的文人政客，自然毫无悬念地上榜。另外，就是在复辟中闹得最厉害的“洪宪七凶”，即梁士诒、朱启钤、段芝贵、周自齐、张镇芳、雷震春、袁乃宽七人，合起来正好是“十三太保”。至于其他人，要么实权在握不好得罪，要不就是小虾米，姑且放过。

对于惩办帝制祸首，老段开始并不同意。毕竟，“十三太保”大多是老朋友，自己刚上台就拿老朋友开刀，未免不太厚道。于是，他主张将帝制派和原先在“二次革命”时缉拿的革命党人一并特赦，大家相逢一笑，岂不皆大欢喜？

对于老段试图和稀泥的态度，南方极不满意，而黎元洪此时正被南方遥尊为领袖，自然得站出来坚持一下，以表示对原则的尊重。在此情况下，老段也只好稍做让步。最后，各方协商拟定了八位祸首名单：杨度、孙毓筠、梁士诒、朱启钤、周自齐、顾鳌（前法制局局长）、夏寿田（草拟帝制文电者）、薛大可（《亚西亚报》经理，帝制鼓吹者），人称“八大金刚”。

这八人新名单剔除了北洋系的几个老朋友，又把几个摇笔杆子的文人加了进去，更显得不伦不类。最妙的是，还没等惩办令下发，这些人早已得知消息，之后窜出京门，逃之夭夭了。唯独这个顾鳌动作慢了一点，结果乘车出京时被抓，吃了几天免费官饭。

惩办帝制祸首是黎元洪和段祺瑞的第一次分歧，也是两人斗法的开始。说句实话，老段是不太看得起黎元洪的。在他眼里，黎元洪算什么呢？一个弃海上岸的败军之将？一个半路出家的新军将领？我老段乃是正宗的陆军科班出身，又曾到德国留学；你黎元洪原本是学海军的，即便到日本访学三次，但日本又怎能和德国相比呢？

所以，在老段心目中，全中国就他最懂军事，他最正宗，其他人根本不在话下。别说黎元洪，就算是王士珍、冯国璋又如何？哼哼。

老段有这个资本啊！武昌起义时，黎元洪不过是个小小的协统（旅长），而段祺瑞早在几年前就做过北洋六镇的统制了。镇压武昌起义时，老段被委为湖广总督，级别比黎元洪高了去了。再说了，当时南北军交战，北洋军把武昌革命军打得落花流水，你黎元洪本是败军之将，虽说时来运转，侥幸坐上了大总统之位，但岂敢在我老段面前抖威风？更何况，数年前黎元洪还是被老段半请半逼地弄到北京，这就让老段更看不起黎元洪了。

和黎元洪一样，老段也出身于军人家庭。他的祖父段佩，早年因镇压捻军有功而官居淮军统领，和刘铭传、张树声、周盛波、周盛传等人既是同乡，又同隶属于李鸿章的淮军体系。段祺瑞于1865年出生于安徽六安县，他的父亲段从文倒是人如其名，未曾征战沙场而一直耕读在家。段祺瑞5岁时，段从文在合肥买下百亩良田，随后举家搬迁，因此段祺瑞又被称为“段合肥”。

段祺瑞7岁时被祖父段佩接到宿迁驻地，由此耳濡目染了军旅生活。尽管祖父给段祺瑞找了老师让他念书，但后者最喜欢舞刀弄棍，看书也只爱看排兵布阵、奇门遁甲之类的兵书。在那段日子里，段祺瑞过得还是很惬意的。

但是，段祺瑞的好日子在14岁时戛然而止，因为祖父段佩当年在驻地突然亡故。失去了庇护的小段在军营中无以托身，只得将祖父灵柩扶送回合肥老家安葬。不久，小段只身一人步行2000多里，在风尘仆仆数十天后，终于赶到山东威海投奔了堂叔段从德，并在他手下做了一名小兵。这一年，段祺瑞才16岁。

不幸接踵而至。就在段祺瑞来到威海的第二年，段从文赶到威海看望儿子后，在回家途中被盗贼所害，而遇害地离家不过30里地。噩耗传到威海，段祺瑞请假奔丧而未获批准。8个月后，段祺瑞的母亲因为哀痛过度，也不幸亡故。一年之内，父母双亡，段祺瑞这次才被批准回家奔丧。[1]

家庭的变故和养家糊口的重担，使得段祺瑞心事重重，愁眉不展。时来运转的是，李鸿章在1885年创立天津武备学堂并从淮军中招收学员。听到这个消息后，段祺瑞喜出望外，他决心抓住这改变命运的绝好机会，于是立刻报名应征并最终选入炮兵科学习。

天津武备学堂是中国近代史上第一所陆军学堂，当时聘请了一些德国军事教官，所学习的军事课程、包括武器也都来自德国。在两年的学习期间，段祺瑞学习了天文地理、测绘算法、炮台营垒、行军布阵等新式课程，另外也兼修了经史子集等中国传统学问。1887年，段祺瑞以“最优等”的成绩从学堂毕业，成为首批学员中的佼佼者。

毕业后的段祺瑞，并没有直接下连队带兵，而是先被派到旅顺监修炮台。1888年冬，李鸿章选派军事学员前往德国留学，段祺瑞再次被选中。[2]1889年春，在督学荫昌的带领下，段祺瑞随同商德全等五个校友远赴德国深造。

到德国后，段祺瑞等人进入柏林军事学校学习。在其他人已学成回国后，段祺瑞被指派前往克虏伯兵工厂实习，以熟习世界最先进的火炮的制造和使用技术。直到1890年底，段祺瑞才返回国内，他进入北洋军械局不久，又被调入威海随营学堂充当教习。

---

① 段祺瑞的早年历史，参见文斐编：《我所知道的北洋三杰》，第79页；周俊旗：《百年家族：段祺瑞》，第7-8页。

② 据说李鸿章见留学名单中只有两个安徽籍的，遂划掉一名山东的而勾选了自己的小同乡段祺瑞。见周俊旗：《百年家族：段祺瑞》，第12页。

可惜的是，当时清军对这些军校毕业生不甚重视，后者大都被委以教习之类的闲职，而没能进入军营中做带兵官。当时的军界风气，那些行伍出身的旧派军官大都看不起军校毕业生，他们认为这些娃娃兵没有实际作战经验，不能委以重任。即便段祺瑞这样留洋回来的优秀军官，也屡屡遭到这些旧军官的排挤。

直到甲午战争后，段祺瑞等人的机会才最终到来。由于湘淮旧军在战争中表现拙劣，清廷决定按西式兵法编练一支新军，这就是后来袁世凯在小站练就的新建陆军。由于军事人才极度匮乏，袁世凯请时任天津武备学堂总办的荫昌推荐人才，段祺瑞就是名单上的头一名。

新建陆军是一支拥有步、骑、炮、工程等多兵种的新式部队，其中炮兵近两千人。段祺瑞加入后，他一开始就被委任为炮队统带，并得到袁世凯的极大重视。当时的这支炮队，有速射炮、重炮等60门，战马近500匹，这也是中国近代史上第一支正规化的炮兵部队，段祺瑞也可以说是中国第一任炮兵司令。

在跟随袁世凯编练新军的过程中，段祺瑞不但亲自带兵，而且还陆续担任随营学堂的教习或总办，由此形成的师生关系又派生出自己的势力，这对后来的军阀割据形势产生了重大影响，这是后话（冯国璋也是如此）。

据称，袁世凯对直接掌握兵权的段祺瑞也不甚放心。最开始时，段祺瑞是北洋第三镇统制，等到第三镇弄得像模像样后，袁世凯便将他改调第四镇统制，紧接着又调往第六镇。袁世凯的目的是防止段祺瑞在某个部队中待的时间过长，以至于培养自己的亲信，但将段祺瑞调来调去的结果，却让北洋六镇中的半数人马都成了老段的部下。由此，段祺瑞成为在北洋军中仅次于袁世凯的第一人，也可以说是北洋军副帅了。

随着袁世凯势力的不断扩大，段祺瑞与同袍王士珍、冯国璋等人也是步步升迁，北洋系在清末已经初现端倪。尽管袁世凯在1908年被赶回老家，但段祺瑞等人仍手握重兵，并与袁世凯暗通来往，这也是老袁再度出山的最大本钱。

辛亥年攻打武昌革命军时，冯国璋因为没能很好地领悟袁世凯的意图，后来被袁世凯调回京城，改由段祺瑞担任前线指挥。此后，段祺瑞又领衔发出逼宫通电，最终促成清帝退位。[①]

攫取了政权的袁世凯，当然也没亏待段祺瑞。民国年后，尽管内阁总理像走马灯一样更换，但段祺瑞的陆军总长一直岿然不动。“二次革命”时，段祺瑞还亲自代理国务总理，组织战时内阁并一举击败南方革命党。此时的段祺瑞，对袁世凯也确实忠心耿耿，言听计从，加上段祺瑞续娶了袁世凯的义女，两人关系可谓十分融洽。

直到后来，袁世凯突然萌生称帝野心，两人关系随之急转直下。作为共和元勋，段祺瑞无论如何也不能接受再出一个皇帝，哪怕是袁世凯也不行。

试想，如果是共和体制，等袁世凯死了，段祺瑞也有机会做总统；但要是袁世凯搞“家天下”，那就一点机会都没有了。再说了，段祺瑞之前反对帝制，如今又拥护袁世凯称帝，如他自己所言，在二十四史上算个什么东西？多次苦谏之后，段祺瑞见袁世凯已经无法回心转意，只好称病不出，两人关系就此闹僵。

---

① 段祺瑞的“共和通电”人所皆知，但就内情而言，很可能是徐树铮等人捏报。段祺瑞不能反对，恐怕是他深知失去了对中下层军官的控制。段默认，袁世凯也只能默认。据说冯国璋曾经质疑，但也无能为力。以此而论，辛亥年不仅是南方新军兵变，同时也是北洋军兵变。如段不承认，则北洋内部在辛亥年就分裂了。

由于多年的恩遇和亲眷关系，段祺瑞没有公开站出来反对袁世凯，而是自己躲起来生闷气。直到1916年护国战争爆发后，袁世凯陷入了众叛亲离的境地，段祺瑞这才出来帮忙。袁世凯临终将国事托付给段祺瑞，老段也就自命为北洋系接班人了。

也正因为有了老段的接班，袁世凯闹了半天帝制，死后非但没有被追究责任，反而被待以“国葬”的大礼，这不能不说是段祺瑞的功劳。就算是袁克定，这位在闹帝制时和老段形同水火的“太子爷”，也多次向老段致谢，并诚心诚意地说：“这事多亏了段总理！”[①]

袁世凯的时代结束了，出任总理的段祺瑞也就此登上了权力的顶峰，接管了北洋政府的全部军政大权。唯独有一点让老段不太爽的，那就是黎元洪接任了大总统。不过，好在这位名义总统手中并无一兵一卒，他要想和老段争，恐怕难度大了点。

① 文斐编：《我所知道的北洋三杰》，第49页。

二十七

小鬼难缠

段祺瑞内阁成立后，中央政府算是周齐妥当了。至于地方上，还是外甥打灯笼——照旧，只不过由段内阁列一名单另加任命，表示事实承认而已。

当时各省情况如下：奉天督军张作霖、吉林督军孟恩远、黑龙江督军毕桂芳、直隶督军朱家宝、山东督军张怀芝、河南督军赵倜、山西督军阎锡山、江苏督军冯国璋、安徽督军张勋、江西督军李纯、福建督军李厚基、浙江督军吕公望、湖北督军王占元、湖南督军陈宧、陕西督军陈树藩、四川督军蔡锷、广东督军陆荣廷、广西督军陈炳焜、云南督军唐继尧、贵州督军刘显世、甘肃督军张广建、新疆督军杨增新。

要说这二十二省，其实大都是北洋系势力，黎总统虽说有南方数省遥尊为领袖，但他困守北京，终究是远水解不了近渴，难以仰仗实效。不过，黎元洪也有办法，那就是重开国会，这倒是一个不错的抓手，可以用来牵制老段的势力。

1916年8月1日，阔别多年的首届国会议员们齐聚京城，其中参议院138人，众议院318人，人数刚刚过半。被袁世凯强行解散后，国会议员们散落各地，有些死、有些亡，有的病、有的伤，这次得以重逢并再次召开国会，议员们悲喜交集，心情十分复杂。

国会开幕当天，黎元洪、段祺瑞等纷纷到场祝贺。当天会议的一个重要内容，便是黎元洪按照《大总统选举法》进行宣誓。黎总统誓毕，议员们忍不住一齐欢呼“民国万岁”“总统万岁”，时光仿佛又回到了当年国会初开的盛况。

国会重开后，议员们第一件事情是选举副总统。副总统这个位置看似不尴不尬、可有可无，但其中另有含义。比如南方议员们，他们想把老段选为副总统，然后乘机将他从国务总理的位置上挤下，让南方的唐绍仪上位。

但是，这个提议很快便宣告失败，一则段祺瑞公开表态不会就任副总统，二来唐绍仪和北洋系闹翻后，也没这本事出任国务总理。由此，该提议也就不了了之，议员们最后选了冯国璋做副总统。副总统本是虚衔，当年黎元洪不愿北上就任而改在湖北遥为受领，这次冯国璋也不例外，直接就在江苏承让了。

应该说，在袁世凯死后的几个月里，在黎元洪、段祺瑞、冯国璋等人的配合下，总统确定了，内阁成立了，国会重开了，每天总有各种贺电从各地发来，纷纷扰扰，热热闹闹。这民国的气象，看似不是小好，而是一片大好。

当然，也不全是喜事。就在冯国璋就任副总统次日（10月31日），一封唁电从上海传来，革命元勋、陆军上将黄兴因多年奔走国事，以致积劳成疾，竟在上海去世了。黄兴在“二次革命”后因不肯加入中华革命党而远赴美洲，直到护国战争爆发后才返回上海。可惜，这位革命伟人的时日已经不多，逝世时不过43岁，可谓壮年早逝。

更令人惊愕的是，黄兴逝后不到10天，又一位伟人在日本福冈去世，那就是揭起护国大旗的飞将军蔡锷。袁世凯死后不久，蔡锷因患喉疾而电辞四川督军之职，随即经上海赴日本就医。不料为时已晚，蔡锷最终在日本不治身亡，年仅35岁，更是英年早逝！

民国政府好生安葬两位革命伟人姑且不提，下面却要说说新总统和新总理是如何同事的。按理，黎、段两人都是军人家庭背景，又都读过军校、带过兵、打过仗，两人的经历类似，彼此间的沟通应该问题不大。再说了，黎元洪在袁世凯时期已经学会韬光养晦，凡事包容；而老段的脾气虽大，但人家好歹也做过大领导，还不至于当面给黎总统难堪。

至少在表面上，段总理能优礼黎总统，但他的手下们就难说了。这些人中，最难说话的人就是人称“小扇子军机”的徐树铮，而这小徐偏偏又是老段最信任的干才。这下好，问题复杂了，矛盾激化了，好戏马上开演了。

徐树铮是个什么样的人？听听段祺瑞府上的人怎么说就知道了。徐树铮是江苏萧县人，秀才出身，他和老段一不沾亲、二不带故，原本只是老段手下的一名司书，不知怎么就给老段赏识上了，送他到日本士官学校留学。小徐回国后立刻扶摇直上，成为老段跟前的头一名红人。段府的人都说，老段起来快是老袁一手提拔，而老段提拔小徐也像袁世凯当年提拔他自己一样，甚至有过之而无不及。

比如民国初年，老段做陆军总长，徐树铮就当次长。陆军部当时还有个次长蒋作宾，可部里的事，大小都是徐树铮说了算，不但蒋作宾当不了家，就连段祺瑞本人说的都不一定算数。因为小徐在老段面前是说一不二，从不被驳回；而老段吩咐下来的事，小徐却不一定照办。当时就有这么件事，段祺瑞有个老部下被军队撤职了，穷得没办法来找老段，请求给个差使。老段看他可怜，就答应下来，并批交徐树铮办理。不料徐树铮后来签呈上去，说："查该员无大用处，批驳，验过。"于是这事就算拉倒。

徐树铮受到重用，和老段的生活习惯和工作方式也有关系。总的来说，老段生活很有规律，一年三百六十五天基本没什么变化，这点倒是和老袁很像。通常来说，老段在家吃过早饭，然后上书房看公事；看完公事后去衙门，中午都是回来吃饭。除了大年三十和正月初一，老段一般都是一人单吃，不和家里人同桌吃饭。不过这样也好，因为老段一向严肃古板，很少与人说笑，所以家里人倒也乐得躲开他，免得受他拘束。

吃过中饭后，老段一般在内客厅睡个午觉，然后有客时会客、无客时就同棋手们下下围棋，或者找一些人搞搞诗会。当时，王揖唐、梁鸿志等人便是段府的常客。[①]晚饭后，老段照例要打打骨牌，一天基本就这样过了。如此，老段办公的时间并不长，而这也是徐树铮受到重用的原因之一。

据段府的人说，小徐来见段祺瑞，从来就是随到随见，不等号房的人通禀，他就扬长直入了。段府的人见了小徐都躲得远远的，因为大家都知道他脾气大，又好挑毛病，说话恶狠恶虎似的，当面就给你一个下不来台。有时候，碰得好，挨一顿申斥；碰得不好，他跟老段一说，饭碗就被他砸了。旁人还有个灵活，他是言不二价，所以大家都不愿意沾他。

老段会客一般在外客厅，但小徐都是径直走进内客厅，而且只谈公事，三言两语，交代完了就走。他很少参加公馆的宴会，

---

① 后来加入日本籍的著名棋手吴清源，其小时便经常陪老段下棋，后来被送到日本学习。

也不大陪老段打牌，照例是公事公办，态度很严肃。正因为如此，不但段府的人对徐树铮报着敬而远之的态度，就是老段身边的亲信，那些军政界的要人也对小徐十分烦恶。有些事，大伙都避讳他，不愿意让他参加。为啥呢？因为只要一沾上徐树铮，就得实行独裁，听他一个人的。①

也许大家会觉得奇怪，为什么老段会对小徐这么信任呢？原来，小徐不但对老段忠心耿耿，一心护着老段，而且他这个人也真是有学问、有能力，才气过人。

据民国将领陈调元回忆，他在任北洋第七十四混成旅旅长时，有一次来京办事，在宴席上遇到徐树铮。徐说已经看到他的公文，并将他要求补充多少枪、多少发子弹，及要多少军饷等全部说出。陈调元听后十分惊讶，因为他自己都没记那么清楚。

几天后，陈调元到陆军部拜访徐树铮，只见小徐一边同他谈话，一边还在批着公文。中间又有电话响起，徐树铮拿起话筒听电话，正当陈调元不自觉地把话停了下来时，徐树铮向他示意："没关系，你继续说。"这一次，陈调元算是见识了徐树铮五官并用的能耐了。

此外，小徐的记性超人，可以说是过目不忘，什么公文啊、条例啊，他看得既快，记得又熟。只要老段一问他，他总能对答如流。谁要是不信，找出公事来一对，还真是一字不差。所以段府的人都说："这是人家有才，你想，老头子能不喜欢吗？"

有才归有才，但天底下有才的人大都有个恃才傲物的毛病。老段这次出任国务总理，小徐也就理所当然地做了国务院秘书长，而这年小段不过37岁。对于徐树铮的专横跋扈，黎元洪也是

① 以上参见文斐编：《我所知道的北洋三杰》，第50-51页。

早有耳闻，最开始他是反对由徐出任国务院秘书长的，因为他知道徐树铮这个人太难共事。后来，老段托总统府秘书长张国淦和北洋元老徐世昌代为转圜，黎元洪这才勉强答应。不过，黎总统提出一个条件，那就是徐树铮到总统府见他时，必须有张国淦陪同，他不单独见徐树铮。

由于当时约法对总统府和国务院之间的权限不甚了了，而老段和老黎平日里也不太互通声气，因此在一些事务上难免出现误会与冲突。按约法规定，国务院决定的重大事件，应当呈递总统府，由大总统盖印发布。徐树铮是国务院秘书长，因而经常要往返于国务院和总统府办事，但这个小徐经常不跟黎总统说明事件来由，只管催促总统赶快盖印。要是黎元洪多问上几句，小徐脾气上来就敢当面顶撞。徐树铮这种盛气凌人的态度，若不是总统府秘书长张国淦从中斡旋调解，黎总统还真有点吃不消。

有一次，徐树铮拿着三个厅长的任命书来请总统盖印，黎元洪刚问了几句这三人的从前来历，小徐就不耐烦地说："大总统问这些干什么？请赶快盖印，我事情忙得很！"这把黎元洪给气得半死。等徐树铮走了，黎元洪恨恨地跟手下人说："我本不想做什么总统的，可你们看看，这些人目无总统到了什么地步！"①

为了顾全大局，黎总统固然可以忍气吞声，但他的那些幕僚不干了。他们得为总统争权，也为自己争权。由此，府院之间的矛盾开始暴露，特别在原总统府秘书长张国淦辞职后，总统府与国务院之间的矛盾更是迅速激化。

替代张国淦出任总统府秘书长的，是人称"报界三杰"之一

① 侯杰、姜海龙：《百年家族：黎元洪》，第198页。

的参议员丁世铎。丁秘书长可没张国淦那么好说话，他的性格和小徐有点像，一向是言辞犀利，做事干练，岂能容忍小徐那样骄横跋扈的作风？这不，他一就职，马上就搞了一个“府院办事手续”草案，名义上是为了划分府院权限、规范办事程序；但说白了，就是要为总统府争得权力和地位。做人嘛，就得讲道理，国务院也不能把总统府看成是盖印的机器吧！

丁秘书长的提议得到了黎总统的支持，但引起了国务院那边的激烈反对。他们认为，这个草案就是“总统争权”，是用总统制来替代内阁制，这如何使得？段祺瑞身为内阁总理，当然不能对这事坐视不理，他随后便请假不出，以此来向黎元洪施加压力。

黎总统其实也心虚得很，他不想把事情搞大，因为老段不出来理事的话，他还真维持不了局面。于是，黎元洪又找人出来斡旋调解，说他本人是尊重《临时约法》和责任内阁制的，绝没有要恢复总统制的想法。之所以搞出“府院办事手续”的草案，主要是想协调府院之间的关系，避免误解，减少矛盾。趁此机会，黎总统又向老段投诉徐树铮等人在总统府嚣张跋扈的种种做法，并希望老段能对这些人稍加约束。

既然黎元洪服了软，老段也就坡下驴，销假回来办事。经过一番调解和讨论，双方都做了妥协和让步。老段还特别指示小徐，以后交给黎总统核阅的文件，一定要亲自递送，并且一定要注意收敛。于是，“府院办事手续”的风波就暂时平息下来。

一波刚平，一波又起，这次却是来自国务院内部，内务总长孙洪伊与秘书长小徐发生冲突。孙洪伊是清末立宪党人，在民国初年的组党热潮中大出风头，他此时正跟黎总统和冯副总统打得火热，自然免不了与老段、小徐发生矛盾。

小徐仗着老段的信任，在国务院一手遮天，这是人尽皆知的。偏偏孙洪伊也是个硬茬，他为人争强好胜，而且政治能量也不小。用当时人的话来说，这两位碰到一起，那几乎就是“日日在火并之中”。

孙洪伊是直隶人，年纪比小徐大十岁，他哪里看得惯小徐这个嚣张劲。两人的日常口角就不说了，这里说几次大的冲突。第一次冲突是徐树铮擅自以国务院的名义发布调令，命广东、福建、江西、湖南四省军队会剿护国军李烈钧部的事引起。本来这事已经在国务会议上讨论过，决议是去电调解，而小徐却私自拟了一个讨伐令拿给黎总统盖印，结果被拒绝了。小徐一怒之下，竟擅自以国务院的名义将讨伐令发出，结果引起其他阁员的一片哗然。孙洪伊当面指责小徐违法越权，而小徐也不甘示弱，两人就此结下梁子。

紧接着，在8月下旬时，众议院将湖南议员提出的一个议案转给国务院，其中对现任福建省省长胡瑞霖提出查办要求，理由是他在任湖南财政厅厅长时有贪污劣迹。胡瑞霖是皖系的人，徐树铮接到议案后擅自以国务院的名义为胡瑞霖辩护，并将议案驳回。

孙洪伊得知后十分恼怒，他怒气冲冲地找到老段说：“对民政长官的处分问题属于内务部的职权，我自己分管的事情，竟然一点都不知道，这算哪门子王法？如果秘书长可以包办一切，那我这个内务总长还做它作甚？”黎总统得知这事后，也召见并慰留孙洪伊说：“就是啊，现在哪里是责任内阁制，简直就是责任秘书长制嘛！”①

① 周俊旗：《百年家族：段祺瑞》，第112页。

被这么一闹，老段也觉得这事做得荒唐，随即命小徐将咨文追回。徐树铮表面上答应，实际上却不了了之。由此，孙洪伊又和老段卯上了。

世间万事，可千万不要轻视了小人物的作用。所谓“千里之堤、溃于蚁穴”，从古至今，多少大人物是被小人物给拖下水并一蹶不振的！徐树铮和孙洪伊两人在前台斗法，两位后台老板免不了私下抱怨，段祺瑞说：“这孙总长也太不像话了！”黎元洪则说：“徐秘书长未免欺人太甚！”

一个月后，孙洪伊为整顿内务部，裁减了部里三十多名职员。由于这些被裁者大都和北洋系的头头脑脑有着这样、那样的关系，他们岂能善罢甘休。而徐树铮也想利用他们把孙洪伊给搞下去，于是怂恿他们向平政院上诉。结果，平政院裁定撤销内务部原令，被解职的那些人仍旧回去上班。

平政院是袁世凯时期设立的一个政治仲裁结构。孙洪伊不但不接受这样的裁定，反而认为平政院是个非法机构，随后他拟将此案提交国会审议。徐树铮害怕国会接受孙洪伊的意见，于是决定先下手为强。经过老段同意后，他拟定了一道执行平政院裁决的命令，准备交总统府批准。

徐树铮的这道命令，不但内务总长孙洪伊拒绝副署，黎总统也拒绝盖印。府、院之间反复争执，酿成政治风波。老段自上次就对孙洪伊十分不满，于是暗地里给孙传话，让他辞职算了。但是，孙洪伊非但认为自己没错，而且口气十分强硬，拒不辞职。

老段这回真动怒了，他在十月中旬下了一道将孙洪伊免职的命令，让小徐拿给黎总统盖印。黎总统见后十分震惊，坚决不肯用印。为了这事，徐树铮来回跑了四趟，黎总统连拒四次，丝毫不肯让步。最后一次，徐树铮威胁黎元洪说：“总统不肯盖印也无妨，以后我们不准孙洪伊参加国务会议！”黎总统大怒：“你说的这是什么话？！”徐树铮冷笑道：“什么话？这是段总理的原话！”

过了几天，很少到总统府的段总理突然气呼呼地出现在黎总统的面前，他拿着将孙洪伊免职的命令交给黎元洪，说：“总统要是不肯免孙洪伊的职，那就把我免职了吧！”

老段下了最后通牒，黎总统也只好退让，不过他还想给双方留点余地，也给自己争回点面子。于是他建议：“免职令还是不下的好，让他自动辞职吧！我来给他做做工作！”①

偏偏孙洪伊这朋友是个死硬派，他死活不肯主动辞职，还大声嚷嚷道：“什么官我都可以不做，只要维持我的人格！我不辞职，不出洋，不外调！”

黎总统也说服不了他，这下事情闹僵了。一方面，不把孙洪伊赶出内阁的话，段总理的面子没地方放，以后也就没了威信；另一方面，孙总长坚持自己没错，主动辞职就是失却人格。双方都不肯妥协，把黎总统夹在中间，左右为难，束手无策。

最后，黎元洪只好把北洋系大佬徐世昌请出来，希望他来调解这个纠纷。徐世昌是个老官僚，见多识广，他一眼就看出了问题所在。于是，徐世昌提出一个方案，那就是将孙洪伊和徐树铮同时免职，原总统府的秘书长张国淦出任国务院秘书长。张国淦与府院之间的关系都不错，由他出任国务院秘书长的话，双方的沟通就相对好多了。

老段用人，从来就是“用人不疑、疑人不用”，他对部下的袒护是出了名的。对于徐世昌的提议，老段开始不同意，因

① 周俊旗：《百年家族：段祺瑞》，第113-114页。

为他并不希望徐树铮被免职。直到后来国会要弹劾徐树铮，老段才不情愿地同意了这个方案。不过，老段又加了一条，那就是将总统府秘书长、号称黎元洪“四大金刚”之一的丁世铎也一并免职。[①]

11月下旬，孙洪伊、徐树铮、丁世铎三人同时被免职。老段这次以一换二，而且徐树铮仍旧是陆军次长，勉强占了上风。至于被免职的孙洪伊，他转身又回到了国会，仍对老段不停发难。[②]

孔夫子曾说过，“君子有三戒：少之时，血气未定，戒之在色；及其壮也，血气方刚，戒之在斗；及其老也，血气既衰，戒之在得。”可惜的是，多数国人都不曾认真对待夫子的这句话。

由此，这些气血方刚、牛皮哄哄的强人，想不继续斗下去都难。

---

① 另三人为金永言、哈汉章和黎澍。

② 平政院冲突，参见侯杰、姜海龙：《百年家族：黎元洪》，第199-201页。

二十八

对德绝交

随着孙洪伊、徐树铮的被免职，府院之争暂时平静了下去。但更大的风潮还在后面的，这就是1917年夏的“参战风波”。

某种意义上说，第一次世界大战其实就是欧战。除了1914年日本以对德参战为借口侵占山东青岛外，原本和中国没什么直接关系；再说了，欧战到1917年时已经接近尾声，本也掀不起什么波澜。可偏在这时，即将失败的德国却搞出个“无限制潜艇战”，由此引起国际公愤，那些原本找不到借口去分一杯羹的候补队员们，这下算抓到机会了。

所谓的“无限制潜艇战”，指的是德国海军部于1917年2月宣布的潜艇作战方法，大意是对开往英国的任何船只，德国潜艇将不发警告地加以击沉。德国此举，是为了封锁其他国家对英国的物质援助，但这种不加区别的攻击方式显然要得罪一大批中立国。没参战的国家，这不都指望着发战争财嘛！

在中立国船只相继被德国潜艇击沉后，受损最大的美国也就此决定派遣军队前往欧洲参战。不仅如此，美国政府随后又展开了对中国的外交活动，希望中国也步其后尘，对德国断交乃至随同参战。

段祺瑞年轻时到德国留学军事，他知道德国佬很是厉害。谁要是1914年劝老段对德宣战，他肯定当场嗤你一鼻子：你拿什么去和德国打？在老段的眼里，德国有强大的军队、雄厚的军工，还有德国人的聪明能干和高效率，那打起来，德国肯定大有胜算啊！

可惜人算不如天算，德国的军事确实强大，但双拳难敌四手，得道多助、失道寡助，打了那么几年后，德国渐现颓势，力有不支了。随着局势的变化，老段也不得不承认，这回德国肯定要战败了。在这段时期，老段对欧洲战事的兴趣十分浓厚，他午饭也不回家吃了，下午也不打牌下棋了，而是让手下搜集各种欧战信息，供有关的人讨论。

不久，美国驻华公使芮恩施接到华盛顿指示，让他将美国和德国断交的消息通知中国政府。接见芮恩施后，黎元洪对他关于未来战况的描述表示怀疑，因而没有明确表态。

告别黎元洪后，芮恩施又去拜访国务总理段祺瑞，并试图获得他的支持。老段对美国即将参战的消息极有兴趣，他对中国跟随美国与德国断交表示大力支持。事实上，美国为了劝说中国加入协约国集团，还曾许诺为中国提供贷款，并答应将庚子赔款用于中国政府。

芮恩施展开外交活动的同时，协约国的一些外国顾问，如总统府的美籍顾问福开森、英籍顾问莫理循等人，也都纷纷游说当时官场上有影响的人物。他们异口同声地建议，中国一定要抓住这个千载难逢的翻身机会，搭上“战胜国”的最后一趟列车。

在这些外国朋友眼中，当时的中国虽是个老大无用之国，但它毕竟地大物博，有着数量众多而且十分廉价的劳工资源，还有取之不尽的原料和等待充分开发的市场。这一切正好可以用来弥补协约国的不足。再者，乘着欧战正酣的机会，日本在东亚浑水摸鱼，势力已不容小觑。为战后重返亚洲的久长之计着想，英美两国都必须拉拢中国以制衡日本，因此强拉中国入伙参战也就十分必要了。

在各方人士的游说和“战胜国”的诱惑下，北京的大人物们不免为之心动。2月9日，民国政府对德国的“无限制潜水艇战”提出抗议，这也从侧面反映出一个信号，那就是中国即将对德国断交并进而宣战。

“一战”爆发后，欧洲列强无暇顾及中国的争夺，这为日本扩展在华势力提供了宝贵的机会。事实上，远东国际局势在“一战”前后发生了重大变化，老牌的欧洲列强如英、法、德等国在华势力不断缩减，新崛起的亚洲强邻日本和潜在的世界霸主美国则开始加紧对华扩张。由此，两国矛盾不断加剧并最终在“二战”期间爆发，这是后话了。

“一战”爆发之初，日本极力反对中国参战，因为这会让日本丧失侵占青岛的合理借口。但到1917年后，日本不仅将德国在山东的权益全部接受下来，而且还与主要的协约国英、法、俄达成了秘密协议。这三大国向日本承诺，在战争结束后支持日本继承德国在山东权益的要求。由此，日本才改为支持中国加入协约国集团并对德国断交宣战。

得知中国对德抗议后，日本外务大臣本野一郎也对驻日公使章宗祥表示，中国对德国抗议是不够的，应该直接对德国断交。两天后，本野一郎再次接见章宗祥并明确提出，希望中国在对德断交后加入协约国集团。

相比于美国外交的“口惠而实不至”，日本人已经抢先下手。他们秘密派出西原龟三等人前往游说段祺瑞，许诺提供大额贷款帮助段内阁渡过财政困境，并愿意帮助段祺瑞训练军队，进而实现“武力统一中国”的梦想。

段祺瑞对日本原本并无好感，但这次，日本人开出的条件太优厚了，老段也就勉为其难，暗中笑纳了日本的“好意”。老段心想，如果中国不战而胜，不但可以提高中国的国际地位，而且还可以用参战做借口，扩大自己的势力特别是军队实力，这种好事上哪找去？再说了，用对外战争来转移国内视线，本就是新政权建立后屡试不爽的定国良方，何况这次参战确实没什么风险，不乘机搭个便车实在太可惜了。

1917年3月初，老段的参谋班子拟定了一份《加入协约国条件节略》，其中提出中国参战的条件是：停付德国、奥匈帝国的庚子赔款，暂缓10年偿付协约国的赔款；中国将进口关税提高到7.5%，待国内厘金裁撤后增至12.5%；取消《辛丑条约》中不允许中国在天津驻军等条款。紧接着，老段召开内阁会议，会上顺利通过了对德绝交案和《加入协约国条件节略》。

3月4日，老段兴致勃勃地带领阁员们前往总统府，请黎总统在对德绝交案和《加入协约国条件节略》盖印。对老段背后的心思，黎总统也是一清二楚。在草草浏览了这两个文件后，黎元洪表示不能盖印，如果一定要盖印，那应该先与国会协商为妥；再者，宣战和媾和乃是大总统的权力，如今断交便是交战先声，事关重大，万不可草率行事。

黎总统的话貌似有理，但在法理上站不住脚。因为老段送来的不过是政府咨文，在总统府盖印后还需要国会审议；只有国会通过了，断交和宣战的文件才由总统盖印并正式对外发布，这才是《临时约法》规定的大总统宣战和媾和权。既然《临时约法》规定了责任内阁制，大总统就不该在盖印这一环节上试行阻挠，因为责任内阁是对国会负责的，最终决定权在国会而非总统。

由此，内阁阁员们便与黎元洪吵了起来，教育总长范源濂甚至拍了桌子，指责黎总统的擅权行为是想当过去的皇帝。老段本来兴冲冲地来，没想被黎总统浇了一瓢凉水，这下也按捺不住心中的怒火，他愤愤地说："总统不肯盖印，国会又要问我的责任，这个责任内阁还搞不搞？我这个总理还怎么干下去？"

老段一发火，局势变得更加白热化了。阁员们你一言、我一语，把黎总统说得哑口无言，打回了菩萨原形。可惜的是，菩萨既然不会说话，那盖印一事也一概免谈。国务院秘书长张国淦见双方的火气都很大，他一再劝解大家消消气，凡事以国家为重，不要意气相争，但他的话并没有起到什么作用。

等到大家该说的都说完了，黎总统的印还是不肯盖。一段尴尬的沉默后，段总理气鼓鼓地站了起来，他连招呼也没打一声便离开了总统府。其他阁员面面相觑，随后跟着老段一起退出。

当天下午，段总理一声不吭，便直奔火车站前往天津。正要离开前，来京开会的冯国璋副总统得知消息，他急忙赶来，极力劝说段总理要以大局为重，不要轻易负气出走。老段气呼呼地说："老哥你不知道，这个黎元洪太难共事了！他口口声声说宣战媾和是总统的特权——既然这样，我这个总理还是别干了，该回哪儿回哪儿去吧！"说罢，老段便登上专列，奔天津去了。①

老段出走的消息传到总统府后，黎总统颇有些手足无措，他随后召集幕僚们商议如何是好。总统府的一干人马，如哈汉章等人早就看不惯国务院这些人的嚣张劲，这次见老段真的跑了，他们倒心中窃喜。有人建议，干脆将老段的总理职位免去，派人另

① 以上参见周俊旗：《百年家族：段祺瑞》，第121-122页。

行组阁算了。

按《临时约法》规定，黎总统实际上是个“虚君”。但按沿袭千年的专制传统，国家元首怎么可以是虚君呢？再者，黎元洪好歹也是名高位重的开国元勋，又怎能甘心做汉献帝和刘阿斗呢？无论怎么说，总统也是总理的上级——难道不是吗？

再说了，那些南方的军阀实力派和国会议员们，也纷纷要打着黎元洪的旗号来和北洋系争权，那他就更不能做一个虚君了。退两步半说，段祺瑞他毕竟不是袁世凯嘛！

但是，《临时约法》和现实有差距，黎元洪的愿望和现实也同样有差距。黎元洪固然想扳倒段祺瑞，但考虑到老段在北洋系的地位和势力，他暂时还不敢轻举妄动。即便要免去段祺瑞的总理之职，那黎元洪至少也要找好下家。不然，国事瘫痪，总统也是难辞其咎。

想到这里，黎元洪急忙把徐世昌、王士珍、冯国璋请到总统府，希望他们从中劝解转圜，把段祺瑞请回北京。毕竟，这三位北洋元老和老段是多年的老同事、老战友、老朋友。老袁在时，大家共事了这么多年，多少要卖点面子不是？

这时，冯国璋给黎元洪带了个坏消息，那就是老段要在天津发辞职通电，并请各省的军政长官评个是非曲直。冯国璋话里带话，黎元洪岂有不知。一旦老段辞职的事闹得全国皆知，恐怕就更不好收场了。于是，黎元洪便请冯国璋不辞辛劳，一定要亲自去天津一趟，把老段劝回为好。

冯国璋倒是乐意去跑一趟，但他也不能肯定自己就一定能说服老段。要说起来，段祺瑞的年纪比冯国璋、徐世昌几个人都要小几岁，但脾气最大，一向是军人作风，说一不二，少有转圜的余地。冯国璋也知道这次是因为对德断交宣战的事情引起，于是他得向黎总统要个准信，不然事情还真不好办。

为了说服黎元洪赞同对德绝交案，冯国璋也不免费了点口舌，说如今德国虽强，但毕竟寡不敌众，这次又触犯众怒，战争肯定不能持久，要是我国对它绝交，想必也不会有什么坏处；再说了，协约各国已经答应在战后修约，加入岂不是一本万利的好事？

听说老段要将各省督军引为后援后，黎元洪早已乱了方寸，这时哪里还顾得上对德外交的事。于是，黎元洪满口答应：只要段总理肯回来，外交全由他做主；只要国会通过，他绝不干涉。

得到黎元洪的保证后，冯国璋随后乘火车前往天津，并与之前到达的众议院议长汤化龙一起劝说段祺瑞回北京视事。老段见黎元洪已经屈服，台阶也给得顺顺当当，也就不好再扭捏作态，毕竟这也不是老段的风格。随后，段祺瑞便同冯国璋等人一起回京。

次日下午，在冯国璋的陪同下，段祺瑞再次拿着对德绝交的咨文请黎总统盖印。有了上回的风波，黎元洪这次二话没说，当场便盖上了总统大印。接着，段祺瑞在迎宾馆招待参众两院议员，向议员们解释政府的外交政策，以求取得共识，顺利通过对德绝交案。

有了这些铺垫后，众议院在3月10日表决对德绝交案，结果以331票对87票获得通过；3月11日，参议院也以158票对35票的结果通过了这个议案。

3月14日，中华民国外交部正式照会德国公使，宣布对德断交，停付德国赔款，并令驻德公使颜惠庆即日回国。德国公使收到照会，虽然也发了一通抗议，但事已至此，也只能悻然回国。其他各地的德国领事，也都纷纷返回国内。至于德国在天津和汉口的租界，中央政府都下令地方官即刻收回，在租界的少量德军被解除武装；就连德国在华的商船，也被一一扣押。由此，德国从1898年侵占胶州湾后在中国发展的势力，就此烟消云散。

在这次的对德外交问题上，老段大获全胜，心中不免有些得意。不过，断交只是第一步，对德参战才是最关键的。老段没想到的是，接下来的这步看似理所当然，但真弄起来，又惹出了许多不该有的风波。

二十九

督军干政

对德绝交问题上轻松搞定了黎总统和国会，但到了参战问题，段祺瑞首先考虑的是各省督军的意见。为此，老段特以召开军事会议为名，将督军们请到北京，目的是要争取他们在参战问题上的支持。

对于应不应该参战，地方军头们大都想法简单。他们觉得参战的话，想必会抽调自己的军队，从而影响到自己的势力。因此，大部分人开始都持反对意见。安徽督军倪嗣冲在蚌埠动身前，便发表了一番高谈阔论，称中国不能参战，如果参战的话一定会惹祸上身，导致亡国云云。到了天津，倪嗣冲又大骂鼓吹参战的梁启超，称他是“亡国文妖”，欲陷国家于灭亡云云。

对于倪嗣冲的言论，老段虽然觉得有些刺耳，但还是非常重视。因此，倪嗣冲一到北京，老段便亲自登门拜访，向老倪解释了参战的原因和好处。在老段点明“参战不需出兵”的玄机后，倪嗣冲恍然大悟，立刻就来了个180度的大转弯，他挥舞着手大声道：“参战！一定要对德国宣战，越早加入越好！”①

① 周俊旗：《百年家族：段祺瑞》，第125页。

除安徽督军倪嗣冲外，当时来京的还有直隶督军曹锟、山西督军阎锡山、河南督军赵倜、山东督军张怀芝、江西督军孟恩远、察哈尔督军田中玉等人。即便没来的督军，也派出了自己的代表。唯独让老段觉得遗憾的是，各省督军中资格最老、实力最强的冯国璋却没有来。据他派去的专使靳云鹏报告，冯国璋对参战一事模棱两可，不甚赞成，这让老段有点不太高兴了。

会议前，老段和亲信傅良佐、曲同丰、靳云鹏（这三人与徐树铮共称为段祺瑞的“四大金刚”）上下活动，多方拜访，力图取得督军们对参战问题的理解。特别是傅良佐，他在徐树铮被派到欧洲考察军事后最受老段的重用，对老段也是言听计从，不遗余力。

经过一番努力，这次军事会议的气氛既融洽又热烈，各省督军对老段的参战主张完全赞成，可以称得上是一次成功的大会、团结的大会，这在吵吵闹闹的民国初年是十分难得的。

开完会后，督军们意犹未尽，他们随后兴致勃勃地前去集体拜会各在京的协约国公使，并表达出强烈的参战意愿。那些公使们，对此是求之不得，他们又是设宴，又是舞会，对督军们报以极为热情的招待。在这中外互动中，各方其乐融融，达到了中国近代以来的外交最高潮。

军人集体拜会外国公使，这在外交界算是开了洋荤了。当时的舆论对此颇有微词，但军头们此刻正在兴头上，他们才不在乎文人笔杆子下的扯谈呢。这不，5月1日正赶上老段开内阁会议讨论参战案，这帮武夫听说后便结伙前去围观。各省督军们倒要看看，这民主议政到底是如何个议法。在他们看来，既然如今民主共和了，人人当家作主，那他们作为各省代表，参政自然是理所当然啰！

这次的内阁会议，人丁原本不旺，因为内务总长孙洪伊被免职后职位一直空缺，教育总长范源濂正在休假，财政总长陈锦涛和交通总长许世英因牵扯贿赂案而处于回避中，外交总长伍廷芳则因提出了辞呈，此刻也不便参加内阁会议。由此，参加这次会议的除了总理老段外，实际上只有海军总长程璧光、司法总长张耀曾和工商总长谷钟秀三人。

等到各省督军们闯进来后，本来冷冷清清的会议室立刻变得欢快热闹起来。按理，各省督军未经邀请是不应该参加内阁会议的，但这些人大多是老段的老同事或者老朋友，总理既然不说话，那其他人又有什么可说的呢。

倪嗣冲和老段是老乡，又一起共事多年。一向心直口快的他第一个发言："欧战即将结束，我们又不用出人出枪，现在赶紧加入协约国，越快越好，就不用再讨论了！"其他几个督军也附和道："对！对！不然就来不及了！"

听了老朋友们的话，老段心里十分自在，便拿眼睛看其他几个阁员，想听听他们是什么意见。这几个阁员，海军总长程璧光是甲午时期的海军将领，张耀曾和谷钟秀都是留学日本的高才生。这三人倾向革命党，原本不是段祺瑞的派系中人，只不过老段组阁时希望博取"人才内阁"的美誉，也便于获得南方支持而特别延请入阁的。

还没等这三人发言，山东督军张怀芝便抢着说："参战宜早不宜迟，我们山东百姓恨死德国佬了。政府要再不决定，到时地方上闹起来，我可不负责！"听了张怀芝的话后，其他督军你一言、我一语的，一半是鼓动，一半是威胁，愣是三位阁员的话给憋了回去。

会议开到这里，段祺瑞也就顺水推舟地总结道："要不，咱们就参战？”还没等其他阁员反应，督军们又是捶桌，又是跺脚，大声吼着：“参战！参战！不用再说了！”程璧光三人见这些人实在不成体统，但也知道说他们不过，只好默许了参战案的通过。

等到事情办好，老段亲自把老朋友们送到门口。在对他们表示感谢后，老段又不免有些担心地说：“内阁这边是顺利通过了，但不知道总统府那边怎么样。上次还因为和德国断交的事，和黎总统闹得很不愉快呢！”倪嗣冲听后，拍着胸脯大声道：“总理放心，这事包在我们身上，黎总统一定没有二话！”

三天后，督军们再次兴高采烈地出现在总统府，想要顺势说服黎总统。这次仍是倪嗣冲打头炮，他在黎元洪面前喋喋不休地弹着“中国必须参战，不然无法在国际舞台上立足”的老调子，一点都不顾及倾诉对象的表情和反应。

等到倪嗣冲说到“某某国公使也赞同中国加入协约国”时，忍了半天的黎总统实在按捺不住了。他一拍桌子，斥责这些武夫说：“你们这些人，身为地方军政长官，如何擅离职守，跑到北京来了？你们是军人身份，怎么能擅自和外交使团交涉？还闯入国务会议干涉国政，实在是岂有此理！胡闹！”

在督军们的眼中，黎元洪一向是“菩萨低眉”，没想到今天突然来了个“金刚怒目”，一时还真有点不太适应。试想，就算在袁世凯时期，这些武夫也不曾被这样训斥过，这下气势立刻矮了下去。吉林督军孟恩远还想辩解两句，但一看黎总统满面怒容，也只好和大家一起唯唯诺诺地退了下去。

等到督军们都走了，总统府的人很高兴，说：“大总统今天的脾气发得好，这下那些人就再也不敢来欺负我们总统了！”[①]

那些督军们就不这么想了。他们离开总统府后，觉得黎元洪这人简直莫名其妙、不可理喻。也不想想，老子们在前清时，就已经是统制了，你一个小小的协统，算什么啊？不过是走了狗屎运当上了总统，还以为自己多能耐呢？现在不得了了，敢和我们北洋系对着干，哼哼，有你的好果子吃！

在督军们的游说无果后，段祺瑞只好带着阁员们亲自去总统府，要求黎元洪在提交国会的对德宣战案上盖印。黎元洪虽然训斥了那些督军们，但在段祺瑞面前还是没有底气。当他把宣战案交给监印官唐浩镇盖印时，唐浩镇却把它推到一边，说：“这个印我不能盖。”

在总统府中，唐浩镇不仅是反对参战的，而且还是黎元洪的亲家（其女许配黎元洪长子），因此黎总统也不好强逼他。唐浩镇不盖印，国务院的人不答应了。刚销假回来的内务总长范源濂跳了起来，他指着唐浩镇的鼻子骂道：“你是什么东西？你说不盖就不盖？”

双方僵持了几分钟后，段祺瑞腾地站了起来，又一言不发地走了出去。范源濂气得话都说不出来，随后也摔门而去。在其他阁员离开后，黎总统又觉得后怕起来，他担心段总理再来一次离京出走，只好亲自在对德宣战案上盖好印，随后派人送到国务院。

在这次争斗中，黎元洪再次退让，但他仍旧希望国会能够阻止参战案的通过。在另一边，段祺瑞和各省督军们也都积极奔走，向国会议员们游说政府的外交政策。5月8日，段祺瑞将国会

① 参见周俊旗：《百年家族：段祺瑞》，第127-128页。

中主要党派的议员代表请到国务院，向他们解释了对德宣战的原因：一、中国宣战后不参与欧洲战事，无须派兵；二、德国已经转攻为守，颓势日显，失败指日可待；三、俄国在革命后仍旧对德作战，俄德和谈乃子虚乌有。

段祺瑞等人的游说活动还算正常，但在国会对参战案进行投票前，却突然出现了一些不和谐的现象：北京城内突然冒出很多自称“公民”“代表”的队伍，他们拿着各色小旗子来到国会前游行，并强烈要求对德宣战；与此同时，很多号称是外地的“人民团体”也纷纷发来电报，要求国会尽快通过参战案。

袁世凯迫使国会选举他为大总统时，曾用军人搞过“公民团”的勾当。毫无疑问，这次的“公民”“代表”们也同样形迹可疑。更让人笑掉大牙的是，有几个机灵的报社记者在查找这些号称“外地”发来的电报时，却发现它们无一例外来自北京电报局。

原来，这一切都是段祺瑞的大弟子傅良佐搞的把戏。

国会对参战案进行表决的那一天，这场闹剧也达到了高潮。就在议员们来到众议院准备投票时，院外早已被上千名“公民”“代表”们包围，他们整整齐齐地排着队，手里拿着形形色色的各色旗子，上面写着“军人请愿团”“学界请愿团”“商界请愿团”等等，各行各业，可谓应有尽有。

当议员们经过他们的队伍时，这些“公民”“代表”便强行塞给他们“请愿书”甚至“警告”的传单。如果哪个敢不拿，或者拿得慢了，他们轻则呵斥，重则抡起胳膊饱以老拳。比如邹鲁等十几名议员，便挨了这些凶神恶煞的“公民代表”一顿拳脚，结果是鼻青脸肿地走进会场，实在是斯文扫地，不成体统。

正当议员们要进行投票时，“公民代表”们突然声称，为保证投票的公正性和透明性，他们要进入现场围观并加以监督。要求被拒绝后，这些人便强行往会场里闯，结果弄得场内外秩序一片大乱，投票根本无法进行。

议长汤化龙见这些人闹得实在不像话，于是当机立断，将秘密投票改为公开的大会，并打电话给段祺瑞及相关总长，要求他们到众议院接受质询。一直拖到下午5点，代理内务总长范源濂才赶到众议院。范总长来后，对会场内外乱糟糟的情形也感到十分意外，但他也无法控制现场的秩序，只得打电话给段祺瑞，让他亲自来会场收拾局面。

晚上7点半，段祺瑞驱车来到众议院，混乱不堪的“公民团”这才安静下来，并立刻列为两队，夹道欢迎段总理的到来。在“公民代表”们的摇旗呐喊声中，段祺瑞面带微笑、步履轻松地走进会场。但一进国会，段祺瑞立刻遭到议员们的围攻，他们神情激愤地质问老段：“公民团”围攻议会，这到底是怎么一回事？太不像话了！

话说回来，段祺瑞事前还真不知道“公民团”的事，就像当年袁世凯不知道北京兵变一样，这事其实都是手下人搞的鬼。这些所谓的“公民代表”，其实都是段祺瑞的弟子傅良佐、靳云鹏等人组织的。

在议员们的强烈要求下，段祺瑞只好命令警察厅长吴炳湘前去解散“公民团”。吴炳湘见“公民团”人多势众，只好请他们派代表提出要求后撤退。“公民团”要求很简单，那就是限当晚必须通过参战案，不然就捣毁议院，“以平民愤”！

吴炳湘回去复命时，“公民代表”们已经在场外等得不耐烦了。他们中的一些人随后鼓噪着，并捡起地上的碎砖头、烂瓦片往议院里一阵乱扔，场内外秩序再次大乱；而在议院里面，段祺瑞则被愤怒的议员们逼到国会休息室里，形成了对总理的内场围攻。[①]

混乱当中，前来采写新闻的外国记者也遭了殃，一名日本记者便被“公民”代表们扔的砖头砸得头破血流。消息传出，段祺瑞担心引发国际争端，这才命令吴炳湘立刻用武力强行驱逐这些冒牌的“公民团”。随后，吴炳湘调来骑警队，用马队来冲击这些“公民团”，最终将闹事的人驱散。这时，已经到了晚上11点，参战案的投票自然也就无法进行了。

事后查明，所谓的“公民团”，其实都是傅良佐这些人花钱雇来的无业游民。他们在北洋军人的组织下摇旗呐喊，原本是希望帮助老段一举通过参战案，没想表演过了头，结果弄巧成拙，非但使本该顺利通过的参战案泡了汤，而且还让段祺瑞陷入了极其被动的境地。

所谓“小人不足以谋”，成事不足败事有余，诚哉斯言！

这场风波后，舆论为之哗然，老段的政敌们纷纷发电或在报纸上予以严厉谴责。在强大的舆论压力下，原国民党籍的各部总长如伍廷芳、程璧光、谷钟秀、张耀曾纷纷提出辞职，就连最亲近老段的范源濂也只好提出辞呈，以保自己的政治清名。

5月12日，这一天国务院本该举行例会，但由于伍廷芳等人已经提出辞呈，内阁就剩下段祺瑞一个孤家寡人，成了真正的“光杆总理”。但就算是这样，老段仍旧非常敬业，每天都照常前往国务院上班。

“一人内阁”虽然有点不习惯，但老段还是对参战案念念不忘，他在数天内连发三道咨文，要求国会尽快审议，速速通过。

---

① 当日场面，参见邹鲁：《邹鲁自述》，人民日报出版社，2013年，第90页。

可惜的是，议员们一点也不理解段总理的心情。接到咨文后，议员们议论纷纷，说："国务院发出咨文，应由国务会议决定。如今内阁只剩下段总理一人，如何召开国务会议？既然未经国务会议讨论，咨文当属无效，还是等到内阁改组后再审议不迟。"

此刻的老段，正眼巴巴地等着国会审议参战案，其心情之焦迫，简直可用"望眼欲穿"来形容。但是，国会的答复浇了他一瓢冷水，即刻宣战的愿望也就化为泡影。老段原本是个军人，做事一向雷厉风行，如今做个总理却被国会和总统府处处掣肘，如何不让他愤然恼怒？

恼羞成怒的还不止老段一人，那些督军被黎元洪训斥一顿后也是愤愤不平，他们随后又联名在外交大楼宴请国会议员。谁知道，上次"公民团"闹事后，议员们对这些人明显冷淡了许多，支持参战案也就无从谈起。①

冷遇之下，督军们一不做、二不休，他们干脆不提参战案而是雇人写了一篇洋洋洒洒的大文章，指责"法非良法、国会专权"，要求审议宪法或者干脆解散国会算了。段祺瑞得了这篇好文章，自然是心中大喜，随即便命人将这份带有22位督军和代表签名的呈文送到总统府，看看黎总统是如何反应。

看见老段这阵子窘迫不堪，黎元洪原本十分快意，而他的那些幕僚也都兴高采烈。他们认为，老段的独角戏唱不下去，正是"倒段"的好时机。这时，老段将督军团的咨文送来，说要将他的"盟友"国会解散，黎元洪岂能轻易上当！于是咨文被留在总统府，好比前朝惯用的"留中不发"，反让段总理觉得左右为难。

---

① 以上参见侯杰、姜海龙：《百年家族：黎元洪》，第207-208页。

黎元洪对段祺瑞倒不是太怕，但对于督军团的那些武夫们，他就有点忐忑不安了。毕竟，老段现在虽是总理，但他目前除了一个营的卫队外，靠的是在北洋系中多年积累的威望，并不掌握实质性的军权。那些雄踞各省的督军可就不一样了，这些人大都手握重兵，他们才是真正的地方实力派。

当时有人问，如果督军团执意要解散国会怎么办？黎元洪思索了一下，说："我有九个字的主意：不违法、不盖印、不怕死！"

话虽如此，若督军团真要动粗的话，黎总统的这"三不主义"虽然义正词严，恐怕也不是武夫们的对手。这秀才遇到兵，有理还讲不清，别说你只有"三不"，就是有"十不"，又能如何？

三十

辫军入京

正当黎总统和段总理互有攻守时，《京报》上突然披露了一个爆炸性消息，那就是段内阁正和日本秘密谈判，主要内容是日本借予一亿日元帮助中国参战，条件是聘用日本武官训练中国军队、聘用日本人员来主持中国的军事工业等等。

消息披露后，立刻在全国引起了强烈的反响，各种质疑和骂名纷至沓来，令段祺瑞狼狈不堪。事后，老段多次辩明并无此事，其暗中与日本的谈判也就不了了之。

段祺瑞陷入窘迫之时，总统府的人却兴奋起来。他们一致建议黎元洪乘机将老段赶下台，而黎元洪也觉得这次舆论上的胜利扬眉吐气，大快人心，从此腰杆子也可以硬起来，不必再看老段的脸色了。

此刻的老段，也感觉到了总统府和国会的压力。他不得不后退一步，不再纠缠参战案，而是重新拟定了一份内阁改组的名单，准备替换那些辞职的阁员。为了向黎元洪和国会示好，段祺瑞还特意挑选了一些亲近总统府的人入阁，以便顺利通过。

此时，黎元洪已经下定决心要倒段祺瑞的阁，他对这份内阁新名单挑三拣四，一会儿说这个不行，一会儿又说对那个不信任，就是不肯通过。老段忍耐不住，便和黎元洪争论起来："内阁应由总理全权组织，通过与否是国会的事情，不是总统的职权！"

黎元洪哼了一声，说："国会对你已经毫无信任，之前'公民团'又闹得不像话。现在督军团还干涉制宪，说什么要解散国会，这难道不是你总理的责任吗？"

听了这话，段总理气得鼻子都歪到了一边。他站起来一拍桌子，吼道："我不干了！"

说罢，老段一跺脚，掉头便走了。[①]

有了段祺瑞的这句话，黎总统干脆一不做、二不休，当天下午便签署命令，将内阁总理段祺瑞免职。他的理由是，段内阁阁员长期虚悬，国务院内只剩下光杆总理一人，对国事不利，应重新选择总理并另行组阁。与此同时，黎元洪又批准了段内阁其他总长之前送来的辞呈，唯独留下外交总长伍廷芳的一份，并令后者暂代内阁总理一职。

黎菩萨终于发飙了，这可是他到北京后干过的第一件大事！

此令一出，老段的鼻子再次歪到了两指开外。他万万没有想到，黎元洪竟然、居然、悍然、真的将自己免职！要知道，上次他不过出走天津，黎元洪便吓得屁滚尿流，连连求饶。想不到这还没几天，翅膀就硬起来了！

好，好，好！此处不留爷，自有留爷处。你不让我干，老子走！

当天晚上，段祺瑞便收拾行李，带着部分亲信乘火车前往

① 文斐编：《我所知道的北洋三杰》，第188页；周俊旗：《百年家族：段祺瑞》，第130-131页。

天津，而这次的“府院之争”，也就以段祺瑞的去职出走告一段落。

临走前，段祺瑞向各省督军发了一个通电，称：“按共和各国的责任内阁制，命令非经总理副署，不能发生效力。调换总理之命令，未经祺瑞副署，将来地方、国家因此发生何等影响，祺瑞概不能负责。”段祺瑞的意思是，黎元洪的这个免职令没有经过他的副署，不能生效。这又是怎么回事呢？

原来，《临时约法》中规定大总统提名内阁总理组阁，而行政事务均由责任内阁负责，大总统发布的命令也须总理副署。这个自相矛盾的规定，之前已经让袁世凯和唐绍仪发生矛盾并导致唐绍仪负气出走，这次又轮到黎、段冲突了。

按说，中国是个大国，本该实行总统制，可当时制定《临时约法》时，那些革命党议员为防止袁世凯大权独揽、延续专制，便将南京临时政府的总统制又改为责任内阁制。但是，这种非驴非马的制度在中国完全水土不服，实行的结果便是惹出种种风波，反而让国事不畅。

事实上，真正成熟的责任内阁应由在国会选举中胜出的党派来组织，本就不该由总统来提名组阁。但考虑到民国初年完全不成熟、不理性的政党状况，总统提名却又是必然。这就是盲目嫁接西方制度惹的祸了。

黎元洪对段祺瑞的免职令发到各省后，也引起了一场极大的震动。当时，北洋系督军们正在徐州开会，他们听到这个消息后立刻蹦了起来。原来，在督军团向总统府提出解散国会的要求后，黎元洪未曾有丝毫的退让。僵持数日后，军头们只好悻悻然地集体离京，前往徐州赴辫帅张勋邀集的会议去了。

说到这里，还得交代一句。“二次革命”时，张勋的“辫子军”表现神勇，为剿灭革命党立下汗马功劳。为酬其功，袁世凯不得不将江苏都督的位子让给了他，但后来“辫子军”在南京大肆抢掠时伤了日本人，袁世凯将他免职而授予长江巡阅使，所部驻守徐州。

作为南北要冲，徐州自古以来就是兵家必争之地，而当时张勋的实力也着实不容小觑。袁世凯搞洪宪帝制时，屡次催促张勋出征护国军，但都被他拒绝。袁世凯死前，江苏督军冯国璋请各省督军到南京会议，试图形成袁世凯和护国军之间的第三派势力，孰料张勋和安徽督军倪嗣冲过去一阵乱搞，把冯国璋的一台好戏硬生生给搅黄了。

袁世凯死后，张勋反客为主，他把参加南京会议的各省军头及其代表们邀到徐州开会。[①]会上，张勋仗着自己老资格而大放厥词，他声称君主制与共和制无非是各抒己见，公论自在人心，不能以成败来论英雄。张勋的表态，其实是话里有话，他既反对惩办洪宪帝制中的罪魁祸首，其中也隐然透出复辟的愿望。

段祺瑞一向以北洋正统自居，原本看不起张勋这种被收容进北洋的杂牌军。但是，张勋拉拢了数省督军，他也不敢怠慢，随后也派出代表前去徐州参加会议。在张勋的主导下，徐州会议最后议定十条决议，其中第一条便是“尊重清室优待条件”，第二条则是“保全袁大总统家属生命财产及其身后一切荣誉”。

张勋刻意保全前清逊帝和洪宪皇帝袁世凯的利益，正应了他在辛亥革命后说的一句话：“清帝故主也，袁总统恩师也。今袁为总统，宣统仍为皇帝。我为国民服务，公义私恩，两无妨碍。”由于徐州会议进行得很成功，张勋在会后便得意扬扬地自

---

① 计有奉天、吉林、黑龙江、直隶、河南、山西、安徽七省代表。

认为是北洋系各路诸侯的“大盟主”，隐然执各督军之牛耳。

这一时期，黎元洪与段祺瑞在北京闹得不亦乐乎，张勋则在徐州冷眼旁观，伺机而动。对于民国后的所谓“共和民主”，张勋有一肚子的牢骚和不满。在他眼里，“共和民主”简直就是胡闹，这总统、总理、国会搞来搞去，乱七八糟，弄到最后是一团乱象，什么也干不成。要总这么下去的话，倒不如回到原来的老路——还政于清，复辟算了。

当然，民国初期是个言论自由的时期，张勋的观点固然可以发表，但在当时毕竟是少数派和非主流。要真做起来的话，恐怕就不是那么回事了。

1916年9月21日，在国会重新召开不到两个月，张勋再次召集各省督军及代表进行第二次徐州会议。这次的会议规模比上次还大，除了各省督军及其代表，就连京师警察总监吴炳湘和北京步军统领江朝宗也派了代表前来参会。

会上，张勋屡次或明或暗地发表复辟言论，只可惜没有得到其他代表的积极响应，老张一个人的独角戏也只好作罢。不过，也不是没有收获，那就是张勋被推举为十三省区大盟主，成为北京政府与西南革命党势力之外的第三方力量代表。

在督军团要求解散国会的要求被大总统黎元洪拒绝后，张勋觉得时机成熟，于是将这些军头请到徐州，商议如何对付黎总统和国会。正议论间，黎元洪将段祺瑞免职的消息传来，这下可是炸了锅了。

对于派系之外的黎元洪，各军头原本是轻蔑有加。但他们怎么也没想到，这个无兵无权的空头总统，竟然真的将老段免职了。你想啊，老段是谁？自己人啊！

震惊之余，武夫们忍不住暴跳如雷，用各种最难听的话痛骂黎元洪。安徽督军倪嗣冲想到之前在总统府被训斥的糗事，他忍不住跳起来大骂道：“黎元洪曾对我说，不经国会通过，径行对德宣战不合法，……什么他妈的法！总理是责任内阁的领袖，总理说的话就是法！姓黎的不经内阁副署，就免去总理的职务，他合法吗？辛亥武昌之变，他听到枪声吓得钻到了床底，这才走运当上的总统！现在好，他身居高位、优柔寡断不说，竟然妄自尊大，以开国元勋自居，谁他妈的来拥戴他！”①

众督军听后大乐，拍着桌子、跺着脚地连声叫好。兴奋之下，倪嗣冲得意扬扬地道：“我现在就回去，马上宣布独立，大伙也都这么办！看他怎么收场！”

张勋听后正中下怀，于是趁热打铁地说：“老倪说得好，要不给黎元洪一点颜色看看，他也太不把我们北洋系放在眼里了！咱们不但要宣布独立，而且还要出兵北伐，把黎元洪赶下台！”顿了一下，张勋又说：“民国这样搞是没有希望了，我看哪，还不如前朝呢！”

说完，张勋便拿眼睛瞟会上的各位督军及代表。按之前情况，张勋的复辟调调一向没有太大的市场。但这次，也许是黎元洪的免职令让这些武夫暂时失去了理智，这些人听后也连连说对，大发“今不如昔”的故国之感慨。

会后，张勋又偷偷问段祺瑞派来的代表徐树铮，问他对复辟有何看法。小徐听后，不假思索地说了八个字：“只求倒黎，不计手段！”

徐树铮是段祺瑞的“小扇子军机”，一向为老段所信任，既然他说没有问题，老张这下算是吃了一颗定心丸。看来，大家对

① 文斐编：《我所知道的北洋三杰》，第189页。

前朝还是很有感情的嘛!

督军们在徐州开会时，黎元洪在北京也没闲着，他首先考虑的是让谁来出任新内阁总理的问题。在当时情况下，谁有资格取代段祺瑞并掌控大局呢?

黎元洪想来想去，觉得还得靠北洋的元老来收拾局面，他心目中的第一候选人是徐世昌，第二候选人便是王士珍。黎总统想，徐世昌在前清做过内阁协理大臣，一向老成稳重，跟随袁世凯的时间也最久，让他出任内阁总理最好不过。

但是，徐世昌是何等的精明，他哪里会轻易去蹚这趟浑水的呢?

在徐阁老不愿出山的情况下，黎元洪只好退而求其次，转请王士珍出来组阁。王士珍是“北洋三杰”之首，当年与段祺瑞、冯国璋等人一样就读于天津武备学堂。袁世凯小站练兵时，王士珍也同样投入其门下，并为老袁编练新军时立下汗马功劳。

据说，某次阅操时，袁世凯请德国驻青岛总督前来观操，后者见王、段、冯三人在操场上指挥若定，俨然有大将之风，于是扬鞭称赞道：“你手下的这三员将领，真是杰出人才啊！”此后，“北洋三杰”之“龙、虎、豹”的名声也就不胫而走。①

作为北洋之“龙”，王士珍也确实有几分能耐。他的特长是善于谋划，办事能力强，当时深得袁世凯的信任。早在清末时，王士珍已出任了陆军部侍郎，是北洋将领中官衔最高的一个。袁世凯被踢回老家时，正在江北提督任上的王士珍自请开缺，算是与袁世凯共患难、同进退。

武昌事变后，袁世凯再度出山，王士珍被任命为陆军部大

① 周俊旗：《百年家族：段祺瑞》，第35页。

臣。清帝退位后，王士珍称病辞职。袁世凯很奇怪，问他为何不肯继续辅佐自己。王士珍不满地说："国家养兵千日，用在一时。乱民造反，不发兵征讨，反要议和——真是旷古未有之奇闻！"①

言罢，王士珍便回到了老家正定县牛家庄。隐居期间，王士珍仍自命大清子民，他不但保留了脑袋后的小辫子，就连穿着服饰也全部按照前清规矩，一样都不能少。每次过年时，王士珍都要穿起清朝官服，以表示不忘皇恩。

袁世凯和段祺瑞闹矛盾时，王士珍被请去帮忙，出任总统府陆海军统帅处坐办。虽为民国官员，但王士珍仍拖着他的小辫子。有人劝他剪掉，但被他拒绝说："三年之制还没有满！"直到1915年，王士珍才剪去他心爱的小辫子，算是为清朝守制三年。

当黎元洪找王士珍出任内阁总理时，王死活不同意，说自己不能"卖友"求荣，这老段刚被赶下台，自己就接着做内阁总理，以后如何有脸见人。黎元洪好说歹说，王士珍被缠不过，这才答应出任陆军总长一职。

在徐世昌和王士珍相继拒绝出任总理后，黎元洪苦思冥想，终于又想出了另外一位人选，那就是前清重臣李经羲。李经羲是李鸿章三弟李鹤章之子，他在前清时做过云贵总督，后于辛亥年被赶下台。袁世凯解散国会后搞了一个政治会议，当时指定的议长就是李经羲。

李经羲固然是老资格，但当时人已老朽，不堪重用，只不过

① 文斐编：《我所知道的北洋三杰》，第13页。另，辛亥年袁世凯南下武昌后，王士珍在彰德袁世凯家主持后路。见王锡彤：《抑斋自述》，第174页。

黎元洪病急乱投医，也实在找不到更好的人选了。之后，国会虽然顺利通过了黎元洪的总理提名，但李经羲本人信心不足，他躲在天津租界中，就是不肯出来就任。

李经羲不敢出山的一个重要原因是：在徐州会议后，北洋各督军纷纷按照会议精神宣布独立，局势十分险恶。安徽督军倪嗣冲信守承诺，他是第一个宣布独立的；随后，陕西、河南、浙江、山东、福建、直隶等省也都宣布独立。不仅如此，督军团还派出代表在天津设立各省军务总参谋处，他们大骂黎元洪是“奸人”，而且扬言要组织军队进行“北伐”。

一片乱象中，躲在幕后的张勋可谓乐不可支，开心得不行。眼看向黎元洪逼宫的好戏正按计划如期上演，张勋自觉时机既到，于是也就不甘寂寞地要粉墨登场了！

1917年5月28日，一直保持沉默的张勋突然给黎元洪打来电报，他自称是“督军团大盟主”，并表示愿进京调停。正无计可施的黎元洪听后喜出望外，他好比抓到了一根救命稻草，随后便电邀张勋进京，并派出专车前到徐州迎接。候任总理李经羲听了消息后也表示，欢迎张勋进京调停，并希望与张勋“偕同到京”。①

接到黎总统的电报后，张勋哈哈大笑，他一拍桌子，大声道：“好！这下看老夫的了！”

6月7日，在“拱卫京师、调停国事”的旗号下，张勋亲率步、马、炮兵共十营辫子军（约5000人）自徐州沿津浦路北上，一行人浩浩荡荡，次日便抵达了天津。

到了天津后，张勋却不走了。黎元洪听说张勋率领大队人马

① 周俊旗：《百年家族：段祺瑞》，第136页。

到达天津，不免有些狐疑，于是派人前去一探原委。来人见了张勋后，委婉地提出让张勋轻师简从、从速入京。张勋听后哼了一声，说："你回去告诉黎大总统，我进京调停是有条件的，那就是在3日之内必须解散国会。不然，休怪我不客气！"

走投无路之下，黎元洪也只好答应张勋的要求，将国会解散。但是，解散国会需要内阁总理的副署，现在国会通过的候任总理李经羲躲在天津不敢上任，上哪找人去！这时，黎元洪灵机一动，这不还有代理总理伍廷芳吗？何不找他副署？

得知黎元洪屈从张勋的胁迫要解散国会后，伍廷芳大惊失色，说："解散国会，这是何等大事！约法上没有听说总统具有解散国会之权，我是学法之人，岂能在这种违法的命令上副署？如果大总统非要逼我副署，我只有宁死不从了！"

这时，张勋又派人来催问何时解散国会。黎元洪被逼得没办法，只好派人将命令带到天津，请候任总理李经羲签字。李经羲看过后，却说："我现在尚未就职，还不算总理，也不能签这个字。"

来人回报后，黎元洪急得是抓耳挠腮，又去求陆军总长王士珍来暂替一次总理，帮忙把这解散国会的命令给签了。王士珍见大家都不肯签，他知道其中的利害关系，于是也推脱说："我现在做这个总长已经是给总统帮忙了。如果总统一定要我暂替总理来签这个字，我只好辞职出京，所有事情我都不管了！"

12日晚，也就是张勋说的最后期限，黎元洪在总统府召集会议，商议解散国会的事情。会上，黎元洪沉重地说："张勋派人来说，要是今天再不下令解散国会的话，他就要听任各督军自由行动了！如今国事闹到这步田地，诸位总得想个办法才是！"

一阵沉默后，总算有个不怕死的挺身而出，那就是步军统领江朝宗，他表示愿意在这个命令上替总理签字。黎元洪听后，如同见了救星，赶紧命秘书立刻拟出两份命令：一份免去代理总理伍廷芳的职务，另一份委托江朝宗为代理总理。

毕竟这武夫胆大，江朝宗也算是过了一回代理总理的瘾，他签署“解散国会”的命令也就不在话下了。①

13日，黎元洪发布通电，宣布将国会解散。与此同时，他也在电报中诉说了自己的苦衷：“自从免段令发布后，各地不断发难，人心浮动，谣言四起。此次督军张勋前来调停国事，以解散国会为前提。如不满足其要求，则将不负调停之责，各省军队也将自由行动，亡国之祸，即在眼前。元洪考虑再三，为保存共和政体，保持南北统一大计，迫不得已，才有此令。”

最可逗的是，江朝宗随后也照模照样地发了个通电，说自己也是无奈之下才临时代理了总理，随后又在无奈之下副署了解散国会的命令，云云。哈哈，既知违法，此举何为？

当然，要说起当时这国会，也有太多不争气之处。参众两院中的党派纷争姑且不说，为制定宪法而开会三个月，除了自定议员俸额，其他一事无成。开会时，也是迟到的迟到、早退的早退，要不就干脆缺席，以至于会议经常开不起来；而议员们一到会场议事，往往又相互攻击，争权夺利，不顾大局，不成体统。由此，这些人最后堕落为曹锟的“猪仔议员”，也就不奇怪了，这是后话。

首届国会议员的这般搞法，也难怪当时围观的外国记者嘲笑说：中国人根本就不适合搞民主。是啊，西式民主未经认真研究论证如何本土化便贸然移植，结果水土不服，也属正常。

---

① 侯杰、姜海龙：《百年家族：黎元洪》，第214页。

6月14日，在黎元洪解散国会后，张勋心满意足，随后便乐滋滋地带着辫子军和候任总理李经羲一同乘火车赶赴北京。上车后，张勋随身带着一个大匣子，看似极其宝贵的样子。李经羲觉得好奇，便问里面装的什么。张勋故作神秘，笑而不答。

各位看官，可猜到这匣子里装的什么？

三十一

张勋复辟

话说清帝退位刚过一年零十天（1913年2月22日），隆裕太后即因痰症发作而去世。

弥留之际，隆裕太后拉着7岁的溥仪的手，说："汝生帝王家，一事未喻而国亡，而母故茫然不知也。"随后，她又不无凄婉地对旁边侍立的太保世续说："孤儿寡母，千古伤心！"其语惨痛悲凉，一旁的人听后都不免为之泪下。

隆裕太后去世后，民国政府给予了隆重的礼遇。大总统袁世凯通令全国下半旗一天，文武官员服丧二十七天，全体国务员前去致祭，袁本人还亲自在衣袖上缠了黑纱，以示哀悼。随后，袁世凯又安排在太和殿举行了国民哀悼大会，由参议长吴景濂主祭。就连当时已经退隐青岛的徐世昌，也拖着条小辫子赶来祭奠。

辛亥末年，隆裕太后摒弃宗社党妄议而力辞皇位，此举于民有利、于国有功，加上光绪皇帝为人所同情，她在去世后有如此待遇，倒也算说得过去。

袁大总统与朝野各方人士对隆裕太后丧礼的礼遇，让皇族亲贵和前朝遗老们感到十分兴奋。在这十几天里，这些人重新换上前朝袍褂，并时常聚在一起议论复辟大业的可能性。末代皇帝溥仪就在《我的前半生》中记叙了这些人的对话：

“大总统常说办‘共和’办得怎样，既然是办，那就是试行的意思”；①

“不错，我早说过，那个优待条件里辞位的‘辞’字有意思……为什么不用退位、逊位，袁宫保要写成这个‘辞’位呢？‘辞’者，暂别之谓也。”②

当年冬天，在光绪皇帝和隆裕太后奉安之际（即将两人遗体合葬入崇陵），这股复辟潜流达到了高潮。在梁各庄的灵棚里，遗老们就演出了这样一出活剧。活剧的两位主角，一个是前清进士、曾为湖广总督张之洞幕僚的广东宣慰使梁鼎芬（后为溥仪帝师），另一位则是前学部副大臣兼京师大学堂总监督、自命“孤臣”的劳乃宣。

原来，这两人正倾情哀号间，突然看到国务总理赵秉钧带领国务员前来致祭。赵秉钧来后，先脱下民国大礼服，然后换上清朝素袍褂，行三跪九叩大礼。

梁鼎芬见后十分兴奋，他也不知道哪根筋搭错了，突然就跑到一个没穿清朝袍褂的国务员面前并指着鼻子大骂：“你是谁？你是哪国人？”

被梁鼎芬骂的人是谁呢？原来是前山东巡抚、现任民国外交总长的孙宝琦。

事发突然，孙宝琦也被这个老朋友骂得莫名其妙。正发

---

① 袁世凯常与人说“办共和”，其蔑视可知。参见陈晨编：《袁世凯轶事》，第123页。

② 溥仪：《我的前半生》，第77页。

愣间，梁鼎芬的手指头哆嗦着，他指着孙宝琦大骂道："你忘了你是孙诒经的儿子！你做过大清的官，今天穿着这身衣服，来见先帝先后，行这样的礼，你有廉耻吗？你……是个什么东西！？"[①]

周围人一片愕然时，劳乃宣也赶来帮腔："骂得好！你是个什么东西？"

梁鼎芬和劳乃宣的一唱一和，把更多的人招来了。孙宝琦尴尬之余，只好低着头连说："不错，不错，我不是东西，我不是东西！"[②]

遗老们虽然每天都想着复辟大业，但这些人毕竟都是些酸秀才，手下无一兵一卒，于是他们便把恢复前朝的希望寄托在地方军头身上。这些人中，有两个人引起了他们的关注，一个是两广巡阅使、前广西提督陆荣廷。民国初年，陆荣廷来京开会时，突然跑到宫里向溥仪请安，并报效了崇陵植树一万元。陆荣廷的举动让遗老们大为兴奋，由此也成为第一个被赏赐在紫禁城骑马的民国将领。至于另一位，就是大名鼎鼎的张大辫帅张勋了。

袁世凯死后，遗老们的复辟梦又开始蠢蠢欲动。而这一次，人称"南陆北张"的张勋真的带兵进京了，这下遗老们可是喜出望外，要大干一场了。

再说张勋。当他抵达北京火车站时，外面早有如狼似虎的辫子军站岗巡逻，将不相干人等一律驱逐在外。就连黎元洪大总统派去的迎接专使，也是好说歹说才算进了包围圈，在站外恭候张

---

① 孙宝琦的父亲孙诒经为咸丰年间进士，曾任翰林院侍讲、内阁学士、礼部侍郎等职。其在任期间，曾多次奏疏建议杜绝各省乡试弊端、整顿吏治、赈济灾民等，被遗老们视为同治、光绪年间的名臣之一。

② 溥仪：《我的前半生》，第78页。

大辫帅的大驾光临。

不久，一列花车“呜呜”驶来，张大帅和李老头儿满面春风地下了车。正当总统府专使迎上前去时，张勋却只是对他一笑，起身便走。迎张专使还来不及问候，张勋便一转身上了另一辆马车，随即在一营辫子军的护卫下飘然而去。

为了迎接张勋的到来，黎元洪本将总统府礼堂改成了临时驻节地，但张勋对此好意并未笑纳。进京后，他并没有立刻去见黎元洪，而是先回了南河沿的私宅。当晚，黎元洪亲自打电话给张勋，请他去总统府晤谈国事，但张勋以“舟车劳顿、要稍事休息”加以推辞，最后才答应在次日上午去总统府商谈取消各省独立事宜。

随后几天里，独立各省纷纷取消独立，李经羲内阁也开始着手组织。表面上看，张勋确有调停之功，但要是只看表面，那也太小看张大辫帅了。按张勋的意思，是希望李经羲暂时代理总理三月，维持下局面，自己则暗中将遗老遗少们急召入京，为之后复辟做准备。

到京次日，张勋便在帝师陈宝琛、梁鼎芬的引领下，入宫叩见逊帝溥仪。据溥仪的回忆，他初次见到张勋时，“多少有些失望”；只见他“穿着一身纱袍褂，黑红脸，眉毛很重，胖乎乎的”，“他的辫子，的确有一根，是花白色的”。

张勋这次入宫并没有待多长时间，见溥仪大概也就五六分钟，随后便走了。不过溥仪的两位师傅倒是很高兴，因为张勋夸小皇帝“聪明、谦虚”，太妃们也随后给张勋赐宴，以示笼络。

半个月后，也就是7月1日。这一天，溥仪的三位师傅，陈宝琛、梁鼎芬、朱益藩一起进宫见溥仪。他们脸色十分庄严，似乎有了不得的大事要发生。接着，陈宝琛先开口了：

“张勋一早就来了……”

“哦，他又来请安了？”

“不是请安。是万事俱备、一切妥帖，来拥戴皇上复位听政——大清复辟啦！”

13岁的溥仪还懵懵懂懂，不知道啥是复辟。没等他回答，陈师傅急着对他说：“请皇上务必答应张勋！这是为民请命，天人与归……”

溥仪这才明白，自己又要做皇上了！

陈宝琛又交代说：“到时不用和张勋说多少话，答应他就是。不过，不要立刻答应，而应先推辞，最后再说：‘既然如此，就勉为其难吧！’”

溥仪随后便到了养心殿。没多久，张勋带着一群人进来，其中就有王士珍、江朝宗、张镇芳、雷震春、康有为等人。见了溥仪，张勋便先跪下，然后掏出一张奏折念道：“隆裕皇太后不忍为了一姓的尊荣，让百姓遭殃，才下诏办了共和。谁知道办得民不聊生，……共和不合咱的国情，只有皇上复位，万民才能得救……”

等张勋念完，溥仪按师傅之前教的推辞说：“我年龄太小，无才无德，当不了如此大任。”

张勋听后，先夸溥仪谦虚，然后又把康熙皇帝六岁登基的故事念叨了一遍。

溥仪说：“那大总统怎么办呢？给他优待还是怎么着？”

张勋哂然一笑，说：“黎元洪奏请自家退位，皇上准他的奏就行了。”

说到这里，溥仪也就不再推辞：“既然如此，我就勉为其难吧！”①

溥仪既然答应，张勋便率领一干遗老，跪拜磕头，山呼万岁。然后，张勋又拿出康有为起草的复位上谕，请溥仪“御览”后盖印。于是乎，民国六年又成了宣统九年。

就在这一天，小王朝一口气颁发了九道“上谕”：

> 第一道：即位诏；
>
> 第二道：黎元洪奏请奉还国政，封黎为一等公；
>
> 第三道：特设内阁议政大臣，其余官制暂照宣统初年，现任文武官员均著照常供职；
>
> 第四道：授七位议政大臣（张勋、王士珍、陈宝琛、梁敦彦、刘廷琛、袁大化、张镇芳），两名内阁阁丞（张勋的参谋长万绳栻和冯国璋的原幕僚胡嗣瑗）；
>
> 第五道：授各部尚书（外务部梁敦彦、度支部张镇芳、参谋部王士珍、陆军部雷震春、民政部朱家宝）；
>
> 第六道：授徐世昌、康有为为弼德院正、副院长（相当于前资政院或国会性质）；
>
> 第七道：授各省督军为总督、巡抚与都统（张勋任直隶总督兼北洋大臣）。

幸福来得总是很突然，宣统朝绽放“第二春”，这到底是怎么回事呢？张勋进京后的这半个月到底又干了什么？

原来，张勋率兵入京后，各路遗老遗少也都纷纷出动，悄然入京。6月28日，北京火车站走出一位农夫打扮的老头，只见

---

① 溥仪：《我的前半生》，第86页。

他蒲扇遮脸，形迹诡秘，初看上去一点都不显眼。但当他一走出站，立即有四名辫子兵迎上前来，将老头恭恭敬敬地接上车，随即疾驰而去。

这老头是谁？说来鼎鼎大名，乃前工部主事、戊戌变法的主角康有为是也。在他的衣兜里，可不正藏着预拟的复位文告和上谕？他此行的目的，可不就是为了复辟而来！

在复辟问题上，张勋的参谋长万绳栻与康有为颇为相投，就是他将老康引荐给张勋的。张大帅见了康老师后相谈甚欢，大有相见恨晚之憾。这两个人，一个尚文，一个尊武，彼此又好夸夸其谈，于是在遗老界又有“文武两圣人”之说。

康有为到京后，立刻被接到了张勋宅中。此时，复辟人物们早已是济济一堂，计有万绳栻、张镇芳、雷震春、沈曾植、胡嗣瑗、劳乃宣、阮忠枢、顾瑗等。康有为到后，这群人连夜开会，并以最快的速度将复辟事宜如诏书、上谕等准备妥当，只等张勋一声令下，便可改朝换代，旧梦重温。

6月30日，江西会馆召开堂会，作为同乡张勋也被邀光临。张大帅是个戏迷，这次又有梅兰芳登台演出，于是便乘兴而去。当晚，张勋吃完夜宴后回到自家公馆，他见家中灯火通明，人头攒动，心里也好生奇怪。

一进门，张勋便被万绳栻等人围住，并送上一纸考究的泥金文书。张勋略看了几眼，问：“今晚就动手？”万绳栻道：“大帅志在复辟，已非一日。如今乃是千载难逢的机会，此时不图，更待何时？”

张勋本来还有三分酒气，听了万绳栻的鼓动，心里也激动起来。他一撸袖子，大声道：“有理有理！我老张就干这一遭吧！”

言罢，张勋便命人分头去请京城中的几位著名大员，如陆军总长王士珍、步军统领江朝宗、警察总监吴炳湘、驻京畿的第二十师师长陈光远等。等众人来齐后，张勋跳上台阶，大声宣布复辟大业。当有人提出此事过急时，张勋瞋目道："要干就干，不要婆婆妈妈！此事要是不成，自有我老张一人担待！今天谁要是不配合，哼哼，休怪我手下无情！"

江朝宗是个急性子，原本对共和民主就无甚概念，当场便应承下来；王士珍对前朝有感情，自然毫无异议；至于吴炳湘等人，反正好汉不吃眼前亏，既然张大帅说要干一遭，那就随大流吧！

当晚，张勋命王士珍、吴炳湘将辫子军放入城内。待到晨鸡报晓，天色渐亮，张大帅请大家饱餐一顿后，便请在场的各位换上前朝袍褂，自己则打开在火车上那个随身携带的匣子：原来，里面放的是一身崭新的清朝官服！

这时，张勋的手下统领过来报告，说辫子军已经占领城内外要冲，一切布置妥当。张勋听后一跃而起，大声道："好，我等现在就进宫，请宣统帝复辟就是了！"

在辫子军的护卫下，张勋一行人来到清宫。由于之前没有交涉，守卫人员被这些人吓得分头乱跑，里面的去报告瑾太妃、瑜太妃，外面的慌忙去请清太保世续。待到两太妃和世续赶到并问为何而来时，张勋便大咧咧道："今日复辟，请少主即刻登殿。"

世续听后，吓得几乎从椅子上跌落，他颤声问："这是何人主张？"

张勋上前一步，狞笑道："有我老张做主，你怕什么？"

世续听后磕头出血，大呼不可。两太妃见世续如此，心里也十分害怕，说："张将军，万一这事不成，岂不是害了我全族？"

张勋听得恼了，他捶胸发誓道："有老臣在，尽可放心！"

世续还在那里磕头反对，张勋忍耐不住，厉声道："到底愿不愿意复辟？！"

一旁的辫子军也鼓噪起来，统请皇帝登基。世续见这等莽夫一味蛮干，要是不从他的话，指不定要发生什么别的事，只好与两太妃进宫去请宣统小皇帝。

由此也就有了以上的一幕了。

随后，张勋通电全国，宣布复辟。通电中，张勋指斥民国初年的种种乱象，称"名为民国，而不知有民；称为国民，而不知有国。至今日民穷财尽，而国本亦不免动摇"；而追究其原因的话，则是因为"国体不良"，实行了共和所致。

以张勋这些人的理解，所谓共和制度简直就是扯谈，"五年更一总统，则一大乱；一年或数月更一总理，则一小乱"；对此，张勋等人不无愤慨地表示："小民何辜，动罹荼毒！以视君主世及，同享数百年或数十年之幸福者，相距何啻天渊！"

在接下来的几天里，自清帝退位后便一直冷冷清清的紫禁城，立刻又变得喧哗活跃起来。首先是遗老和前清官员们，这些人一拨拨地前来晋见皇上，请安的请安，谢恩的谢恩，一个个恨不能立刻官复原职；紧接着，清朝覆灭后逃散到青岛、天津等地的皇族亲贵们也都回来了，他们以为好日子又要开始了！

热闹的还不仅仅是皇宫里，北京城也要有复辟新气象。宣布复辟的那天清早，警察们便挨家挨户通知：宣统爷复辟了，大家立即悬挂龙旗！

喜讯传来，民间的遗民们仿佛像中了六合彩一样，急忙把珍藏多年、压在衣柜最深处的前清袍褂翻出，穿上后便兴高采烈地满大街溜达去了。

复辟当天下午，当手下报告街上到处都是留辫子的人后，张勋听后乐不可支，他拍腿掀须大笑道："我说人心不忘旧主，今日果应其言。不然，哪里来这许多有辫子的人呢？这就是民心所向啊！"

说到辫子，这里还有个笑话，说刚做了半个月内阁总理的李经羲得知复辟消息后，急忙来找张勋，质问他为何不通知自己，而且还未曾安排自己任何职位！张勋笑道："老九莫怪，论你资格，当然有做宰相尚书的希望。不过呢，你的前程，生生是被没有辫子给断送掉了！我替你着想，委实有些不值得。"

李经羲冷笑道："真是这样吗？那李盛铎有辫子吗，他又为何做了农工商部的尚书？"张勋说："他虽然剃了头发，但对复辟很有些功劳。你若想再为清室大臣，快回去蓄发，那时我再给你设法。"李经羲愤然道："只怕我的头发蓄成，那宰相尚书仍然轮不到我呐！"

说罢，李经羲便出京跑了。

复辟期间，倒有件事颇值称道，那就是皇族亲贵无论有无辫子，张勋一概摒弃不用。比如贝子溥伦，他在清帝退位后便剪去辫子并参与了民国政治，不巧参与朝拜时被张勋看到，结果被斥骂为爱新觉罗的不肖子孙。

溥伦听后抗辩说："宣统帝退位前，已经发布了剪辫上谕！"张勋哼哼道："就算如此，你也是违背了列祖列宗之命。我自己是个汉人，还知道恪守先皇遗训呢！"溥伦讽刺道："不错，真可惜你不是清室子孙！"张勋听后大怒，他声色俱厉地斥骂道："臣子臣子，臣便是子！"溥伦见张勋发了蛮威，只能嘿然而退。

溥伦还只是被张勋抢白一顿，恭亲王溥伟则撞到枪口上去了。溥伟本是宗社党首领之一，常年往返于天津、上海等地，为复辟大业而辛苦奔走。这次张勋复辟，居然没有通知他！溥伟十分气愤，便找张勋质问并指斥其专擅之罪。

张勋听后，反唇相讥道："自古以来，建立大功大业的都要捷足先登，谁让你今天才来，还想得个好位置，世上哪有这样便宜的事？"溥伟听后大骂张勋忘本，听得老张心头火起，突然起身扇了溥伟几个耳光。

溥伟是前朝世袭的恭亲王（恭亲王奕䜣之孙），猝然之下被张勋打了耳光，好半天才反应过来："你竟然殴打亲贵吗？！"张勋狞笑道："现在除了皇帝我最大，就是打了你，也没啥子稀罕的！"[①]

对于张勋等人排挤亲贵的做法，原宗社党的那些亲王、贝勒、贝子十分气愤，他们随后商议对策，要找前摄政王载沣甚至宣统皇帝出来主持公道。帝师陈宝琛听说后，急忙嘱咐溥仪说："本朝辛亥让国，就是这般王公亲贵干政闹出来的。现在还要闹，真是糊涂已极！皇上万不可答应他们！"

所幸的是，王公贵族们的牢骚还没有发完，讨逆军已经打到了北京。这下好，这帮人又像当年那样跑没影了。

在复辟后的繁荣景象中，最不和谐的便是仍悬挂五色旗的总统府和不肯退职的大总统黎元洪。在张勋复辟消息传来后，黎元洪真是又悔又恨，他这下算是知道病急乱投医的结果了。不久，梁鼎芬、江朝宗和王士珍受张勋之命来到总统府，要求黎元洪立

---

① 天忏生：《复辟之黑幕》。

即退职，并接受“一等公”的封号。

梁鼎芬和黎元洪之前都在张之洞手下共过事，以为此去必然马到成功，能顺利地让黎元洪卸任总统并接收封号。但没有想到的是，黎元洪在共和立场上倒还算坚定，此前他就拒绝了袁世凯封的“武义亲王”称号，这次当然也不例外。

当梁鼎芬拿出早已拟好的“奉还国政”的文书交给黎元洪盖印时，黎元洪拒绝道：“民国乃国民公有之物，我受国民之托担任大总统，责任重大。退位与否，要尊崇民意，岂能个人决定？”

梁鼎芬冷笑道：“共和国政本就是先朝旧物，理应还给皇上。复辟乃是天意，民心如此。张大帅不过是顺天应人，才有此番举动。你之前也受过清职，辛亥政变，也非公意。如今奉还大政，安享天禄，既不负清室，也不负民国，岂不是一举两得的善事？”

黎元洪听后一言不发，再次拿出泥菩萨的看家法宝，任凭梁鼎芬一再催促和王士珍、江朝宗苦苦相劝也不予理会。梁鼎芬等人没办法，只好回报张勋，说黎元洪不肯退位。张勋听后，哼了一声，道：“你们先退下，我自有办法。”

梁鼎芬回宫后，越想越气，他邀集陈宝琛、朱益藩两位师傅一起进宫找溥仪，要求严厉惩办黎元洪。据溥仪回忆，当时陈宝琛脸色铁青，之前常有的笑容完全没有，老夫子几乎是失去控制地对溥仪说：“黎元洪竟敢拒绝，拒不受命，请皇上马上赐他自尽吧！”

溥仪吃了一惊，说：“我刚复位，就赐黎元洪死，这不像话——民国不是也优待过我吗？”陈宝琛听后气呼呼地说：“黎元洪不但不退，还赖在总统府不走。乱臣贼子，焉能与天子同日而语？”[①]

最后，还是张勋的枪杆子发挥了作用。在辫子军强行接管了总统府的护卫后，黎元洪见大势已去，只得和仆从数人从小门悄然离去。他先是投入东交民巷法国医院避难，最后又躲进了日本使馆。

离开总统府之前，黎元洪秘密签署了二道命令，第一道是将李经羲的内阁总理职务免去；第二道是重新任命段祺瑞为内阁总理，并派人秘密送往天津；另外，黎元洪又秘密发出一个电报，请冯国璋代理大总统的职务。

复辟消息传到天津后，段祺瑞立刻召集亲信傅良佐和段芝贵等人开会，并决定立刻起兵讨逆。这时，恰好黎元洪的任命书也到了。老段看后扔在地上，说：“谁要你的任命！”

说归说，有了黎元洪的任命书，老段毕竟出师有名，只不过事起仓促，要讨伐张勋的辫子军，该依靠哪些部队呢？

经过简单的谋划，段祺瑞决定联络三个部队，一是驻马厂的第八师，该师师长李长泰和段祺瑞都是小站出身，多年的老交情了；更重要的是，第八师下的炮兵团长冉繁瑞和他的兄弟冉繁敏（时任步兵营长）都曾给老段当差多年，是老段一手提拔的。因此，段祺瑞觉得指挥这支部队有一定的把握。

第二个部队驻扎在廊坊的第十六混成旅，这支军队本是冯玉祥的部队，但当时冯因被排挤而去职，于是老段重新任命冯玉祥为该旅旅长，以争取他对讨伐复辟的支持。

第三个部队是驻扎保定的第三师，师长曹锟也是当年小站练兵的老相识了。

---

① 溥仪：《我的前半生》，第88页。

计议已定，段祺瑞便派人分头前去联络。而此时，直隶省长朱家宝在得知自己被张勋任命为民政部尚书后，已经命令天津商民悬挂龙旗，表示响应。当天傍晚，前去联络第八师的傅良佐赶回段公馆，向段祺瑞报告说师长李长泰愿意跟随段总理，并希望他前去亲自指挥。

段祺瑞听后十分高兴，随后便派人将段芝贵找来，并决定立即动身前往马厂。当晚十一点，段祺瑞带着段芝贵、傅良佐及随从们登上火车。在汽笛的长鸣声中，列车向马厂呼啸而去，一下便消失在茫茫夜色当中。

7月2日深夜一点，段祺瑞等人来到马厂，第八师师长李长泰和营级以上军官均已在车站外迎接。段祺瑞下车后，这些人全部向老段行军礼，表示愿服从段祺瑞的指挥。由于师部距车站有四里远，李长泰给段祺瑞等人准备了马车。但老段这晚非常高兴，他拒绝乘坐已经备好的车马，而是提议大家一起步行前往师部。在前进的途中，炮兵团长冉繁瑞和步兵营长冉繁敏两兄弟仍旧像当年的马弁一样，紧紧跟随在老段的左右护卫。[①]

2日上午，正当段祺瑞为人手紧张而苦恼时，老部下陈文运也赶到马厂。陈文运是段祺瑞的学生，当时以陆军中将衔任北京第二讲武堂的校长，他在复辟开始后便悄然离开北京。到天津后，陈文运一到家便被告知“立刻到马厂去见段先生”，于是他随即赶到。

段祺瑞见了陈文运后，立刻给他布置任务：“你现在立刻回天津找警察厅长杨以德，叫他取消龙旗并让朱家宝离开督军衙

---

① 以上参见文斐编：《我所知道的北洋三杰》，第190-191页；周俊旗：《百年家族：段祺瑞》，第142页。

门。事成之后，我让他做直隶省长。如果不同意，我的兵随后就到，届时武力解决。”

陈文运找到杨以德后，把段祺瑞的话原原本本告诉了他，杨以德听说老段已经组织了讨逆军，又想着可以将朱家宝取而代之，于是便爽快地答应了。结果，朱家宝被逼出了督军衙门，天津也重新挂上了五色旗。①

说起这个朱家宝也很可笑，他原本是光绪年间的进士，写得一手好书法。辛亥年时，这位安徽巡抚迫于形势而“反正”，谁知革命党却不许他革命，结果这位自封的安徽督军只好趁夜缒城逃走。这一次，他听说自己被封为民政部尚书后，心情十分激动，不但命全城挂上龙旗，还命人在大堂上摆起香案，望阙谢恩，行三拜九叩大礼。

朱家宝行完礼后，由于久疏跪拜，竟至不起，最后靠身边兵丁才将他扶起。回家后，朱家宝为防止觐见时失仪，特意每晚练习跪拜，直至膝腿酸软为止。等到复辟失败，朱家宝尚书没有做成，直隶省长也丢了，恨得他直骂：“共和误我，复辟亦误我！”

2日中午，段祺瑞到马厂的消息传出后，原部下和追随者如靳云鹏、贾德耀、汤化龙等人也都纷纷来到马厂。当天下午，大文豪梁启超也赶到了马厂。段祺瑞见后，大喜道：“任公此来，大振军威！”梁启超笑道：“打仗我是外行，我是给总理当个小秘书来了！”②

有了梁启超的这支如椽大笔，讨逆军的文告那是威力大增。

---

① 文斐编：《我所知道的北洋三杰》，第177页。

② 文斐编：《我所知道的北洋三杰》，第191页。

梁启超也确实名不虚传，他稍事休息，便立刻起草讨逆通电，那真叫洋洋洒洒，万言立就，其中不乏警句，试录如下：

“天祸中国，变乱相寻，张勋怀抱野心，假调停时局为名，阻兵京国，推翻国体……且以今日民智日开，民权日昌之世，而欲以一姓威严，驯伏亿兆，尤为事理所万不能致……”

7月3日，段祺瑞在马厂召集军事会议，正式成立“讨逆军总司令部”。当天下午，段祺瑞便发表通电，宣布“讨逆”，并令第八师向北京进发。

张勋复辟后，全国一片哗然，除直隶省长朱家宝和吉林督军孟恩远公开表示支持外，响应者寥寥。7月2日，冯国璋发表通电，历数张勋复辟的八大罪状。随后，湖南督军谭延闿、湖北督军王占元、浙江督军杨善德、直隶督军曹锟、前海军总长程璧光、淞沪护军使卢永祥等人也纷纷表示反对。

安徽督军倪嗣冲开始表示赞同，并令安庆、芜湖等地挂出龙旗、改用“宣统正朔”。但到后来，倪嗣冲发现风向不对，于是又通电反对，成了反复辟的急先锋。类似举动的还有福建督军李厚基，他打电报谢恩，并自称“福建巡抚”，还定制了大批龙旗准备悬挂，后来因为局势变化而作罢。

另外，王士珍的学生、第七师师长张敬尧被授予长江水师提督后，也曾入宫叩谢“天恩”，并给张勋送了一张门生帖子。据说，前摄政王载沣曾送给张一套朝服，但裤子太长而靴子又太小，因来不及改做，只好上身穿朝服、下身着军裤军靴入宫请安，不伦不类，当时被引为笑谈。后来风向变后，王士珍赶紧通知张敬尧立刻跑路，这才免于被讨逆军所捉。[①]

---

① 文斐编：《我所知道的北洋三杰》，第15页。

得知各省督军都反对复辟后，张勋气得是辫子直竖、胡子乱颤，他大骂道："这些该死的混账王八，之前都说得好好的，现在一个个竟然也做了革命党了！看来，这没辫子的到底是靠不住！"特别是倪嗣冲，他与张勋是儿女亲家，这次也反对复辟，这下把老张气得拍案大骂："他妈的，连老倪都不与我认亲了！"

骂归骂，打仗还得认真对待，这可开不得玩笑。7月5日，东路段芝贵指挥第八师与冯玉祥第十六混成旅在廊坊会师，随后沿着铁路线进攻黄村，辫子军未经抵抗便退往北京。与此同时，曹锟指挥第三师由保定乘车开至，随后从南边向京城进击。当天下午，曹锟手下大将吴佩孚率先头部队攻占了卢沟桥。由此，东西两路讨逆军已经完成了对北京的夹击之势。

在前期的小规模接触战中，双方互有伤亡，讨逆军还抓了一些辫子军。当靳云鹏请求杀几个来提振军威时，段祺瑞听后很不高兴地说："罪在张勋一人，这些官兵有什么罪？杀几个人有什么用？你们总是好杀人，杀人者人恒杀之，哪一个好杀人的人有好结果呢？"[①]

由此，被抓获的辫子军大都将辫子割除后遣散回籍，或者编入讨逆军。张勋也抓了几个讨逆军，当部下将缴获的"讨逆军"的旗帜送来时，张勋勃然大怒，他将旗子上的"讨"字挖去，于是变成了"逆军"！

张勋本有五十营辫子军，这次只带了十营约五千人入京，这真打起来了，兵力自然吃紧。据说，张勋从徐州北上时，曾交代部下张文生："你在徐州好好看家，等到复辟后，我发电报'速

① 文斐编：《我所知道的北洋三杰》，第192页。

运花四十盆来京’，你就立刻调这四十营兵力开往北京。”张文生听后满口答应，并表示一定照办，决不误事。

等到段祺瑞宣布讨逆，张勋慌忙给徐州发电报，让张文生速速带四十营辫子军北上救援。不料等了两天后，却见徐州送来了四十盆各种花卉。张勋一见，气得跌落太师椅，连声道：“坏了！坏了！连张文生这小子也抽我的梯子了！”[①]

花盆之事，可能出于野史，不过就算张勋的部下想北上支援，在当时恐怕也是办不到的。因为张勋是乘火车沿津浦路北上的，而段祺瑞宣布讨逆后，便令交通处长叶恭绰将津浦路的机车全部调到天津，并令倪嗣冲等人对张勋在徐州的余部进行防堵。如此一来，辫子军便一南一北，完全隔开，老张在北京也只能徒呼奈何，作困兽犹斗了。

7月6日，东路讨逆军进逼丰台，与辫子军发生激烈交火。在这次战斗中，倒有一事值得记录一笔，那就是南苑航空学校的讨逆航空队首次出战，并向辫子军的阵地和皇宫投了炸弹。这应该算是中国的第一次空军作战，而且炸的还是紫禁城。

据记载，紫禁城总共挨了三枚炸弹，虽然都是尺把长的小炸弹，但也足以吓得小皇帝溥仪及太妃、太监们魂飞魄散了。炸弹扔下来后，这些人慌作一团，纷纷扎进床下，仿佛睡觉的地方是最安全的。这具有历史意义的三枚炸弹，一枚落在隆宗门外，炸伤轿夫一名；另一枚落在御花园水池边，炸坏了水池一角；还有一枚落在西长街隆福门的瓦檐上，虽然没有爆炸，但把聚在那里赌钱的几个太监给吓了个半死。

7月7日，东西两路军会合进攻丰台，辫子军正在顽强抵抗

① 参见周俊旗：《百年家族：段祺瑞》，第150页。

时，原本加入复辟阵营的第十二师陈光远部突然倒戈，而原依附辫子军的京畿第二旅吴长植部也加入了讨逆军的队伍。辫子军腹背受敌，只好草草结束战斗，向北京退走。中午时分，讨逆军便占领了丰台，几无人员伤亡。

7月8日，外围战斗基本结束，讨逆军兵临北京城下，而辫子军退入京城企图负隅顽抗。在前几天，张勋还在那里乱颁上谕，命各省督抚选派三人来京筹划国会，又搜罗了一班陈年角色如岑春煊、赵尔巽、铁良等入弼德院顾问大臣，并委徐世昌为太傅，张人骏、周馥为协办大学士，自己也加封了“忠勇亲王”。

可惜的是，被点到的那些老官僚虽然暗地里聊以自慰，但这兵荒马乱的，谁敢贸然赴任？最后还不是只剩下这个“忠勇亲王”“直隶总督兼北洋大臣”“御前议政大臣”张勋张大帅带着这帮子辫子兵在北京奋勇抵抗？

连吃败仗后，张勋在走投无路之下只好自请开缺，并愤愤不平地发了一个通电，其中大意是：民国以来，战争迭起，国困民穷，这都是办共和给闹的；现在我老张顺应天命民意，还政大清，欲行君主立宪政体，乃是诚心诚意，不为个人谋利益；所幸吾道不孤，凡我同袍各省（指各省督军），多与其谋，东海（即徐世昌）、河间（即冯国璋），尤深赞许，信使往还，都有证据证明。现在好，一个个都翻脸不认人，把我老张当傻瓜。好，现在我也不管了，请徐阁老（世昌）来京主政，组织内阁，召集国会，议定宪法。徐阁老来京之前，所有政务都交给王聘老（士珍）去负责。反正我没啥要求，从哪来回哪去，不要把老子惹急了！①

① 参见周俊旗：《百年家族：段祺瑞》，第150-151页。

代理大总统冯国璋看到这个通电，却下令将张勋的“长江巡阅使”等一概撸去，打成罪人；而段祺瑞的讨逆军也不依不饶，非要张勋解除武装，就地投降。消息传来，张勋气得是一佛出世、二佛升天，立刻迸发出他那牛蛮脾气。他随后将退入城中的残兵败卒重新搜集，并在天坛、东西华门、南河沿私宅等地布下重兵，设下炮位，定要把这首善之区变成与讨逆军决一死战的生死场。

张勋的拼命架势摆好后，京师大震，老百姓纷纷携家带口出城逃命。就连在京的外交使团也连连提出抗议，他们在辫子军和讨逆军中斡旋调和，免得城门失火，殃及池鱼。在各方要求下，段祺瑞一面令讨逆军暂时停止攻击，一面派人去劝张勋立刻投降，免得毁坏北京古城遗迹，伤及无辜百姓。

张勋的牛脾气是人所皆知的，当来人将段祺瑞的话转告给他时，他怒气冲冲地说：“之前是黎元洪把我请到北京的，如今要我走也可以，必须要黎元洪再把我送回到徐州去！”公使们也来劝他，张勋说：“我不离兵，兵不离械；从何处来，到何处去。听说姓黎的跑到了你们那里，我倒要把他找来评评理！”

见张勋毫无所动，非要回去做他的长江巡阅使，各方人士又让遗老们去劝说张勋。众遗老束手无策，问张勋现在该怎么办。张勋喝道：“怕什么！此事与你们无关，也与清廷无关，是我老张一个人干出来的，有什么可怕的！”

7月10日，张勋又发出一纸通电，痛斥北洋系的那些家伙背信弃义、出卖朋友：“变更国体，事关重大，岂是我老张能独自主持？……我这次到天津，徐东海（世昌）、朱省长（家宝）都极表赞助，其他督军也无反对意见。芝老（即段祺瑞，字芝泉）虽面未表示，亦无拒绝。我密电征求各方面同意，也都许可。密电俱在，并不是我老张扯谎。现在好，复辟实行了，不但冯、段通电反对，即朝夕共谋的陈光远、王士珍，首先赞成的曹锟、段芝贵等，居然也都纷纷反对。翻云覆雨，出于俄顷，人心如此，实堪浩叹。唯我老张孤忠耿耿，天日可表，勇为群小所卖，而此心至死不懈。但此等鬼蜮行为，不可不布告天下，咸使闻知。你们这些家伙给我好好听着，要是把老子逼急了，我就把历次会议记录和往返函电汇集刊印，我可是丑话说在前头。”①

听这口气，张勋似乎是觉得自己上了那些老朋友的当：开始明明是赞成或最起码不反对的，怎么刚复辟就翻脸不认账了？但老张也不多想想，不反对未必就是赞成啊，再说了，你复辟成功了，自己又是“忠勇亲王”、又是议政大臣的，这难免不引起别人的嫉妒哟！

7月11日，眼看张勋不肯缴械投降，段祺瑞只好下令总攻。在各国公使的要求下，讨逆军约定不准使用过多的实弹轰击。战斗开始后，大部分辫子军被击溃并自愿放下武器，之后割去辫子，接收改编或者遣散。唯独在张勋私宅一带的辫子军进行了顽抗，战斗进行得十分激烈。

当讨逆军向段祺瑞请示用炮轰击张宅时，段祺瑞同意只能用一颗实弹，其他只能用虚炮恫吓。当天晚上，讨逆军一炮击中张宅。火光冲天中，只见留着长辫子的遗老们纷纷从宅中逃出如鸟兽散。

到了这个时候，张勋还不肯屈服，直到京师警察总监吴炳湘

① 据说，袁世凯死时，冯国璋曾写信给张勋，称“中原无主，事贵速断”。复辟失败后，张勋也曾埋怨，“你们总统也有信给我”，其中隐约透露了冯国璋最初是赞同复辟的。参见文斐编：《我所知道的北洋三杰》，第266、269页。

联系了荷兰使馆派出汽车去接他，老张还仍旧倔强地不肯上车，直到几个强壮的荷兰人和他的部下连推带拉地将他弄上汽车，并把他送入使馆区，辫子军才逐渐停止了抵抗并被全部缴械，讨逆之战宣告结束。[①]

说到这里，不免要夸一夸那张辫帅。复辟且不说他，就战斗精神而言，老张不愧是中法战争的老兵出身，也没有辱没了“忠勇亲王”这个自拟的封号呢。

---

① 讨逆之战的情形可参看曹汝霖：《一生之回忆》，第174页。

三十二

代理总统

从张勋入京到复辟失败，时间不过一个月，北京的政局却由此发生了天翻地覆的变化。首先是被免职的段祺瑞咸鱼翻身，卷土重来。他不但恢复内阁总理的职位，而且摇身一变，成了“三造共和”的大功臣。

段总理回京之日，广大群众夹道欢迎，其热烈场景相比于一个月前的黯然出京，何止天壤之别。至于黎总统，这一个月来简直就是坐过山车，他从愉快的峰顶跌到了绝望的谷底，也算尝到了冰火两重天的滋味。

逃出总统府后，黎元洪一直躲在使馆区内，直到复辟失败也未曾露面（他倒也不怕使馆区的新客人张勋张大帅找他算账）。段祺瑞回京后，派人去日本使馆中找黎总统，并希望他能回到总统府。

此刻的黎元洪，心情如同打翻了五味瓶，酸甜苦辣，百味杂陈，他如何有脸再去面对段祺瑞——这个被他免职而如今又强势翻身的段总理呢？

人非圣贤，孰能无气？黎元洪心里也清楚，段祺瑞不过是表面客套，心里恐怕也未必愿意他继续在总统的位置上做下去。试想，对于一个月前的解职令，老段岂能不耿耿于怀？再说了，原本可以倚仗的国会又被黎元洪亲手解散，如今拿什么去对抗老段呢？继续干下去，不是给自个找不痛快嘛。

当断不断，必受其乱。罢罢罢，万事皆休，三十六计，走为上计。由此，黎元洪郑重发表声明，称自己已打定辞职的主意，也就没有再回总统府的必要了。

黎元洪还算有自知之明，不然的话还真会自取其辱。据说，段祺瑞回京当晚，便和身边人讨论了今后总统的问题。当国务院秘书长张国淦提出让黎元洪复职时，段祺瑞脸一沉，说："怎么？我今天还和他共事？这事绝无可能！"

段祺瑞这么一表态，他身边的几个武夫立刻拔出手枪威胁道："这事还用讨论？今后谁做黎元洪的说客，当军法从事！"

但是，黎元洪毕竟还是大总统，他在张勋被赶走后继续待在日本使馆里也不是个事儿。于是，段祺瑞便让江朝宗带人去将黎元洪接出，后者虽未推辞，但只让他们将自己送到私宅，而坚决不肯回总统府。

7月14日，黎元洪发表通电，正式宣布辞去大总统职。通电中，黎元洪倒还算勇于承担责任，说自己误信了张勋的鬼话，导致不可收拾的局面发生，这都是自己的过失，并表示要"杜门思过，扫地焚香"，从此后息政归隐，不问政事。电报的最后，黎元洪对冯国璋继任总统寄予了厚望，并希望他能重整民国河山，为黎民百姓造福。

黎元洪的辞职通电写得情感真挚，既不诿过于人，也不贪恋高位，得到了当时舆论的普遍赞扬。然而，黎元洪的高调隐退虽然赢得了一片掌声，但段祺瑞感到有些不快的是，黎元洪退职前极力推荐冯国璋为继任人，这却不是段祺瑞所希望的人选。

老段最希望的人选是谁呢？徐阁老徐世昌是也。徐世昌在北洋系中享有崇高威望，非他人所能比拟，这是人所皆知的，而段祺瑞当时最在意的还在于：徐世昌是个文官啊。

冯国璋就不一样了。这老兄在“北洋三杰”中排名靠后，年龄却是最长，他比王士珍大2岁，比段祺瑞大6岁，与袁世凯倒是同庚，却还要大个半岁。冯国璋1859年出生于直隶河间县诗经村，祖上据说是明朝开国元勋冯胜之后。冯家数代以来并不算发达，虽然偶有人外出做官，但总体上仍为传统的耕读之家。在冯国璋祖父时，冯家还算家道殷实。冯国璋出生后，家道开始中落，耕读传家变成了以耕为主，以读为辅，生计维持颇为不易。冯国璋从小入私塾就读，成绩也算优秀，年长后又去保定最出名的莲花书院读书，但后来因为家计困乏而不得不放弃学业，回家耕读自修。

1884年也就是冯国璋25岁时，冯国璋投入直隶提督聂士成的麾下，先从炊事兵开始干起。在那些大字不识一箩筐的粗笨士兵中，冯国璋完全可以算得上知识分子，而多年的学习经历也让他显得十分机敏聪明，鹤立鸡群。于是，营管带很快发现冯国璋是个人才，并将他提拔为自己身边的勤务兵。

机缘巧合的是，在冯国璋入伍第二年，李鸿章在天津创办北洋武备学堂，第一期学员主要从淮军各营军官推荐的优秀士兵中选拔。毫无疑问，在这次推选中，冯国璋的文化水平帮了他的大忙，由此顺利进入了第一期步科学习（王士珍和段祺瑞均为炮科）。

就读期间，冯国璋还对功名念念不忘。后来，他曾回原籍应试并中了秀才，只是因乡试落第而重新回到学堂就读。武备学堂毕业后，因冯国璋学业优秀，总办荫昌将他留校任教。由于当时淮军并不重视军校毕业生，而冯国璋急欲立下军功升迁，后来便再次投入聂士成的部队，并参加了甲午战争，表现尚佳。战后，冯国璋被推荐为中国驻日本大使裕庚的随员前往日本，由此留意考察日本军事，并著有兵书数册，回国后献给聂士成。可惜的是，聂士成对近代军事了解有限，冯国璋的成果并未得到重视。

袁世凯小站练兵后，冯国璋被老校长荫昌推荐前去担任教习，于是他再次献书，这次歪打正着，却遇上一位大大的伯乐。袁世凯见书后如获至宝，并连连称赞冯国璋是“军中学子第一人”，由此冯国璋也受到了袁世凯的极大重视，并在新建陆军担当重任。在此期间，小站新军的步法操典均出于冯国璋之手，冯国璋也算找到了施展身手的好地方。[①]

随着袁世凯势力的不断膨胀，冯国璋也随之步步升迁，他先后出任各类军事学堂的总办、练兵处军学司司长等职。1903年，慈禧太后亲临保定视察新军，冯国璋因练兵有功而由从三品晋升为正二品武官。1905年，冯国璋与铁良等人再度赴日考察军事，在国内军界的地位也日益重要。

武昌起义后，袁世凯重新出山并督军南下，冯国璋随即率第一军李纯、王占元、陈光远等部猛攻汉口，并在激战四昼夜后将革命军击溃，冯国璋也由此被清廷授予了二等男爵。据说，冯国璋得知自己封爵后竟感动得大哭起来，说自己一个穷小子，现在竟然封了爵，这真是天恩高厚，一定要为朝廷效力。这倒也是发自内心，并非笑谈。由此也可见，冯国璋在袁世凯死后写给张勋亲笔信并不是突然之举，而张勋认为冯国璋赞成复辟，想必也是

① 冯国璋的早年历史，参见文斐编：《我所知道的北洋三杰》，第197-198页。

“观其言、察其行”的结果。

攻下汉口后，冯国璋一而再、再而三向袁世凯请命，要求一举攻下汉阳和武昌，建立不世功勋。但他没想到的是，袁世凯此时的眼光已经超越了武汉的战局，冯国璋因不了解袁世凯的用意而被调回京城，出任禁卫军统领。

南北谈判的关键时候，袁世凯将冯国璋调任禁卫军统领是经过深思熟虑的，原因一是冯国璋一意主战，将影响到袁世凯的谈判大局；二是冯国璋练兵多年，又曾做过贵胄学堂的总办，当时禁卫军的各级军官大都是他的学生或属下，这样也有利于袁世凯通过冯国璋之手控制这支特殊的军队。

当时禁卫军共有两个步协（即步兵旅），每协辖有两个步标（步兵团），另外还有炮标、马标和工程营等。其中，除步兵第四标是汉人士兵组成外，其他均为旗兵，而原统领良弼是知名的宗社党领袖之一，其誓死保卫大清的态度也让袁世凯觉得非常为难。道理很简单，禁卫军一旦不稳，很有可能让京城陷入险境，或者中了日本人和宗社党的计，将清帝护送出京城并成立独立的满洲国，这将导致中国分裂并让东三省提前落入日本之手。①

在冯国璋立下赫赫战功的情况下，袁世凯将他调任禁卫军统领既名正言顺，又具有“一石二鸟”的功效。所幸的是，良弼被挤出禁卫军不久被革命党人彭家珍炸死，袁世凯则通过冯国璋加强了对禁卫军的控制。②没有了禁卫军，宗社党和日本人的诡计也就无从施展了。

---

① 日本支持革命党“驱逐鞑虏”，其落脚也在此处。试想，革命党的十八星旗是不包括东三省的。

② 传袁世凯得知良弼被炸死后，大喜曰：大事定矣。参见陈晨编：《袁世凯轶事》，第 129 页。

当然，禁卫军之所以服从冯国璋，主要原因还在于他们觉得冯国璋忠于朝廷。如段祺瑞发表共和通电后，冯国璋最初的反应是不能理解也不予赞同。据他的幕僚恽宝惠回忆，冯国璋看完电报后，非常生气地说："芝泉怎么会发出这样的电报？他本人现在保定。这个电报，是不是有人捏造，还是他的本意，我一定要问一下。"直到后来，段祺瑞派靳云鹏来向冯国璋解释，并透露这是袁世凯的意思。冯国璋这才默然许久，此事作罢。①

清帝接受优待条件并答应退位后，冯国璋遇到一个棘手的问题，那就是如何向禁卫军官兵解释并加以安抚。禁卫军大都是旗人，他们一是忠于清廷，二是担心清帝退位后军队会被解散，从而影响到自己和家人的生计。由此，要是冯国璋处理不好，很有可能会引发兵变，甚至影响到清帝退位的进程和京城的稳定与安全。

1912年2月初，正当禁卫军官兵议论纷纷时，冯国璋来到驻地并命令吹号集合，他要亲自向官兵们宣布清帝退位的优待条件和禁卫军的安置问题。吹号后，全体官兵集合在操场，操场前面摆着三张大方桌，其中一张叠在上面，并在旁边放了接脚的椅子，以临时搭一个高台，方便冯国璋向官兵们讲话。

全镇官兵按照步、马、炮、工程、辎重营的顺序列队后，冯国璋拿着一张纸卷上台了。他先扫视了一下列队的官兵，随后开始讲话："我今天来，是和大家说一件要紧的事。大家知道，袁总理是主张君主立宪的，我也是向来赞成君主立宪。但现在独立的省份太多了，要打起来，兵力不敷使用，军饷也没有着落，外

---

① 另据冯国璋的家人回忆，冯曾说如果帝位逊给某人（袁世凯）的话，就连那个人一起打。文斐编：《我所知道的北洋三杰》，第208、226页。

国人又不肯借给我们钱。现在隆裕皇太后下了懿旨，要将国体问题交给国民大会公决，但现在的局势已经是万分危险了，就算我们禁卫军的官兵拼着性命去打，那护卫皇宫和保卫京师的责任又交给谁？”

看到下面已经有动静后，冯国璋赶紧拿出那张纸卷开始念：“现在，总理大臣已经和民军商定了优待条件：皇太后和皇帝的尊号、满族和蒙族的待遇，还有我们禁卫军的一切，一概不动……”

当冯国璋念到“大清皇帝辞位”时，队伍里已经有了不小的骚动。一些旗兵嘴里虽然没有说什么，但脸上无疑是那种又惊又愕的表情；而一些人干脆就抹开了眼泪。随着冯国璋越往下念，队伍的骚动情况就越严重，很多官兵已经脱离了原本整齐的队列，开始相互议论并不乏愤怒的举动。唯独屹然不动的，是由汉人组成的步队第四标，他们仍旧整齐地列队站着，丝毫不为所动，表现出无动于衷的表情。

念完优待条件后，冯国璋见队伍已经凌乱，便大声宣布：“我刚才所说的事情，不论官长士兵，有什么话都可以跟我说！你们大家可以推选几个代表，请代表上前五步，由他们代大家申述意见。”

过了一会，队列里走出几个代表，他们提了两个问题：一是皇太后和皇帝的安全，冯总统（禁卫军统领当时称总统）是否能够担保？二是禁卫军今后归陆军部编制了，会不会取消？冯总统能不能对此担负完全责任？

冯国璋听后，立刻上台答复说：“两宫的安全，我冯某敢以身家性命担保！并且，我敢担保两宫决不离开宫禁，仍由我们禁卫军照常护卫。至于我们禁卫军，不论我今后调任什么职务，走到什么地方，永远不和你们脱离关系！”

在代表们归队后，队伍的骚动仍没有完全平息下来。这时，冯国璋急中生智，他再次跳上高台，大声对下面说：“我还有话跟大家说！”这时，协统姚宝来、王廷桢赶紧对自己的队伍高喊一声：“立正！”

在队伍稍微安定了一点后，冯国璋便大声道：“现在你们不管是目还是兵，赶紧推选出两个人来。今天就发给他们每人一把手枪，并且从今天起就跟随在我的左右。以后不论在家出外，只要发现我和革命党有勾结的情形，准许这两个人立刻把我打死，并且不许我的家属报复。”

旗兵们听了这话后，当场便推选出两个人，这两个人都是步队里的正目（即班长），一个叫福喜，一个叫德禄。两个人来到冯国璋面前后，冯国璋对随从幕僚说：“今天就到镇司令部拟两份命令，委派这两个人做本处的副官，领两把手枪，并按每月50两银子支饷。”

这事办好后，队伍才安静了下来，冯国璋也算是松了口气。回到镇司令部后，他一屁股坐在沙发上，只“嗳”地长叹了口气，一言不发。情势所逼，冯国璋当时的心情，既觉得自己对不起清廷，又不得不做了袁世凯的驯服工具——袁世凯对他也有知遇之恩啊！

在沉默的气氛中，冯国璋随后便离开了镇司令部。从此后，冯国璋的身边多了两个拿手枪的旗兵，他们不但跟着冯国璋回煤渣胡同的私宅，而且真是冯国璋去哪里都跟着，这种情形一直持续了很长一段时间。

据称，当时禁卫军的军心确实是不稳的，特别在宣布优待条件时，旗兵们觉得已经到了生死存亡的地步。如果不是冯国璋的灵机一动，当时发生什么事情还真不好说。[1]

清帝退位后，冯国璋对前朝的官服和官帽仍十分珍重，他的官帽挂在客厅的四足帽架上，为防止落尘，他还特意让人做了一个帽袱子盖在官帽上。冯国璋脑后的小辫，也是1912年8月去天津上任直隶都督时才剪掉的。这也许是为了维系禁卫军的军心而有意为之，但一直到冯国璋死，禁卫军也确实没有和冯国璋脱离过关系，这是后话。[2]

袁世凯当政时期，冯国璋先后担当重任。“二次革命”后，冯国璋再度率军南下，并在击败革命党人后代替军纪不佳的张勋辫子军驻节南京，成为威震东南的封疆大吏。袁世凯复辟帝制时，冯国璋是反对的，但他不像段祺瑞那样直接，而是背地里阻挠。之所以和袁世凯磨不开脸，一来是冯国璋的性格，二来也是由于冯国璋的继室是袁家的家庭女教师周女士，冯国璋也不好跟袁世凯太闹翻脸。

袁世凯死前的几个月，冯国璋也曾在南京召开会议，商讨日后的政局发展，但由于受到倪嗣冲等人的干扰，最后不了了之。黎元洪继任总统后，冯国璋也曾为黎、段之间的“府院之争”调停过，但黎、段矛盾最后还是愈演愈烈，结果引发了张勋的复辟。可笑的是，张勋还以为冯国璋也是复辟派呢。

黎元洪坚决辞去总统职位后，代理大总统冯国璋也就成为名正言顺的继任人。最开始时，冯国璋也是喜忧参半：喜的是他终于可以达到人生的最巅峰——当上民国大总统（袁世凯做得，我

---

① 以上记叙来自冯国璋幕僚恽宝惠亲历的回忆。参见文斐编：《我所知道的北洋三杰》，第228—232页。

② 载涛：《冯国璋接管禁卫军》，见吴长翼编《魂断紫禁城：袁世凯秘事见闻》，第210页。

老冯也做得）；忧的是京城并非自己的势力范围，万一像黎元洪那样当一个光杆总统，处处受别人的约束，倒不如做个江苏督军来得逍遥自在。

冯国璋左右为难时，段祺瑞给他发电报，说："四哥快来！"接到这个电报，冯国璋又高兴又得意地指着电文对身边人说："你们看，芝泉这个粗！芝泉这个粗！"[①]

当时，冯国璋身边的人也分为两派意见，一派认为这是一个千载难逢的好机会，希望老头子立刻去北京当总统；另一派则认为"宁为鸡头，不为凤尾"，还是做江苏督军的好，免得去了北京束手束脚，受别人限制。

冯国璋对此也十分苦恼，一来当总统的诱惑实在太大，二来也怕猛虎离山，虎落平阳，反而丢了自己的地盘。段祺瑞见冯国璋总不表态，而总统一职也不能一直虚悬，于是派靳云鹏亲自去南京劝说冯国璋赴京就任大总统之职。

靳云鹏来南京后，说了这样一段话："北方的大局好比是一个香炉。这个香炉有三条腿，大总统好比是这个香炉的一条腿，总理和东海（徐世昌）是那两条腿。有了这样三条腿，还怕香炉立不稳吗？"

靳云鹏的"香炉三条腿论"打动了冯国璋，他最终决定择日北上就任总统。不过，在去之前，冯国璋提了三个条件：一、国务院秘书长的人选，除徐树铮之外，任何人都可以同意；二、江苏督军的遗缺，由江西督军李纯调任，李的遗缺由陈光远继任；三、崇文门监督和两淮盐运使均由冯国璋派人出任（这两职位都是收钱收税的肥缺，冯国璋主要担心做上总统后财政毫无保

---

① 文斐编：《我所知道的北洋三杰》，第212页。

障）。[①]

收到冯国璋的条件后，段祺瑞心中虽然有些不快，但还是很痛快地答应了。毕竟，更着急的是段祺瑞，他当时急需冯国璋来帮他解决这个总统缺位的政治危机。

冯国璋到京后，原总统黎元洪执意要离开北京（一城不容二总统嘛），但段祺瑞考虑到南方仍有“拥黎”之声，他害怕黎元洪离开北京后会被人利用，于是一再强留，不肯将黎元洪放走。就在这时，黎元洪的东厂胡同私宅突然发生了一起离奇的命案：黎元洪的一名卫队士兵突发疯疾，其用刺刀连续刺死卫队长和两名士兵后逃出门外，最后才被其他追上的卫兵用枪击毙。[②]

血案发生后，黎元洪的私宅也就成了凶宅，黎的家人纷纷避居天津。而此时冯国璋已经抵京，段祺瑞这才同意黎元洪迁居天津。由此，黎元洪成为息影津门的一介平民，他的故事也就暂告一段落。各位看官，您说他还能再度咸鱼翻身吗？

世事变幻，向无定数，姑且等到五年后再说吧！

---

① 文斐编：《我所知道的北洋三杰》，第275-276页。

② 侯杰、姜海龙：《百年家族：黎元洪》，第221页。

三十三

烽烟再起

1917年8月1日，冯国璋在京就任代理大总统，这也标志着短暂的“黎、段”体制结束，北洋政局进入“冯、段”合作时期。

没了黎元洪和国会的掣肘，对德国宣战的问题就迎刃而解了。1917年8月14日，北京政府发布公告，正式向德国和奥匈帝国宣战，并宣布之前与德、奥签订的条约协议一律无效。换句话说，德、奥两国在中国的租界及其特权全部收回，庚子赔款也不必再支付了。

不管怎么说，这也算大快人心的大好事吧！

有人要说，既然参战了，那该组建军队去欧洲参战吧？这天上掉馅饼的事，终究不可靠不是？值得庆贺的是，这种想法在当时确实多虑了。中国虽然宣布参战，但没有派出一兵一卒加入战场，也没见德、奥提兵前来报复，这实在是笔包赚不赔的好买卖。

当然，中国还是派出了一些劳工前往法、俄等国，因为当时欧洲打了几年仗，青年都上了战场，后方青壮劳力极度缺乏。因此，他们请求中国派出些劳工前往欧洲，帮助他们在后方做一些力所能及的事情，比如兵站运输、防御工事的挖掘修建等工作，也算是代中国军队间接参战了吧！

外交虽然取得了胜利，但冯、段两人在内政上却遭遇了大麻烦。原来，在段祺瑞拒绝恢复国会后，部分议员来到广州并于8月25日召开了“非常国会”。所谓“非常”者，乃是人数不及法定出席人数也。按例，国会通常为“八百罗汉”，须过半数方可开会。但本届国会议员自选举后已近5年，部分议员或老或病或死或退，已难以凑足八百，之前被黎元洪解散的那个国会也不过刚过半数。这次广州“非常国会”的议员在150余人，已属不易。

经“非常国会”的“非常会议”之后，广州组织了以孙中山为大元帅的军政府，与老段的北京政府遥相对峙，分庭抗礼。作为背后依靠的势力，云南的唐继尧和两广的陆荣廷，这二位大佬也被选为元帅。

自命正统的冯国璋得知广州另立中央后非常生气，他一边指责广州方面非法召开“非常国会”，一边还下令将广州军政府的成员一律缉拿严办。段总理来得更直接，他气势汹汹地宣布要出师剿灭南方军队，决不宽恕。

在北方的威胁恫吓之下，南方也不甘示弱。广西督军陆荣廷代表军政府提出四项主张：一是迎黎元洪复职，二是恢复国会，三是罢免段祺瑞，四是撤免湖南督军傅良佐。如果北京政府不肯答应，哼哼，他们也要武力北伐。

在这个比谁的拳头粗、拳头硬的军阀年代，非常即常，常也不常，哪来这么多的讲究！

陆荣廷的前三个条件，即“迎黎元洪复职，恢复国会，罢免段祺瑞”，稍有理智的人就知道这断无可能。要是满足了这三个条件，那还不如请你陆荣廷去北京做总统、重组政府得了。很显然，这不是谈判的友好方式，也毫无谈判的诚意。南北双方，不过彼此彼此。

说到第四个条件，撤免湖南督军傅良佐，却是引发南北冲突的直接原因。原来，武昌起义后，湖南革命党推举年仅26岁的焦达峰为湖南都督，但不到10日，焦都督便被乱兵刺死，后由进士出身的知名立宪党人谭延闿继任都督。

谭延闿生于1880年，其父谭钟麟曾做过陕甘、闽浙、两广总督等。谭延闿从小就聪颖好学，帝师翁同龢称他为奇才，后来小谭果然连中秀才、举人，并在1904年全国会试中一举拔得会元（会试中的头名），填补了湖南近200多年来没出过会元的空白。而这一次，也是中国的最后一次科举考试。

谭延闿当上都督后，由于湖南革命党的势力比较强大，因此谭延闿也在民国初年偏向革命阵营并加入了国民党。“二次革命”中，谭延闿因试图在南北双方中维持中立而被袁世凯逼走，改由海军次长汤芗铭出任湖南都督。

汤芗铭是湖北人，清末著名的立宪派领袖汤化龙是他的老哥。汤芗铭曾中过举人，后来改习海军并到欧洲留学五年。回国后，汤芗铭进入海军，并出任统制萨镇冰的参谋长。辛亥年中，汤芗铭率领舰队起义投机革命，后被袁世凯委任为海军次长。“二次革命”爆发后，汤芗铭重披战袍，率舰队前往江西、湖南助攻，并由此接任了湖南都督。

1916年洪宪帝制中，汤芗铭带头劝进，袁世凯喜出望外，随后封其为一等侯，不料护国军起，局势大变，汤芗铭又在老哥汤化龙的劝说下仓皇宣布独立。袁世凯得知汤芗铭倒戈，气得病情加重，是谓“送命二陈汤”也。

尽管汤芗铭气袁有功，但他毕竟是帝制运动的积极分子，最终为湘人所不容，后来被逼出湘，而谭延闿则卷土重来，做上了湖南省省长兼督军。上任伊始，谭延闿搬出民国初年“湘人治湘”的口号，实则再次贩卖他“严守中立”的看家法宝，防止其他势力觊觎三湘大地。

说起民国初年的口号或说理念，那真是不胜枚举。就拿“湘人治湘”“鄂人治鄂”之类来说吧，其大意是本省人治理本省，具体体现就是由本省人来做本省的都督，如黎元洪做湖北都督（黎为湖北黄陂人）、阎锡山做山西都督（阎为山西五台人）、李烈钧做江西都督（李为江西武宁人）、谭延闿做湖南都督（谭为湖南茶陵人）、陆荣廷做广西都督（陆为广西武鸣人）、胡汉民做广东都督（胡为广东番禺人），诸如此类。

民国初年，南方革命党推荐原广西布政使王芝祥出任直隶都督，结果引发了总统袁世凯和总理唐绍仪的一场冲突。弄得最后，唐总理被逼挂冠而去，这未尝不是“直人治直”思想所导致。如此，“湘人治湘”及其类似的理念，其实是各省自治的初级阶段，后来还扩展成“联省自治”的高级阶段，其滥觞便在于此。

与“湘人治湘”同等出名的是“军民分治”。所谓“军民分治”，就是将各省军政事务与民政事务分开，一来防止军阀专权，二来也是为了提高效率。在前清时，各省的总督巡抚兼管军事、民政、司法、狱政等，后来清末搞什么统一军权，把各省都督巡抚的军权收去，结果总督巡抚控制不了各省的新军，这其实也是清朝覆亡的根本原因之一。

从理论上说，清末统一军权的政策并没有错，错就错在操之过急，结果武昌一起头，各省新军各行其是，把老的总督巡抚赶走，自己做督军。君不见，民国初年的各省新权贵，那些新军将领们是何等的年轻，如蔡锷、李烈钧、阎锡山等人当时也就三十出头。若不是辛亥年的机缘，如何能发生此等不可思议之事？以他们的知识、阅历及能力，又有何德何能，能治理数千万人口的一个省呢？最终的结果，这些人大多像划过夜空的流星，稍纵即逝；像阎锡山这样一做就是二三十年的，也是独一无二了。

民国建立后，各省大权均集中在都督手中，这对中央政府统一政令自然不利。于是，袁世凯也就接过前清“军民分治”的旗号，在各省分设省长和督军两职，省长管民政，督军专任一方治安，彼此分工合作，又有所牵制；而中央政府也可借以统一政令，防止地方军阀的危害出现。

不管是口号也好，理念也罢，“湘人治湘”和“军民分治”都可以说是好东西，但中国的问题往往在于：东西是好东西，执行起来却走样变形。其中的问题出在哪里？关键还在于人的私心掺杂，弄到最后，好理念、好政策都会变成歪经。

这不，谭延闿说“湘人治湘”，段祺瑞便提出“军民分治”，理由是谭延闿文人出身，不谙军务，理应辞去督军而专任省长；至于督军一职，则由时任陆军部次长的傅良佐来出任。傅是段的学生和跟随多年的亲信，这次得以出任湖南督军，老段特意解释说，傅良佐乃是湖南乾城人，回老家署理督军一职，岂不是“湘人治湘”和“军民分治”的完美结合？

一石激起千层浪，谭延闿心里是一百个不愿意。因为大家都知道，傅良佐虽然原籍湖南，但他是生于北方、长于北方，说的北方话，吃的北方饭，当地就没有几个人知道他是湖南的。因此，说傅良佐回老家当督军是“湘人治湘”，实在过于牵强。

但是，谭延闿又不能公开违抗中央命令，于是他把希望寄托在西南军阀的身上。对于老段派傅良佐督湘的目的，南方大佬陆荣廷、唐继尧等人当然心知肚明，他们也深知唇亡齿寒的道理，因为傅良佐一旦拿下湖南，下一步就可能要进军西南，实现段祺瑞“武力统一”的梦想了。

由此，西南各军阀立刻联合起来，他们召开军事会议，决定派兵入湘支援谭延闿。只是，西南军阀毕竟山高路远，而且内部也不甚统一，虽说要出兵，但只听到雷声大，却不见雨点下来。倒是段祺瑞行动迅速，傅良佐在8月下旬即动身南下，准备前往湖南赴任。

按说，去湖南本该走京汉线更直接，傅良佐却绕道津浦路，先去南京拜见江苏督军李纯，随后又溯长江而上，到武汉拜会湖北督军王占元。很显然，傅良佐此举是为了争取直系军阀的支持。

说起北洋时期的军阀，实在是名目繁多，令后人头疼不已。大体而言，在清朝覆灭后，北方除新军将领出身的阎锡山盘踞山西自保门户外，长江以北基本属于北洋系的控制范围。长江以南则非北洋，其中又可分为革命党（如胡汉民之于广东、李烈钧之于江西）、原新军将领（如蔡锷之于云南，唐继尧之于贵州）、旧派势力（如谭延闿之于湖南、陆荣廷之于广西）；二次革命后，北洋系势力扩展到长江以南，将湖南、江西、浙江、福建纳入北洋的势力范围，而西南五省（两广、云贵、四川）也噤若寒蝉，屈从于袁世凯的威势之下。袁氏当国的这几年，也是民国时期难得的统一时期。

袁世凯死后，各省军阀又活跃了起来，首先是西南五省乘护国军之余威，藐视段氏中央；接着是奉系军阀张作霖隐然崛起，雄踞关外；山西军阀阎锡山仍旧闭境锁省，自谋发展；新疆军阀杨增新从辛亥年后即僻处偏远，不问中原，而内蒙古、西藏也因为北京政府的反复而局势不定。

更不妙的是，北洋系内部也出现了分裂，先是张勋一通乱搞，自取灭亡；接着是段祺瑞和冯国璋悄然形成两派，这就是历史上所称的皖系军阀和直系军阀。所谓皖系，便是以段祺瑞为首的一批军头，因段祺瑞是安徽人而得名。最初，段祺瑞并无自己的地盘和军队，不过凭借自己的威望和多年维系的部属或弟子成一派之长。直到后来参战军和西北军的组建，老段才算是拥有了自己的军事力量。

直系则相对复杂一点，其中可分为老直系和新直系。老直系以冯国璋为首，其中包括江苏督军李纯、江西督军陈光远、湖北督军王占元，外围还有直隶督军曹锟等人。由于冯国璋去世得早，老直系没有维持多长时间，后来说的新直系实际上是以曹锟、吴佩孚为首的军阀势力，因为冯国璋和曹锟都是直隶人，因此直系也可分为新、老两个阶段。

段祺瑞要傅良佐前往督湘，实际上是经过深思熟虑并且可以一石二鸟的好计谋：一是可以占据长江中游，打进冯国璋的赣鄂势力；二是可以借湖南为入口，南征云贵两广。此所谓，攘外必先安内，外战固然可宣而不战，内战却是火烧眉毛，迫在眉睫。

傅良佐抵达湖南前，谭延闿以原辛亥革命党人刘建藩为零陵镇守使，并将湘军第一师第二旅林修海部移驻衡山。表面上看，谭延闿是对傅良佐虚位以待，表示长沙不设防，但实际上是为了保存实力，先行准备。

老段自己是军人出身，他心里也清楚，如果没有军队在背后撑腰，傅良佐在湖南肯定是一事无成。于是，他随后调遣北洋军第八师王汝贤部和第二十师范国璋部随傅入湘，协助控制湖南。在北洋军的压力下，谭延闿只好借口回老家茶陵省亲，不辞而别。

1917年9月9日，傅良佐带着自己的卫队营来到长沙走马上任。新官上任伊始，傅良佐便给湖南的小军阀们来了个下马威，他先是将林修海的旅长撤去，改派自己的随从邹序彬出任；紧接着，又将刘建藩调任外省，改陈遂章为零陵镇守使。

林修海和刘建藩是小军阀不假，但他们也是手里有枪的人，岂能束手就擒、轻易买账？之后，这二位便在衡阳、零陵宣布独立，湘鄂战争就此爆发了。

傅良佐对林、刘二人的独立早有预料且早有预案，随后便请调北洋军第八师和第二十师前往清剿。开战后，由于湘军的兵力单薄，实力太弱，北洋军基本没遇到什么大的抵抗，便相继攻下了衡山、宝庆等地。

初战告捷，傅良佐心里乐开了花，随即就打电报给段祺瑞报喜。老段听后也十分高兴，他不但通电嘉勉，还命人采购了大宗物品送到前线，以鼓励他们乘胜南下，一举平定西南。

正当老段在北京喜滋滋地掐着指头计算胜利日期时，前方一纸电报传来：王汝贤和范国璋两位师长竟然要求停战议和！

这又是怎么一回事呢？

三十四

巨头相争

张勋复辟时，段祺瑞起兵讨逆，他当时依靠的是李长泰任师长的第八师。李、段都是小站旧人，同袍多年，彼此关系很熟悉。据说在起兵前，李长泰的夫人就半开玩笑地对老段说："总理啊，你看我们家老李当了半辈子官了，都老白了毛了，能干多少年呢？总理你若不提拔他，还有谁能提拔他呢？这次你回到北京，就把九门提督给他吧！"

段祺瑞听后，嘴里也没说什么，只是点头默认了。讨逆成功后，各将论功行赏，段祺瑞便将李长泰调为步军统领（所谓"九门提督"是也），算是对他帮助讨逆的回报。但是，段祺瑞有个条件，那就是将李长泰第八师的师长职务免去。李长泰希望兼任师长，于是找人到段祺瑞那里去说情："李师长在马厂有首义之功，步军统领又不是封疆大吏，要是不让他兼任师长的话，恐怕会让人有德薄之讥。"

段祺瑞听后很不高兴，说："步军统领一职，是我刚到马厂时李太太要求的，当时李师长也在座。李身为军人，又和我有桃园之义，功未成而先要酬庸，形同要挟，这是他不该做的。而且，李师长暮气沉沉，第八师将要担任重任，他不能胜任。”最终，李长泰被免去第八师师长之职，而改由原旅长王汝贤接任。[①]

段祺瑞原本以为，王汝贤被提拔为师长，想必会感恩戴德，届时派他去平定西南一定肯用心出力，这也是老段前面说的“第八师将要担任重任”的意思。

事与愿违的是，王汝贤也有自己的小九九。老段对他固然有提拔之恩，但他与范国璋带着弟兄们进入湖南，不过是帮傅良佐抬轿子。就算打了胜仗，他们又能得到什么好处呢？打赢了还好办；要是打输了，把自己的老本折掉，又上哪儿喊冤去？所以，小战辄止，若要再去打苦仗、硬仗，吃力不讨好，此非吾辈所为也。

王汝贤和范国璋当时发出停战通电还有两个原因：一是西南军阀的援军已经开进湖南，而且北上势头很猛，一旦交战，必然要拼个你死我活；二来北京那边有人给他们撑腰，并主张和平统一。

这主张和平统一的人不是别人，正是代理大总统冯国璋。王汝贤和范国璋都是直隶人，乡谊纽带加上利害关系，他们当然愿意听从冯国璋的“和平统一”而不是老段的“武力统一”，他们总不至于傻到要去为他人火中取栗吧？

王、范二人说到做到。在发出停战通电的当天，他们不等北京政府的批准，便率领自己的队伍北撤。王、范的队伍撤走后，傅良佐哪敢再留，他也赶紧带着自己的随从逃出了长沙。在北洋系势力撤出长沙后，陆荣廷的小舅子、“联帅”谭浩明随后便率领湘粤桂联军入驻，恢复了南北双方战前的状态。

---

① 文斐编：《我所知道的北洋三杰》，第191页。

眼看“武力统一”政策刚开了个头便宣告失败，段祺瑞心里也是好生气恼，他气呼呼地找到大总统冯国璋：“王汝贤、范国璋两人身为军人，未经批准便擅自退兵，以至于湘省尽失，该以军法从事！”

冯国璋却心里清楚这是怎么回事，于是淡淡地说：“王、范固然有错，但傅良佐弃省自逃，又该当何罪？”段祺瑞愤愤地说：“王、范二师，无故倒戈，傅良佐不走又能如何？”冯国璋微笑道：“若能武力勘定，我又何必一意主和？想必是前方困难重重，王、范才有此无奈之举。”

听到这里，段祺瑞才算摸清了门道。搞了半天，原来是冯国璋在背后给他们撑腰啊！

说起段祺瑞和冯国璋的关系，自然是非同一般。这二位都是北洋武备学堂的开山弟子，又一起跟随袁世凯多年，既是老同学，又是老同袍，几十年的交情，那可是实打实的。据冯国璋的女儿回忆说，袁世凯升任山东巡抚后，王士珍、段祺瑞和冯国璋都随同调驻山东，那时他们白天上班，晚上便经常到冯国璋家小聚，或谈天说地，或喝喝酒、打打牌，相处非常融洽。

当时，冯国璋家有个共同捐资的私塾，塾师是冯国璋的三哥冯琥璋，在家塾中就读的学生不但有冯家的子弟，段祺瑞的儿子段宏业甚至小舅子吴光新也都在这里读书。段祺瑞对子弟的教育非常重视，如果书读得不好，他不但责罚自己家的子弟，冯家的几个儿子也要同时受罚，一视同仁。①

前清时代，由于受到大领导袁世凯的影响，冯国璋和段祺瑞的政见基本相同。直到段祺瑞发出共和通电，冯、段两人才出现

---

① 文斐编：《我所知道的北洋三杰》，第211页。

分歧。关于这件事，冯国璋对段祺瑞非常不满，但后来见事已如此，也只好作罢。

袁世凯死后，段祺瑞和冯国璋成为主导政局的风云人物。也许是年龄的缘故，冯国璋和段祺瑞在收拾乱局的问题上出现了分歧。当年，段祺瑞52岁，尚有余勇可贾，而冯国璋已经58岁，明显老态毕显。由此，段祺瑞主张要武力统一，冯国璋却不忍杀伐过度，认为还是和平解决的好。

冯国璋和段祺瑞的分歧出在原则立场上，这调和起来颇有困难。就拿傅良佐督湘这件事来说，冯国璋最初并不同意让傅去湖南，最后因为段祺瑞的坚持才让步。像黎元洪一样，冯国璋当时的工作也主要是盖印，程序一般是这样：国务院秘书长张志潭带着公文来总统府，随后在总统府代秘书长恽宝惠的带领下去请冯国璋用印。一般来说，国务院的公文须冯国璋看过一遍，然后再交恽宝惠盖印，盖完后交还张志潭，周而复始。

有一次，张志潭拿着一些公文来请冯国璋盖印，其中便有傅良佐督湘的任命书。冯国璋看到后，便停住不动，并不像之前那样随手交给恽宝惠盖印。张志潭见冯国璋犹豫，便将段祺瑞的理由转述了一遍，说傅良佐原籍湖南，又是军人，去做湖南督军一定会胜任愉快。

冯国璋听后，不以为然地说："这恐怕不见得吧？你还是回去跟总理再商量商量！"于是，这份任命书又被递回张志潭手中。过了几天后，段祺瑞提出让傅良佐做督军或者省长任选其一作为让步，便又让张志潭去总统府盖印。张志潭去见冯国璋之前，先找了恽宝惠沟通，让他到时帮忙说几句话，这才通过了对傅良佐的任命。

傅良佐的任命一事虽然解决了，但背后的分歧依旧存在。段祺瑞本就不经常去总统府，加上俩人都上了年龄，彼此间的走动也已不是太多，因此沟通上的问题日渐突出，分歧越拉越大。比如段祺瑞是喜欢打牌的，之前冯国璋去段家也会打上几圈，但冯国璋上了年纪，特别是当了总统后，已经不爱从事这项活动，而段祺瑞不明就里，却认为冯国璋是故意在他面前摆总统的架子。

话说回来，中国几千年的历史，说白了就是个人情社会，你不多走动走动，哪里来的人情呢？麻将成为国术，大概也不是偶然吧。

王汝贤、范国璋部北洋军后撤后，傅良佐仓皇逃出长沙，冯、段两人的分歧便开始公开化了。段祺瑞主张追究王、范两将的责任，而冯国璋认为傅良佐同样渎职，也应严办。最后，傅良佐被免职，而王汝贤、范国璋则因为军务重要，仅仅给予口头申斥，轻轻带过。

段祺瑞得知后十分气恼，便放出风去说要辞职。然而，冯国璋却不是黎元洪。过了几天，张志潭拿着公文前去盖印时，冯国璋盖好后却莫名其妙地说了一句："总理还不辞职吗？"恽宝惠和张志潭两人听后，都觉得冯国璋这话说得太冒昧了。试想这样的问题，这该如何回答呢？好在张反应比较快，他神情严肃地说："辞呈就上来！"①

当然，辞呈还没这么快，张志潭也就是随机应变，说说而已。没过几天，直隶督军曹锟、湖北督军王占元、江苏督军李纯、江西督军陈光远，这四位督军突然联名发布了一则通电，要求停战议和，反对武力统一。这"锣鼓听声、说话听音"，段祺瑞岂会不知其中的文章，随即便真的提出辞呈，再次辞去总理及

---

① 文斐编：《我所知道的北洋三杰》，第280页。

兼任的陆军总长职务。

有意思的是，冯国璋却只准段祺瑞辞去总理而保留了陆军总长一职。如此做法，这不是故意打老段的脸吗？哪有辞去总理却觍着脸继续干总长的？这总理都做不了，岂能继续做陆军总长？于是段祺瑞再次辞职，这次冯国璋却不再挽留，一一批准。

段祺瑞辞职后，冯国璋得找一个替手。这替手是谁呢？原来是“北洋之龙”王士珍。在袁世凯被踢回老家后，王士珍其实已脱离军政两界近十年之久，他手头既没有军人势力，也没有政治本钱，加上年已老朽，血气已衰，本是不堪重用的。但冯国璋还是觉得王聘卿（王士珍字聘卿）性情平和，资格又老，于是想引为己助，并借以抵制皖系，调和南北。

王士珍和冯国璋、段祺瑞当然也是老哥们，这“段去王来”，两人的面子都有点挂不住。对段祺瑞来说，王士珍出任总理有卖友之嫌；但冯国璋又对他说：“老聘，难道你就忍心看我的笑话吗？”所以，王士珍也实在是推脱不得，只好勉强上任了。[①]

段祺瑞辞职后，原阁员也按例全部自动辞去，改由王士珍重新组阁，最后名单如下：陆征祥为外交总长、钱能训为内务总长、王克敏为财政总长、江庸为司法总长、田文烈为农商总长、曹汝霖为交通总长、傅增湘为教育总长，海军总长仍用刘冠雄，陆军总长则由王士珍自己兼任。

1917年11月22日，段祺瑞正式辞去总理职务，第二次“府院之争”再次以段祺瑞的去职而告终。老段的第二次内阁不过三个月便宣告倒台，这冯国璋毕竟不是黎元洪！

① 文斐编：《我所知道的北洋三杰》，第281页。

12月1日，王士珍公布了自己的阁员名单，新一届内阁宣告成立。在这本该普天同庆的日子里，湖北前线却传来不和谐音：湖北第一师师长石星川在荆州宣布独立；三天后，第九师师长黎天才也在襄阳宣布独立，两地与广州护法军政府遥相呼应。为了赢得云南靖国军唐继尧的接应，襄、荆两地均改名为湖北靖国军，并推黎天才为总司令。

这又是为何呢？

原来，在王汝贤、范国璋部北洋军撤离至岳阳后，南方军队挺进长沙，占尽优势。在他们的鼓动下，与湖南接近的湖北襄荆两地起而响应，宣布独立。与此同时，长江上游总司令、四川查办使吴光新（也就是段祺瑞的小舅子）也在四川被川军熊克武部打得大败，仓皇退回鄂西。

这样一来，段祺瑞布下"武力统一"的两颗棋子已经完全失败。有意思的是，吴光新在四川吃了败仗，他却想在湖北露一手，于是打电报给北京，要求收复荆襄，将功折罪。

吴光新的电报发出后，湖北督军王占元着急了。王占元的经历和王士珍、段祺瑞等人基本类似，他也是北洋武备学堂毕业并参加过甲午战争，后投入袁世凯门下参与小站练兵，由此飞黄腾达。武昌起义后，王占元任第二镇第三协协统，在南下镇压革命后因功升为第二镇统制。"二次革命"爆发后，王占元再次领军出征，由此在湖北扎根，并逐渐独掌大权。

也许有人会觉得奇怪，这吴光新要打湖北靖国军，王占元又有什么好急的？这是借兵助剿，好事啊！其实不然。因为当时的湘军势力正旺，他们想一举攻下岳州，将北洋军逐出湖南境内，而王占元和南方军联帅谭浩明正在竭力调和，试图平息局面。如果这时吴光新进攻荆襄，必然会引发湘军进攻岳阳，由此战火重燃，危及湖北的安全。

12月4日，长江三督李纯、王占元、陈光远发表通电，请求冯国璋正式宣布停战。两天后，以曹锟为首的八省督军和淞沪护军使卢永祥、第七师师长张敬尧发表了一个言辞更加激烈的通电，要求冯国璋立刻颁布对南方军的讨伐令，这标志着北洋系已经在战和问题上彻底分裂了。

值得注意的是，之前发布停战议和通电的直隶督军曹锟这次却摇身一变，成了主战的急先锋，这又是为何呢？

据说，曹锟的转变有两个原因：一是北洋元老徐世昌的指点；二是徐树铮向他许诺，支持他获取副总统一职。曹锟当时驻节天津，与寓居于此的徐世昌多有来往。在之前那个停战议和通电发布后，徐阁老却不以为然，说："芝泉固然性子太急，但华甫也不该暗中唆使王、范二人，以至于倒戈失湘。他们两人如此闹法，今后如何收拾？"

曹锟听后不明就里，只支吾了两声。徐世昌见他还不明白，便又道："冯、段两人争斗，你们也不在其中帮助调和。如此以后，恐怕北洋团体四分五裂，届时民党卷土重来，你们谁都推卸不了责任呢！"曹锟听后，这才如梦初醒。

至于徐树铮，他在段祺瑞倒台后仍旧忠心耿耿，为段祺瑞的复出而上下奔走。当时，他遍访各省督军，以寻求支持。有一次，徐树铮见到曹锟，表示只要他支持段祺瑞复出并赞成"武力统一"政策，段祺瑞便愿意在召集新国会改选总统时支持曹锟就任副总统。

经过徐世昌的一番点拨后，曹锟本就对通电主和有所悔意，又听说段祺瑞愿意支持自己当副总统，由此也不免动心。是啊，黎元洪和冯国璋不都是由副总统升级当上了大总统的吗？既然老黎、老冯做得，如何我老曹就做不得呢？

接到北洋系内部两份完全对立的通电后，冯国璋也十分为难。他仔细一估量，主战的督军都在北京周围，而主和的长江三督虽然站在自己的一边，但毕竟相距太远，远水解不了近渴；要是不对这些主战的武夫有所回应，还不知道他们要闹出什么事来。

想到这里，冯国璋急忙把内阁总理王士珍等人找来，商议对策。王士珍说，现在主战的都是老段的势力，何不将老段请出，给他个闲散职位，免得他从中作梗，牵制中央。冯国璋想，这老段并非寻常人物，除了总理一职，哪里还有其他职位可以安排？后来，大家七嘴八舌之下，总算商议出一个新名目：老段不是好弄兵权、并且一意要对德国宣战吗，何不给他个"参战督办"的名义，以示中国参战？

听了这个提议，老段倒也不推迟，只说参战督办一职须同陆军总长联合，不然凡事梗阻，倒不如不就任。王士珍听后，自然明白老段的意思，于是主动辞去了所兼的陆军总长一职，改而提名老段的亲信段芝贵来充当，冯国璋对此也无甚意见。

数日后，老段带着段芝贵去总统府见冯国璋，两人重归于好，言笑如初。当然，冯、段之间还有些疙瘩，不过新任陆军总长段芝贵却善于插科打诨，三人一席言谈，尽欢而散。

有了冯总统的让步，老段心中的"武力统一梦"不免又再次升起。由此，南北战火也就要再起烽烟了。

为了协调南下作战，徐树铮特邀各省督军前来天津开会，参会的有直隶督军曹锟、安徽督军倪嗣冲、山东督军张怀芝等人。此外，山西督军阎锡山、陕西督军陈树藩、河南督军赵倜、福建督军李厚基、浙江督军杨善德、淞沪护军使卢永祥、苏皖鲁豫剿匪督办兼第七师师长张敬尧等也派有代表。就连关外的奉天督军张作霖、吉林督军孟恩远、黑龙江督军鲍贵卿，也都派代表前来参会。

武人们聚在一起，自然是摩拳擦掌，跃跃欲试，一个个恨不能立刻飞奔南下，给南方军一点颜色看看。会上，曹锟和张怀芝的表现最为突出，他们在段祺瑞的授意下，完全控制了这次会议的场面。由于冯国璋是大总统，武夫们不好直接骂他，于是他们便把矛头对准了主和的“长江三督”，特别是江苏督军李纯，更是被骂得狗血喷头，并被扣上北洋的“内奸、小人、走狗、叛徒”的大帽子。

光骂还不行，得有实质性的东西。经过一番争论后，天津会议初步决定，要求冯国璋明令讨伐湘、粤，并拟以两路南下进攻湖南：第一路以曹锟领衔，沿京汉路经湖北后进攻湖南南部；第二路以张怀芝为主帅，沿津浦路南下后经江西攻湖南东部。各省督军还约定了出兵的兵力，其中直隶、山东、安徽各出一万，奉天出兵两万，山西和陕西各出五千。

有意思的是，之前只要提到用兵讨伐，各省督军总是推三阻四，而且出兵前一定要中央将粮饷枪械补充齐全，经费发足，否则决不出兵；而这次督军团会议却面目一新，各省督军纷纷自告奋勇，他们非但自愿出兵，而且愿意自筹经费，并不需要中央出一个子儿。这可真是精神可嘉。

1918年1月23日，在北洋军尚未大规模南下时，吴光新便在天津会议精神的鼓舞下，一举攻下荆州；2天后，由吴佩孚统属的第三师第五旅张学颜部也占领了襄樊。至于此前号称独立的黎天才和石星川所部“靖国军”，早因内部分裂而土崩瓦解。

接到这个消息后，冯国璋却试图“以胜求和”，并与南军联帅谭浩明约定南北军互相撤退，不得开火。可惜的是，谭浩明这时也指挥不动当时的湘军，何况吴光新等部已经攻克了荆、襄，他们自然不肯罢休。

1月24日，湘军赵恒惕部向驻扎在岳阳的北洋军第二师王金镜部、第八师王汝贤部、第二十师范国璋部、第十一师李奎元部发起进攻。由于这几支部队均属冯国璋的直系范围，他们并不愿与湘军发生冲突，于是将岳州焚烧一空后不战自退。等湘军来到岳州时，这里已经是一座烈火焚烧、余火未尽的空城。

“二次革命”后，岳州一直被北洋军占据，这次的胜利收复令湘军上下十分激动，也让西南各省大为振奋。因此，很多人都主张乘胜北上，顺势攻下武汉，扭转南方的颓势。不过，联帅谭浩明并没有采取湘军的意见，他认为南军攻下岳州后已是强弩之末，并不具备继续进军武汉的实力；而且，岳州可以作为北洋军攻下荆襄的补偿，适可而止，也不失为上策。

谭浩明的后台老板是两广巡阅使陆荣廷，他也觉得南军既然已经攻占岳州，湖南已经成了西南的屏障，再北上进军，一无实力，二无必要，三是怕引发北军南下，反而另起争端，倒不如就此熄火停战，也好保自己的一方太平。西南省份其他督军如云南唐继尧等人，也是如此看法。

而在另一边，湘军攻占岳州的消息立刻激起了北洋系主战派的一片怒吼，他们一再逼迫冯国璋立刻发出明令，讨伐南军。在这几天里，冯国璋被搅得心烦意乱，几乎要淹没在主战派的汪洋大海之中。

正当主战派们眼巴巴地等着冯国璋下讨伐令时，京城突然爆出一个消息，说冯国璋大总统不声不响地乘火车南下，不告而别。这下可把他们给惹毛了。[①]

1918年1月26日下午，冯国璋离开北京南巡，第一站便是天津。当晚，冯国璋约见直隶督军曹锟，和这老弟谈了半夜的机密，以争取这位“虎变将军”的支持。曹锟本是直系中人，他不好对冯国璋过于为难，只是说：“要主和，就必须先主战。只有在战场上取得胜利了，和平才有希望……”这倒也不失为真知灼见。

在天津督署借宿一晚后，冯国璋于次日继续南下。这时，冯国璋出京南下的消息已经传出，段祺瑞等人听后十分气恼，他们连夜发电报给沿途的督军张怀芝和倪嗣冲，让他们将冯国璋堵回京城，不得延误战机。

山东督军张怀芝接到电报后，便带着随员来到济南火车站，眼巴巴地等着冯总统的专车莅临。不料车倒是来了，却风驰电掣地一驰而过，张怀芝连冯国璋的影子都没有见着。原来，冯国璋离开天津时，心想这张怀芝是铁了心要跟着段祺瑞主战的，他又与安徽督军互为党援，何不先去蚌埠说服倪嗣冲，届时张怀芝自然不攻自破。

于是，冯国璋的专列经过济南时没有停车而是直接奔蚌埠去了。吃了一个闭门羹后，张怀芝急忙发电报给倪嗣冲，让他做好截留的准备。所幸济南和蚌埠尚有几小时的车程，倪嗣冲得以从容布置，他带着卫队将车站给围了，然后在一边静待冯总统的大驾光临。

不久，冯国璋的专车便来到蚌埠车站，不消拦截，车便停

① 参见吴虬：《北洋派之起源及其崩溃》，中华书局，2007年，第32页。或与徐树铮勾结奉军截留冯所购军械有关。

了。冯国璋下车后，倪嗣冲早已等候多时，他立刻上前恭恭敬敬地迎住冯总统，将他请到督署小坐，好生招待。当天下午，张怀芝和苏皖鲁豫剿匪督办张敬尧也赶到蚌埠，冯国璋这才发觉事情不妙。

倪嗣冲等人先是客客气气地问冯国璋："大总统这次微行出巡，究竟有什么了不起的大事？为何也不提前通知，也好让我们有所准备，好好招待。"冯国璋见躲不过去，只好说要南下与各省督军商议下和还是战的问题。

倪嗣冲说："总统要商议大事，何必亲自南下？只需打个电报即可。"说完，他便自作主张地给江苏督军李纯发电报，请他来蚌埠商议。令冯国璋十分生气的是，第二天来的并不是李纯本人，而是他的代表齐燮元——这是什么意思呢？！

事情呢，其实很清楚。李纯明知冯国璋被困在蚌埠，他不肯亲自前来解围而只是派了个代表前来，这就不是迎接而是有"挡驾"的意思了。

当时有个传闻说，这次冯国璋南巡是因为被困北京，所以他希望借此机会重返江苏老巢。但这样一来，冯国璋以代理大总统的名义常留南京的话，江苏督军李纯的身边就不免多了一个"婆婆"，这却是他不愿意看到的。尽管李纯是冯国璋的"忠实信徒"，但在危及他利益时却一点都不含糊。

冯国璋见继续南下南京已经"此路不通"，只好同意倪嗣冲的意见，在蚌埠召开军事会议，讨论当前局势。很显然，这次草草举行的会议被主战派完全控制，倪嗣冲等人七嘴八舌，说的都是一个套路，那就是催促冯国璋赶紧下令开战，荡平西南。

冯国璋在会上虽然没有扮演菩萨，但他每次开口，总有七八张嘴把他的话堵回去。这秀才遇到兵，有理讲不清，冯国璋虽然是个秀才又不是个秀才，但毕竟一嘴不敌八舌啊。

说到最后，张怀芝不耐烦地说："总统想与南方谋和，除非你把总统的位置让给他；如果不想让出此位，那就只有主战一条路可选。如果将段合肥请出，我们北洋军心一致，莫说他一个小小湖南，就是整个西南我们也可以一举荡平，岂不痛快！"

安徽督军倪嗣冲更是有表演天赋，他拉着冯国璋的手大哭道："总统，现在国家已经危险万分，我们北洋派也到了危险万分的时候了！你看南方的势力多么嚣张，还有小人在总统跟前挑拨，说你是直派，说段总理是皖派，说你俩在闹意见；现在又造谣说，直皖两派要分裂，若真的分了，我们自相残杀，那北洋派就完了！中国就完了！"

倪嗣冲为人粗鲁野蛮，素有武健严酷之名。他喜欢发表惊人之语，爱做惊人之事，人送外号"倪大炮"。[①]他既是一个骄横恣意的军阀，又是一个顽固的保皇派。在政治上，倪嗣冲一向唯人是听，有大清皇帝，他就听皇帝的；皇帝没了，他就听袁世凯的；袁世凯死了，他又改从段祺瑞了。由于政治上一贯正确，所以倪嗣冲也就在安徽任上稳如泰山。

倪嗣冲的一番哭闹，冯国璋也难免有些感动：老倪也一大把年纪了，如此忠心爱国，一心护着北洋，这种集体主义的精神是多么的可贵！

事已如此，冯国璋也就不再坚持自己的主和论调，而改对倪嗣冲等人的主战观点表示认可。既然这样，继续南巡已无必要，冯国璋便于1月29日沿着津浦路原路返回了京城。[②]

---

① 后来得了精神病而死。

② 以上参见周俊旗：《百年家族：段祺瑞》，第171页。

老冯白费了一番心思，不但白跑一趟，还讨个没趣。正当他怏怏不乐之时，湖北督军王占元发来一个电报，称“湘、粤、桂三省南军已经攻陷岳州，驻岳总司令王金镜和其他北洋各部均已撤离。南军占据岳州后，又向通城等地发起进攻，声势正盛，请求急援”云云。

看到这里，冯大总统也不免动怒了，他胡子一翘，大腿一拍，惊呼道：“不得了！南军如此猖狂，看来不开战是不行了！”

次日，冯国璋便发下两道命令：第一道命令是授予曹锟为第一路军总司令，率吴佩孚第三师和五个混成旅由鄂北开往鄂南，张敬尧率第七师和两个补充旅南下进攻湖北通城；第二道命令是授张怀芝为第二路总司令，率施从滨的山东暂编第一师、张宗昌的江苏第六混成旅、张之杰的第十二师、李传业的安武军一部，还有冯玉祥的第十六混成旅，各队伍分别南下，进攻湖南东部。

紧接着，冯国璋又发布命令，将闹“独立”的黎天才、石星川及谭浩明的勋位军职等一股脑儿给撸了，并令前线部队将之擒拿严办。

另外还有三道命令，却是惩处北洋系内部人士的：第一道是将逃跑的前湖南督军傅良佐组织军法审判，以肃纲纪；第二道是将第八师师长王汝贤、第二十师师长范国璋、第二师师长王金镜撸掉军官勋位勋章，姑且留营戴罪立功；第三道则是在主战派的强烈压力下，冯国璋将江西督军陈光远的上将衔及陆军中将勋位撸去，仍留督军本职，以观后效。

冯国璋的这三道命令，粗看是罪责分明、一视同仁，细看却是内外有别、亲疏有分：逃跑督军傅良佐无兵无权，又系段派，所以惩罚最重，要以军法审判；王汝贤、范国璋、王金镜、陈光远这几位因是直系中人，却被轻轻带过，不过摘了那些无用的勋位、勋章及军衔，他们在军中或地方上的权位丝毫不为所动。

不管怎么说，冯国璋已经走上了主战的轨道，这也让这些武夫心满意足，不再纠缠于具体细节而是抖擞精神南下建功。1918年2月6日，曹锟亲临汉口，在此坐镇指挥第一路军发动进攻。与此同时，海军第二舰队也在司令杜锡圭的率领下，带着“楚观”“江鲲”“江利”“江犀”“江贞”五舰由水路开进，帮助陆军发起攻击。

至于南军这一边，由于内部派系太多、矛盾重重，直到北洋军大举南下后，仍旧没有做好充分的应战准备。当时的南军形势如下：湘军的赵恒惕部驻扎岳州，刘建藩部驻平江，桂军的马济、韦荣昌等部均在后方充当预备队。所谓“预备队”者，其实就是不想开仗罢了。

此刻，援湘军的后台老板、两广巡阅使陆荣廷也已经意识到，南军加入即将爆发的湖南战争只能是一场没有希望的赌博，与其拿自己的部队去填这个无底洞，倒不如全身而退，保存自己的实力要紧。

由此，当时真心抵抗的，其实只有赵恒惕、刘建藩等部湘军子弟兵——谁让湖南是他们的老家呢？

三十五

徐大总统

南下进攻湖南的北洋军中，大部分是北方的部队，他们从几千里之外远征湖南，这可是一件难得的新鲜事。因此，大部分的军官都感到兴致勃勃，劲头十足，想要从中建功立业，拔得头筹。

1918年2月26日，曹锟一声令下，吴佩孚率北洋第三师兵分两路，直扑岳阳。第三师的前身本是袁世凯练就的北洋第三镇，在1906年成军时，首任统制是段祺瑞；段祺瑞调任第四镇后，由段芝贵接任过一年；从1908年后，便由曹锟充当统制。第三师素来就是北洋军中的劲旅。

辛亥年后，北洋第三镇改为陆军第三师，师长仍是曹锟，吴佩孚被提拔为炮兵团团长，后又升为第六旅旅长。曹锟就任直隶督军后，吴佩孚代理了第三师师长一职。说起吴佩孚，他虽是秀才出身，但练兵有方，在原先北洋老部队日显疲态时，北洋第三师却在他的训练下虎虎有生气。此次出征，果然大有斩获。

开战第二天，北洋军迅速攻破湘军第一道防线，实行钳形战术，意图截断湘军的后退路线。在北洋军的逼迫下，湘军慌忙放弃战略要地羊楼司，撤回岳阳。吴佩孚占领羊楼司后，于3月16

日下令总攻岳阳。虽然当时南军兵力在数量上超过北军，但由于连吃败仗、内部又不统一，于是未经抵抗便在17日弃城南逃。

吴佩孚率军进攻岳阳的同时，张敬尧也率所部第七师对平江发起了猛烈攻击。平江是湖南省城长沙东面的重要屏障，尽管湘军在此进行了顽强抵抗，但由于北洋军实力过于强大，平江随后宣告失守。

岳阳和平江被北洋军相继攻下后，坐镇长沙的湘鄂桂联军主帅谭浩明目瞪口呆，束手无策。岳阳失守当天，谭帅还故作镇定，他发出一个安民告示，说："岳阳小挫乃是兵家常事，本帅坐镇长沙，自有主张。"但刚过一周，这位号称"自有主张"的谭帅便带着他的桂军从长沙溜之大吉。临走之前，桂军还不忘在城内大肆劫掠一番，作为帮忙的酬劳。

3月26日，吴佩孚不费一枪一弹便占领长沙，随后南下湘潭继续追击。紧接着，张敬尧率第七师开进长沙，并于次日被任命为湖南督军兼署省长。

前方捷报频传的情况下，皖系主战派们兴奋至极，他们随后发出通电，要求段祺瑞重新出任内阁总理，以更好地完成"武力统一"。这一次，段祺瑞获得了空前的支持，不但曹锟、张怀芝等人领衔通电，就连"长江三督"也在通电后列名。冯国璋见大势所趋，也只好请段祺瑞三度出山，重新组阁了。

冯国璋再次对段祺瑞让步，除了前方打了胜仗和各省督军联名支持外，还有一个重要的原因，就是徐树铮引奉军入关所致。原来，在段祺瑞下台后，徐树铮四处活动，力图要让老段重新出山，这一次他把筹码压在了奉军张作霖身上。

经过一番密谋后，张作霖突然以"南下参战"的名义派出两个混成旅挥师入关，一个旅进驻滦州，另一个旅则开进了秦皇岛。奉军此举，意欲何为呢？原来，段祺瑞之前任总理时，曾向日本秘密购买了一批军械。徐树铮得知这批军械即将抵达秦皇岛后，就做了个顺水人情，让奉军将此批军械截下，以换取张作霖对段祺瑞复出的支持。

2月23日，等军械到岸后，奉军张景惠、杨宇霆等部将军火装上火车，乘着前来接收军火的人不备，将火车机车倒挂过来，随后一溜烟地开出关外。接收大员见装载军火的列车突然朝着相反的方向驶去，他们连呼上当，但为时已晚。

徐树铮搞这种小动作，段祺瑞本不赞同，但如今生米已经煮成熟饭，也只能私下将小徐训斥一顿了事。但是，对冯国璋大总统来说，徐树铮未免太目无法纪、肆无忌惮了。论理，这批军械是以北京政府的名义购买的，而绝非段祺瑞的私产，并且要按需分配给各参战部队。被小徐这么一截，结果只便宜了张作霖一人（后来分出了一些给友军，大头被奉军占了）。更重要的是，奉军开进关内抢劫枪械并造成逼近北京的态势，这不但严重损害了北洋政府的威信，而且也直接威胁到冯总统和王总理的人身安全。不客气地说，徐树铮这样做也未免太无法无天了，而类似的事，还有很多。

截械事件发生后，王士珍随即愤而辞职，并躲进了天津租界。而此时，皖系主战派又鼓噪着要让段祺瑞出山。试想冯国璋还能怎么办？只能完全顺从这些人了！

3月29日，王士珍内阁垮台，段祺瑞被任命为国务总理，这也是第三次出任总理。[①]当日，段祺瑞公布内阁成员名单如下：外交总长陆征祥、内务总长钱能训、陆军总长段芝贵、海军总长

① 前两次分别为1916年6月和1917年7月。

刘冠雄、教育总长傅增湘、司法总长朱深、农商总长田文烈、交通总长曹汝霖（同时兼任财政总长）。

由于北洋军在湖南前线取得大胜，第三次组阁的段祺瑞更是信心满满，他决心趁热打铁，全力推行“武力统一”政策，一举平定西南，为民国立一奇功。此时，前线的北洋将士也很配合，他们在长沙稍事修整后，便分三路继续向南推进：第一路进攻衡山、衡阳；第二路进攻湘乡、宝庆；第三路进攻醴陵、攸县。

为了鼓舞北洋军的士气，段祺瑞上任不到一个月便亲自南下督战。4月20日，段祺瑞一行抵达前方总指挥部所在地汉口，随即召开军事会议，与会者包括前线的两位总司令曹锟和张怀芝，另有湖北王占元、湖南张敬尧、河南赵倜三位督军，其他如江苏、江西、安徽、山西、陕西、奉天六省也都派有代表参加。

会上，段祺瑞特别强调了北洋军人的团结，并十分大度地将之前陈光远、王汝贤、范国璋等人的处分全部取消，以鼓励大家同心协力，共同完成武力统一大业。会议即将结束时，前方又传来喜讯，北洋军在24日攻下衡阳，正在挺进湖南中部。

4月25日傍晚，段祺瑞一行兴致勃勃地乘坐“楚材”舰前往九江、南京。但乐极生悲，由于当时江风过大，加上航速过快，结果“楚材”舰和上行的招商局客轮“江宽”号相撞，“江宽”号当场被撞沉并造成了上百人伤亡。事件中，“楚材”舰也被撞伤，段祺瑞的养子兼亲信秘书罗凤阁不幸身亡，令老段感到十分痛惜。[①]事后，段祺瑞改乘“楚泰”舰继续前行。老段怎么也没想到，这次的南下居然酿成这样一件惨案。原本高兴的他，心情一下就沉重起来。

---

① 周俊旗：《百年家族：段祺瑞》，第176页。

也许是巧合，前线的北洋第二路军也在次日大败，几乎被南军打得溃不成军。事情是这样，张怀芝率领的第二路军本是多支杂牌军混合而成，因此进军十分缓慢。但他们看到吴佩孚、张敬尧等人连战连捷后，不免也着急起来，生怕自己去晚了就没得吃了。因此，在4月中旬后，他们由慢行军改为急行军，简直就是要和第一路军赛跑。

第二路军是从江西进入湖南东部的，在向南挺进的过程中，由于进军太速，结果把刘建藩部湘军撤退的后路给断了。所谓"哀兵莫追"，北洋第二路军的急躁行动反激发了湘军拼死"一战"的斗志，而刚得到喘息的桂军马济部为了防止北洋军继续追击而突然掉头，配合刘建藩部打了一个反击战。

4月26日，南北军在湖南新市一带发生激战。蹊跷的是，人数占优的北洋军并没有传说中的那般神勇，主攻部队山东第一师刚一接战，便如潮水般纷纷后撤，师长施从滨差点就溺水而亡；而其他部队如张宗昌的江苏第六混成旅及安武军等见势不妙，他们也一路后撤，从攸县跑回了长沙。第二路军总司令张怀芝见自己的部队被打得丢盔弃甲，急忙从长沙跑回了汉口。

北洋军失败的原因，一是因为过于冒进，急于贪功；二是他们初到南方，对当地的地理形势、饮食习惯等毫不熟悉，一时间也适应不过来。比如攸县，这里是典型的丘陵地带，到处是沟渠水塘、羊肠小径，又多有小山小丘，松林茂密、茅竹丛生，而北洋军通常在宽阔平坦的北方大地上训练演习，来到这烟雾弥漫、地形错综复杂的南方后，不免昏头昏脑、难辨方向。加上当时又是梅雨季节，天气闷热不堪，而道路又泥泞不堪，这些因素都对北洋军造成了极大的不利。

湘军刘建藩部在追过株洲后，仍旧孤军深入，继续向长沙前进。由于湖南新任督军张敬尧的第七师在占领长沙后并没有南下，这时正好把湘军截住，双方对峙了数日。为了减轻自己的压力，张敬尧让张宗昌收集旧部并加以重新武装，借以反攻湘军。

大败之后，张宗昌正担心自己部队的番号被取消，于是决心冒死一攻，以求将功赎罪。后来，张宗昌亲率敢死队1200人，直插湘军中央阵地，并四面冲击，湘军一时猝不及防，结果全线混乱，主将刘建藩也在慌乱当中溺水而亡（也有说是被部下刺死的）。

湘东反击战结束后，南北方的形势初步稳定下来。正当段祺瑞眼巴巴地盼着北洋军继续南下时，前军总指挥曹锟却突然带着他的司令部返回了天津。原来，在得知徐树铮引奉军入关后，曹锟十分不满，他认为自己在前方为北洋系拼杀，而某些人却在背后捅刀子，侵占自己的“势力范围”，这是他无法容忍的。

6月9日，败军之将、第二路军总司令张怀芝也灰溜溜地回了自己的老巢济南，不再好意思提南征之事了。由此，段祺瑞的“武力统一”政策再次夭折。

6月11日，曹锟在天津召开会议，讨论对南作战问题。徐树铮作为段祺瑞的代表赶赴天津，试图扭转对段祺瑞不利的政策。而就在会议期间，却发生了一件令北洋军上下万分震惊的事，这就是前陕西督军陆建章的被害。

与段祺瑞等人一样，陆建章也是小站旧人，而且一直是袁世凯的心腹亲信。清廷覆灭后，陆建章担任了右路备补军统领（后改为警卫军）和北京军政执法处处长，对异己分子向来就是毫不手软，因为他一向杀人如麻，人送绰号“陆屠夫”。在民初的白狼之乱中，陆建章被授为陆军第七师师长，他率兵进入陕西剿匪后担任了督军一职，帮袁世凯稳固了陕西的地盘。

袁世凯称帝失败后，陆建章被原陕南镇守使陈树藩排挤，给撵出了陕西地盘。失势后的陆建章后来投靠了冯国璋，并暗中为冯服务，奔走于赣、鄂，为和议出力。本次他来天津，正是为了说和而来。对陆建章的幕后小动作，徐树铮早有所知，他心里恨得牙痒痒，于是在6月14日约请陆到奉军司令部一谈。陆建章知道小徐不怀好意，但想自己也是北洋元老，谅徐树铮也不敢拿自己怎么样。

值得一提的是，在截械案后，徐树铮和张作霖打得火热，并被委为关内奉军副司令。之前抢得的军械也让小徐分润了一部分，并拉起来一支队伍。进得营后，徐树铮开始还好言招待，大家言笑如初。等酒席吃到一半，徐树铮突然对陆建章说："后面有个花园，里面景色极佳，我想请你进去游玩一番，顺便谈点私事。"

陆建章不知其中有诈，便欣然入内。不料两人进去后，徐树铮立刻翻脸厉声呵斥道："陆建章，你可知罪？"陆建章冷笑道："大家政见不同，各为其主，又何罪之有？"徐树铮朝地上吐了口唾沫，骂道："你为南方做走狗，成天东奔西走，妄谈和议，破坏段总理的统一政策，你还敢说自己无罪？"

陆建章听后，又冷笑一声，说："主和之人，又不止我一个，难道都要归罪于我？"徐树铮变脸道："哼，今天恐怕容不得你说什么了！"说罢，徐树铮手一挥，令左右将陆建章绑上。陆建章大惊失色，慌忙改口称愿为段总理效力。但小徐此刻怒火烧脑，他完全置之不理，并掏出手枪，把昔日威风凛凛的陆将军给枪毙了。

妄逞辣手，擅毙陆建章，徐树铮此举真可谓石破天惊、胆大包天。消息传出，北洋惊骇，海内震惊，就连段祺瑞都惊得半天没说话，随后让人给陆建章遗属速速送去五千大洋，以示慰问。至于冯国璋，还是接到要将陆建章勋章撸去的命令时才知道此事。但人都死了，还要勋章干什么？不过是徐树铮非要给陆建章一个“煽惑”之罪，以示名正言顺罢了。

最初，冯国璋不肯给这道命令盖印，他声色俱厉地对手下人说：“你看看，这有多么荒唐！堂堂一个民国上将，不经过任何审判，就这样随手杀害！徐树铮这么胡闹，难道芝泉就一点都不管吗？！”最后，冯国璋又生了一会儿闷气，但事已如此，也只好把印一推，了结了这段公案。[①]

陆建章虽然被杀了，但后事还没有完。原来，陆建章在做右路备补军统领时，原第二十镇营官冯玉祥因“革命嫌疑”而被解送原籍。路过北京时，正好被老长官陆建章知道，于是他对冯玉祥施以援手，并让他留在左路备补军中继续担任营管带，由此才有了后来的第十六混成旅。1918年2月，受命讨伐南军的冯玉祥部开到皖鄂赣交界的武穴时突然宣布主和，这便是陆建章的主意。陆建章被杀后，失去靠山的冯玉祥气愤难平，从此对段派阳奉阴违，不再服从。至于徐树铮，最后也是冤冤相报，这是后话，先搁下不提。

为了挽回人心，段祺瑞委派曹锟为直隶、广东、湖南、江西四省经略使，张怀芝为援粤总司令（当时广东龙济光部被粤军、桂军围攻），吴佩孚为副司令，试图让他们再度南下，继续对南方作战。但是，前线部队大都为直系，加上徐树铮擅毙陆建章的影响十分恶劣，这些人大多不愿再为段祺瑞卖命了。

6月15日，湖南前线的南北双方达成停战协议，而主将吴佩

---

① 文斐编：《我所知道的北洋三杰》，第288-289页。

孚不断发出停战议和通电，并以缺饷等借口拒绝继续作战。段祺瑞虽然百折不挠，但对于这些直系部队，他也是心有余而力不足，只有干着急的份。没有自己的嫡系部队，事情不好办哪！

1918年的南北战争暂告一段落后，又有件棘手的事来了。那就是冯国璋当时是代理大总统，代理期限为一年。从1917年8月算起的话，时间将满，必须要在程序上重新选举，才能确定新的大总统。

前面说到，段祺瑞拒绝恢复国会，而是搞了一个临时参议院来替代，他的理由有两点：一是第一届国会在张勋复辟前已被大总统黎元洪解散，断无恢复之理，而新国会在仓促间无法产生；二是第一届国会的组织章程等存在问题，需要重新研究修订。

1917年10月底，在以梁启超为首的研究系帮助下，各省督军（西南五省除外）都选派了参议员赴京开会。11月10日，临时参议院在京开幕，原袁世凯的秘书、皖系政客王揖唐（即王赓）被选为正议长，前清高官那彦图被选为副议长。

临时参议院接到的第一项任务是，对原先的国会组织法和两院选举法进行修改。换句话说，就是要把之前参众两院的“八百罗汉”改为“五百大仙”，免得人多嘴杂，每次议事都是议而不决，决而不议，徒然浪费纳税人的钱。

经修改，原参议院议员名额由274人减为168人，众议院由596人减为408人，相当于每一百万国民中出一个代表。另外，参议员也不再由各省议会选出，而是改为组织地方选举会选举产生，避免各省督军从中干涉舞弊。作为历史的反动（非政治之“反动”也），这一次的修改在财产、教育等方面大幅提高了选举人和被选举人的资格，以防止出身甚低的乱党从中捣乱。此举虽然方便于当时的国情，但终究是反时代潮流而行之。

1918年2月下旬到6月中旬，除西南五省外，其他各省开始组织第二次国会选举。类似选举，如果清末那次也算进去的话，从1909年到1918年的十年间实际上搞了三次。按说，这次应该有点经验了，但后来的事实证明，虽然在一定程度上提高了选举人和被选举人的资格，但这次选举的质量还是很差，进步不大。

说白了，无论资政院也好，第一届国会也罢，所谓“议员”，大多为指派或者协调产生，真正竞选的少之又少。而真正尊重选票并知道选票重要性的选民，当时更是稀罕。因此，指望这次国会选举有明显的进步和改观，显然是一种不切实际的奢望。

在这次的选举运动中，有一个像政党又不像政党的非正式组织横空出世，这就是所谓的“安福俱乐部”。

安福俱乐部，得名于所在地西单安福胡同，这里原本是王揖唐、曾毓隽等皖系政客为招待各地来京的参议员而租赁的一座大宅院，原名梁式堂宅。开始时，这些搞政治的人不过晚间到此坐坐，彼此闲聊，偶尔交换交换政治看法，辩论几句，当时也无专人召集或主持。但时间长了，这里的名气就开始大起来，来的人也越来越多。因此，在寻常的聚会之外，又搞了一些棋牌之类的娱乐器具，这就有了俱乐部的味道。

等到新的国会组织法和参众两院议员选举法颁布后，这里就更加火爆了。那些亲皖或试图投靠皖系的政客官僚如同过江之鲫，都跑到这里来打探消息，谋求发展。这些天里，梁式堂宅里日日夜夜都是高朋满座，宾客盈门，而安福胡同内也是车水马龙，人满为患。

1918年3月7日晚，王揖唐、曾毓隽等人在此开会，打算成立一个团体，以方便在随后的选举筹备工作开展活动。既然是个组织，就得有个好名字。大家七嘴八舌的，提了许多，但终究是众口难调，没有一个能得到全体赞同的。

议到最后，大家也乏了。这时有人灵机一动，说："咱们开会的地方不是叫安福胡同吗？得，干脆叫'安福俱乐部'得了，名字吉利，说起来也好听。"其他人一想，这名字好啊，安福安福，安国福民，这不正是本团体的一贯宗旨吗？好，就这么定了！①

名字定好了，安福俱乐部便在次日（3月8日）宣告正式成立。

安福俱乐部成立后，随后设立了干事部、评议部、政务研究会等机构。干事部又细分为文牍、交际、会计、庶务、游艺五课，其中又以交际、会计最为核心。有人也许会奇怪，这搞政治嘛，当然要善于"交际"，但为何"会计"也是核心业务呢？

这倒是个好问题，且容慢慢解释。所谓"安福俱乐部"，到底是个啥玩意？是政党吗？不是。它既没有党纲也没有章程，更没有统一的信仰体系，不过是一些亲皖系的政客集合；而且它的成员又不稳定，大都以投机为主，分分合合，有利则来，无利则去，实则是王揖唐等皖系核心政客驱使的一群乌合之众。

既然是乌合之众，那什么让他们聚合在一起呢？太史公司马迁在《史记·货殖列传》中说了，"天下熙熙，皆为利来；天下攘攘，皆为利往"。说白了，就是一个"利"字。安福俱乐部真正的幕后老板并不是王揖唐、曾毓隽，而是徐树铮，前者不过是跑腿的马仔罢了。

那徐树铮有何等能耐，能让这些自命不凡的"政治家"为皖

① 参见周俊旗：《百年家族：段祺瑞》，第186页。

系利益而上下奔走呢？对此，徐树铮曾一语道破天机："我用金钱让他们做事，不担心他们不为我效劳。这些人所希望的无非是功名利禄，我将尽力满足其欲望，还怕他们不跟着我跑？"[①]

功名利禄，我所欲也。是人便有欲望，有欲望就容易受制于人。所以，往安福胡同里钻的人就跟苍蝇一样，赶都赶不走，天性使然。

那有人要问，徐树铮的钱从何来？据统计，当时主要有这么几笔大款子：一笔是徐树铮做关内奉军副司令时，挪用了军饷四十万以用于选举运作（后被张作霖发现而闹僵）；另外一笔是梁大财神梁士诒资助了二百万元。可梁士诒凭啥资助这么多钱呢？

原来，梁士诒本是交通系的党魁，算得上清末民初的第一理财高手。他所把持的交通系（交通部、交通银行及其相关的铁路等）更是当时的大肥缺，可惜因为洪宪帝制中表现得过于露骨而被通缉。此时他跳出来献金，就是希望借此咸鱼翻身。

另外，各皖系地方督军在选举期间对安福系的活动也多有补助，如奉天督军张作霖、安徽督军倪嗣冲、黑龙江督军鲍贵卿等人，据说各出了数十万元。除此外，也有人说安福系的财源很可能来自日本的西原借款，此款原为对德参战之用，也被挪为选举费用；再者就是说盐税被挪用。总而言之，有了这些钱，选举工作就好办了。

在徐树铮的幕后指挥下，王揖唐、曾毓隽等人指挥着安福俱乐部的党羽走卒，由他们分持巨款，奔走各省，以图包揽各地选举。在这些人的暗中操纵下，各种选举丑剧就不免以常态出现了，什么高价买票、军警干预、抽换选票，诸如此类，不胜

① 参见周俊旗：《百年家族：段祺瑞》，第187页。

枚举。

选举结束后，接着就该召开国会了，而召开国会后的重头戏，便是选举大总统。这可是万众瞩目的大事，容不得一点疏忽。当时，最有资格去竞争这个位置的，无疑是冯国璋和段祺瑞两大巨头。冯国璋是代理大总统，顺势转正是名正言顺，而老段正要雄心勃勃地推行他的武力统一，也非总统不行；再说了，安福系这么卖力地四处奔走，大把大把的银子哗哗地花出去，难道是给冯国璋抬轿子吗？

但是，正因为双方争夺太厉害了，反使得这个位置成了鸡肋——食之无味，弃之可惜——我要当不成，你也别想当。国会选举初期，冯国璋也是非常热心，他这么个小气的人，居然也从私囊中拿出四十万给自己的党羽去奔走，但后来随着局势的发展，冯系明显落于下风，冯总统也开始心灰意冷了。

1918年后，冯国璋和皖系也算是较量了几次，但不管是南北战争还是国会选举，都以冯国璋落败而告终。对这样一个空头大总统，冯国璋也曾跟人说："总统一席，有人不愿我久居，我自己也实在不愿再干下去，只求有人接替，便可早日脱离。我已经准备好了外面的私宅，继任之人随时可进府来居住。现在我无事可办，不过是一个看守印信的人。"

在安福系把持了国会选举后，冯国璋自知转正无望，他更是多次发表谈话，表示自己不愿继续担任大总统，宁可选择回到河间老家"耕种自活"，退出政坛。

8月12日，第二届国会在北京正式开幕，这就是民国历史上所称的"安福国会"。[①]当天，冯国璋大总统发表公开通电，再

---

① 因为这届国会主要由安福系政客把持，历史上又将其称为"安福国会"。

次袒露自己的告退决心："今距就职代理之日，已逾一年，而求所谓统一平和，乃如梦幻泡影之杳无把握，推原其故，则国璋一人，实尸其咎……所冀国会议员，各本良心上之主张，公举一德望兼备，足以复统一而造平和者，以副《约法》精神之所在，则国本以固，隐患以消……"

告退通电中的"足以复统一而造平和者"这句话，实际是将了段祺瑞一军。冯国璋的意思很清楚，新任总统必须以和平为大策，而不容许武夫当国。

段祺瑞当时也很为难，一来皖系党徒们非要把他推到总统这个位置上去，不然他们岂不是白忙乎了；二来安福议员们是拿津贴的，每月三百大洋，选举段祺瑞出任总统一职，岂不是信手拿来，一句话的事吗?

但是，西南各省坚决反对段祺瑞出任总统，他们指斥本次国会为"非法国会"；而冯国璋的表态也大大影响了地方上的直系军阀。曹锟和长江三督再次联手，反对段祺瑞出任总统。前线大将吴佩孚更是屡发通电，声言支持和平，明摆着是要给老段施加压力。

在此情况下，如果段祺瑞强行出任总统，不但会使南北局势恶化，也必然导致北洋系中直皖两派公开决裂。就这点而言，段祺瑞还算有风度，他经过深思熟虑，决定与冯国璋一起引退，共同退出大总统的竞争。

在冯、段二人都引退的情况下，谁来继任这个大总统职位呢？双方的目光同时转向了另一位大佬，那就是徐世昌徐阁老。

徐世昌，字卜五，号菊人（又号东海），1855年生于河南卫辉，他比袁世凯大4岁，两人在年轻时即结为金兰之好。当年，徐世昌无钱赴省应试，袁世凯正值年少，轻财尚侠，慷慨解囊，馈送了100两银子给徐世昌作为川资，壮其行色。徐世昌也确实是个才子，他在随后科考中连连得中（1882年中举，1886年中进士），十年寒窗终于修成了正果。

中进士后，徐世昌被拔入翰林院为庶吉士，三年后授为翰林院编修。但由于当时的军机大臣、掌院学士李鸿藻对他的评价不佳，以致徐世昌在翰林院九年，不管是外放主考还是各省学政，一次捞油水的机会都不曾有过。最困窘时，徐世昌逢年节送给老师的贽敬，只有二两银子。

袁世凯小站练兵后，他知道徐世昌收入微薄、生活清苦，于是设法将他调到自己幕中担任营务处总办，一年能拿到两千两银子，远高于翰林院的收入。徐世昌和袁世凯为布衣之交，而且很早就知道袁非常人，他也就不顾自己的翰林身份来到军中帮忙操持各种文案工作，如所有来往文书、随营学堂的阅卷、军营中的章程制度、操典律条等等，都是出于徐世昌之手。袁世凯对徐世昌也十分优容，但凡家中或公务上有事，徐世昌都可以来去自由。

徐世昌毕竟是科班出身，又有翰林身份。在袁世凯的不断保荐助力下，他在仕途上也是迅速崛起，随之平步青云。在清末时期，徐世昌先后出任练兵处提调、兵部侍郎、军机大臣、民政部尚书等要职。1907年，徐世昌出任东三省总督并兼管三省将军事务，成为名重一时的封疆大吏。两年后，徐世昌回京再任邮传部尚书、军机大臣、协理大臣等要职，而此时袁世凯已经被罢回乡，北洋系的势力实际上都是由徐世昌在暗中维持。武昌事起后，袁世凯的出山也是在徐世昌的坚持举荐下才得以成行。由此，徐世昌在北洋系中的地位基本无人可以替代。

作为北洋元老，徐世昌的资格在冯国璋、段祺瑞之上，权术手段更不是冯、段这些武人所能比拟。也正因为如此，徐世昌接到段祺瑞抛出的橄榄枝后欲迎还拒，玩起了欲擒故纵的把戏。

事实上，民国成立后，很多大事件的幕后都有徐世昌的身影。对于大总统的职位，徐世昌也自觉当仁不让，非他莫属。不过，黎元洪、冯国璋的遭遇也让老徐感到，这“总统虽好，风险太大”。在这个武夫当权的时代，一个不小心成了傀儡总统，自己的一世英名可就要付诸东流了。

想到这里，徐世昌对冯、段两人甘愿让贤的表示反应冷淡，他推三阻四，就是不肯给个痛快话。这时，着急的反而是段祺瑞，他见总统难产，大局不定，只能屈尊就驾，最终将徐世昌的出山条件打探清楚——“冯、段同时下台，冯、段两派人物也同时去职。”

在冯国璋的逼迫与徐世昌的要挟下，段祺瑞只得发表通电，宣布自愿辞去总理一职：“……惜祺瑞襄赞无方，未能早纾国难，……元首改任之时，即政局重新之会，祺瑞自应及时引退，遂我初服。”

有了段祺瑞的公开保证，有了各方的统一协调，徐世昌这才放心大胆地出山了。1918年9月4日，第二届国会举行总统选举会，徐世昌以425票（总票数436票）的绝对多数当选为民国第四任大总统（前三任为袁世凯、黎元洪和冯国璋）。[①]

徐世昌出任总统是多方妥协的产物，一来西南各省可以默许这个文官总统；二来徐世昌也可以凭借自己的老资格，以第三方的身份在直皖派系斗争中起到缓冲的作用；而国会中的研究系、交通系议员也都支持徐世昌出任总统。至于段祺瑞，他再次以退

① 文斐编：《我所知道的北洋三雄》，第34页。

为进，甘居幕后，继续把持北京的政局。

10月10日，也就是中华民国的第七个国庆日，徐世昌正式就任中华民国大总统。在新旧总统交接仪式完成后，徐世昌吩咐用总统专用的小汽车将冯国璋送回其私宅帽儿胡同。当这场“揖让一堂”的喜剧演出结束后，冯国璋回到家的第一句话便是：“这一回，咱们是栽给芝泉了！歇两天，将来再看咱们的！”①

这倒有可能是一句真心话。

是啊，实权派人物段祺瑞太强势、太咄咄逼人了。他和黎元洪合不来，和老兄弟冯国璋也合不来，那这位八面玲珑的徐阁老，又能做得长久吗？且看下文。

---

① 文斐编：《我所知道的北洋三杰》，第293页。

三十六

南北议和

1918年11月11日，在法国东北部贡比涅森林的一列火车上，德、法两国代表签署停战协定，“一战”结束。短短四年中，欧洲政局因为这场惨烈的战争而发生剧变：俄国革命，沙皇被推翻；德国投降，德皇威廉二世退位；奥匈帝国瓦解；英法惨胜，元气大伤……

不管怎么说，战争终究结束了，全世界的人们都沉浸在和平与欢乐中。这次，中国人民也不例外，因为咱也是“战胜国”！头一回！

话说这战胜后的第一件事，便是把东单北大街上那座规模宏大的克林德碑给掀了。克林德是庚子年被杀的德国公使，事后清廷被迫派醇亲王载沣亲赴德国致歉，并修建了这座牌坊。德国投降后，克林德牌坊被推翻在地，碑上用德文、拉丁文、中文书写的三种铭文被抹去，后来被运到中央公园重新搭建，并刻上了“公理战胜”四个大字，以示我国人扬眉吐气。①

徐世昌也是运气好，上任刚一个月，就遇上这么个特大利好

① 原社稷坛，今中山公园。1952年又改成了“保卫和平”四字。

消息，可谓不战而胜，喜从天降。“一战”当中，虽说中国只派了些劳工赴欧洲帮忙，胜利来得有点廉价，但终究挤入了战胜国的队列，可以随班逐队，山呼万岁，值得好好庆贺一番，并鼓舞鼓舞民族的志气。

据时人记载，北京街道上插满旌旗，人满为患，各方面欢呼胜利，一片歌舞承平之声，可谓普天同庆、万民欢愉。从11月14日起，教育部特令北京各学校放假庆祝，并由半天延长至数天。当天下午，北京学界举行游街大会，教育总长还特意安排在天安门附近搭建一座高台，供检阅和演讲之用。

由于这次游街的效果特别好，北大校长蔡元培兴奋之余，又向教育部申请延课两天，并希望借用那个临时高台供北大教授们公开演讲。在这两天里，蔡先生每天都去演讲一次，其他文理科教授也都陆续登台，在剧烈的冷风中向大众讲演，几至喉咙嘶哑为止。

11月28日，总统府在天安门举行阅兵式，庆祝胜利。阅兵式后，又在中央公园开演讲大会，由众议院议长王揖唐主持，总统府秘书长吴笈孙代表总统徐世昌演说，总理钱能训、参战督办段祺瑞等人也都到场发表演讲。此次大会，人数上万，每至演讲高潮，听讲者欢呼连连，气氛之热烈，前所未有。

在这种激动情绪的影响下，徐世昌又决定在11月30日举行全城市民提灯游行大会。大概受上次游街的鼓舞，教育部这次更是兴高采烈，他们特发命令，让全体学生都来参加这次的提灯大会。据称，当天参加庆典游行的学校有六十多所，光学生就有数万人之多。当大总统徐世昌的马车进入天安门时，围观的市民和学生更是鼓掌欢呼，盛况空前。

国际上，各种利好消息也是纷至沓来。先是美国总统威尔逊提出十四点建议，呼吁建立世界和平的纲领；接着又是各国筹备巴黎和会，为建立世界新秩序而努力。在国际和平潮流的影响下，徐世昌也顺势发布和平命令，以求国内南北双方停战议和，重归统一。

“一战”进行当中，欧美列强无暇顾及东亚。等战争一结束，他们立刻重返远东。当时，中国南北分裂的局势令他们十分不满，因为这严重影响了他们的商业利益。在英国公使朱尔典的牵头下，各国公使都向北京政府委婉表示了对中国和平稳定的期待。

1918年12月，英、美、法、意、日五国公使向南北双方提出联合劝告，敦促中国和平解决南北冲突。在此情况下，段祺瑞也不好过分主张武力统一，而西南军阀也对冯国璋的和平法令表示拥护，南北双方达成了一定的共识。

经过一番争执和妥协，南北双方于1919年2月20日在上海召开南北和议，这也是近代史上的第二次南北和谈（上一次在辛亥年）。当然，当时南北代表人数众多，关系复杂，背后的利益更是错综纠葛，是否能谈出点实质成果来，还真不好说。

先来看下双方代表名单：北方总代表朱启钤（代表徐世昌），其他代表方枢（安福系）、吴鼎昌（安福系）、江绍杰（安福系）、施愚（直系）、王克敏（直系）、汪有龄（交通系）、刘恩格（奉系）、李国珍（研究系）、徐佛苏（研究系）共10人；

南方总代表唐绍仪（广州军政府）、章士钊（岑春煊政学会）、胡汉民（国民党）、缪嘉寿（云南）、曾彦（广西）、郭椿森（政学会）、刘光烈（四川）、王伯群（贵州）、彭允彝（湖南）、饶鸣銮（福建及海军）、李述膺（陕西）共11人。

双方的谈判队伍固然强大，但并不团结也不统一，当时有人称之为“南与南不和，北与北不合，南北复不合”，这话倒是一语中的。

北方谈判团主要由安福系政客控制，他们代表了段祺瑞和皖系军阀的利益，真正的后台老板是段祺瑞，大总统徐世昌反而插不上手；南方代表团更加分散，他们分别代表了各自省份的地方势力，往往各打各的小算盘，唯独在反对段祺瑞的问题上齐心协力，意见一致。

大总统徐世昌和内阁总理钱能训倒是希望和谈能有成果，但主导和谈的都是些枪杆子，他俩夹在中间，谁也不敢得罪，这事确实不好办。这不，和谈一开始，南方总代表便提出一个要求，要将陕西督军陈树藩撤去。北方代表听后颇为诧异：这唱的又是哪一出呢?

原来，南方竖起“护法”大旗后，前清举人、老同盟会员、大书法家于右任便响应号召，潜回老家陕西三原和同志井勿幕、胡景翼、张钫等人策划起兵，拉起陕西靖国军的大旗。陕西督军陈树藩岂容革命党在自己的地盘上撒野，随即以“剿匪”的名义前来进攻，双方好一阵厮杀，不料靖国军的杨虎城部却十分神勇，硬是将陈督军的威风给打了回去。这位在后来“西安事变”中名扬天下的杨虎城将军，当时才25岁。

陈树藩是皖系干将，段祺瑞当然不能坐视不管，后来便有其他友军开进陕西帮助“剿匪”。此时，正好南北开谈，南方自然站在陕西靖国军的一边。是啊，既然是和谈，怎么能让那边还打着呢？气氛太不和谐了！

北方代表一听也觉得在理，总不能一边战火四起、硝烟弥漫，而另一边绅士们还装模作样地故作和谈吧？这也显得太没有诚意了。于是，南北双方接受了江苏督军李纯的意见：陕西境内的双方军队均停止前进，援军撤回，南北双方都派员到陕西监督停战。

陕西暂时休战后，南北和谈步入正题，北方代表提出西南各省撤销军政府，全国归于一统；南方代表则提出停止参战借款、取消参战军和公布中日密约等问题。从法统上说，北方代表的提议名正言顺，毕竟他们人多省众，又占住北京，还有一个像模像样的国会，由它一统也说得过去。但从道义上说，南方打出的是“护法”的旗号，这“公说公有理、婆说婆有理”，还真有些左右为难。

北方代表的提议相对笼统，但争的是法统。南方代表知道这点不能比，于是把矛头对准了老段。别的不说，光“停止参战借款、取消参战军和公布中日密约”这三项具体而直接的要求，就够老段喝一壶了。

北方总代表朱启钤态度还算和气，他答应将这些要求请示北京政府。听了朱启钤的表态后，安福系代表们立即跳了起来，他们指责朱启钤过于软弱，并威胁说：如果总代表再这么迁就下去，恐怕就不能继续代表北方。

段祺瑞听到南方代表的“无理”要求后，心里也是十分的激愤。他想，中国能成为战胜国，自己可谓第一功臣，可如今在南方的眼里，自己之前的作为怎么反成了罪过呢？这是何道理？恼怒之下，老段便暗中鼓唆陈树藩继续进攻陕西靖国军，以示警告。

陕西重燃战火后，南方代表愤而指责北方毫无谈判诚意，于是在1919年3月2日通电停止会谈，南北和议一时陷入僵局。外国公使们看了也很着急，他们再次向北京政府提出劝告，而社会各界也纷纷呼吁抢救和会，并敦促双方各退一步，以求谈判能够继续进行。

在各方压力下，陕西方面于4月1日再次停战。一周后，南北和谈的代表也就再次坐到了一起，大家继续谈判。这一次，南方代表仍旧提出之前的几个问题，北方代表则避其锋芒，提出裁减军队、军民分治、地方自治、发展经济等相对高大上的议案。因为没有共同感兴趣的话题，谈判再次陷入僵局。

公道点说，南方代表的要求确实有点过分，这是处处直击老段的要害，太没有分寸了。所谓"不妥协便是专制，不宽容也是暴力"，谈判本是有风度的对抗，你不给人家留余地，人家如何给你让步呢？如果是全盘通吃，那还叫什么谈判！

至于北方代表提出的那些要求，就像美国总统威尔逊的"十四点建议"，说起来固然悦耳动听，但那都是唱高调，没法落到实处。比如说"裁减军队"吧，这事好不好？好得很！但南方代表一句话就可以把你噎死："你先来！"

军阀啊，没有枪杆子，还叫什么军阀！

既然话不投机，那就换个话题，谈谈国会的事。如前文所说，南北双方各有一个国会，南方的"非常国会"本是民初首届国会的一些议员组成，所以南方提出要恢复旧国会；而北方的安福国会虽然号称第二届国会，但没有西南各省的议员代表，当然不被南方承认。可是，要不承认安福国会，召集南北和谈的大总统徐世昌又算什么出身呢？

在双方的争执中，谈判毫无进展，时间一晃就到了五月。众所周知，之后便爆发了震惊中外的"五四运动"，这更是给南北和谈增加了不少的变数。在5月13日的第八次正式会议上，南方总代表唐绍仪提出了八项条件：

一、对于巴黎和会所拟山东问题条件，概不承认；二、中日一切密约宣布无效，并严惩订立密约之人，以谢国人；三、立即裁废参战军、国防军、边防军；四、恶迹昭著、不洽民情的督军省长，即予撤换；五、由和会宣布前总统黎元洪解散国会的命令无效；六、设政务会议，由和平会议推出全国负重望者组织，以监督议和条件的履行并统一内阁之组织；七、其他已经议定及付审或另行提议各案，分别整理决定；八、由和会承认徐世昌为临时大总统，执行职权，至国会选举正式总统之日为止。

唐总代表的这八项条件有如最后通牒，件件都是重磅炸弹。朱总代表听后也是忿然而起，两人先就第五条即恢复旧国会的问题展开了争辩，但这条是涉及法统的最核心一条——试问谁能让步？谁会让步？谁肯让步？

最后，朱启钤表示："贵总代表如绝对主张恢复旧国会，则北方对于时局现状，实无回旋之余地。"唐绍仪则声明："如第五条不能解决，则其他各案，不必讨论。"如此谈法，毫无妥协、毫无创新、毫无策略，简直是在浪费大家的时间。

据称，唐绍仪提出的这八条要求，南方的一些代表事先并不知情；而唐绍仪的意思，貌似认为和会已无希望再继续下去，倒不如提出个最后通牒，以探明底线。就此，北京政府十分不满，他们认为第一条尚有讨论余地，其余七条均不必开谈。为此，总统徐世昌电准了北方代表的辞职，并令他们返回北京，以示决裂。

南方倒没有让代表们辞职，但几经转圜后，北方派出安福国会众议院议长王揖唐作为总代表前往上海继续谈判，这下惹起了他们的怒火。要知道，王揖唐在南方的名声很坏，什"帝制先锋""贿选高手""卖国代表"，类似恶评不胜枚举。就这样一个坏人，南方代表干脆不和他谈。王揖唐原本乘兴而来，准备大干一场，不料还没露面，就吃了这么个闭门羹。

1919年5月13日的会谈破裂后，双方也都失去了耐心，而公众的注意力也大都被学生们掀起的“五四运动”所吸引，南北和谈已成鸡肋，没几个人把它当回事了。王揖唐在上海无所事事了几个月，为了给自己找台阶下，据说在10月中旬派人在自己住的哈同花园里安置炸弹，然后贼喊捉贼，大呼有人要对其行刺云云。最后，他也趁机灰溜溜地返回了北京。

这幕喜剧演完后，南北会谈也就正式收场了。

南北和谈进行当中，陈独秀、李大钊等人创办的《每周评论》也发表文章讥讽说：“此次会议，处处标题曰南北，果属南方之民意与北方之民意缔结和好之会议耶？亦不过特殊势力之少数武人朋分权力而已。就武人而论，南与北如一丘之貉！……国利民福，岂此分赃会议所能顾此哉！”

公道点说，《每周评论》的抨击还是有失偏颇，因为南北和谈其实主要是法统之争，还够不上分赃会议的级别——因为本就无赃可分嘛！

中国式的南北和谈算不上分赃会议，和它同时进行的那个著名的国际会议，那才是真正的分赃会议呢。各位，去见识一下吧！

三十七

巴黎和会

1919年1月，巴黎和会正式开幕了。中国既是战胜国之一，自然也在被邀之列。民国政府高兴之余，随后派出以外交总长陆征祥为首的专使团，成员包括驻英公使施肇基、驻美公使顾维钧、驻比公使魏宸组、南方军政府代表王正廷，另外还有驻法公使胡惟德、驻丹麦公使颜惠庆等欧美派外交家提供后援，阵容不可谓不强大。

临行前，大总统徐世昌、总理钱能训与段祺瑞等人都对专使团寄予了厚望，希望能借此和会之机，取消德奥两国在华特权、撤销领事裁判权、归还租借地及关税自主等正当要求。

美国总统威尔逊不是在“十四条宣言”中说了吗，这将是一次公开的、和平的、公正的大会，并要组织国际联合会来保护弱小国家、维护世界公道。多好的构想，多美妙的蓝图！

不仅如此，威总统还多次通过外交部门照会民国政府，希望中国在和会中与美国通力合作。既有威大总统的保证，事情岂不是好办得多。不过，兴奋归兴奋，国人此时更应冷水浇背、饮冰凝思：国内和谈都如此艰难，那国际和会又岂能一帆风顺？

1月18日，巴黎和约正式开幕，会议公推法国总理克里孟梭为主席，美国国务卿兰辛、英国首相劳合·乔治、意大利总理奥兰多、日本侯爵西园寺四人为副主席；另外，由英、美、法、意、日五国各派两名代表组成十人委员会，作为和会的审议和决策机构。至于大会的代表名额，也是按大中小来区分：大国5席、中小国1至3席——中国分了2席。

正当中国代表满心盼望和会能处理“取消领事裁判权、关税自主”等正当要求时，那些大国却说：此等要求与和会无关，须另开会议再议。1月27日，五大国在讨论德国的海外殖民地处置问题时，日本突然提出要承袭德国在山东的权益，并坚决主张不把山东问题划入讨论议题，意图由日本独占原德国的权益。

由于这个问题涉及中国，“十人会”便临时通知中国代表前来陈述意见。陆征祥等人得知后十分诧异，因为日本曾多次表示要将青岛还给中国，何以突然出尔反尔，要独占原德国在山东的权益呢？

说起山东问题，此事却说来话长。早在1897年，山东曹州发生教案，两名德国传教士被一群身份不明的人士打死，结果德皇威廉二世立即点派舰队，杀气腾腾直奔山东半岛。一上来，德国人二话没说，便把胶州湾一带占住，随后又借口教案问题强迫清廷签订《中德胶澳租借条约》。由此，德国获得了租借胶州湾99年、胶济铁路铺设权及铁道沿线30里内的矿产开发权等权利，山东也就成了德国的势力范围。

“一战”爆发后，日本借口对德宣战，一举夺下德国经营近20年的青岛和胶济铁路，俨然以新主人自居。洪宪帝制前，日本突然抛出“二十一条”，并以决裂的姿态逼迫袁世凯承认日本继承德国在山东的所有权益。此事一经公开，举国哗然，世界为之惊诧，但此时因为欧战正酣，英、法、意三国为争取日本的支持，竟然私下达成谅解。

“二十一条”中的山东问题条款，还有英、法、意三国同日本私下达成的谅解，便是日本代表提出继承德国权益的主要理由。在日本抛出此论调后，英、法、意三国自知心中有鬼，也就缄口不言，不肯因为中国而开罪日本。唯独美国代表，因为他们和日本是竞争对手，对后者独霸中国的企图表示不满，还算肯“仗义执言”，为中国说几句好话。

中国代表原本对和会极其乐观，未曾想到会有“山东问题”这一麻烦事，一时也慌了手脚。细论起来，日本若提“二十一条”，中国代表尚有“情势逼迫”的理由相抗辩。但看到英、法、意三国与日本的私下谅解，却是惊诧莫名，因为这显然是秘密外交，与威尔逊总统说的公开外交相悖嘛！

日本代表自以为有英法等国的默许，继承德国在山东的权益自然不在话下。听了中国代表的抗辩后，他们反而含讥带讽地说：日本为铲除德国势力出力不少、牺牲甚大，中国又做过什么呢？不过派几个工役、挖几条战壕、运几斗粮食，如何能与日本的贡献相提并论？如今德、奥租界尽已归还，中国所得利益已经不小，如何还要争回青岛，岂不是自不量力、妄加请求？不睬也罢！

在美国代表的转圜下，“十人会”再次休会，并安排中国代表另定时间陈述理由。事实上，陆征祥来巴黎之前曾在日本做过短暂停留，并拜会了日本外相内田康哉。内田当时也表示，要按之前声明将山东权益交还中国，唯照法律手续须等日本向德国取得后，再行交还中国云云。但这时，日本代表绝口不提交还一事，唯独坚持要领有德国在山东的一切权益，这让陆征祥感到事态严重，不容小觑。

随后，陆总长召集专使团代表会议，讨论解决办法。经商议，代表们决定由顾维钧出任主陈述人，向“十人会”表明中方态度和抗辩理由。顾维钧毕业于哥伦比亚大学，师从美国著名法学教授古德诺并获得博士学位，回国后为内阁总理唐绍仪所赏识并当上了唐家的乘龙快婿。在专使团中，顾维钧是最年轻的一位，他相貌堂堂、风度翩翩，口才和外语水平也是一流，由他出任主陈述人最合适不过。

经过精心的准备，顾维钧在随后的会议中分别就山东的历史、风俗、文化等诸多方面，阐述了中国应无条件收回德国在山东权益的要求。会上，顾维钧同日本代表牧野唇枪舌剑，展开了一场激烈的辩论，牧野最后被驳得哑口无言。“十人会”也认为，顾维钧的抗辩理由很有说服力，形势开始变得对中国有利。

这时，日本代表却突然抛出“西原借款”中“济顺高徐铁路借款合同”的换文，上面有清清楚楚地记着北京政府代表章宗祥的回复，称中国政府对日本上列之建议“欣然同意”几个大字。①

历史的真相，往往在于细节的推敲。那么，这个“济顺高徐铁路借款合同”的换文到底是怎么回事？日本又有什么建议？章代表为什么会“欣然同意”？

这还得从胶济铁路说起。当年德国强租胶州湾后，便在这里建起了一个新兴城市青岛。但是，德国人的胃口不仅限于胶州湾，而是要将山东划为它的利益范围，其中最重要的举措就是

---

① 曹汝霖则称，日本外相声明战后交还青岛，进入济南的日军不久即撤，公使章宗祥照复有“欣然同意”之语。见曹汝霖：《一生之回忆》第197页。

修建了一条从青岛到济南的铁路。有人说，有德国佬帮我们修铁路，那不是好事嘛！为什么要反对？

各位，在弱肉强食的19世纪末、20世纪初，不要说德国人强占租界是纯粹的强盗行为，就是一般的外国资本在中国投资，也总是附带有各种政治条件。这胶济铁路是德国人投资修建不假，但整个铁路的路权及沿线矿产开发权等也被德国人攫取，这种投资可就不仅仅是纯粹的投资了。打个比方说，胶济铁路在中国的领土上，但中国要想用这条路运兵的话，那还得德国人同意，否则门都没有。因为铁路管理乃至沿线的治安，都控制在德国人手里。你说说，这气人不气人？

前面赶走了一条饿狼，后来又来了一头恶虎。日本把德国人打跑了，那他们就心想：中国人既然可以忍受德国的特权，那就理应接受日本的特权嘛！所以，和会上日本代表便是这样的逻辑，他们反觉得中国人不可理喻呢。

从国际法的角度说，德国被赶跑乃至战败了，之前签订的《中德胶澳租借条约》实际上已经归于无效，而日本想继承德国权益的话必须重新签订条约，否则即为非法。即便日本在"二十一条"中胁迫中国承认日本继承德国的所有权益，但中日之间的条约何在呢？还是没有直接的法理依据。再说了，日本出兵前便声称是代中国出兵，日后应将青岛及相关权益还给中国，如何能自食其言呢？

为此，日本人设下了一个圈套，这便是"济顺高徐铁路借款合同"。表面上看，中国政府是向日本兴业银行、台湾银行、朝鲜银行借款两千万日元，以建造济南到顺德及高密至徐州的两条支线。谈判过程中，中方提出胶济铁路沿线的日军撤至青岛，而日本提出撤走可以，但必须留下一小部分在济南，其他全部调集到青岛；胶济铁路沿线的治安由中国负责，但巡警本部等处应聘用日本人；待胶济铁路确定归属后，改由中日合办。

当时，段祺瑞内阁觉得日本人提供的借款还算优惠，而且又答应将胶济铁路沿线的日军撤回青岛，岂不是一举两得的好事？虽说青岛仍被日本人控制，但他们也声明过，等战争结束就会归还，所以才有了章宗祥“欣然同意”的回复。

但段祺瑞等人没想到的是，日本人其实是以借款撤军为诱饵，以换取中国在正式文件上对日本占领青岛并进而继承德国权益这一事实的默许。既然你“欣然同意”了日军从胶济铁路撤回到青岛，那不就说明他们控制青岛得到了中方正式文件的认可吗？这下好，中方被日本人下了套了。

到这份上，美国代表也没法再帮中国说话了。在将德国在山东的权益交给国际共管的建议被日方拒绝后，美国代表的立场也开始软化，他们反过来劝说中国接受现实。这时，意大利总理奥兰多因对阜姆领土的要求没能得到满足而退会，日本也趁机施加压力，声称山东问题如不能得到满意解决的话，日方也将步意大利的后尘退出和会。

在日方的威胁下，英、美、法三国代表慌了手脚，因为意、日同时退出的话，巴黎和会势必以失败而告终。如此一来，他们试图利用这次和会瓜分并划定世界新秩序的计划将全部破产，这可不是他们愿意看到的。由此，国际寡头们决定向日本让步。至于中国的利益，那就不是他们考虑的范围了。

4月22日，英、美、法三国巨头将陆征祥和顾维钧请来，将他们同日方达成共识的方案公布。美国总统威尔逊先是埋怨中方先有1915年的“二十一条”协定、后又有1918年“欣然同意”的换文，这下没法帮忙了；接着又劝说中方接受他们的“最佳方案”：“日本获得胶州租借地和中德条约所规定的全部权益，然后日本将租借地归还中国，但归还之后仍旧享有全部经济权利，包括胶济铁路在内”。

当顾维钧反驳1915年协定乃是胁迫所致、1918年换文是根据前约而来时，威尔逊不以为然地反问：“前约虽说是胁迫，但日本在后约中并未强迫，为何又‘欣然同意’呢？”顾维钧一时语塞。说起来，这日本不但敢于威逼胁迫，而且他们的利诱也很强大。当时段祺瑞等人就是为了贪图那两千万的借款，这才饮鸩止渴的！

这时英国首相劳合·乔治也过来帮腔，问中国到底是愿意接受这个“最佳方案”呢，还是愿意遵守之前的中日密约。当陆征祥和顾维钧表示这两个方案都无法接受时，威尔逊又打起了太极拳，称既然这事不好解决，不如等成立了国联后再做打算，此次和会就按最佳方案算了。劳合·乔治和法国总理克里孟梭也随声附和，他们自知心中有愧，未等中方代表再做申辩便匆匆宣布散会，跑了。

弄了半天，一向被认为是光明正大的“国际大好人”威尔逊威大总统，原来也是个银样镴枪头——“威大炮”是也！

4月30日，在未经中国代表同意的情况下，巴黎和会最高机构对山东问题做出最后裁决，承认了日本继承德国在山东的一切权益。[①]至于日本须将山东权益交还中国的问题，日方只肯做口头承诺而反对在和约中明文规定，因此这三个条款对中国是极其不利的。

得知这一裁决后，中方代表在5月4日向和会提出了强烈抗

① 即《凡尔赛和约》的第156、157、158条。

议："三国会议为维持和会不至破裂，竟以中国为殉葬品。中国的命运因为要加入国联的缘故，反而要成为国联的利益交换品。这种不信不义的处置，实在万难承认！"

但是，列强们对中方的抗议置若罔闻，他们仍于5月6日按原计划公布了《凡尔赛和约》。由于加入新成立的国联必须在《凡尔赛和约》上签字，这意味着中国必须在二难中做出选择：要加入国联的话，就必须签字；不签字就不能加入国联。由此，中国在此次巴黎和会上的外交，已经宣告完全失败。

至为荒唐的是，作为战胜国的中国，在标榜"和平、公理、正义"的和会上竟按战败国对待，这真是在国人头上狠狠浇了一盆凉水。咱们中国人的这个心啊，这次真的很受伤。难道这就是所谓的"国际公理"？

说一千道一万，中国外交在巴黎和会的惨败只能说明一个问题，那就是——"和会仍凭战力，公理岂敌强权？"

所谓"弱国无外交"，这就是说，一个国家在谈判桌上声音的大小，往往由其拳头的软硬来决定。你一个穷国、弱国、小国，就算你喊破了喉咙，又有谁会理你呢？

得知中国外交完全失败后，《新青年》主编陈独秀发表了一篇名叫《两个和会都无用》的短文："上海的和会，两方都重在党派的权利。什么裁兵废督，不过说说好听、做做面子，实际上他们哪里办得了。巴黎的和会，各国都重在本国的权利，什么公理，什么永久和平，什么威尔逊总统的十四条宣言，即成了一文不值的空话！"

说到最后，陈先生不免长叹道："这两个分赃会议，与世界永久和平、人类真正幸福，隔得不止十万八千里！"

三十八

五四狂飙

“五四运动”中的风云人物、北大学生许德衍曾回忆说：在“一战”结束后的半年中，“学生们真是兴奋得要疯狂，而各种名流们也勤愈讲演”，“公理战胜强权”的口号“激动了每一个青年的心弦，以为中国就这样便宜地翻身了”。

世上就是这样，希望越大，失望也就越大。巴黎和会开幕后，随着各种坏消息不断传来，国人的热情也从烂漫的春天回到了萧瑟的冬日，各种希望像被风吹起的五颜六色的肥皂泡，最后落在坚硬的地面，残忍地破碎了。

5月2日，总统府外交委员会事务长林长民在北京《晨报》上发表文章，正式对外公布了巴黎和会上中国外交的失败。消息传出，北京的学生们震惊了，北京的市民震惊了，全中国的人民都震惊了！

3日下午，由熊希龄、梁启超、蔡元培等名流组成的国民外交协会召开会议，讨论并决定于5月7日国耻日（“二十一条”谈判时日本下最后通牒的那天）在中央公园召开国民大会，以抗议这强权的和会。

和国民外交协会那些文质彬彬的绅士相比，北京的学生们已经没这个耐性了，他们哪里能等到5月7日？就在同一天下午，北京各校学生代表们决定晚上7点在北河沿北大法科大礼堂举行全体学生大会。参会者除北大学生外，还包括法政专门学校、高等师范学校、中国大学、朝阳大学等13所学校的学生。

当晚，北大学生和其他各校学生代表们集合于北大法科大礼堂，大礼堂很快被挤得水泄不通，连礼堂外都聚集很多人。会上，发言的学生有丁肇青、谢绍敏、张国焘、许德衍及外校代表夏秀峰等人。谢绍敏同学更是激愤异常，他当场咬破中指，撕裂衣襟，在上面血书了“还我青岛”四个大字！

这一刻，整个礼堂沸腾了，青年学生们的鼓掌声、喝彩声和激动的泪光交相辉映，有的学生相互拥抱而泣，有的则紧紧攥着拳头仰天而叹，会场上充满了悲壮苍凉的气氛。

这时，一个学生跳上主席台高喊道：“哭有什么用！我们要行动！同学们，我们现在就募捐，明天到天安门游行去！”

听了他的话，会场内的学生们纷纷将身上的银圆、铜币、手表甚至戒指乃至帽子都捐了出来。随后，学生们分头准备，有制定游行路线的，有制作标语横幅的，还有外出联络其他学校的。这一晚，多少年轻的朋友一夜无眠。

5月4日下午一点左右，来自北京十几个学校的三千多名学生从四面八方汇集到天安门，他们在金水桥前的两个华表下竖起了一副硕大的对联：

> 卖国求荣，早知曹瞒遗种碑无字；
> 倾心媚外，不期章惇余孽死有头！

对联的另一边，前晚北大学生谢绍敏咬破手指所血书的

“还我青岛”也悬挂在那里，随着学生们的激愤而在风中猎猎摇荡。

来到天安门的学生大多手持标语，上面分别写着：“取消二十一条”“誓死力争”“不作五分钟爱国心”“宁为玉碎、不为瓦全”“诛卖国贼曹汝霖、章宗祥、陆宗舆”“头可断，青岛不可失”，等等。行进过程中，学生们不断呼喊着口号，并将传单发给沿街民众。①

传单便是运动的宣言，其中一个是古体：

> 呜呼国民！我最亲爱、最敬佩、有血性之同胞！我等含冤受辱，忍痛被垢于日本人之密约危条，以及朝夕祈祷之山东问题、青岛归还问题，今日已由五国共管，降而为中日直接交涉之提议矣！噩耗传来，天暗无色。夫和议正开，我等所希冀所庆祝者，岂不曰世界中有正义、有人道、有公理，归还青岛，取消中日密约、军事协定以及其他不平等之条约，公理也，即正义也。背公理而逞强权，将我之土地由五国共管，侪我于战败国如德、奥之列，非公理，非正义也！
>
> 今又显然背弃山东问题，由我与日本直接交涉。夫日本虎狼也，既能以一纸空文，窃掠我二十一条之美利，则我与之交涉，简言之，是断送耳！是亡青岛耳！夫山东北扼燕晋，南控鄂宁，当京汉津浦两路之冲，实南北咽喉关键。山东亡，是中国亡矣。我同胞处此大地，有此山河，岂能目睹此强暴之欺凌我、压迫我、奴

① 陆丹林：《革命史谭》，中华书局，2007年，第69页。

隶我、牛马我，而不作万死一生之呼救乎？法之于亚鲁撒、劳连两州也，曰："不得之，毋宁死！"意之于亚得利亚海峡之小地也，曰："不得之，毋宁死！"朝鲜之谋独立也，曰："不得之，毋宁死！"

夫至于国家存亡、土地割裂、问题吃紧之时，而其民犹不能下一大决心，作最后之愤救者，则是二十世纪之贱种，无可语于人类者矣。我同胞有不忍于奴隶牛马之痛苦，亟欲奔救之者乎？则开国民大会，露天演说，通电坚持，为今日之要著。至有甘心卖国，肆意通奸者，则最后之对付，手枪炸弹是赖矣。危机一发，幸共图之！

有学生嫌这份宣言过于文绉绉了，于是又以白话体拟定了一份更通俗的：

现在日本在万国和会要求并吞青岛、管理山东一切权利，就要成功了！他们的外交大胜利了，我们的外交大失败了！山东大势一去，就是破坏中国的领土！中国的领土破坏，中国就亡了！所以我们学界今天排队到各公使馆去要求各国出来维持公理，务望全国工商各界，一律起来设法开国民大会，外争主权，内除国贼，中国存亡，就在此一举了！今与全国同胞立两个信条道：

中国的土地可以征服而不可以断送！

中国的人民可以杀戮而不可以低头！

国亡了！同胞起来呀！

这份白话体宣言简单易懂，当时分发一空，传诵一时。随着学生们的集聚，跟随而至的民众也越来越多，他们也都为学生的爱国热忱所感动，并跟着一起高呼口号。

经过一阵短暂的演讲后，学生们随即向东交民巷使馆区列队进发，拟向各国公使请愿，争取国际公义的同情。途中，民国政府教育次长袁希涛、京城步军统领李长泰和警察总监吴炳湘监闻讯赶来，但他们并不能阻止学生的前进。

到东交民巷后，尽管美、英、法三国使署对学生的到来表示欢迎，但巡捕房坚持不放行，结果上千名青年学生在五月的烈日下被暴晒了两个多小时，最终还是不能通过。

使馆区请愿受阻后，学生们义愤填膺，激愤异常。随后，他们决定改道前往卖国贼曹汝霖家示威。尽管这次游行的总负责人傅斯年担心途中会出意外，但此刻他已经无法阻止学生运动的洪流。

这天中午，曹汝霖和章宗祥正在总统府赴宴。学生游行的消息传来后，有人劝他们暂时不要回府，但曹、章两人不以为然。下午三点左右，曹汝霖和章宗祥一起回到了赵家楼胡同西口的曹宅。

曹、章两人回曹宅不久，陆军部航空司长丁士源和一位名叫中江丑吉的日本记者来访，尽管他们已经得到学生要来赵家楼的消息，但当时曹宅外已有警察保护，因此也就不以为意。他们觉得学生们不会搞出什么名堂，即使出现暴烈举动，也能被警察制止并加以驱散。

四点左右，大批学生来到赵家楼曹宅门口，形势立刻为之改观。尽管警察们已经严阵以待，但上千学生高呼“打倒卖国贼”的口号声如同排山倒海一般，足以令宅内人胆战心惊。

很快，一些学生一边高呼“卖国贼曹汝霖出来见我”，一边猛烈地叩击曹宅大门，局势开始失控。警察们见势不妙，他们上前劝阻叩门的学生，双方发生冲突。混乱当中，有学生绕屋而走，寻找其他入口。突然，只听“哗”的一声，曹宅大门被打开了，外面的学生们一下就冲破了警察的阻挡，他们蜂拥而入，四处寻找卖国贼曹汝霖。

学生们首先发现的是曹汝霖的老父和小妾，但他们并没有对两人动手，而是继续寻找曹汝霖。但是，学生们找了半天，也没有发现曹汝霖的踪迹。

那么，这几人到哪里去了呢?

很多人以为，曹汝霖在大门被打破时逃出去了，事实并非如此。据曹汝霖的回忆：学生闯进大门后，他在仓促间躲进了妻子和女儿卧室中间的一个箱子间。但学生们并未细细搜查，而只是“噼噼啪啪”砸门窗玻璃，然后扔掷屋内瓷器（既是卖国所得，砸了也不过分）。在乱嚷了一阵后，他们又出去了。

四点半左右，曹宅突然起火，躲在锅炉间的章宗祥几个人慌忙窜出。由于章宗祥穿着礼服，一下就被人认出，结果被堵在后门的学生痛殴（学生以为他是曹汝霖）。有个学生拿了根铁杆敲了章宗祥的脑袋，章宗祥顺势倒地，学生们以为他被打死了，一些人便一边嚷着“曹汝霖”被打死了，一边逃跑了。听了这个消息后，另外一些人则兴高采烈地纷纷赶来，要看看“曹汝霖”是不是真的被打死了。

趁着这个间隙，日本人中江丑吉冲了过来。他将章宗祥搀扶着，连抱带拖地出了后门，随后又将章宗祥推进了对面的油盐店。见“曹汝霖”没死，学生们哪肯放过，他们随后跟踪而至，并要将这“曹汝霖”拖出殴打。但这个日本人拼死护住，结果替章宗祥挨了不少打，也被打得头破血流。所幸中江丑吉在挨打过程中不断嚷着一口不熟练的中国话，学生明白他不是中国人，这才手下留情。

火起之后，大批巡警赶来，最终将学生和看客们驱散，并当场抓捕了32人（其中就有著名的许德衍）。消防队赶到现场后，将大火扑灭，但此时曹宅已经烧得只剩下门房和西院的一部分。所幸的是，曹汝霖及其家人趁着火起时偷偷溜走，并无人员伤亡（章宗祥和那日本人被打得鼻青眼肿姑且不算）。[①]

“火烧赵家楼、痛殴章宗祥”是五四当天的高潮，很多人以为火烧赵家楼只是爱国学生的义愤所致，其实也不完全如此。据参与学生的回忆，这次行动早有准备，只不过在极小的范围之内而已。

放火的人是谁呢？据现场目击的学生回忆，此人乃是北京高等师范学校（北京师范大学的前身）的学生匡互生。当学生们到处寻找曹汝霖时，匡互生取出预先备好的火柴，准备放火。这时，另一名游行负责人段锡朋慌忙阻止，说：“我负不了这个责任！”匡互生说：“谁要你负责任！你也确实负不了责任！”

另有一位名叫肖劳的目击者回忆说，他看见两位穿长衫的学生从身边取出一只洋铁扁壶，内装煤油，他们低声说“放火”，然后进入四合院内北房，将地毯揭起，折叠在方桌上面，泼上煤油，便用火柴点燃，霎时浓烟冒起。这位目击者当时就跟在两位长衫学生的后面，他也认得这两位是北京高师的学生。

这两位学生，除了匡互生外，还有一个名叫周予同。在五四游行前，他们甚至打算去弄一把手枪干掉曹汝霖，可惜没有找到

① 详情见曹汝霖：《一生之回忆》，第206页。

存货。5月3日晚，匡互生等人秘密召集工学会的十几名会员，并决定带铁器、小罐子火油和火柴前去，预备毁物放火。匡互生和周予同几个人还写下遗书，准备牺牲。后来周予同回忆说，对于他们的秘密行动，游行总指挥傅斯年和段锡朋一点都不知情。事实上，打开大门的也是匡互生这些人，他们是打破曹宅围墙上的窗洞后翻进去的。

学生们被捕后，北大校长蔡元培随即向警察厅提出交涉，要求立刻释放爱国学生。在要求被拒绝后，北大学生当晚成立干事会，很多知名学生团体如国民社、新潮社、平民教育演讲团、少年中国学会等成员都纷纷加入，干事会分设了总务、文书、交际、纠察、讲演等部门，准备扩大罢课，营救被捕同学。

5日上午，北京各大专学校学生代表召集会议，宣布从即日起一律罢课，并通电全国，请求支援。因为学校地处偏远，没来得及参加游行的清华学校也召开学生大会，并宣布此后与其他学校一致行动。在此情况下，北京学界的十几个学校也成立了“校长团”，以组织营救被捕学生。

由于担心学生会更大规模地参加在7日举行的国民大会，警察总监吴炳湘答应释放被捕学生。但作为交还条件，学生必须在7日复课。在蔡元培等人的劝说下，学生们重返课堂，被捕学生也在当天上午被释放。

为了庆祝被捕学生重获自由，干事会还特意弄了三辆小汽车去接回那些学生。回到北大后，大家又搬出五张方桌，将被捕的学生请上拍照留影，也算是运动的小小胜利。

有人或许要问，那三个被学生指名要诛杀的卖国贼“曹汝霖、陆宗舆、章宗祥”，他们是何等来历，又犯下了何等罪行呢？

在宅子被烧后，曹汝霖为他当年的所为自辩说：“不敢言功，何缘见罪。”而陆宗舆也是满腹牢骚，“百思不得其故”；无故挨了一顿打的章宗祥则提出辞呈，称“所有办理中日交涉事宜，无一不恪遵政府训令，往来文电，有案可稽”。是啊，我等三人不过是主事人，“卖国”大帽，如何能全落到我们头上呢？

若把曹、陆、章三人的生平履历捋一遍，这三位均算得上是我国的优秀人才，标标准准的“日本海归”。最有意思的是，三人不但籍贯接近，而且生平也颇为类似。比如曹汝霖，他原籍浙江，生于上海，清末赴日本留学，毕业于日本中央大学法政科。回国后，曹汝霖参加了留学生考试并勇夺第二名，被钦定为“洋翰林”。随后，曹汝霖在仕途上一帆风顺，并成了袁世凯的亲信。

陆宗舆是浙江海宁人，清末赴日留学，毕业于早稻田大学，回国后参加留学生考试获举人出身。陆宗舆曾随载泽出国考察宪政，为徐世昌所赏识，后来也成了北洋系的一员。

章宗祥是浙江吴兴人，留学日本时毕业于东京帝国大学，回国后获进士出身，为袁世凯所赏识，并与曹汝霖、陆宗舆一起参与了清末立宪活动。

清廷覆灭后，曹汝霖、陆宗舆和章宗祥都在袁世凯或段祺瑞的手下出任要职，其中也因为职务的缘故，参与了相关的卖国外交行为。比如曹汝霖做过外交总长和交通总长，是“二十一条”的签约代表；陆宗舆则是签订“二十一条”时的驻日公使；章宗祥是“中日军事秘密换文”的经办人，时任驻日公使。

正所谓，冤有头、债有主，学生们不找你们三个找谁？

最逗的是，在“五四”风潮中，章宗祥与陆宗舆均被家乡父老开除乡籍，成了中国“没有籍贯”的人。其中最倒霉的是章宗祥，四月中旬他从日本启程回国时，有很多日本政界要人和驻日外交界人士到东京火车站送他。不料忽然来了很多中国留学生，章宗祥本以为他们也是来欢送的，谁知这些人却把写了“卖国贼”“祸国”等字的送丧白旗抛进车中，还大呼道：“章宗祥、章公使，你既喜卖国，为何不卖妻？”

听了这话，章宗祥顿时脸红如猪肝，章夫人也是气得两眼含泪。

后来，曹汝霖在《一生之回忆》中坦陈：“此事距今四十余年，回想起来，于己于人，亦有好处。虽然于不明不白之中，牺牲了我们三人，却唤起了多数人的爱国心，总算得到代价。”[①]

诚然，在主理卖国事务时，来往电文均有据可查，毕竟卖国事大，也不是这“三贼”能私下卖得了的。但是，在经过五四风潮被罢官的一段沉寂后，这三人在日本侵华时期再作冯妇，并分别出任了不同伪职。

如此看来，“卖国贼”这三字，还真不算冤枉了他们。

① 曹汝霖：《一生之回忆》，第213页。

三十九

民众洪流

北大学生游行后，安福系政客对校长蔡元培十分不满，他们认为学生之所以闹事，就是因为蔡元培之前过于鼓励学生参与社会活动，这才导致了五四运动的爆发。在他们眼中，蔡元培这个老革命党，居然“老夫聊发少年狂”——贼心不死呐！

安福系政客的指责倒也不是空穴来风。“一战”结束后，蔡校长确实十分兴奋和热情，他公开号召学生走出校园，积极参与到国家与社会的活动中去，并对不参与提灯游会的学生施以连坐惩戒，这对北大学生热心社会活动的风气无疑起到了推波助澜的作用。

五四游行之前，北大学生已经对段内阁的对日借款举行过抗议活动，而一些学生组织如国民社、新潮社、平民教育演讲团等也都在茁壮成长，这对此后的学生运动起到了重要的组织作用。

在此压力下，蔡元培在学生被释放后便提出辞呈，并悄然离京出走。同时受到指责的还有教育总长傅增湘，他同样因为鼓励学生参与“一战”后的庆祝活动而被迫提出辞职。之后，北京政府准备提名安福系政客田应璜出任教育总长。

蔡元培去职的消息传出后，北大学生当晚便以“停课待罪”的方式来挽留自己敬仰的校长。北京各大专学校校长也宣布全体辞职，表明与蔡先生同进退的决心。而在这时，积极参与五四活动的北大学生郭钦光愤激病逝，因对同学的哀悼而引发了5月19日北京中等学校以上学生的总罢课，参与的学生总数达到两万五千人。

5月19日的总罢课较五四游行成熟许多，学生代表们明确提出“拒签对德和约、惩办卖国贼、挽留傅增湘总长和蔡元培先生”等项要求，这些要求后来被总结为八个字，那就是——“外争国权，内惩国贼。”

中国人一贯要面子，要是北京政府轻易答应了学生的要求，那他们也未免觉得太失面子。就“惩办国贼”的问题，国务总理钱能训是这样答复的：“学生如有他们的卖国证据，政府自当依法惩办；如徒凭空言，政府不能办到。”

5月20日，教育次长袁希涛亲赴北京大学召开大专以上学校校长会议，但各校长竟无一人到会。不仅如此，学生们还展开更积极的活动，他们组织了大量的演讲团，每十人一组，当时称为“十人团”。这些演讲团最初在周日上大街演讲，在总罢课后便有更多的演讲团出现在大街上、天桥下，甚至游艺场，到处都有学生们的身影。

学生们的演讲赢得了广大市民的热烈欢迎，每一处演讲都有大量的民众前来听讲。听到即将亡国的激愤处，很多人都跟着学生抹泪叹息。又有一些热心的市民，他们给学生们送茶送水，甚至当场捐款捐物，以示对学生的支持。

不仅如此，学生们还掀起了“抵制日货、提倡国货”的运动。最早是北大学生将校内消费社的日货全部起出，并在文科大操场集中焚毁；随后清华等学校也采取了类似行动。5月18日，北京各大中专学校学生将他们自己买的日货，一起拿到先农坛集中焚毁。尽管那天还下着雨，但演讲团仍旧冒雨进行演说，而一些中小学生也很踊跃，他们不但烧了自己的日货，而且还积极地上台发言。

学生们的行动引发了日本的恼怒，他们派出军舰前往天津、吴淞等地进行军事恫吓，甚至派出日本浪人去破坏学生的演讲。当东京的中国留学生进行抗议活动时，日本军警横加镇压，并将多名学生暴打后逮捕。

由于学生的风潮越闹越大，加之以日本的压力，北京政府派出军警、马队前去破坏学生的演讲活动。他们见到学生聚集便用马队冲击，将围观民众驱散并收缴了学生的旗帜、传单等。除此外，他们又用提前放假和举行文官、外交官、司法官考试等的办法进行分化，使得一部分学生退出了运动，这一阶段的学潮也就告一段落。

不料到6月1日，北京政府在不恰当的时间发布了两道不恰当的命令：一是为曹汝霖、章宗祥、陆宗舆辩护并温言挽留；另一道却严厉呵斥学生扰乱秩序，强令取缔各种街头活动并立即复课。

一石激起千层浪！各位，这天底下哪有“爱国有罪、卖国有功”的道理？学生们都是热血爱国青年，哪里受得了如此对待？他们随即在6月3日恢复街头演讲。而在这一天，北京的军警们也是严阵以待，你来一个我抓一个，你来两个我就捉一双。这一天，又恰逢雷阵雨天气，天上怒雷轰轰，地上飞沙走石，黑云滚滚，不见天日，好一派阴暗惨淡的人间地狱之景象！

当晚统计，共有170多名学生遭到逮捕，其中北大学生占了多数，另外也有清华学校、高等师范等学校的。因为人数众多，这些学生没有被送到看押所而是被集体关在北大法科的讲堂之内。从早到晚，学生们连口水都没得喝。

但是，政府人士明显低估了学生的能力和毅力。就在第二天，更多的学生静悄悄地走出校门。他们来到街头后，突然从怀里摸出藏好的演讲旗帜，便对着大众开始演讲。而这天的军警也分外多，他们见有人群聚集，便放马过去，先将听讲民众驱散，随后老鹰抓小鸡一样，两个强壮的警察挟着一个弱小的学生娃娃，送到北河沿北大法科拘禁起来。

6月4日这天，学生竟被拘禁了700余人，最后北大法科装不下了，又送到马神庙的理科宿舍作为临时监狱。4日这天的天气也很糟，大风大雨、大雷大尘，只见一对对的学生被掳了进来，一队队军警则在北河沿安营扎寨。陆军第九师派出一个团兼一个营的兵力，愣是把堂堂学府变成了森森兵营。

好好一个北京首善之地，最后被弄成了黑暗世界。此天意乎？抑或上天示以天谴乎？

军警们的凶神恶煞却没有吓倒学生们。6月5日，更多的学生背上行李，连牙粉、牙刷、面包都准备齐了，他们这一天大队集合出发，分路演讲，人数达到两千多人。与此同时，他们又向各地发出通电，请求支援。

据《每周评论》记者报道：“五日上午，记者打前门经过，看见三个学生站在路旁演讲，来了几个警察，犹如城隍庙的阎王一般，把三个学生一人捉一个，那三个学生两手虽然被他们捉住，嘴里还说个不止，听的人不知道有多少都流下泪来。后门外边，有两队学生，一向西行，一向东行。这个地方只有十几个警察，到东边赶人，西边又演说起来了；到西边赶人，东边又演说起来了。闹得很久，听的人个个拍手，几个警察也就不敢动手了。”

警察不敢动手的另一个原因是，学生越来越多，再抓就没有地方关了。一旦不慎，闹出人命，那可不是好玩的。

令人感动的是，有许多学生自带行李，主动前来北大法科要求被拘禁，而被禁的同学们知道后，他们纷纷登上法科大楼摇旗怒号，校内外连成一片，军警们也无可奈何。就连女学生们也行动了起来，她们组织了十五校联合会，集体向总统府请愿，要求释放那些被关押的男同学。

此时，各校校长和教职员工也极为愤怒，他们不但为营救学生而上下奔走，而且发表联合通电指责政府“视学生为匪徒，以校舍为囹圄，蹂躏教育，破坏司法，国家前途，何堪设想？”北京社会各界团体也对学生被拘表示了同情，比如国民外交协会、北京教育会、红十字会等都前去慰问，以示对学生的支持。

北京学生大批被抓被捕的消息传出后，全国人民震惊了。在上海、天津、杭州、南京等地，学生们也纷纷走上街头，罢课风潮愈演愈烈。6月5日，上海工商学各界人士为了声援北京学生，第一次实现了“罢工、罢市、罢课”的三罢联合行动。

上海是个大都市，这里经济发达、交通便利、思想新潮，当“五四”游行在北京爆发后，上海的学生也群起响应，实行罢课等活动。后来，黄日葵等北京学生领袖也曾来上海开展联合行动。

北京学生被拘后，上海学生也立刻行动起来。他们手持传单，到大街上去挨家挨户地宣传，动员商家在6月5日实行罢市。在这天的动员中，一些学生甚至采取了“沿街跪求”的哭谏方式进行哀告，很多来往行人和商家也都答应在次日一定支持学生们的行动。

5日实行“罢课、罢市”的消息传出后，首先起来响应的却是上海的工人们。在学生们的热忱感动下，一些在日本企业如日本内外棉第三、第四、第五纱厂的工人首先在上午实行罢工，紧接着日华纱厂、上海纱厂的工人也随之响应，接着便是商务印书馆、中华书局、沪宁铁路、杭甬铁路等地的工人实行了罢工。

5日上午，各商家也按约定实行了罢市，原本热闹的大街上很快便冷冷清清，绝大部分商家都大门紧闭，停做生意，就连租界里的永安、先施两大商场也都杜门谢客。在大街上，唯见大中学生上下奔走，分发传单，而巡警们则在街上巡逻，防止有人捣乱。

人心齐，泰山移。上海“三罢”的消息传到北京后，当局意识到事态非同小可，于是包围北大校舍的军警们当晚便撤去，被拘禁的同学重获自由。

但是，由此形成的风潮并未停息，6日后，上海的“三罢”非但没有停止，规模反而有所增大，越来越多的企业和工人加入了罢工的行列，而商家们也仍旧实行罢市。街上除了几家卖早点的还半掩半闭地开着门，向路人卖些糕点行个方便外，其他商家仍像昨日一样，一律关门。上海当局派警察前去干涉，强迫开市，但商家答复“买卖自由”，警官们也无办法。

上海实行“三罢”后，天津、南京、安庆、武汉、济南、九江等地均以上海为榜样，实行“罢工、罢市、罢课”。由此，“五四运动”也变成了“六三运动”，前者以北京的学生为先导，后者却开始以上海马首是瞻了。

商人一向被人认为是倾心谋利的，但在这次运动中，商家却表现出令人刮目相看的爱国热情：先是一些大型商业公司主动实行罢市，随后各中小商铺也都闭门谢客，并在大门上贴着“万众一心，同声呼吁，力抗汉奸，唤醒政府”等标语；就连理发店，也贴上了“国事如此，无心整容，请君不必光顾”的标语；至于那些娱乐场所，也都停止售票，不再娱乐。一些说书人甚至发起义务说书，将所有收入捐给学生联合会。

诗人杜牧曾写诗：“商女不知亡国恨，隔江犹唱后庭花。”但此次上海“三罢”运动中，就连青楼从业的女同胞们也都纷纷响应，她们也主动站了出来，自费印刷传单发放并呼吁花界同胞捐助学生联合会。在学生进行游行和宣传活动时，这些女同胞在路口设立饮茶休息处，以示对爱国学生的支持。

在社会各界的压力下，北京政府只得于6月10日将曹汝霖、陆宗舆、章宗祥三人免职。在“内惩国贼”的目标实现后，各地的“罢工罢市”风潮才告一段落。

紧接着，中国代表是否在对德和约上签字的问题再次成为焦点，各地学生和社会团体纷纷派出代表到北京向总统府请愿，要求政府保证不在和约上签字。在此情况下，五四运动的第三个阶段，也就是“拒签和约运动”又一次如火如荼地开展了起来。

这时，一直对学生运动保持沉默的段祺瑞突然发表看法，他说：“学生们有爱国心，这是可喜可贺的。但有一言相劝，尽心求学，成为人才，将来鼎新政治和工商实业，这样才可以强国。”说到这里，段祺瑞话锋一转：“如果受人愚弄，只能助长某些人的嚣张之气，误己误国，则是错误的。”

段祺瑞的大意是同意签字，因为不在和约上签字的话，中国将不能加入国联，到时一些有利条件都不能得到保证。两害相权，学生不应在签字问题上继续向政府施加压力。老段的话，不但遭到学生的反驳，就连他的政敌们也纷纷向他发难，比如直系大将吴佩孚就公开通电支持学生："大好河山，任人宰割；稍有人心，谁无义愤？"

在巴黎的中国代表们也不甘心就此签字，他们先是提出一个"保留签字"的方案，即中国在和约上签字，但对山东问题的解决办法有所保留，不能承认。但是，这个方案也遭到拒绝，当时中国代表面临的选择只有无条件签字或拒绝签字，别无他途。

北京政府最初倾向于签字，但在社会各界的反对下，只好把这个皮球踢给了专使团，说："国内局势紧张，人民要求拒签，政府压力极大，签字一事请陆总长自行决定。"

6月28日下午3时，巴黎和会在凡尔赛宫举行对德和约的签字仪式。这一天，中国代表团函告和会主席，表示中国将不派代表出席，也就是拒签和约。这一天，从上午开始，中国代表团住所外面围满了中国留学生和华工，他们公然宣称：如果代表团敢去签字的话，就要发起致命行动。

事已如此，倒也不必苛责外交人员。毕竟，在一个"力大为王"的国际社会中，但凡国力比不过别人，难免不低声下气。所谓"弱国无外交"，说的就是这个真理。如此，弱国的外交家，岂不更是被放在火上烤！

不管怎么说，"拒签和约"算完成了"外争国权"的目标，而"罢免三贼"完成了"内惩国贼"的任务。但是，山东问题并没有因此而解决，一直到1921年底召开华盛顿会议，日军才最终撤出山东并归还青岛，但中国须花钱赎回胶济铁路，并由中日共同经营，这又为后来的"济南惨案"埋下了伏笔。

对于近代中国来说，1919年是躁动的一年。其中的一个重要结果就是，民众特别是年轻的知识分子们开始觉醒，他们迅速成为新生的政治力量，在历史的舞台上崛起。五四运动中的一些学生领袖，包括张国焘、周恩来等人，还有新文化运动中的陈独秀、李大钊等人，甚至新崛起的北洋第二代人物如吴佩孚等，他们即将在未来的政治进程中大放光芒，而学生作为一个新生的团体，也将在某种程度上改变中国的历史进程。

五四，他们做到了；未来，他们也能做到。

与之形成鲜明对比的是，除了段祺瑞还出来说了几句话，其他老一代的北洋系人物却在这次运动中黯然失色。很显然，他们原先对学生的看法，无外乎“国家大事不用你们管，不好好念书，便是造反”之类。由此，当学生运动突然崛起后，他们的表现大多是茫然而一无所知，也毫无手段，这或许也揭示了他们的时代即将过去。

1919年12月28日，北洋大佬、曾代理大总统一年的冯国璋在京去世，终年62岁。临危前，冯国璋口授遗言致大总统徐世昌，希望“和平统一”早日实现。冯国璋患病的原因，据说还是因为禁卫军。清帝退位时，冯国璋答应一生不与禁卫军脱离关系，所以这支部队后来改编成陆军第十六师时，仍由冯国璋遥为领制，而且这个师也一直派出一个连给冯国璋做卫队。冯国璋到哪里，他们就跟到哪里。

后来，冯国璋做上了大总统，第十六师又拆成了第十五师和第十六师，两个师仍旧派出队伍轮流到总统府担任守卫工作。在冯国璋卸任回河间老家后，第十六师仍派两个连轮番驻守随护，以示特殊关系。[①]

1919年10月，冯国璋为调解第十五师和第十六师向陆军部争

---

① 载涛：《冯国璋接管禁卫军》，见吴长翼编：《魂断紫禁城：袁世凯秘事见闻》，第210页。

饷事宜而再次返回北京。但不知为何，第十六师师长王廷桢突然以陆军部命令为借口，把跟随冯国璋的这一连士兵全部调回。事后，冯国璋十分气愤，他觉得自己刚刚下台不久，而且当年曾许下诺言要和禁卫军官兵永不脱离关系；作为自己多年的部属，王廷桢如何能做出此等绝情之事。这时，他在家里洗了一个冷水澡，结果引发急性肺炎，没多久便去世了。①

冯国璋死后，丧事和遗产分配都委托老友王士珍负责。段祺瑞后来也来吊唁，他仍像往常一样，面无表情地径直走到冯国璋的遗体前，将盖帘揭起，看了看老友的遗容，便回身走了。后来，段祺瑞派人送来亲拟的挽联，其中一句是："正拟同舟共济，何期分道扬镳。"②

因为从小生活艰辛，冯国璋对钱的事情看得比较重。和袁世凯、段祺瑞这些人相比，他算是一个爱财的人。据说，冯国璋做大总统时，曾命人将中南海的鱼捞出卖钱，一时传为笑谈。据他的幕僚恽宝惠回忆，为了钱的事情，冯国璋还与王士珍闹过别扭。

事情是这样的：当时王士珍做总理，想派人去南方调停，但经费希望总统府出。谁知道，冯国璋却批示让他们自己解决。王士珍听后气愤地说："我一天到晚狗颠屁股垂似的，为的是谁？就这点钱，他还不往外拿！"③

据统计，冯国璋留下的遗产总值大概在300万元左右，这些

---

① 笔者怀疑，冯国璋之死和当时流行的西班牙流感有关。

② 文斐编：《我所知道的北洋三杰》，第215、293页。另据张一麐的说法：冯国璋逝后，段祺瑞抚棺恸哭，观者莫不动容。见张一麐：《直皖秘史》，第103页。

③ 文斐编：《我所知道的北洋三杰》，第282页。

钱是冯国璋多年的储蓄和投资所致，其中也包括了田地、股票等折合而成。这些钱，后来都在王士珍的主持下分给了他的子女们。

另外还听说，由冯国璋一手提拔的张宗昌，也曾参与料理丧事和分配遗产等后事。张宗昌后来对人说："冯大总统做了一辈子官，而且是从年轻时起就做大官，落了个'爱财'的名声。其实，也没几个钱。死了清理遗产结果，房产、地产和银行存款，所有动产和不动产加起来，也不过三百多万块钱。"由此也可见，冯国璋虽喜敛财，倒也无贪赃枉法之名。①

美人迟暮，英雄暮年。"北洋之豹"冯国璋首先走完了他的历程。"北洋之龙"王士珍在辞去内阁总理后不问政治，甘心退隐。王士珍倒是作风清廉，不事铺张。他没有儿子，只有二女。1930年去世时，王士珍只有两处房产和十余顷田地，而北京的房产还是学生鲍贵卿和卢永祥等人给他买的。②

由此，"北洋三杰"中也就剩段祺瑞还老当益壮，他仗着自己余勇可贾，非要做一番大事业。然而，面对北洋第二代的挑战，老段能对付得了吗？

---

① 李藻麟：《我的北洋军旅生涯》，九州图书出版社，1998年，第291页。

② 文斐编：《我所知道的北洋三杰》，第19页。

四十

总理下台

1917年讨伐张勋复辟时，段祺瑞身边并没有一兵一卒，他主要借重的是李长泰第八师及冯玉祥、曹锟的部队，这才讨逆成功。用流行的说法，这是借力打力、“空手套白狼”，完全凭借个人的威望才咸鱼翻身，这不能不说有很大的运气成分了。

湘鄂战争时，段祺瑞原本指望北洋军帮他实现“武力统一”的梦想，但前线部队不是自己的子弟兵，人家如何肯帮你火中取栗呢？所以，湘鄂战争进攻了两次，最终都不了了之。段祺瑞也由此感到手中无兵的切肤之痛。

按理，段祺瑞在清末编练新军时先后担任过北洋三个镇的统制，小站练兵时又做过几个军事学堂的督办，怎么说也该有自己的子弟兵，不过事实并非如此。民国年后，段祺瑞被任命为陆军总长，同时也和部队脱离了直接关系。这时间久了，指挥不动，也在所难免。

由此也可以说，段祺瑞终其一生，只能算军人而非军阀，因为他没有自己的军队，也没有自己的地盘，也就不能借此拥兵自重。而军队和地盘这两点，恰好是构成军阀的关键所在。当然，段祺瑞原本也有机会，可惜运气不佳，没有做好。

这又从何说起呢？

说到这事，还得从对德宣战说起。地球人都知道，中德两国相距甚远，山东的德国士兵也被日本士兵给干掉了，加上1917年后德国已经显露颓势，此时宣战本该是稳赚不赔的买卖。但是，偏偏应了中国那句古话“好事多磨”，1917年11月7日，本和中国同一集团的俄国，突然“十月革命”一声炮响，这一炮比武昌那一炮的威力却大出许多，武昌那炮只影响了中国，而俄国那炮却震惊了世界！

革命后的列宁政府忍辱负重，和德国签订了一个绝对丧权辱国的《布列斯特—立托夫斯克和约》（简称《布列斯特和约》）。在单方面宣布媾和后，苏俄随后又退出协约国集团、退出第一次世界大战。按《布列斯特和约》，苏俄须割让上百万平方公里的领土并赔款30亿卢布（约60亿马克），但苏俄由此赢得了和平还有宝贵的喘息时间，对巩固新生的政权起到了极大的作用。至于国际条约嘛，那都是空口白话，德国不久就战败投降了，谁还认账？

以空间换时间，这等外交，需要莫大的魄力和定力，非一般人所能为也。当然，是丧权辱国还是高明外交，这是别国的事，无关人等也没必要扯那么远。就说苏俄退出战争后，协约国集团一片恐慌，生恐德国借势反扑、扭转战局，所以各国一味地压迫苏俄继续对德作战，不然就要追究责任，视为敌国。

冯国璋政府得了这个消息，也被恐慌情绪所感染。后来，段祺瑞被委任为参战督办，也有这方面的原因。谁让祸事是你惹下的呢？只好请老段自己包圆了。

这时，日本人却向老段抛出橄榄枝，称苏俄同敌国单独媾和，必将威胁远东的安全；既然中日是同一集团，又是远东近邻，何不未雨绸缪、联手对付苏俄呢？为此，日本提出了极为优惠的条件，那就是由日本借款2000万日元以提供军饷和购买军械，并帮助中国编练一支参战军。

得了这个消息，段祺瑞是又惊又喜，全然忘记日本人背后的阴谋。之后，他便派参谋处处长靳云鹏负责中日谈判，力争把这一本万利的好买卖给做下来。靳云鹏不负众望，加上此时老段又官复总理，各事都办得顺利，于是中日双方在5月中旬分别签订陆海军共同防敌军事协定，内容包括日方提供借款购买军械和支付军费，并派遣军事人员帮助训练中国参战军。

但是，日本人的优惠是有条件的，那就是中日同盟之后，一旦日本在西伯利亚发动对苏俄的战争，中国在军事行动区域必须和日本合作，相互提供武器装备和军需品；中国参战军参加西伯利亚作战，必须服从日本司令部的指挥；日本军队和军需品经东北铁路（南满铁路和中东铁路，前者是日本控制，后者本属俄国）运输时，中日应相互协作。

此中的危害，就在于日本可以借口防敌，任意进入中国东北，这也为后来日本出兵北满并侵夺中东铁路权提供了机会。1918年8月2日，日本宣布对俄作战，随后一路占领海参崴，一路沿着铁路北上占领赤塔，由此侵占了苏俄在远东的大量领土。但是，日本的军事行动很大部分需要通过中国东北运输，这也为后来“九一八事变”埋下了重要的伏笔。（日俄战争后，日本将辽东半岛变成了势力范围，这次是乘着俄国革命再度觊觎北满。）

段祺瑞主政期间，向日本的借款远不止这一次。比如著名的西原借款，就高达惊人的一亿四千五百万日元。（交通银行借款2500万，有线电信借款2000万，吉会铁路1000万，吉黑林矿借款3000万，满蒙四铁路借款2000万，山东二铁路2000万，参战借款

2000万。）加上其他借款的话，如善后借款的三次垫款3000万，京畿水灾借款5000万，军械借款3200万，总数接近两亿八千万日元。

有人会说，日本人怎么就这么愿意借给中国钱哪？这当然是有原因的。当时，因为欧战，日本贸易大量出超，结果累积了大量的金融资产需要寻找出路。否则的话，这些资金将在日本国内引发严重的通货膨胀，而这时中国正好缺乏资金，日本的借款实际上是一种高回报的投资。

除此外，借款对于日本在中国的扩张也起到了牵线搭桥的作用，特别是民国时期北洋政府和地方政府频频更换，很多借款往往成了一笔糊涂账，到底还了多少还是根本没还，到现在谁也说不清。所以，借款问题也极容易引发政治甚至是军事上的冲突。

遗憾的是，此时的段祺瑞完全没有意识到这点，他当时的心思完全放在了编练参战军上面。殊不知，日本人送出的糖衣炮弹是有毒的——而且毒性很强。

从历史上看，日本因为本国资源有限，缺乏发展空间，甲午战后便立志将朝鲜半岛与东三省吞并，借以移民屯垦并最终与日本本土合并，以成立一个新的“大日本帝国”。这一既定战略，从黑龙会到日本军部对革命党的支持，再到辛亥年后抛弃革命党转而支持宗社党制造满蒙独立，其目的都是分裂中国，尤其割裂本土十八省和满洲，为日本所用。加上1931年制造“九一八事变”并打造“伪满洲国”，这一系列历史事件中的主线脉络，应该说是相当清晰的。

甲午战争中，北洋水师在黄海大战时实在缺了几分运气，由此也逆转了中日两国在近代史上的国运。不过，上帝又是公平的，日本也不是不会犯错误。1937年全面侵华后，所谓“人心不足蛇吞象”，日本最终前功尽弃，一败涂地，半个世纪的谋划和经营化为泡影。由此也可见，军人往往比政治家更愚蠢、更急功近利。不然的话，一个合并了朝鲜、“满洲”、台湾的“大日本帝国”，必将成为中国人数百年甚至永远的噩梦。

1918年8月，参战军训练处成立，靳云鹏兼任督练，随后又成立了军官教导团和军士教导团，分别由陈文运和曲同丰担任团长，专门负责这支新军队的编练事务。按约定，参战军的军费均来自日本借款，使用的武器装备也都从日本购买。就连训练方式，也完全采用日本那一套。

参战军军官教导团主要从保定军校中的优秀毕业生和接近皖系的初级军官中抽调组成，训练结束后分派到参战军担任初级军官；军士教导团则从皖系的北洋各师抽调优秀士兵前来受训，受训三个月后分派到参战军充当军士。军士教导团共六个营，总人数3200人。

段祺瑞对参战军的编练非常重视。在军士教导团开训典礼上，他兴致勃勃地前来讲话。看见士兵们整整齐齐的勃勃军姿，老段十分高兴，他指着身边的督练靳云鹏对大家说：“你们看！靳督练原来就是我当年练兵时的一个炮兵，现在已经是参战军的督练了！你们要好好训练，服从命令，将来的前途，必将是不可限量的！”

靳云鹏原本准备好了训词，但被老段这么一说，只得硬生生咽了回去。他只好接着老段的话说：“不错！我在小站练兵时，不过是段督办的一个小兵。今天我能站在这里，全是段督办一手栽培提拔的。你们今天做了督办的学生，未来必有远大的前途！”①

① 参见周俊旗：《百年家族：段祺瑞》，第184页。

军官教导团和军士教导团训练结束后，随即赴安徽、山东、河南等地招募了三万多名新兵，并于1919年1月正式成军。参战军共三个师：第一师师长曲同丰，驻北京北苑；第二师师长马良，驻山东济南；第三师师长陈文运，驻北京南苑。

由于参战军的武器装备都来自日本，当时算非常先进了。如参战军第一师，全师辖两个步兵旅，一个炮兵团，一个骑兵团，另有工兵、辎重、机关枪各一营，总兵力一万余人。第一师的基本装备，步兵全部使用日本三八大盖，炮也是日本生产的山炮和野炮。炮兵团辖三个营，每个营辖三个连，每个连有火炮四门。机关枪营共四个连，每连有重机枪六挺。

训练上，参战军也完全按日本模式进行，分步、炮、骑、工、劈刺等科目。当时段祺瑞还成立了一个以坂西利八郎为首的顾问团，并聘请了一百多名日本教官来指导参战军的日常训练。

就武器装备、训练水平、兵员素质等方面来看，参战军既是国内军队的佼佼者，也是段祺瑞引以为骄傲的“王牌军”。不过，参战军有一重大隐患，那就是成军时间太短，而中下层军官大都是毕业不久的军校生，部队缺乏实战经验，军官也缺乏指挥经验，整个部队的作战精神亟待考验，这些负面影响在后来真刀真枪的战斗中立刻暴露无遗了。

参战军编练没多久，第一次世界大战便宣告结束，和平成为当时的主流。于是，段祺瑞将参战军改名为国防军，后来又改名为边防军，自己头衔也由“参战督办”改名为“边防督办”。南北和谈中，南方代表坚持要求取消边防军，这遭到了段祺瑞的断然拒绝。老段非但不会解散边防军，而且还要建设第二支部队，那就是西北军。

说起西北军，还得从1918年2月徐树铮所策划的截械事件说起。被劫的那批军械，本是段祺瑞做总理时订购的，徐树铮当然不甘心肥水留了外人田，于是勾结关外的张作霖突然入关，并在抢得这批军械后成立了奉军关内司令部。

当时，徐树铮与张作霖的关系打得火热，后者便任命小徐为关内奉军副司令（总司令由张作霖自兼），并利用这批军械组建了五个补充旅，其名义是准备去支援湘鄂战场上的张景惠、孙烈臣所部奉军。这支新部队，军官们主要由徐树铮与奉系高级将领杨宇霆委派，而这些人基本都是日本士官学校的毕业生。

这五个旅的具体情况如下：奉军补充第一旅，旅长王永泉（徐树铮推荐）；奉军补充第二旅，旅长于珍（系杨宇霆日本士官第八期同学）；奉军补充第三旅，旅长李如璋（派系不详）；奉军补充第四旅，旅长宋邦翰（系徐树铮日本士官第七期同学）；奉军补充炮兵旅，旅长宋子扬（系徐树铮日本士官第七期同学）。

后来，张作霖发现徐树铮挪用奉军军饷用于安福系贿选，两人关系闹僵，结果小徐辞去关内奉军副司令职位而改任参战处参谋长，他所编的5个奉军补充旅则在段祺瑞的协调下，除于珍旅被调往岳州前线加入奉军所部外，其他四个旅均划入参战处。毕竟，小徐在提供武器和委派军官的问题上比较微妙。

与奉系分道扬镳后，徐树铮开始专心经营西北。而这时，因为俄国革命，一些原沙俄的军官在蒙古边境策划独立，并不断骚扰中国蒙边。身为边防督办的段祺瑞当然不敢小视，随后就派出徐树铮去设法解决外蒙古问题。

徐树铮当时也认为，立足西北并为老段的皖系势力谋一块地盘是个不错的选择，于是欣然受命。但是，赤手空拳不可能解决蒙边问题，于是他派人到河南、安徽等地去招募新兵，随后又将这些新兵补充到与奉系分家的那四个旅中。

经过整编，除了王永泉的第一旅改编成第二十四混成旅调往福建支援闽浙联军外（当时粤军在进攻福建），其他部队成为西北边防军的四个混成旅，其序列如下：边防军第一混成旅，旅长宋邦瀚，驻兖州；边防军第二混成旅，旅长宋子扬，驻天津；边防军第三混成旅，旅长褚其祥（系徐树铮亲信），驻库伦；边防军第四混成旅，旅长张鼎勋（系徐树铮日本士官第七期同学），驻洛阳；边防军第五混成旅，旅长李如璋，驻南京。

1919年6月，徐树铮被委任为西北筹边使兼西北边防军总司令。由此，手握重兵的小徐终于要一展宏图了。而此时的段祺瑞，也是最为踌躇满志之时，他当时手握三张王牌，武有靳云鹏统率的边防军（即原参战军）和徐树铮统率的西北边防军，文则有安福国会。

如此，即使冯国璋和段祺瑞在1919年10月同时去职，但老段有了这文武三张王牌，又何惧之有？之前的武力统一政策之所以失败，主要原因是老段手里无兵，如今同时有了参战军和西北军两个“王牌军”，那离统一大业实现的梦想还会遥远吗？

姑且拭目以待吧！

四十一

秀才江湖

正当老段和小徐等人踌躇满志时，直系军阀中的一个新生代人物向他们发出了强烈的挑战，这便是北洋第三师师长吴佩孚。

吴佩孚，字子玉，山东登州蓬莱人。由于他从小机灵话多，人送绰号“吴小鬼”；又因他23岁中过秀才，成名后又与广东陈炯明并称为“南北两秀才”。吴秀才从小好动贪玩，有一次当地官绅家里召请堂戏，他与几个朋友本与人家素昧平生，却非要上门蹭戏，结果别人不让他们进，双方大打出手，在人家门外上演了一场武戏。

由于该官绅并非寻常人物，结果一道书信到了吴佩孚家乡的地方官那里，地方官便派了巡警去捉人。吴佩孚得了消息后急忙跑掉，但“跑得了和尚跑不了学籍”，结果吴秀才又变回了吴佩孚，秀才的功名被当地学政给革掉了。

吴佩孚逃跑后，先是去了天津，后来又到了北京。因为衣食无着，他只好在街上摆张桌子，帮人写写书信并兼职算卦，也算是学有所用。由于写字算命的收入实在太差，吴佩孚后来投奔了两个在聂士成武卫前军当兵的本家哥哥，也想投入军伍，混碗饭吃。但是，他的两个哥哥认为他是秀才，今后前途无量，开始不同意他入伍。殊不知，吴佩孚的秀才功名已经被革掉了。

在吴佩孚的再三要求下，他的本家哥哥才答应把他推荐给军中统领王怀庆。王怀庆听说秀才效仿古代投笔从戎的故事，那当然是欢迎得很。由此，吴佩孚不但当了小兵，而且还被推荐到开平武备学堂学习。

八国联军侵华时，聂士成力战身亡，武卫前军也被打残。吴佩孚本来差几个月就毕业了，因为学堂被毁、毕业证没有着落，落入失学又失业的境地。之后，被再次推上社会的吴佩孚流落于京津之间，并又一次重操旧业，继续帮人写字算命。

这时，吴佩孚的运气来了。庚子年后，袁世凯在直隶推行新政，其中一项是试办警察，于是吴佩孚在天津巡警道段芝贵属下找到一份工作。不仅如此，新单位正好有个名叫郭朝栋的师爷，他见吴小鬼既是老乡，又曾是秀才，于是对他另眼相看，多多提携。在郭师爷的推荐下，吴佩孚没多久就被保送进了陆军测绘学堂，而学堂督办正是段祺瑞。①

你看，这吴小鬼和老段、小段都有缘吧？后面还得继续打交道呢！

毕业后，吴佩孚被分派到北洋第三镇充当队官。1904年日俄战争爆发后，当时因为需要招募军事人员前去东北勘测战况、收集情报，吴佩孚的专业正好符合要求，于是成为其中一员。在这次任务中，吴佩孚表现出色，他时而扮成老本行算命先生，时而装成行旅商人，上下奔走，四处打探，终于将东北的军事地形及其日俄双方的情况给摸了个透，回来后便受到嘉奖并提升为管带。

---

① 吴佩孚的早期历史，参见文斐编：《我所知道的吴佩孚》，第4-6页。

武昌起义后，第三镇火速入关并进驻石家庄，以防范山西的革命党。在奉命进攻娘子关时，吴佩孚带领第十一标第一营首先攻入，他一面向协统卢永祥报告，另一方面又派人送信给统制曹锟，报告了战斗经过。得知吴佩孚越级上报后，卢永祥非常生气，他不假颜色，狠狠训斥了吴佩孚一顿，两人由此心生芥蒂。

攻下娘子关后，第一营缴获了三箱山西钱票，吴佩孚提出在十一标中均分，但标统王治国不同意，吴佩孚很是不满。第一营的士兵们得知后也个个发牢骚，以为王治国想私吞这笔钱。由于立功没有受奖，抢了钱又没有分到手，吴佩孚认为标统和协统做事不公，一气之下他便请了假，想去北京找曹锟曹统制告状。

孰料，吴佩孚向标统王治国请假后，王治国却没有向协统卢永祥报告，结果吴佩孚走的当天晚上，第一营士兵便闹起兵变并抢劫了当地商家。此事发生后，卢永祥勃然大怒，随后给曹锟打电报，称吴佩孚擅离职守，应予以撤差处置。曹锟接电报后，批了一个“准”字。

得知自己被撤差后，吴佩孚气得不行，他随后赶到北京向曹锟报告了自己作战有功而王治国、卢永祥欺压下属的冤情。由于吴佩孚的口才确实不赖，曹锟听后觉得这小子说得在理，于是将吴佩孚留在身边做他的副官。

这时，吴佩孚的好运气又来了。在蔡元培专使团请袁世凯南下就任总统时，第三镇突然爆发兵变，乱兵们在京城大抢大掠，闹了整整一晚。这次事件中，炮队标统刘学信大概兴奋过头，他在兵变时对着朝阳门向城内开了几炮，影响极坏，结果为舆论所不容。事后，曹锟将他撤职，改而提拔吴佩孚做了炮兵标统。

升官后，吴佩孚得意扬扬地说：“卢永祥不让我当管带，我当标统！就算卢永祥徇私、王治国贪婪，可天生德于予，卢、王又能奈何？”

“二次革命”爆发后，吴佩孚率炮兵团南下助战，由于秀才兄改不了夸夸其谈的毛病，又经常端出曹锟副官的架子，因而在同僚中很不受欢迎。当时就有人这样讽刺他，“嘻、嘻、嘻，语言乏味；哈、哈、哈，面目可憎”。有一次，吴佩孚请同僚吃饭，结果只来了军医处长刘国庆和时任第九团团长的萧耀南两人。遭此冷遇，吴佩孚却毫不在乎地说：“都不来，更好；咱们可以多吃，多说话。”由此可见，这人的人缘确实不佳。

吴佩孚的口才和文才虽在同僚们面前不受欢迎，但在关键时候却发挥了作用。有一次，湖南督军汤芗铭请曹锟赴宴。开席前，汤芗铭在欢迎词中极力夸赞了曹锟一通。按当时规矩，主人致欢迎词了，客人也应该致答谢词，但曹锟向来不善辞令，于是诡称自己感冒而让副官吴佩孚代为致辞。

这下吴佩孚算是抓到机会了。他在致辞中将湖南的人文历史、道德文章以及汤督军的丰功伟绩都添油加醋地颂扬了一番，说得是字字珠玑、滴水不漏，令在场人士刮目相看。事后，汤芗铭对曹锟说：“哎呀，你的部队真是人才济济啊！你看你的这位副官长，真是文武全才，军中精英啊！”

说完，汤芗铭就想把吴佩孚留下来给他帮忙，并答应委派他做个旅长。曹锟本来觉得吴佩孚这小子能力虽然还可以，但就是这张嘴成天唧唧呱呱，没个消停，没想到汤督军却如此赞许。曹锟心想，吴佩孚可能还真是个人才——那不行，我的人怎么能为你所用呢？

等回了岳州，曹锟便把吴佩孚找来，说：“你小子还真行，难怪昨天汤督军这么看得起你。你说你这么个小个头，黄头发，黄胡须，两眼炯炯有神，莫非你是金星下凡来帮我的？以后你跟着我好好干，将来一定有个好前途！”[①]

凑巧的是，第三师第六旅旅长张鸿逵突然发病去世了。当时本该由团长王承斌递补，但因为有人反对王继任旅长，结果曹锟便让吴佩孚升任了第六旅旅长。乖乖，这就叫“有才又有运，处处同花顺”。由此，吴佩孚也就成了曹锟的铁杆心腹，并在北洋军中崭露头角。

说完吴佩孚的经历，却要说说1918年的湘鄂战争。当时吴佩孚奉曹锟之命率第三师南下入湘，在大败南军后相继攻克岳阳、长沙，继而驻防衡阳。入湘不久，吴佩孚因战绩卓著而正式升任第三师师长，成为曹锟军中的第二号人物。

时间过得很快，一晃就两年过去了，吴佩孚的军队在衡阳待得不耐烦了。早在1918年7月，吴佩孚便电请撤防北归。原因很简单，当时的湖南督军是皖系的张敬尧，第三师驻防湘南实际上是为他看家护院，这如何使得？再说了，第三师的官兵大都是北方人，他们久居潮湿闷热的南方，当然也不乐意。

但是，由于当时战局刚刚稳定下来，接着又是“一战”结束、南北议和，巴黎和会之后又闹学潮，国际、国内的事情多得不得了。一直等到1920年，吴佩孚再也等不及了，他这次不管北京政府批准还是不批准，都要率兵北撤了。

听说吴佩孚要北撤，这下可把张敬尧给急坏了。因为他深知，这两年在湖南的太平日子，完全是倚仗吴佩孚第三师替他守住了山门、挡住了南军。不然，靠他那孱弱无能的第七师根本应付不了场面。张敬尧督湘期间，由于其高压政策和搜刮劣迹，一度还引发了湖南人的“驱张运动”，当时的毛泽东就曾作为“驱

① 以上参见文斐编：《我所知道的吴佩孚》，第9–10页。

张”代表前往北京向大总统徐世昌请愿。

接到吴佩孚请求“撤防北归”的电报后，段祺瑞十分生气，他拿出老校长的架子，亲自致电吴佩孚并斥责他“藐视中央、不守军人纪律”。谁知吴佩孚这口气也憋了很久，他反过来通电驳诘段祺瑞“穷兵黩武、祸害国家”，并表示北撤决心已下，不容更改。而后台老板曹锟也在保定召开直系各省联盟会议，商议对付段祺瑞和皖系的办法。

在曹锟的授意下，吴佩孚不等中央下令，便于5月20日率领部队撤出防地。撤军前，吴佩孚做了精心的准备，他以每旅30里的间距，水陆兼行，从衡阳撤往长沙。一路上，第三师官兵高唱着吴佩孚作的《回防途》一诗：

行行复行行，日归复日归；江南草木长，众鸟亦飞飞。

我今定归期，天下一绒衣；船舻连千里，旌旗蔽四周。

江上送归舟，风急不停挥；得遂击楫志，青史有光辉。

军容整齐，军歌嘹亮，吴佩孚练兵有一套，秀才也不是白中的，这诗写得着实不赖。

在吴佩孚第三师和同为曹锟属下的王承斌、萧耀南等部队北撤后，其他在湖南的北洋军顿时阵脚大乱。由于吴佩孚撤军前已经和南军达成协议，吴军一走，湘军赵恒惕部随即北上接防。不到一周，衡阳、莱阳、祁阳、宝庆等地便落入了湘军手中，而张敬尧属下的湖南暂编第一师吴新田部、暂编第二师田树勋部很快溃逃，真是兵败如山倒。

至于其他的北洋部队，他们见吴佩孚率第三师走了，于是也跟着北撤。比如原驻扎湘潭的范国璋第二十师、驻扎长沙的李奎元第十一师都随吴军北撤；原驻扎湖南常德的冯玉祥第十六混成旅，也北撤到津市，随后又撤到了武汉；而驻防湘东的张宗昌暂编陆军第一师就更惨了，他当时没有得到消息，等知道后北撤不及，只好进入陈光远的江西地盘，最后被陈督军略施小计便全军缴械，张宗昌最后只带着几个亲信逃到了北京。

直系北洋军纷纷北撤之时，张敬尧只能急电段祺瑞请求援助。段祺瑞当时无兵可调，只能命令驻扎鄂北的长江上游总司令、妻弟吴光新部调往洞庭湖、岳州一带，准备和张敬尧部一起截击吴军，防止他继续北撤，威胁京津。

但是，老段的这个小舅子也实在不争气，他虽然被老段送到日本士官学校学习过，但所带的部队并没有什么战斗力。而且，吴光新这个人脾气极坏，他的部下们对他又怕又恨，如何搞得好？

接到段祺瑞的命令后，吴光新率部东行。湖北督军王占元不知吴的来意，还以为他要袭取武汉，因此一度给予阻击，延缓了吴光新与张敬尧合兵的计划。至于张敬尧，他的部队可不敢去撩拨吴佩孚。当吴军以战斗序列通过长沙时，他们只能眼睁睁地看着第三师从容北撤。吴佩孚所部路过武汉时，王占元还赠银60万元，以示支持。

至于吴光新，直到第三师已经渡过洞庭湖，他才刚刚赶到汉口。不久，王占元请吴光新前去赴宴，吴的部下都劝他不要去，吴光新不以为意，还笑着说：“你们怎么这么胆小！”随后便带着十来个人去赴宴。到后，王占元设下的果然是鸿门宴，吴光新被扣留，其部队或被收编或被遣散，直到直皖战争结束，吴光新才被释放。

眼见大势已去，张敬尧能做的就是赶紧把这两年搜刮的钱财紧急北运，随后放弃长沙，撤往岳州。撤出长沙前，为免资敌，张敬尧还下令将军火库放火焚烧，结果长沙城内一片火光，在轰隆隆的炮弹爆炸声中——张敬尧逃走了。

岳州历来是兵家必争之地，但张敬尧这次也没有守住。兵败后，张敬尧发电指责范国璋等部坐视不救，不战先逃，以推卸自己的责任。可惜，北京政府对他早已失去了信心，张敬尧被革职查办，由在汉口的吴光新接任湖南督军（当时吴光新尚未被王占元软禁）。

张敬尧逃到汉口后，吴光新让他把湖南督军和省长的两枚大印交出来。张敬尧开始还不相信，吴光新便拿出电报给他，张敬尧看后气呼呼地要求吴光新拿200万大洋作为交印的条件。吴光新哪肯理会这一套，当场便令卫兵将张敬尧的印给夺了。

7月1日，惶惶然如丧家之犬的张敬尧跑到武昌去找湖北督军王占元，诡称自己还有一师一旅的兵力，希望老朋友拉他一把，接济点军饷、派点援兵，以打回湖南，继续做他的督军。王占元坐镇湖北已经七八年，早已是官场老狐狸，他哪肯相信张敬尧的鬼话，当场便不客气地拒绝了。

被拒绝后，张敬尧还想发火。王占元却呵呵一笑，又掏出一张电报给他看。张敬尧一看，一屁股坐在椅子上半天都没有起来。电报上明明白白地写着，令吴新田代理第七师师长并收容张敬尧的残部！

督军没了，军权也没有，张敬尧这次是彻底栽了。这位在民国初年因“剿白狼”而立下大功的四十岁汉子，在这双重打击下忍不住放声大哭。想当年，张敬尧也是北洋系中的一名骁将，没想到在湖南做督军腐败了两年，居然成了现在这副熊样。张敬尧的弟弟张敬汤，也因为之前无恶不作，最后因兵败而死于非命。

此后，张敬尧便一蹶不振，他虽然一度投奔张宗昌、张作霖试图东山再起，但终究时运不济，只是一个无关轻重的小卒子。1932年伪“满洲国”成立时，张敬尧出任平津第二集团军总司令，做了北洋系中少有的可耻汉奸。一年后，张汉奸被蒋介石派来的军统特务刺死，终年53岁。

北洋军全部撤出湖南后，前督军谭延闿一度想卷土重来，但谭只是个文人，很快便被手握重兵的赵恒惕赶下了台。由此，湖南也进入了赵恒惕的时代。所谓“湘人治湘”，当时可是个流行的口号。

四十二

内阁风波

1919年的五四学潮中，钱能训内阁垮台，大总统徐世昌为平衡各方势力而提议靳云鹏出任内阁总理。之所以如此，徐世昌主要出于这样几个考虑：

首先，靳云鹏是段祺瑞门下大弟子，由他出任总理既讨好了段祺瑞，又能在安福国会顺利通过；其次，靳云鹏为人比较通情达理，不像徐树铮那样锋芒毕露，难以打交道；其三，靳云鹏与张作霖是儿女亲家，据说还与曹锟换过帖，可以缓冲一下皖系、直系之间的矛盾；其四，把靳云鹏由参战军督练改为内阁总理，实际上是武人从文，暗中削弱老段的势力。

这徐阁老就是徐阁老，他在官场上摸爬滚打了几十年，老狐狸都快成精了。

靳云鹏的老家是孟子故乡山东邹城，他和胞弟靳云鹗都是北洋后期的风云人物。靳云鹏小时，父亲早逝，家里主要靠寡母邱氏卖煎饼维持生计，因此靳家兄弟姐妹在小时候也常常沿街叫卖，做过小小货郎。甲午年后，袁世凯因编练新军而来到山东招兵，生活所迫的靳云鹏自愿入伍，成了段祺瑞的手下一兵。

靳云鹏小时念过两年私塾，粗识文字，在训练中又很卖力，因而很快从众多粗笨大兵中脱颖而出，并引起了炮队统带段祺瑞的关注。不久，靳云鹏被段祺瑞推荐到随营武备学堂第一期学习。毕业后，时任随营学堂监督的段祺瑞将他留校担任教习，由此成为段手下的主要干部，并列名“四大金刚”之首。

做上内阁总理后，靳云鹏与段祺瑞的关系却有了非常微妙的变化。当然了，各位可千万不要误会，以为靳云鹏坐上原先老段的位置，便不知道自己几斤几两，可以和老段平起平坐了——完全不是这么回事。

事实上，靳云鹏在老段面前仍毕恭毕敬，还像当年那个大头兵一样，而老段也没有因为靳云鹏当上了总理就另眼相看。他仍旧像过去一样，把靳云鹏当学生看待。

所谓的这个变化，主要是靳云鹏作为内阁总理兼陆军总长，那就不能仅仅着眼于皖系的利益，而是要考虑全局，要协调皖系、直系、奉系、西南军阀等各方面势力的关系，还要考虑民国的外交、财政、教育等方面的问题，这就不能拘于派系立场，而要开诚布公地照顾好各方利益了。

靳云鹏力争公平周到的做法，却引起了安福系政客的极大不满。他们认为靳云鹏这是胳膊肘往外拐，非但不为皖系谋福利，反而帮助其他派系说话。因此，这些人时不时地在老段面前诋毁靳云鹏，并试图将他搞下台。老段是三任总理的人，他当然知道内阁总理不好做，因而对靳云鹏的主政还是以支持为主。但是，这世界上小人太多，一旦说坏话的人多了，老段也不免对靳云鹏有所不满和怀疑了。

段祺瑞门下有“四大金刚”：靳云鹏、徐树铮、曲同丰、傅良佐。后面两个师弟能力差些，也相对低调；但大师兄和二师兄的关系却是形同水火，一直以来就不和睦。徐树铮做事风格一向专断跋扈，不但皖系外的人憎恨他，皖系内喜欢他的也找不到几个。但老段对小徐信任有加，对他的倚重甚至超过了靳云鹏。

从这个角度上说，靳云鹏和徐树铮的矛盾，不仅是个人风格的冲突，同时也有争宠之忧。靳云鹏与徐树铮的关系极坏，据说有一次徐树铮到部里找段祺瑞汇报工作，正巧老段不在，于是徐树铮便沿着各办公室一一查看。到了靳云鹏的办公室后，徐树铮便在窗外窥视，不巧被靳云鹏发现。徐树铮一时尴尬，连招呼也没打，便一声不吭地走了。

靳云鹏当时就火冒三丈，他追出来对着徐树铮的背影大骂道："徐树铮你奶奶的，你鬼鬼祟祟地想干什么？你来查谁啊？你管得着吗？整天不干好事，出坏主意，你是人做的吗？王八蛋！"徐树铮听后，也没有回头便急匆匆地走了。[①]

由于受到多番牵制，原本7月份便该成立的靳云鹏内阁一直延宕，而原财政总长龚心湛原本代理一月，结果新内阁难产，只得由靳云鹏以陆军总长的身份暂时代理财长。在此期间，徐树铮却在蒙古大展身手，不费一兵一卒便解决了蒙边问题。

这事说来也是徐树铮运气好，因为沙俄垮台后，苏俄新政权正忙于国内战事，根本没有精力来插手外蒙古事务。倒是之前的一些沙俄匪兵窜到边境，试图以外蒙为基地反抗苏俄，这让蒙古王公感到受了威胁而主动要求取消自治，重新归化。身为西北筹边使的徐树铮，当然要抓住这一良机抢功了。

1919年10月，在蒙古王公宣布取消自治后，徐树铮作为册封专制前往库伦。到后，原驻库伦的办事员陈毅（非后来之元帅陈

---

① 文斐编：《我所知道的北洋三杰》，第193页；参见周俊旗：《百年家族：段祺瑞》，第212页。

毅）恭恭敬敬地前去迎接，不料反被小徐斥为多年毫无建树，把权力给全部夺下。

外蒙古的事情办好后，徐树铮得意扬扬、风风光光地回到北京，难免有些恃功自傲，说话也没轻没重了。段祺瑞一向宠信小徐，这次又立下大功，当然大加夸赞。对此，其他派系的人却毫不在意，他们非但对取消外蒙古自治一事视而不见，反而攻击参战军、西北军师出无名，要求取消。

由于安福系不断地倒阁，而直奉八省同盟又不断发表通电支持靳内阁、攻击安福系，当时谁也不敢出来组阁。此时的靳云鹏，再也不想卷入两派的政治漩涡中，因而坚决不肯留任。在政治危机愈演愈烈的同时，直皖双方军人也是剑拔弩张，用武力解决的态势越来越明显，特别是吴佩孚率军北归之后。

在此情况下，徐阁老也没了办法，他只好电请张作霖、曹锟和江苏督军李纯来京调停，以解决当前的政治危机。李纯、曹锟不想蹚这浑水，一个称病不到，另一个借口“直军回防、无法分身”加以推脱。唯独张作霖感觉不错，他接到电报后便欣然入京，要当个调人。

张作霖这人很有意思，他原本是马匪团练出身，居然在清末民初异军突起，称之为乱世枭雄，也不为过。所谓人不可貌相，海水不可斗量，别看张作霖身材瘦小、北人南相，脸上总露出一丝狡黠的笑容，但他的心胸、他的志气——大着呢！

张作霖是善于笼络部属的，他也常利用子女联姻来发展自己的势力。这一招一式，骨子里都透着袁世凯的味道。是啊，袁世凯是正路子的枭雄，张作霖是野路子的枭雄，那都是精于计算、善于权谋，谁让袁世凯是张作霖最崇拜的偶像呢？

按说，东三省无论如何都不能算小，但这还不能满足张作霖的雄心壮志。他是有事没事就竖起耳朵、眯起小眼关注着关内的一举一动。这种“身在关外心在内”的问鼎之心和染指之意，其中的乐趣恐怕只有张大帅才能体会和品尝。

机会说来就来。这不，大总统有请，那还能错过这大展身手的好机会?

1920年6月19日，大帅张作霖翩然入京。当时，大家都对这个自告奋勇的和事佬寄予厚望，就连一向跋扈的徐树铮都亲自到车站去迎接，这等礼遇实在不低。张作霖的高兴当然是不用说了，要知道，仅做个“东北王”对他来说简直就是锦衣夜行，唯有成为北京甚至全国的焦点，这才是他追求的目标。这一次，他受万众瞩目，身负调和重任，要是大家都卖他个面子，那别提多风光了。

张作霖到京后，首先去见大总统徐世昌，听听阁老的意见；接着，又去见了靳云鹏，劝说劝说，疏导疏导。但这些都是表面功夫，张作霖心里也很清楚，总统和总理那都是傀儡，真正的幕后人其实是段祺瑞和曹锟，这二位才是决定局势的重头人物。

来京之前，张作霖已经准备了一个调停方案，那就是挽留靳云鹏、撤换安福系三总长。对此，段祺瑞未置可否，徐世昌则请他去征求曹锟的意见。随后，张作霖又偕同江苏、江西、湖北、河南等省督军代表前往保定，同曹锟商议解决办法。曹锟见张作霖带着一大帮子人来，自然是殷勤备至、好生招待，张作霖也是满面春风，得意非凡。毕竟，张、曹是亲家嘛!

但是，酒桌上的谈笑风生总归是吃吃喝喝的范畴，一旦开起会来，气氛可就不一样了。曹锟和张作霖关系不一般，不好拂了老张的面子，但吴佩孚在会上义正词严、慷慨陈词，无非说明了一个问题——曹锟唱的是白脸，吴佩孚唱的是红脸!

说实话，老张看不惯段祺瑞手下的那个徐树铮，但曹亲家下的那个吴佩孚也是个刺头。特别是吴秀才的发言，更是让他听得句句刺耳。张作霖想，你吴佩孚不过是个小小师长，动不动就老段如何如何，你又算老几呢？想当年，我们出来混世道时，你小子还不知道在哪呢？什么“身为军人，食国之禄，保国之责，义所难辞”，话说得好听，怪不得人家说吴秀才就长了一张嘴！还扯什么“部下之兵，久经训练”，你想吓唬谁啊！

但是，既然曹亲家不肯表态，那张作霖也只好嗯嗯啊啊，由着吴佩孚他们先来。会后，直系方面提出五项条件：一、解散安福系；二、靳云鹏复职；三、撤换北方议和总代表王揖唐；四、罢免安福系三总长；五、罢免徐树铮，撤销边防军，改编后归陆军部直辖。

谈到这里，张作霖心里已经凉了半截，他知道自己这次是白来了。且不说前四项已经是困难重重，光这第五项就完全没有可能。傻子都知道，哪个军阀会自动放下武器呢，这种条件没得谈嘛！

回京后，张作霖把保定方面的条件交给段祺瑞，老段一看这第五条就立刻跳了起来：“吴佩孚不过区区一师长，竟公然要挟罢免边防大员！此风一开，中央政府威信何在！若要如此仗势欺人，尽管与我兵戎相见，难道我还会怕他不成？”

张作霖见老段真动怒后，只好劝说道：“我也是苦苦相劝，但不见他们让步。段总理也别生气，为个后生小子气坏了自己身体，大可不必。”

段祺瑞听后，恨恨地说：“徐树铮不费一枪一弹便收回外蒙古，他有什么对不起国家的，如今却非要罢了他的官职？打狗还要看主人，这分明就是和我过不去。他们如果一定要罢免徐树铮——那好，吴佩孚也必须同时罢免！”

正当张作霖还留在京中做最后努力时，曹锟、吴佩孚却于7月1日发表《直军将士告边防军将士书》，矛头直指徐树铮和安福系。两日后，曹锟、李纯等人又联名通电声讨徐树铮，并宣布其“祸国殃民、卖国媚外、把持权柄、破坏统一、以下弑上、以奴欺主”的六大罪状。看这势头，不把徐树铮搞下台他们是誓不罢休了。

面对直系的电报攻击，皖系这边也没闲着。他们同样连发通电，指责曹锟和吴佩孚“拥兵自重、干涉国政”。总而言之，“公说公有理、婆说婆有理”，这电报你来我往地打嘴仗，能解决个啥问题？直接上吧！

7月4日，徐世昌在直系压力下提出一个解决方案，那就是开去徐树铮的西北筹边使一职，改授威远将军，西北边防军由陆军部接办。此令一出，直系是高兴了，但皖系一片哗然，被空授了个将军的徐树铮找老段哭诉，而老段岂有不知“打狗便是打主人”的道理，他随后以“边防督办”的名义命令边防军紧急动员，并给部队发足军饷弹药，做好应战准备。

在直皖双方剑拔弩张的情况下，张作霖还能有什么作为？只能宣布调停失败，灰溜溜地自个出关去了。到了这份上，还有什么可说的，那就打吧！

1920年7月8日，段祺瑞召开军事联席会议。会上，段祺瑞怒气冲冲地说：“国家以纲纪为重，纲纪不振，则国不存。吴佩孚受贿通敌，无故撤防，现在又在保定兴风作浪。督军曹锟，不但不约束部属，反而以兵力胁迫中央，要挟总统，提出种种破坏法律之主张，还要求解除徐树铮之职，简直是无理之至！”

看到下面人一个个都点头赞同，段祺瑞满意地接着道：“徐树铮此次宣慰外蒙，没用中央一分钱便收回了万里疆宇，曹、吴等人反而要罢免徐树铮，这是赏罚不分，是非不明，如此以往，纲纪荡然！”

下面人听到这里，有的人就喊起来了：“总理，他们这是骑在我们头上拉屎！我们不能再忍了！”有的则说：“是可忍孰不可忍，看来不用武力解决是没有办法了！”更多的武夫则嚷嚷道：“总理，你就下命令吧！咱们打他娘的！”

看到部下们一个个都情绪激昂，老段一拍桌子：“我宣布，为了维护国家纲纪和政府的威信起见，我们不得不兴师讨逆！现在就进入军事状态，如有不听命令者，军法处置！”

随后，段祺瑞又派徐树铮带卫队到总统府，要求徐世昌立刻发下将曹锟、吴佩孚等人褫职的命令。徐世昌担心局势无法挽回，开始还不肯发。徐树铮冷冷道：“定国军整备一新，备齐即发——你发也是发，不发也是发！”

无奈之下，徐世昌只好发下命令，罢免吴佩孚本兼各职，曹锟则褫职留用。

保定那边也没闲着。接到褫职令后，曹锟不屑一顾，随后便召开会议，宣布讨伐段、徐，并将自己的军队称为讨逆军，由曹锟自任总司令，吴佩孚为前敌总司令，双方纷纷调兵遣将，冲突一触即发。

从兵力上看，直皖双方势力相当，都在5万人左右；从双方布防看，战线主要以北京和保定、天津一带为战场。不过，让段祺瑞感到震惊的是，关外的张作霖在直皖战争爆发前夕突然宣布讨伐徐树铮，随即挥师入关并进占天津的马厂、军粮城等地，很明确地站在了直系的一边。

张作霖参战的原因，据说是因为徐树铮在战前用重金买通了满蒙边境的土匪，让他们前去关外骚扰奉军，以做牵制之用，免得奉军站在直系的一边。但是，小徐固然聪明过人，这步棋走得也算对，但土匪毕竟是土匪，这些唯利是图的家伙毫无战斗力，他们与奉军一接战便或逃散或俘虏，被俘的也不讲江湖义气，一下就把徐树铮给供出来了。

张作霖原本就对徐树铮恨之入骨，得知真相后更是勃然大怒。他心想：小徐啊小徐，别人都说你是机关算尽太聪明，我看你是聪明反被聪明误！现在倒好，居然算计到老子的头上了！好啊，今天就老账、新账一起算，不把你往死里整，我就不是这东北王了！

段祺瑞并不知道小徐暗中捣鬼的事，他原本以为张作霖即使不站在自己一边，至少也会保持中立、坐观成败，谁想这个老胡子居然也和曹锟、吴佩孚一个鼻孔出气！这回，老段的鼻子又给气歪了一次。

此时，直皖战争已是如箭在弦，不得不发，没有退路了。

7月14日晚，战斗正式打响。让人感到意外的是，开战第三天，皖军便遭遇了重大失败。首先是西路直军诱敌深入，皖军不明就里，孤军深入，而这天突然天降大雨，雷电交加，边防军第一师依仗强大的炮火向直军攻击。但因为天气的缘故，不幸落到了刘询的第十五师阵地上，结果引发了友军的极大愤怒。刘询所部本是冯国璋的部队，本就和皖系不是一条心，这下干脆投降了直军。失去友军的支持后，曲同丰只能命边防军第一师退守涿州。

更让段祺瑞没想到的是，中路的边防军第三师陈文运部被直军萧耀南部和彭寿莘部彻底击溃。在这场激战中，师长陈文运被击成重伤，最后被卫兵架着逃走，余众溃散，而友军第十三师也大多投降了直军。

17日，吴佩孚分出一部直军为佯兵，自己则亲率所部迂回到侧翼突击边防军第一师。在吴佩孚第三师的猛烈攻击下，边防军第一师伤亡惨重，第一旅旅长范尚品战死，第二旅旅程长发战败潜逃。曲同丰见大势已去，只能屈膝投降。

据说，但是还有这么个笑话，说曲同丰在武备学堂当教习时，本是吴佩孚的老师。他见吴佩孚是自己的小老乡（曲是烟台人、吴是蓬莱人），对吴多有照顾，还称赞吴佩孚将来必是将才。但战场毕竟是战场，如今师徒兵戎相见，讲不得什么情面。曲同丰兵败之时，亲自将他俘虏的正是这位小老乡。当时吴佩孚率部策马奔袭，直扑边防军司令部。曲同丰正错愕间，只见吴佩孚已经出现在自己面前，并给昔日的老师敬了个礼，报告说："老师，你已经被俘了！"①

中路溃败、西路曲同丰连带司令部人员被俘的消息传到天津后，徐树铮这下也慌了手脚。他匆匆赶回北京，其所部西北军也被直军、奉军各个击破，或投降或溃散，不复成军。至于在后方指挥的前敌总司令段芝贵，这位北洋宿将在战前十分猖狂，他把司令部设在火车上，并声称不需几天便可把直奉两军彻底击溃，届时仍旧坐火车返回。

据称，段芝贵的火车上不但有军用品，还有烟枪14杆、麻将牌7副，光大厨就有24名。直皖两军交战后，段司令仍坐在麻将桌上不肯下来。当随员们向他报告战况时，他一边打麻将，一边

① 据说曲同丰见吴佩孚投降缴刀，吴大笑：何必何必！参见周俊旗：《百年家族：段祺瑞》，第230页。陶菊隐在《狷介与风流：吴佩孚将军传、蒋百里先生传》中说，曲同丰去见曹锟甚至行献刀礼，曹大窘而将军刀奉还，连连说："岂敢岂敢！"第34页。

读战报，并为自己镇定从容的大将风度而陶醉。后来，听说吴佩孚的军队已经攻过琉璃河并向长辛店扑来时，他这才慌了神，随后急令火车立刻启动，撤回北京。所幸段司令有先见之明，火车头都是朝北的。

段芝贵逃回北京后，众人围住他问前线战况。他这才缓过劲来，摸着头连声说："好险！好险！"[①]

另一边，听说段芝贵在交战过程中还在打麻将时，吴佩孚也忍不住大笑道："老段用小段这样的人做前敌司令，如何能不败？！"

7月18日晚，段祺瑞呆呆坐在饭桌前，几天之间仿佛老了十岁，两角的鬓发也看上去更加的稀疏斑白了。他怎么也想不明白，自己亲手打造的边防军和西北军如何会失败如此之速，而又败得如此彻底。

直皖之战纷纷扰扰，其矛盾冲突酝酿了近两年，双方相互指责恫吓的电报战打了几个月，而真正的战争其实只有3天（14日晚到17日已基本结束）。

3天，就3天。老段的一世英名就这样付之流水了。

这时，大弟子靳云鹏来到段府，劝告老师承认失败，宣布停战算了。无奈之下，老段只好派出傅良佐前往天津求和，但后者刚下火车便被扣留，随后被告知：只有投降，没有求和一说！

事到如今，老段只好在靳云鹏等人陪同下，去总统府请求徐世昌下一道停战令，免得直军继续进攻北京，届时更加不可收拾。徐世昌也不希望战争继续，他二话没说，当场便发下停战

---

① 段芝贵轻敌及指挥车上打麻将一节，见曹汝霖：《一生之回忆》，第232页。

令。等段祺瑞走后，徐世昌冷笑一声：“老段啊老段，早知今日，何必当初？”[①]

7月19日，段祺瑞宣布引咎辞职，辞去边防督办一职并请撤销历年之勋位、勋章，边防军、西北军也即日解除，以谢国人。据说，老段失败后一度还想举枪自尽，所幸多年的老大哥、老将姜桂题在旁拦阻，这才没有发生惨剧。姜桂题还斥责段祺瑞说：“胜败乃兵家常事！要是失败一次就自杀，那我岂不是死了好多回了？”姜还是老的辣，姜桂题不愧是参加过甲午、庚子等役的老将。

直军、奉军开进北京前，为逃避直系的追拿，安福系政客及皖系骨干如徐树铮、曾毓隽、段芝贵、丁士源、梁鸿志等人纷纷逃入使馆区寻求庇护。有人劝老段也赶紧像张勋那样，去使馆区避避风头，但遭到了后者的坚决拒绝。

不错，老段虽然输得一败涂地，但这口气还在。他非但不去使馆区，就连北京都不出，成天就待在家里。哼，看你老曹和小吴能奈我何？

老段的沉着是有底气的，当时还真没人能把他怎么着。且不说曹锟是老段多年的同袍，就连吴佩孚也是他名义上的学生（后起的蒋介石也是如此），再加上徐世昌、张作霖、姜桂题、张怀芝等这些老关系，还有大弟子靳云鹏等人为之奔走斡旋，在老段头上动土可不是一件容易的事。

毕竟，老段对民国还是有功的嘛！不能让他太难堪，不然大家脸上都不好看了。

由此，尽管皖系这次遭到了彻底的失败，但段祺瑞本人毫

---

① 周俊旗：《百年家族：段祺瑞》，第231页。

发未损，他仍在家里和客人们打牌下棋。等到风声平静后，段祺瑞便去了天津，开始了他的隐居生活（倒是可以和黎元洪同城相怜）。直到4年后，老段再次被推为临时执政。这是后话，先搁下不提。

说到这里，或许有人会问：边防军、西北军不都挺牛的嘛，边防军清一色的日本军械、日式训练，西北军用的也都是外国进口的先进武器，这两支部队的供给军饷也最为优厚，而军中干部都是军校毕业生，人员素质应该说相对上乘，如何会一败涂地呢?

民意不民意就不去说它了，任何事件的成败都取决于细节。参战军、西北军在各方面确实不差，但唯独缺乏的是实战和经验。任何一支优秀的部队，一定有着光荣传统，哪怕是失败，也是一种宝贵的经验。最可怕就是从来没有失败过，也就是没有历史。

一支新军队，在己方取得优势时往往势不可挡；但一旦受挫，则容易军心动摇甚至立刻溃散，这其实都是缺乏实战的结果。再者，参战军和西北军的炮火固然猛烈，但当时的炮战技术似乎用得并不恰当，因为炮兵的威力主要在于远战，轰击密集人群比较有效，而吴佩孚的军队大都是散兵线进攻，而且突击距离很短，所以炮兵非但没有起到应有的作用，自身的安全反成了问题。

再说了，边防军和西北军对阵的是吴佩孚的北洋第三师，这可是一支有着近二十年历史的老部队，从辛亥之役到“二次革命”再到湘鄂战争等等，可谓身经百战，军中干部所积累的战争经验可是一种极为宝贵的财富。

因此，干部队伍由学生班子组成的边防军和西北军去打第三师这样一支成熟的部队，肯定要吃大亏的。[①]再说了，吴佩孚也确实是一位难得的将才，他的对手曲同丰虽是老师，但青出于蓝而胜于蓝，学生未必不如老师嘛！

不管怎么说，战争来得快、结束得也快，这对老百姓来说倒是幸事。最开始的军阀战争，武人们还算讲点武德，失败了就是失败了，不苦苦纠缠。这种敢于承认失败的做法，也算一种勇气和高效率。至于后来的国内战争，武夫们不肯承认失败，非要死缠烂打，那就更加流氓不堪了。

直皖战争是北洋系内部的第一场战争，段祺瑞的一世英名被毁于一旦，而皖系作为一种政治势力也就此烟消云散。但是，倒了袁世凯，便有南北战争；倒了老段，军阀间的攻伐非但不会减少，反而更加的频繁了。

所谓“山中无老虎，猴子称大王”，这军阀时期，大家公认的规则就四个字：

“力大为王”！

① 曹汝霖分析皖系败因，亦作如是观。见曹汝霖：《一生之回忆》，第233页。

四十三

直奉首战

1920年直皖战争后，民国政坛相对平静，各地休养生息，军人们练练兵，政客们磨磨嘴皮子，文人们发发文章、搞搞新文化运动，至于工人农民，该干吗还干吗去。总而言之，天下太平，暂时无事。

如果非要说有事，却不得不提两件蹊跷事：一是江苏督军李纯在这年10月12日突然暴死于江苏督署；二是次年8月，新任陕西督军阎相文也突然自杀于督军署内。

这可就奇了怪了。按说，督军们一个个都是土皇帝，上管不着、下不敢管，天不怕、地不怕，为何好好的幸福日子不过，偏玩起了自杀的把戏?

先说江苏督军李纯，他死的那年仅46岁，可谓年富力强，正值当打之年。冯玉祥在回忆录里，说李督军“浓眉大眼、鼻头端正，相貌雄武”，分明是个“勤勉细密、精明干练”的人物，如何说死就死了，未免让人怀疑。[①]

李纯是天津人，年轻时入读天津武备学堂，毕业后跟随袁世

① 冯玉祥：《我的生活》，第219页。

凯编练新军，标准的科班出身、小站班底，由此在军途上也是一帆风顺，顺风顺水。清末时，李纯已经升为第六镇统制，可谓年轻有为，机遇眷顾。

“二次革命”后，李纯因镇压革命军有功而升任江西都督。1917年，冯国璋去北京代理大总统后，又将他调任江苏督军。四十出头便做到前清两江总督的位置，这放在清朝绝对是腾云驾雾般的速度了。

据官方发布的消息，说李纯是因为国家分裂、政事不修，进而愤然自戕，并留有遗嘱为证。[①]但是，李纯在官场一帆风顺，在商界投资又生财有道，实在看不出他为何要如此忧国忧民，进而采取如此之激烈举动。

官方说法靠不住，小道消息倒是满天飞。一说是李纯的小妾与他的马弁（也有说是参谋副官）私通，不巧被李纯发现，慌乱之下，马弁竟将李纯击毙；又有人说，李纯暴死是因为被北京政府授了苏皖赣巡阅使，但安徽、江西不服管制，李纯因此受了刺激，精神失常所以开枪自杀；还有一说更邪乎，说李纯和养女有染，养女婿不甘受辱，结果愤然将之刺死；更有人说，哪有那么复杂，李纯其实就是被自己部下给做掉的，而嫌疑最大的，莫过于遗嘱中的指定接班人、帮办军务齐燮元。[②]

由此，李纯之死到底是怎么回事，这众说纷纭的，谁也说不清，而死人又不会说话，也只能算民国的一桩悬案。

李纯的死，倒是便宜了部下齐燮元，让他继任了江苏督军

---

① 参见国史编辑社编：《湘军援鄂战史》（外三种之《李英威公督苏政要》），中华书局，2007年，第229–233页。

② 李纯之死，众说纷纭，《民国演义》等书中做了各种演绎。另有匪夷所思的说法是借种，白化文：《负笈北京大学》，第133页。

一职。齐燮元是直隶宁和人，他与李纯是老乡，光绪年间中过秀才，后入保定军校而走上军途。李纯做第六镇统制时，齐燮元是参谋长，他是一路紧跟，最终大有回报，由此顺利做上了江苏督军一职。

另外一个自杀的督军是曹锟手下的阎相文，他原本是直隶第二混成旅旅长，直皖战争后升任陆军第二十师师长。由于当时的陕西督军陈树藩是皖系中人，直系挟大胜之余威，便要扩张地盘，想将陈树藩赶出陕西，让自己人去做这个督军的位置。

陈树藩盘踞陕西多年，岂肯束手就擒，于是直系也只有武力解决一途。1921年6月，被任命为陕西督军的阎相文以冯玉祥的第十六混成旅[①]为前锋直捣西安，驻湖北的吴新田第七师从武关、紫荆关入陕侧击，阎相文则亲率第二十师紧随冯玉祥之后，准备武力接收。强压之下，陈树藩的军队迅速瓦解，陈本人仓皇逃出西安，从此一蹶不振。随后，冯玉祥、吴新田和阎相文的部队相继开进西安，陕西也就此落入了直系的势力范围。

但是，世间事也是奇怪，这会做官的人风生水起、左右逢源，不会做官的人则疲于奔命，不堪其苦。不幸的是，阎督军偏是后者。陕西当时军队太多，有阎相文自己的、冯玉祥的、吴新田的，还有民党的靖国军、陈树藩的余部等。这军队一多，粮草军需都要地方供给，而陕西在民国初年一直遭灾，老百姓不堪重负，阎相文是百般罗掘，也难以满足军头们的需求。

再者，阎相文入陕后，曹锟、吴佩孚手下的一些顾问、参议等都拿着条子跟了进去，据说人数足有上百人。这些人可不是吃素的，他们个个都有后台，成天找阎相文要吃要喝要官要贪，

---

① 从湖南撤回后驻防河南信阳，并随后改称为陆军第十一师。

没一个好对付。阎相文若是招待不好，便有人向曹、吴打报告，结果阎常遭训斥，苦不堪言。由于局势一直动荡不安，而自己内部也是矛盾日益激化，阎相文在穷于应付而不可得的情况下，竟然干脆自寻短见，于1921年8月22日吞服鸦片，自杀于陕西督军行署。

由此看来，官也不是随便哪个人都可以做的，特别是脸皮薄的人，不能做官哪！

两个督军的晦气事就说到这里，下面继续说说军阀混战。直皖战争结束后，皖系势力被大大削弱，直、奉势力则此消彼长，大为加强。但是，战后的利益分配是由双方的实力和出力程度来决定的，因而皖系得益多而奉系受益少，两派势力也就暗生摩擦，并最终酿成第一次直奉战争。

从地盘上来看，当时曹锟、吴佩孚的直系势力扩张明显。首先是陕西，继任者为冯玉祥，也算归了直系范围。这里插一句，在陆建章被徐树铮打死后，冯玉祥的部队是爷爷不亲、奶奶不爱，在过去几年中备尝艰辛，这次受到曹、吴的青睐，自然是以身投靠，唯命是从了。

接着，吴佩孚借着湘军进攻湖北的机会逼走了原督军王占元，接着又南下亲征，将自己的死党萧耀南扶上了湖北督军的位置，因此湖北又揽入了曹吴直系的怀抱。至于江苏，在督军李纯死于非命后，继任督军齐燮元因为根基未稳，又有浙江督军卢永祥在南边压迫，此时只能投靠了曹锟，以求庇护。

眼看曹、吴在各省攻城拔寨，奉系张作霖就很不高兴了。张作霖这个人虽是“胡子”出身，但野心很大，欲望决不仅限于关外。这时，恰好安徽督军倪嗣冲因病去了天津，无法视事[①]，直奉两派便打起了安徽督军的主意。

最初，张作霖提出让张勋来出任安徽督军，因为后者是他的亲家，又因复辟失败而长期潜藏天津租界。这时见风声过去了，老张又想出来活动活动筋骨，于是便缠着张作霖帮他出头，谋上这个安徽督军的位置。

说实话，张作霖的这个提议也确实有点荒唐，遭到直系反对也属正常。在未与张作霖协调的情况下，曹吴便安排原张勋的部下张文生出任了安徽督军，张作霖得知后也没有办法。

这时，恰好蒙边出了乱子，徐世昌便将此问题交给了张作霖，并委派他作蒙疆经略使。得了这差使，张作霖便是东北巡阅使和蒙疆经略使一肩挑，心理才平衡了一点。但是，没过多久，由于直军南征湖南胜利，吴佩孚被任命为两湖巡阅使，加上曹锟的直鲁豫巡阅使，直系的地盘已经连成了一片。

在之前两年，张作霖不顾吴佩孚是曹锟主心骨的事实，他多次对吴佩孚进行贬斥。如吴佩孚多次通电要求取消新旧国会和南北议和代表，并成立国民大会以解决南北分裂的问题。张作霖就很不以为然，他在公开场合说："我就知道曹巡阅使。吴不过是个区区师长，全国的师长有好几十个，我手下就不少，要是人人都干预政治，那成什么话？"

眼见吴佩孚由一个小小的师长变成了和自己平起平坐的两湖巡阅使，张作霖别提有多气恼了。为获得补偿，张作霖以辞去蒙疆经略使、对蒙边问题甩手不干为要挟，最后迫使徐世昌将原热河都统、老将姜桂题调回北京充当有职无权的陆军巡阅使，而

① 倪嗣冲后于1924年去世，据说是精神分裂症。

改由奉军第二十八师师长汲金纯出任热河都统，张作霖才算出了口气。

这时，北京政府的财政危机再次爆发，各省军阀纷纷来京索要所欠军饷。内阁总理靳云鹏焦头烂额、毫无办法，只得坚决辞去总理一职。在无人接手的情况下，张作霖把洪宪帝制的余孽、安福系骨干梁士诒推了出来，而徐世昌也希望借这个财神的善舞之袖，渡过当前的危机。曹锟、吴佩孚原本不同意梁士诒组阁，但后者答应上任后先解决直系军队的军饷问题，这才勉强同意。

1921年12月24日，梁士诒内阁成立。上任后，梁财神其实也没有什么办法，不过是利用过去积累的老关系进行借债，拆东墙补西墙而已。至于梁士诒内阁借债的对象，无疑又是日本。为了笼络人心，梁士诒在元旦发布赦令，赦免了原皖系的段芝贵、曲同丰、陈文运等人；接着，又安排亲日派曹汝霖、陆宗舆复出，目的便是向日本借债。由于借债一时不易，梁士诒答应拨给直系军队的300万欠饷落了空，吴佩孚等人对梁士诒恶感倍增，随后便寻机倒阁。

这时，美、英、法、日、中等国在华盛顿召开会议，解决巴黎和会上搁置的悬案，其中就包括了中国的山东问题。在一番激烈的外交谈判后，日本答应退出山东，但胶济铁路要中国用钱赎回，赎回前日本仍保有管理权。

由于梁士诒急于借债，对此条件满口应允。消息公布后，吴佩孚借机抨击梁内阁“牺牲国脉、断送路权”，无异于李完用、张邦昌之流。数天后，吴佩孚再次猛烈攻击梁士诒，并称“梁士诒借日款及共管铁路”，即为“全国之公敌，凡我国人，当共弃之”。吴佩孚还杀气腾腾地表示，要“为民请命，敢效前驱”。[①]

在此情况下，张作霖不能再保持沉默了。他随即发表通电支持梁士诒，并指斥吴佩孚“是非不问，辄加攻击”。而吴佩孚更加咄咄逼人，称“若有袒护梁氏者，即为国人之公敌，当誓死杀尽，以除国奸”。

直奉相互攻讦，相持不下，梁士诒的戏也就无法再唱下去了。好在梁财神还有自知之明，他知难而退，在组阁不到一个月便告假出京，做了缩头乌龟。

电报战本是文字游戏，文化程度不高的张大帅非但占不了上风，反而被吴佩孚用“爱国大义”这个独门暗器屡次点中要害，不免有些恼羞成怒，要要起胡子作风蛮干了。好在这时皖系企图东山再起，而孙中山的护法政府也试图北伐，根据“敌人的敌人便是朋友”的逻辑，奉系、皖系及孙中山一拍即合，要组成三角联盟共同对付曹吴直系。

眼看这些武夫们又要动刀动枪，大总统徐世昌不免有些着急。徐阁老是个文官，他也没什么实质办法去约束这些人，只好请出北洋元老如王士珍、鲍贵卿等人分别去奉天和保定劝导张作霖和曹锟两个大佬，请他们以黎民百姓安危为重，不要再次大动干戈。

几个和事佬的劝导固然给双方消了点气，不过更重要的是，

---

① 据陶菊隐在《狷介与风流：吴佩孚将军传、蒋百里先生传》中的评价，吴佩孚在五四和南北和谈时很出风头，但无非是军人干政，之后发通电上瘾，乱攻击政府，导致两次直奉大战，这也可说是文人的弊病、武人的嚣张。吴佩孚反日，因而被认为是倾向英美，实则他并无国际背景，即使苏联抛出橄榄枝，他也没接住。陶菊隐说他是个“不偏不倚的土货”，还真是没错。见第23、30页。

双方还没到彻底决裂的地步。在张作霖这边，想象中的反直系三角联盟因为各种原因而化为泡影，而曹锟终究是个忠厚人，他也不想和张亲家撕破脸皮，因而对吴佩孚多有约束。

1922年3月中旬，曹锟派弟弟曹锐去奉天给张作霖祝寿，顺便也探探张作霖到底是怎样的底牌。曹锐到奉天后，张作霖对军政事务避而不谈，只是派部下孙烈臣来问："咱们大帅想请教曹四爷，到底是部下亲呢，还是亲戚亲？"

曹锐听出了话中的意思，加上他一向对吴佩孚的作风很不以为然，于是爽快地回答说："请转告张大帅，我们曹家兄弟是不会做对不起亲戚的事的！"

到这时，张作霖才提出了他的要求，那就是：一、梁士诒销假复职；二、直军退出京汉线北路；三、吴佩孚专任两湖巡阅使，不得兼任直鲁豫巡阅副使。

曹锐回到保定报告后，曹锟一听就皱起了眉头，说："我是直鲁豫巡阅使，京津一带本就是我的地盘，如何让我撤出京汉线北路呢？就其他两项，子玉（吴佩孚字子玉）恐怕也不会答应呢！"

得知曹锟的态度后，张作霖决定先下手为强，随即便往关内运送军队，准备以枪杆子决胜负。吴佩孚这边也没有闲着，他也借着做寿的名义，将直系将领集中到洛阳召开军事会议，商议对奉军作战。

4月10日起，奉军便源源不断地开进关内并改称"镇威军"，张作霖自任总司令，孙烈臣为副总司令，杨宇霆为总参谋长。镇威军司令部设在天津军粮城，兵力计有张景惠的第一师、邹芬的第十六师、张学良的第三混成旅、郭松龄的第八混成旅等，兵力约12万。

在奉军的压迫下，曹锟这才下定决心与张作霖决裂。他随后打电报给吴佩孚："你就是我，我就是你。亲戚虽亲，不如自己亲。你要怎么办，我就怎么办。"身边幕僚觉得这太不文雅了，曹锟摆摆手，说："不要改，就这样发过去！"①

有了曹锟的支持，吴佩孚也就迅速调集军队，准备迎战。当时吴佩孚的兵力分布如下：西路司令吴佩孚，率董振国第十三混成旅、孙岳第十五混成旅进攻长辛店，张锡元的第四混成旅为预备队；中路以王承斌为司令，率所部第二十三师的第四十五旅及第三师的杨清臣第六旅，由霸县进攻信安；东路以彭寿莘为司令，率所部第十四混成旅及第二十六师的一个旅进攻白洋桥。另外，冯玉祥率第十一师及胡景翼、靳云鹗等部出师河南，监视与奉系有勾结的赵倜；张福来等部则为援军，总兵力也不下12万。

1922年4月29日，直奉战争正式打响。在张作霖的亲自指挥下，奉军在东路、西路同时进攻，当晚炮声隆隆，在北京城都可以隐隐听到。在西路长辛店，奉军张景惠部的炮火压倒了吴佩孚的直军，但吴佩孚用兵一向狡黠，他以林木伪装成军队，以鞭炮伪装枪炮声，引诱奉军大量开炮，等到炮声稀疏，吴佩孚断定对方炮弹接近用完，这才命直军出击，将张景惠部杀得大败。

这时，张作霖派来梁朝栋旅和邹芬第十六师支援，这才稳定了西路战线。但是，邹芬第十六师原是王廷桢的部队，也就是由老直系冯国璋掌管的禁卫军拆分而成，他们很快便向直系倒戈了。在这利好消息下，吴佩孚率军猛攻，结果援军梁朝栋旅被彻底击溃，旅长梁朝栋也将性命断送。

兵败如山倒，张景惠见势不妙，只好托邹芬的关系说情，让

---

① 徐彻：《东北王：张作霖画传》，第83页。

他的部队撤回北京，而自己愿到直军做个俘虏。西路奉军接到撤退命令后，更是土崩瓦解，慌不择路，很快便被直军缴械，张景惠也成了一个真正的“阶下囚”。

在中路，王承斌所部也大败奉军李景林，尽管后者下令死守大城，但王承斌不折不挠，攻城九次，终于将大城收复。在奉军援军许兰洲部开到后，王承斌分兵拒敌，进而复退，前后四次，终于占领马厂，对直系获胜立下大功。

在西路崩溃、中路失败后，张作霖还试图稳定局面，他甚至亲自驱车到东路落垡进行指挥。但一路上，张大帅只见奉军士兵疯狂后撤，败兵如潮，这下终于明白大势已去。为防止损失进一步扩大，张作霖掉转车头，并下达了总退却令，随即仓皇逃回了滦州。

退回滦州后，张作霖摸了摸脑门上的汗，忍不住骂道：“妈了个巴子，这一仗打得真是窝囊！要不是一路上有张学良和郭松龄两个旅保护，老子今天就差点玩完了。他妈的，这个该死的吴小鬼，还真是有两下子啊！”

奉军战败后，大总统徐世昌装模作样地下达四道命令：一、通缉梁士诒，解散梁内阁（梁士诒早跑日本去了）；二、奉军即日撤出关外，直军退回原防；三、撤销张作霖的本兼各职，听候中央查办；四、任命吴俊升为奉天督军。

接到电报后，张作霖扔在一边，笑骂道：“妈了个巴子，连手无寸铁的老徐都欺负到老子头上了。别说你撤我的职，老子还不愿意到你手下做呢。”说罢，张作霖把吴俊升找来，把电报递给他。吴俊升一看，连说不敢不敢，一切唯大帅之命是从。

1922年6月，张作霖宣布成立东三省自治保安司令部，由他本人出任总司令，孙烈臣、吴俊升分别为副总司令。对此等自绝于中央的独立行为，张作霖给它起了个好名字，叫“联省自治”。哼，中央莫管我事，好官我自为之，拜拜！

为挽回点颜面，张作霖又派孙烈臣为前敌总司令，指挥奉军在秦皇岛一带发起反击作战。之后，奉军与直军彭寿莘部及孙岳部发生激烈交火。好在当时直军也没有进军关外的实力和准备，双方在各国领事调停下宣布停战，并约定以榆关为界线，奉军撤回关外，而直军除一部留驻榆关外，其他全部撤回原防。

由此，第一次直奉战争结束，奉军大败而吴佩孚再创辉煌。

战争结束后，直系的实力再度扩张。先是战前便暗中做了内应的河南督军赵倜，他在战争进行中误信谣言，说吴佩孚已战死（他倒是真这么想来着），于是他急吼吼地跑出来发表通电，历数吴佩孚、冯玉祥之罪恶。结果奉军刚“一战”败，他和弟弟赵杰的宏威军便被全被缴械，河南督军改由冯玉祥上任。

同年，江西督军陈光远因抵抗南军不利而被免职，曹锟、吴佩孚提请原察哈尔都统蔡成勋为江西督军，周荫人继任第十二师师长。1923年10月，因为土匪孙美瑶闹出“临城劫车案”，多名洋人被劫为人质，很是吃了点苦头，山东督军田中玉在各国公使的强大外交压力下被迫引咎辞职，山东督军为郑士琦（皖系）接任。

由此，曹锟、吴佩孚的直系势力更是如日中天，除掉东北和西南，真有些雄霸中原的味道了。

四十四

贿选总统

段祺瑞和张作霖相继被赶出政治中心后，曹锟和吴佩孚的信心大增，这老曹想要更上一层楼，弄个大总统当当；而吴佩孚接过段祺瑞的“武力统一”大旗，要一统江山，青史留名。两人可谓心神默契，一拍即合。

想法虽好，不过真做起来还得动点脑筋。首先，曹锟想爬上大总统位置的话还有两个障碍：一是现任总统徐世昌尚未下台；二是老徐下台后，曹锟以何等名义上台？

这时，有个奇人献了一个奇策，这就是民国史上所称的“法统重光”。奇人姓吴名景濂，说来也不算陌生面孔。吴景濂举人出身，清末立宪时当选为奉天谘议局议长，1916年第一届国会恢复时被推为众议院议长，可惜黎元洪后来将国会解散，吴议长也被砸了饭碗。

这一次，吴景濂也是不计前嫌。因为所谓的“法统重光”，就是要重新拥戴当年被赶走的黎元洪复职，并恢复第一届国会。按说，这国会是黎元洪亲手解散的，而黎元洪又是自己辞职的，但政客们总是能翻云覆雨，把死的说成活的——只要在前面加个“被迫”两字，这普天下的坏人便都成了好人。

吴景濂的理由是，黎元洪在张勋复辟的非常时期离任大总统，这不能视为自动离职而应将他迎回并补满任期，等任期结束后再重新选举大总统（不消说，候选人便是曹三爷了），国会也应该如此。按这说法，现存的安福国会反倒是段祺瑞一手操纵的非法产品。因此，由安福国会选举产生的现任大总统徐世昌也就成了“伪总统”，因为他不合法，所以要下台。[①]

吴景濂的整套方案简单明了，具有很强的操作性，只是好方案还得找个好卖家，这又需要一个合适的中间人。所幸的是，中间人也不缺。吴景濂当年在奉天师范学堂做过校长，当时曹锟手下的“红人”王承斌既是他的学生，又是他的表弟。

曹锟、吴佩孚同吴景濂细谈后，觉得这个方案确实可行，于是在两方面着手：一是向徐世昌施加压力，让他自己识相点主动下台；二是制造并推广“法统重光”的概念和舆论，同时又派人前去天津与黎元洪接洽，安排他重新出山，以便为曹锟当总统做个垫脚石。

先说徐世昌这边。在吴景濂纠集一帮失业的旧国会议员们发出通电要求徐世昌下台后，新进的齐燮元、孙传芳在曹、吴的暗中鼓唆下也同样表现积极，他们首先响应造势，其他直系督军也都纷纷附和。由此，“法统重光”的概念迅速走红，成为人们街头巷尾的热门话题。

徐世昌虽在总统府内不太出来，但他本人是最重视新闻舆论的。他刚当上总统不久，还亲自邀请各大媒体记者举行招待会，中国最早的政府新闻发布会雏形可能就是由他首创。听到这个

---

① 参见侯杰、姜海龙：《百年家族：黎元洪》，河北教育出版社，2006年，第225页。

“法统重光”的新舆论后，徐世昌心里明白，项庄舞剑，意在沛公，曹锟和吴佩孚看来是要把他赶下台了。

但是，老徐一大把年纪了，也是个要面子的人，不能你要人家来、人家就来，要人家走、人家就走。何况徐世昌这个大总统算得上是最正常选举出来的，若是屈服于这莫名其妙的“法统重光”，岂不是带头违法？

可是，在“力大为王”的军阀时代，谁还跟你讲什么法？谁的枪杆子硬，谁就是法。徐世昌不肯主动下台那也无妨，别人自有手段。首先是吴佩孚不断派出代表，向徐世昌询问对“法统重光”有何看法，接着便是京畿卫戍司令王怀庆半劝半逼，说：“大总统，现在直系要人已经达成一致，事情到了这地步，挨下去也无必要。不如体面点自动引退算了。”

徐世昌想了想，不免又气又恼，说：“当初也不是我自己要来做这个受气总统的，偏他们怂恿我出来，可现在又这样逼我，我总不甘心！”

王怀庆冷笑道：“大总统，人家现在不跟你讲什么交情，你又何必自取其辱？不如见机点吧！不然，他们要用武力对付你，你又如何吃得消？倒不如现在就退了，还冠冕堂皇些。”

见徐世昌还未下定主意，王怀庆便说：“大总统现在退了，以我现在的能力，还可以保你的性命和财产安全。要是最后弄僵了，到时我可就不负责了。”①

听到这里，徐世昌忍不住仰天长叹——1922年6月2日，退了。退位后的徐世昌返回天津做寓公，开始过诗、书、画三位

---

① 徐世昌被逼辞职一事，参见文斐编：《我所知道的北洋三雄》，第60-61页。

一体的“隐逸”生活，而且老有所为，颇有成就。他的诗，人称“超越前人”，书、画也堪称精品，但不轻易送人，因而流传不多。1939年6月6日，徐世昌于天津病逝，享年85岁，是北洋系人物中相当高寿的。

徐世昌被顺利逼走了，另一主角黎元洪却迟迟不到位。原来，黎元洪被张勋赶走后，隐居天津已有5年。在这5年里，黎元洪热心实业，获利颇丰，他平时也就写写字、散散步，寂寥而安静。陡然间，“法统重光”的喜讯从天而降，请他出山的各路邀请也是热情洋溢、纷至沓来。人非草木，孰能无情，黎元洪表面上看似平静，但心中早已激起了万丈波澜。

是啊，当年的仓皇去职虽说是如尘往事，但黎元洪心中始终憋了一口闷气，这次有机会发出来，难免心有所动。黎元洪心里也清楚，直系要人不过是让他出来过渡一下，并非真心拥戴他上台。因此，他开始并不想去蹚这趟浑水，而是直截了当地跟那些说客说：“你们直接选曹三爷做大总统不就结了，何必搞这么复杂？”

但是，戏已经开演，黎元洪想不参加也是不行的。在黎元洪拒绝后，曹、吴加强了邀请力度，他们先后派出各界代表亲赴黎府，盛情相邀；而直系督军们也纷纷通电，请黎元洪以国事为重，出面挽救危局，说得是义正词严、情真意切，连黎元洪看后都有点陶醉，不免怦然心动了。好嘛，既然是众望所归，那我就勉为其难，姑且出山风光一次吧！

正当黎元洪兴高采烈地打点行李、准备返京时，一份电报飘然而至，给他浇了一瓢凉水。电报是皖系浙江督军卢永祥发来的，他给黎元洪提了醒，说你的总统任期早就由副总统冯国璋合法继任期满了，何来的补满任期一说？你明知这是直系的陷阱却非要往里面跳，这“于卫国则不仁，于自卫则不智”。得，别做美梦了，还是洗洗睡吧。

被卢永祥这么冷水一浇，黎元洪倒是有点清醒了。随后，他打消了出山的念头并发表通电，声称自己当年是引咎辞职，并不存在复职总统之念，所以还是另请高明的好。但如前面所说，戏台老板已经编好剧本、选好演员，各项工作都筹备好了，这大锣一敲，哪有主角不上台的？不行，还得继续劝进，不然这剧情无法开展，前面的投资不就白费了吗？

于是乎，新一轮的劝进运动又开始了。首先是通电造势，由曹锟、吴佩孚领衔，各军政大员如萧耀南、田中玉、齐燮元、王怀庆、许世英、刘承恩等人纷纷致电黎元洪，盛情相邀；接着是曹、吴的代表亲自上门敦劝不已；最后，几十名旧国会议员在旧众议院议长吴景濂和旧参议院议长王家襄的带领下前往黎元洪家软磨硬泡，国务院也派出代表前往游说，几有万众一心、非黎元洪出山不可的架势。

重重包围下，黎元洪免不得和幕僚们商量：要是不去，一方面是错失良机，另一方面恐怕也不会有好果子吃；但要是去了，就不能随便被他们摆弄，得讲讲条件！

1922年6月6日，黎元洪发表了“鱼电”[①]，电报洋洋数千言，乃是黎元洪多年的幕僚饶汉祥捉笔。饶素有“文胆”之称，写得一手好骈文，这次的电文真是倾尽其才，地地道道的一篇极好文章。电文发出后，洛阳纸贵，轰动一时。

电文中，黎元洪深刻揭批了军阀时期的五大恶政：一、军阀

① 民国时期的电报以韵目代替日期，如6日为“鱼电”，汪精卫后来的“艳电”对应的是29日。

统治，无人不兵，无兵不匪；二、各省督军，拥兵为雄，搜刮民财；三、武夫争霸，连年征战，兵连祸结；四、督军擅权，破坏民治，滥用威权；五、武夫权重，干涉政治，政潮迭起。

由此，黎元洪提出，要自己出山也可以，但各省督军应立即解除兵权，还政于国家，否则自己决不当这个空头大总统。没错，你要我“法统重光”，我就要你“废督裁兵”，这样就扯平了。

可惜啊，文章是好文章，主意也是好主意，但文人的笔杆子怎么干得过武夫的枪杆子。你要这些军阀自动解除兵权，那不是与虎谋皮、白日做梦，也忒不现实了吧！

果然，曹锟、吴佩孚收到“鱼电”后恼羞成怒。曹锟说：“请他做个现成的总统，他竟然还要向别人提条件！我们捧他上台，他却叫我们下台！真是狗咬吕洞宾，不识好人心，岂有此理，岂有此理！”

吴佩孚虽然也很愤怒，但他劝曹锟暂时忍耐些，姑且敷衍一下黎元洪。于是，在曹、吴的建议下，冯玉祥首先通电表示支持，陕西督军刘镇华、湖北督军萧耀南、江苏督军齐燮元等人也假惺惺地随声附和，表示愿意听命。

黎元洪这时却得寸进尺，他派出代表到曹锟、吴佩孚处要求给予切实保证，并要求全体督军都通电支持后才肯复任总统。曹锟手下人气得要命，连声嚷嚷着踢开黎元洪算了。吴佩孚也按捺住怒气对黎元洪的亲信代表金永炎说：“黄陂如果再要装腔作势，我就无能为力了。你回到天津后，请他说一句痛快话！”

一番商议后，黎元洪和幕僚们觉得台阶已经搭得差不多了，再装下去恐怕大家都下不了台，不如趁势复任总统算了。说句实话，所谓“废督裁兵”也就说说好听，真弄起来，那些督军还真会听命中央？

1920年6月11日，黎元洪在旧国会两议长王家襄、吴景濂及国务院代表周自齐等人的陪同下，一起登上了返京的列车。阔别政坛5年后，黎元洪此番归来，风景果然大不一般。刚到北京站，外面前来迎接的代表早已是人头攒动，街道上也是彩旗飘飘，这和当年仓皇离京的遭遇相比，简直是一个天上、一个地下。

当天下午，黎元洪便在总统府举行了复职典礼。嘿嘿，我老黎又回来了！①

但是，黎元洪的兴奋劲并没有维持几天。复任总统后，黎元洪的第一件事便是组阁问题。民国的内阁总理人选一向是个难题，由于各种矛盾冲突，从1912年到1927年这短短16年间，内阁总理如走马灯一样更换，总共产生了27任正式总理，这还不包括数量几乎相等的代、摄总理，也不包括袁世凯改大总统制和称帝时的3年。

换句话说，北洋时期几乎每半年就要倒阁一次，除靳云鹏做了2年的总理、段祺瑞做过近1年外，其他总理任期都是几个月，甚至一个月都不到的。如此频繁的倒阁率，就是最为人诟病、最喜欢倒阁的法式民主也难以望其项背。

这其中的原因，或许是中国的政治土壤根本就对西式民主共和水土不服，而不是革命党所说的："只要是中国国民，必然有共和国民之资格"；"公理未明，即以革命明之；旧俗俱在，即以革命去之"。革命可不是什么万能妙方，不加研究论证就在旧

---

① 吴佩孚等拥立黎元洪复位的过程，参见侯杰、姜海龙：《百年家族：黎元洪》，第226-228页。

中国这种贫瘠的土壤上搭建所谓的民主共和大厦，不失败才怪。

事实上，即便要搞民主共和，那也要建立在对具体国情的深入了解和研究基础上才行。没有相应的经济基础，未经考察和研究，也未对民众进行启蒙和普及，便照搬西方乱搞一气，不亡国亡种已属万幸。所以说，中国的问题还得立足于本国的历史传统和具体国情才能找出解决之道，一味地迷信西方制度，恐怕只能落入西方的陷阱，走进另一个死胡同。试图以西方的制度来超越西方，这本身就十分幼稚，何待智者而知之？

尽管吴佩孚声称组阁是总统特权，自己决不干预，但黎元洪实质上是个无权总统，哪能真说了算。比如黎元洪找的第一个总理是颜惠庆，但颜内阁从组建开始便残缺不全，不到两个月，颜惠庆便因为财政危机而辞职。随后，黎元洪又提名唐绍仪来做总理，但吴佩孚很快就忘记了“不干涉”的承诺，他发表通电坚决反对。弄了半天，吴大帅的承诺有效期原来只有一次！

“废督裁兵”问题上也是如此，那些督军表面上个个拥护黎总统的主张，真做起来却是“歪和尚念经——另搞一套”。黎元洪下令撤去督军一职，那些督军就改做省长或派傀儡做省长，还不是土霸王的天下？在传统王朝，地方督抚尚且畏惧中央和御史；现在军阀时期，连中央都敢于藐视，真是想干什么就干什么，想怎么干就怎么干，多幸福的年代！

为了推行“废督裁兵”政策，黎元洪倒还算有点勇气，敢于先在吴佩孚身上动手。颜惠庆内阁成立后，吴佩孚被任命为陆军总长，想以此来取消他的直鲁豫鄂巡阅副使，但吴佩孚手握兵权，怎么可能轻易上当？人家根本就不上任。

黎元洪做总统期间，第一任总理颜惠庆，不到两个月，辞职了；第二任总理唐绍仪，根本没就职；第三任总理王宠惠，但王也很快辞职。王宠惠内阁垮台后，黎元洪又分别找了汪大燮、张绍曾来做总理，但曹锟、吴佩孚觉得黎元洪做总统的时间也够长了，所以谁来做总理都不可能有什么作为，反而因为种种“倒黎”风潮而被弄得焦头烂额。

按“倒黎派”的说法，黎元洪补任总统的时间应从洪宪改元到袁世凯败亡结束，时间是160天。现在黎元洪在任已超过300天，早就该自动退位，改由国务院摄行总统职权，然后组织选举新总统。

支持黎元洪的议员们则提出一种更离奇的说法：黎元洪的任期应该从1914年5月袁世凯改内阁为政务堂开始补起，再加上冯国璋非法代理的一年零两个月。这样的话，黎元洪应该继续做到1925年。

“保黎派”的说法让曹锟、吴佩孚很生气，他们随即鼓动张绍曾内阁成员辞职。在黎元洪不肯就范的情况下，武夫们干脆弃文从武，派出陆军校阅使冯玉祥、京津卫戍司令王怀庆、步军统领聂宪藩、警察总监薛之衍率所部军官300多人去总统府索饷，随后又有公民团去总统府门前闹事，接着是北京的警察们罢工并前往总统府请愿，目的就是要让黎元洪赶紧自动下台。

对于这些人的胡闹，黎元洪早有心理准备，他对身边幕僚说：“民国六年时（即1917年），我受到督军团和张勋的胁迫，违法解散了国会，酿成大祸，一直没有机会弥补。这一次我既然依法而来，就当依法而去，不能再犯糊涂。我的任期如何，应当由国会来决定，如果国会认为我任期满了，我一天都不恋栈。但是，如果有人想要用武力来迫使我去职，那我就要为国家维持纪纲法律，决不能重蹈覆辙，贻害百姓。”

黎元洪的节气固然可敬可佩，但曹、吴这些人的手段更是层出不穷。先是内阁总理辞职，接着京津卫戍司令、步军统、警察总监都纷纷辞职，黎元洪发出去的命令如同泥牛入海，根本就出不了总统府。再接着，总统府的水、电、电话都被掐断，黎元洪在北京已经无法立足，但他还不想向直系屈服，而是决定离开北京，前往天津。

1923年6月13日，黎元洪乘火车悄然出京。和一年前入京的盛况相比，那真是从春天到了冬天，又换了人间。从去年入京到这次出京，正好一年零二天。

逼走黎元洪后，辞职的王怀庆那些人立刻复职，罢工的警察随即上岗，公民团也在一眨眼间就消失得无影无踪。当这些人兴高采烈地来到总统府接收时，却发现总统印信不见了，于是立刻打电话给直隶省长王承斌，要他在天津扣留黎元洪专车，索回印信。

有意思的是，黎元洪早就料到这些人会用这招，他在离京前便把主要的五颗印信交给了如夫人黎本危，而后者此时已经躲进了东交民巷的法国医院。所以，当王承斌和天津警察厅厅长杨以德带领卫队在杨村车站截住黎元洪时，并没有找到总统印信。

王承斌开始还煞有介事地问："大总统此次出京，是公事还是私事？"

黎元洪答道："我在北京无法执行职务，所以要移到天津来办公。"

王承斌便问："既到天津办公，那总统印信何在？"

黎元洪怒道："你是什么人？敢向总统索印？"

王承斌冷笑道："我劝大总统还是把印信交出来吧，免得伤了和气。"

黎元洪起身怒道："我便不交，你能奈我何？"

王承斌哼了一声，向杨以德努努嘴。杨以德便会意地一招手，随即拥进几十个丘八老爷，一个个拿着短枪，雄赳赳、气昂昂往周围一站。黎元洪和随从顿时大惊失色，以为这帮人要动粗。

见黎元洪还不交印，王承斌便上前一步逼问道："总统还是赶紧把印交出来，我没有闲工夫跟你扯谈！"

黎元洪的随从见势不妙，慌忙说："王省长别动怒，印在总统府，不曾带来。"

王承斌厉声道："北京已经来了电话，总统府只有十颗不相干的印信，另外五颗呢？在哪里？"

见黎元洪还不吭声，王承斌便命人将火车头摘除，另调来一个营的兵力将火车团团围住，不准进也不准出，直到黎元洪交印为止。

僵持了一个多小时后，黎元洪心里明白，要是不交印的话休想离开这里，只得写下纸条让人送到如夫人黎本危那里，让她把五颗印信交出。王承斌说："这一来一往岂不麻烦，还是请大总统亲自打个电话吧！"

无奈之下，黎元洪只能在王承斌等人的监视下去车站电话室给如夫人打电话，让她把印信交给参议院议长王家襄。光交印还不行，在曹锟、吴佩孚的授意下，王承斌又拟了一份电报让黎元洪签字，大概意思是"本人宣告自动辞职，由国务院摄行总统职权"云云。

这一来一往，黎元洪挨到凌晨两点多才回到天津私宅。①

---

① 黎元洪被逼宫夺印事，参见侯杰、姜海龙：《百年家族：黎元洪》，第242—245页。

后来，曹锟紧锣密鼓地进行贿选之时，黎元洪还想做最后一次抗争。当时张作霖、段祺瑞、卢永祥、孙中山号召反直的议员南下到上海召开特别国会，以破坏曹锟的贿选。当时卢永祥也发出电报，邀请黎元洪到上海重组政府。

但黎元洪到上海后，他发现“反直联盟”虽然欢迎他的到来，但并没有人希望他组建政府，就连卢永祥的那封电报，原来也是安福系政客捏造的。黎元洪这才明白，这次又陷入了一个陷阱，这些人不过是借他的名气来壮声势罢了。

曹锟贿选成功后，黎元洪也就对复任总统彻底死心。他随后以“养病”的名义离开上海，东渡日本。半年后，黎元洪回到天津寓所，从此不再过问政治。

白头黎翁在，闲话说民初。从辛亥首义到落寞天津，黎元洪见证了民初政坛的风风雨雨，其间的酸甜苦辣、光荣与屈辱，大概也只有他自己最为清楚。不过这一切，在黎元洪走完了他十余年的政治历程后，也都化为往日尘烟。

1928年6月3日，黎元洪病逝于天津寓所内，享年65岁。开祭之日，黎元洪的死对头段祺瑞也亲自前往吊唁，他对着黎元洪的遗像“三鞠躬毕，渭然而退，似有无限感慨”。[①]

说完黎元洪，再来谈谈曹锟曹三爷。曹锟，字仲珊，直隶天津人，他的出身比较贫困，家中有五兄弟，老大曹镇，老二是个女儿，老三曹锟，老四曹锐，老五曹彬，老六曹锳。曹锟发迹后，四弟曹锐做了直隶省长，六弟曹锳也做了天津镇守使。

曹锟早年读过一点书，长大后不愿做农活，于是去保定贩布。曹锟的性情爽直，年轻时好酒贪杯，喝醉了便席地而卧，街

---

① 侯杰、姜海龙：《百年家族：黎元洪》，第293页。

上的顽童趁机把他的钱偷走，他也不当回事，只是一笑了之。别人告诉他是谁谁谁拿了你的钱，他也不去追问。别人问为什么，他说："我喝酒，图一乐耳；别人拿我的钱，也是图一乐耳，何苦再去追拿？"由此，曹锟当时便有了"曹三傻子"的绰号——图一乐耳！[①]

1882年，21岁的曹锟应征入伍，后被选送到天津武备学堂学习，由此改变了他的命运轨迹。袁世凯小站练兵后，曹锟前去投奔并当上了右翼步队第一营帮带。由于曹锟的性格宽厚，喜怒不形于色，从来不与人争权夺利，因此在小站时并不算特别出名。直到同他一起练兵的那些同袍基本上都做过镇统制了，曹锟才在1908年混上第三镇的统制。

好在曹锟一向做事沉稳，稳打稳扎，不像某些人冲动冒进，反逐渐成了气候。说实话，曹锟练兵打仗乏善可陈，但他有一专长，那就是善于发现、笼络和使用人才，因而他的门下人才济济，吴佩孚便是其中典型。事实上，曹锟的成就至少有一半来自吴佩孚，而后者对曹锟又是忠心耿耿，绝无二心，真正做到了"你就是我，我就是你"的地步。

黎元洪被逼走后，历史上所称的"曹锟贿选"也就拉开了大幕。当然，具体工作无须曹锟出面，而主要由吴景濂等津保派政客四处活动。这次总统选举的特色是，贿选公开，明码标价，童叟无欺，议员投曹锟一票，便可得5000元支票，选举成功后兑现。

在金钱的诱惑下，就连一些南下的反直议员也纷纷返回北京，准备领取这5000元去投曹锟的票。9月10日预选会上，出席

---

① 文斐编：《我所知道的北洋三雄》，第85页。

议员高达500余人。但按《临时约法》的规定，总统选举须四分之三的议员投票，当时支票已经发出去570余张，但还是没达到法定出席人数。

为了能在10月10日国庆日举行总统就职典礼，曹、吴随后加大了贿选力度。为凑足大选法定出席议员人数，曹锟还派人成立“暗察处”，防止议员擅自离京。而这时，反对曹锟贿选的势力也在六国饭店设点，以每人8000元的代价收买不投票的议员，但终因财力有限，所收买的议员不过40人，其中还有几个是两边拿钱的。

10月5日，总统选举会正式举行。总策划人吴景濂走进会场一看，签到者远未达到法定人数，于是他宣布签到人数够了再进行选举。但一直等到中午时分，签到的议员也不过400人。吴景濂这下急了，他在曹锟的同意下临时决定，只要议员出席会议，即使不投曹锟的票，也发给5000元支票。随后，吴景濂调来几十辆汽车，派出可靠的议员分别去劝或去拉同乡同党的议员，并规定每人至少要拉一个回来。

于是乎，议员们分头四出，会场外汽车喇叭声滴滴乱响，好一派热闹景象。由于曹锟不能当选，支票就不能兑现，那些财迷心窍的议员费尽力气地前去拖人，好几个生着病的议员也被他们拉了来。一直挨到下午1时20分，签到的议员才达到590名，这才摇铃开始投票。下午4时唱票结束后，曹锟以480票当选为民国第六任总统。

据说，曹锟这次贿选耗费巨大，除了每张选票5000大洋外，还需给那些上下奔走的政客们酬劳，另外还有招待费、秘密费，加起来不下千万。这笔钱到底是谁出的，现在也无确切结论，但曹锟自己支付了一部分应属无疑。而其他可能用的是公款，比如直系各省发行的公债、借款等。

令人啼笑皆非的是，曹锟的贿选在程序上完全“合法”并且完全公开。而且，他没有采取任何的暴力，即便有人拿了钱不投票，他也不曾加以报复，完全采取了“一个愿买、一个愿卖”的态度。正如曹锟某部下说的：“花钱买总统当，比拿枪命令选举的人可不强多了！”

至于那些拿钱投票的议员，则被人骂为“猪仔议员”，这民国的第一届国会也自然堕落为“猪仔国会”。民国初年时，国民都对所谓的“议会政治”充满了幻想和无尽的希望，谁曾料到，这帮人竟成了今天这副模样？

第一届国会俗称“八百罗汉”，但说实话，这里没有一个罗汉是民众自己选举出来的。他们这些人，原本是各省的革命党和立宪派，或是一些社团的领袖，或者是一些要人指定的人选。说白了，这些人获得候选资格，并不是选民选举出来的，因此也不需要代表谁。

当然，这些人中间并不缺少才智之士，但民国初年的政治环境，那就是随着时间推移而不断腐烂的政治酱缸。众多革命党、立宪派、社团领袖丢弃他们的理想而变成帮闲政客，为了5000大洋而甘做猪仔议员的大有人在。民国的政坛，可就是一个超级无敌大酱缸啊。

最可恨的是，这些议员领着丰厚的年薪，每次会议还可以拿到高额出席费补贴，但他们又干了什么呢？开会时党同伐异、吵闹不休，大部分时间都是会而不议，议而不决。最可笑的是，在1916年恢复国会后的数月之内，除了议定议员薪酬一事，其他无一事议成。议员应该参加的会议，经常因为法定人数不足而流产。

《临时约法》中，可有谁来监督议员的规定？

当时的很多议员，个人生活极其糜烂，抽鸦片，喝花酒，北京的“八大胡同”便是他们最爱光顾的地方。如此议员，焉能成为国民表率，又岂能为国为民谋福利？

历史学家唐德刚说过，先进民主国家中的议会制度，都是数百年不断的实践而慢慢一级一级发展起来的结果，我们来个速成班，搞东施效颦、一步登天，哪有这么容易呢？此乃不是政党政治而是帮会政治，所谓“朋党制”也。

曹锟当选总统后，唯一值得称道的是颁布了中国历史上的第一部正式宪法，这也算是国会议员们近十年才完成的一项重大工作成果。可惜的是，这部宪法虽说是十年磨一剑，但在贿选的恶名下，又有几人知，又起到了什么作用，这都是难以猜想的未知数。在民国的军阀年代，宪法形同空文。

倒是曹锟因此而青史留名，他花了大价钱去当这个贿选总统，想必也是性情中人，“图一乐耳”。十二年前，袁克文曾劝袁世凯“莫到琼楼最上层”，但对曹锟来说，民国大总统就是他的最高层，此生有幸到此一游，无怨无悔，夫庸何言？

四十五

直奉再战

说完了曹三爷的风光，再来说说关外的张大帅。

经历了第一次直奉战争的惨痛失败后，张作霖痛定思痛，他请书法家在自己的折扇上题了四个字："勿忘吴耻"，以示勾践之志。当时，张作霖也纳闷了：自己的队伍明明兵强马壮，怎么数天内就让这个"吴小鬼"给稀里哗啦收拾了呢？这到底怎么回事？

思来想去，张作霖认为，这次失败的主要原因在于军队人员过于老化，特别是一些高级将领如张景惠、吴俊升等人，他们虽然跟随多年，忠心耿耿，但战场无情，讲究的是灵活多变、生龙活虎，这些老兄弟年轻时并未受过正规的军事教育，他们打打小规模战争还行，但规模一大，见识和能力就有点跟不上形势了。

相比之下，倒是那些军校毕业的中青年将领表现突出，虽败犹荣。如杨宇霆、姜登选、郭松龄，还有自己的儿子张学良，要不是这些人力挽颓势，奉系这次指不定要吃更大的亏。看来，长江后浪推前浪，后浪死在沙滩上，不服老不行啊！

由此，张作霖决定对新老将领进行一次大换血，他把冯德麟、张景惠等一干重量级的旧派军官调到保安司令部充当高级顾问，让他们空出位置，有职无权，而给予优厚的待遇。随后，张作霖本着“在精不在多”的原则对部队士兵进行裁汰，之后又招收了一批新兵加以训练，总的兵员数量减少了，战斗力却有所提高。

另外，纪律整顿也非常重要。那些战场上临阵退缩、贻误战机、掳掠害民的，被查明后一律枪毙，如第六混成旅旅长鲍德山和两个团长，都被当靶子给打了。那些表现不力、能力不足的将领，张作霖也将他们全部撤职，如第二十八师师长汲金纯、第二混成旅旅长郑殿升、第九混成旅旅长牛永福等人，计有1个师长、13个旅长、3个团长被撤职处分。

经整编后，奉军拥有了3个师、27个混成旅和5个骑兵旅，旅以下按三三制，即每旅三团、每团三营、每营三连，每连兵员150人，总兵力达到17万。为了提高奉军的立体作战能力，张作霖顺应时代潮流建立了空军，并委任张学良为东三省航空处总办。奉军的飞机主要从外国购买，飞行员也大都由外国航空学校毕业，这在当时军阀里远远走在了前头。奉军空军的全盛时期，飞机数量一度达到近300架。

作为重中之重，张作霖决定培养拳头力量，这就是重点扶持张学良和郭松龄的部队。由于这俩人的部队在第一次直奉战争中表现出色，张作霖对这两支生力军寄予了厚望，希望他们能够成为奉军中的典范。由此，张学良和郭松龄的部队在装备、待遇等方面都比兄弟部队强很多，完全是奉军中的王牌军。

张学良是张作霖的长子，他生于1901年，当时只有二十几岁。出于“老子英雄儿好汉”的传统，张学良耳濡目染，很早就投身军队。在东北讲武堂学习期间，张学良遇到了时任教官的郭松龄，两人一见如故，并私下结拜为异姓兄弟。

1920年，张学良从东北讲武堂毕业后出任卫队旅旅长，他随即将郭松龄调为参谋长兼团长。次年奉军扩编，张学良出任第三旅旅长，郭松龄出任奉军第八旅旅长。由于张学良当时忙于其他事务，第三旅的日常训练等工作也由郭松龄负责。换言之，郭松龄实际指挥了两个旅。后来的事实证明，这两个旅在战争中发挥了重要作用。

第一次直奉战争中，第三旅和第八旅损失较大，张作霖随后将之整编为第二旅、第六旅，仍由张学良和郭松龄充当旅长，并挑选精兵强将补充到这两个旅。另外，新式枪械也都由这两个旅先挑。在张作霖的重点培植下，张学良和郭松龄在奉军中的地位迅速提升，所带部队也成为奉军中最基干的部队。

张作霖在东北厉兵秣马时，吴佩孚在中原也没闲着。在将部队拉到洛阳后，吴佩孚每天6点前起床，8点到操场阅操，向来风雨无阻。值得称道的是，吴佩孚不仅重视军事训练，也注重对士卒的精神教育。由于他本人是秀才，又喜好夸夸其谈，因而经常召集士兵们讲话，什么“忠孝节义”，什么“见利思义，见危授命”等等，往往是出口成章，随口就来。

吴佩孚不仅喜欢训话，而且还自己创作军歌，比如最著名的《北望满洲》（《满江红》曲调），便是他在日俄战争时期到东北执行任务时的感想，其歌词雄浑有力，感情丰富，为士兵们喜爱：

> 北望满洲，渤海中风浪大作。想当年，吉江辽沈，人民安乐。长白山前设藩篱，黑龙江畔列城郭，到而今倭寇任纵横。
>
> 风云恶，甲午役，土地削。甲辰役，主权堕，江山如故，夷族错落。何日奉命提锐旅，“一战”恢复旧山

河。却归来永作蓬山游，念弥陀。

歌词骂的虽是倭寇，但实际也指向与日本相勾结的张作霖奉系势力。通过这首军歌，吴佩孚就是要让士兵们时刻牢记“一战恢复旧山河”的勇气和使命所在。

吴佩孚此人，在军阀中确实独树一帜，非同凡响。一般军阀的毛病，如拥兵害民、贪婪无度、吸大烟、好女色、赌博纵饮、荒淫无耻等等，吴佩孚从来不沾染，可见他人品道德之高。治军方面，吴佩孚纪律严明，疾恶如仇，也是近代军人之罕见。

公务之余，吴佩孚最喜欢与幕府谋士们饮酒赋诗，或者驰马试剑，颇有古代儒将的风范。就行为方式而言，他和段祺瑞颇有几分相似，又有当年湘军大帅曾国藩的遗风。可惜的是，吴佩孚因为屡战屡胜，便自以为用兵如神，难免生出一丝傲气，并把武力看得太重。

太史公司马迁曾说：想要以武力经营天下，最终都会一败涂地而不可收拾。事实上，吴佩孚虽然反对段祺瑞，但他继承的仍是老段“武力统一”的衣钵。过于崇尚武力，确实是吴佩孚的重大缺陷。

曹锟做上总统后，吴佩孚接任了直鲁豫巡阅使兼两湖巡阅使，陕西、两湖、长江中下游均划入直系势力范围。光阴似箭，岁月如梭，转眼便到了1924年阴历三月初七，这一天是吴佩孚的五十大寿，部下、亲信们要给吴大帅好好闹一闹了。

寿诞当天，前来洛阳祝寿的宾客如云、高朋满座，各界名流足有上千人，其中有各省军政长官、驻军将领或其代表，还有康有为、徐谦等社会名流。甚至连前清摄政王载沣，也派了人来。为了招待这些客人和随从，之前准备的招待所已经住不下，接待处只好将部队的团部、营部腾出来安置。当天，全体士兵每人发一斤猪肉并另有赏钱，放假休息。

在继光大楼[①]的寿堂，各地送来的礼物堆积如山，如载沣送的“白玉如意”，其成色极佳，洁白得如羊脂一般；还有不知是谁送来的仇十洲名画《汴洛图》，不仅是稀世珍宝，而且画的又是本地风光，也是动了一番脑筋；再如赵恒惕送来的湘绣八扇屏、马富祥送来的两匹伊犁名马等等，不胜枚举。

最奇特的一套礼物，是冯玉祥送来的一坛玉泉山的清水。众人见后十分诧异，觉得冯玉祥未免太不近人情，而且近乎无礼了。吴佩孚见后，却打着哈哈说：“究竟焕章（冯玉祥的字）是个有心人，他这是表示我们两人是君子之交淡如水呀！”

在所有礼物中，康有为亲笔书写的一副寿联是吴佩孚最喜欢的：

“牧野鹰扬，百岁功名才及半；洛阳虎视，八方风雨会中州。”

康有为是戊戌变法的大名士，他写的这对寿联对当时呼风唤雨的吴佩孚可谓锦上添花。据说，吴佩孚见到这副寿联后，对康有为连连鞠躬三次，并高兴地说：“皇帝天子的赏赐我都不稀罕，唯独康先生赠我的这两句名言，将是无价之宝，伴我永年！”[②]

---

① 明朝抗倭名将戚继光是吴佩孚的同乡，因而吴佩孚将自己的办公大楼以此命名。

② 以上参见文斐编：《我所知道的吴佩孚》，第45—46页。

“百岁功名才及半，八方风雨会中州”，这两句恐怕不仅仅是康有为对吴佩孚的恭维，而确确实实是吴佩孚当年全盛时期的写照。

吴佩孚的声名如日中天之时，就连欧美人士也对他极其看好，并认为他将带领中国走出混战，最终走向统一。1924年9月8日，吴佩孚登上了美国《时代周刊》的封面，封面下的注释很简单：General Wu。

一周后，也就是9月15日，张作霖自称镇威军，派遣六路大军近15万兵力向关内进发，其部署如下：第一军司令姜登选，副司令韩麟春，率第二师、第五师攻击山海关、九门口一线；第二军司令李景林、副司令张宗昌，率第一师，第二十三、二十四、二十六旅向热河北路的朝阳、凌源、冷口一线进军；第三军司令张学良，副司令郭松龄，率第四师，第五、第十九旅攻击山海关、九门口一线；第四军司令张作相，副司令丁超，辖5个旅在锦州做总预备队；第五军司令吴俊升，第六军司令许兰洲、副司令吴光新，这两军主要以骑兵为主，负责热河北路。[①]

得知奉军大举出动后，曹锟急电吴佩孚入京商议对策。吴佩孚也早料到要和张作霖决一死战，不过他没想到这关外的老胡子来得如此之快。按他的估计，奉军怎么说也要个两三年才可以恢复，届时他的部队练得差不多了，就算老胡子不来，他也要去平定东北的。

奉军出动当天，曹锟发出讨伐令，吴佩孚则在中南海四照堂点兵，吴自命为讨逆军总司令，共分前线三军，后援十路，共计20万大军，其中：第一军分三路，一路司令彭寿莘，副司令冯

① 直皖战争后，皖系的张宗昌、吴光新都投入了奉军门下。

玉荣，二路司令王维城，副司令葛树屏，三路司令董振国，副司令时全胜，分率第十五师、第十三混成旅、第二十三师、第十二混成旅、第九师、第十四混成旅在山海关一带与奉军张学良部对抗；第二军司令王怀庆，副司令米振标，前敌总指挥刘富有，率所部在朝阳与奉军李景林部对抗；第三军司令冯玉祥，率所部与张之江、李鸣钟部在赤峰一带与吴俊升、许兰洲部对抗。另外，援军总司令为张福来，后路的援军包括胡景翼、靳云鹗等十几路军队，分别北上支援战事。这军阀的混战，规模是越来越大了。

后来，冯玉祥在回忆录中提起这次著名的"四照堂点兵"，他以十分轻蔑的态度描写道："四照堂四面都是玻璃窗，电灯明如白昼，厅中置一长桌，挨挨挤挤，坐满了六十多人，大家坐了许久，才听到有人大声报告说：'总司令出来啦！'接着，吴佩孚摇摇摆摆走到堂中，且看他那副打扮：下面穿着一条白色裤子，身上穿的是紫色绸子的夹袄，外面一件黑色坎肩，胸口敞着，纽子也不扣，嘴里吸着一根纸烟。他走到座上，即盘腿在椅子上坐下，斜身靠着条桌，那种坐法，宛似一位懒散的乡下大姑娘！"

"接着，吴佩孚又念各路任务。命令下完，吴即站起来说：'没有了吧？我们就这么办吧！'此时海军总长连忙站起来说：'报告总司令，命令上没有提到海军，我们的舰队怎么办？'吴答道：'哦哦，海军没有提。在命令上添一条吧，你们自由巡弋，以防意外。'航空署长也站起来说：'还有我们空军呢，怎么办？'吴又哦哦连声，说：'也添上一条，你们随时准备，相机出击。'接着，其他没有分派任务的将领也相继请示，吴佩孚搔了搔头，不耐烦地说：'这样尽着往下添，还成命令吗？今天就这样了，散了吧，散了吧！'大家才一哄而散了。"

事后，冯玉祥极其不屑地评价道：“这样重大的事，办得如此轻率儿戏，吴之鲁莽灭裂，往往似此！”[①]

当然，冯玉祥与吴佩孚矛盾很大是众所周知的事实，他的描写也有故意丑化吴佩孚的嫌疑。但有一点，当时直军的计划安排过于匆忙和考虑欠妥是客观存在的，这对后面战事的成败也起到了至关重要的作用。

早在9月15日，奉军李景林部便与直军米振标部交火。奉军势如破竹，很快便攻占朝阳，逼近冷口一带。当时主战场在山海关一带，双方都集中了最精锐的部队在此决战。

山海关北依燕山，南临渤海，山海之间仅15里，既是关东通往中原的必经之路，也是历来兵家必争之地。直军在山海关一带早有准备并占据了有利地形，当奉军第一军姜登选部与第三军张学良部来攻时，双方势均力敌，互有胜负。值得一提的是，这次的山海关大战是近代史上第一次多兵种立体作战，陆军、空军、海军三军协同，相互攻伐。

空军方面，奉军占据了绝对优势，他们不断派飞机到直军阵地上轰炸，而直军也调来意大利进口的高射炮还击；海军方面，直军占据优势，他们组建的渤海舰队拟攻击葫芦岛，并打算直接运送陆军前往营口登陆，抄袭奉军后路。但是，奉军飞机不断前来轰炸，使得海军两次起锚都无功而返。山海关陆路战场上，奉军的重炮团和骑兵队发挥了重要作用，而直系士兵久经战阵，他们依托有利地形，并不处于下风。

在山海关这不足15里的战线上，奉军与直军反复冲杀，展开了极为残酷的拉锯战，其战事之惨烈，为此前的军阀战争所罕

① 冯玉祥：《我的生活》，325页。

见。特别是重炮、重机枪、地雷、飞机轰炸的使用，更是大大增加了伤亡率。最激烈时，双方在前沿阵地争夺中甚至展开了大规模的白刃战，死于刺刀之下的竟有两千余人，这也是近代战争史上极为罕见的。[①]

奉军在山海关正面无法取得突破后，便转到侧面要地九门口进行攻击。九门口距山海关西北十公里，是山海关外又一条通向关内的要道，当时由直军冯玉荣所部驻守。10月8日，姜登选派一个旅突袭九门口，由于冯玉荣手下的两个团长不服指挥，临阵脱逃，直军大败。九门口失守后，冯玉荣服毒自杀身亡。[②]

消息传到北京后，吴佩孚大为吃惊，他随即亲赴山海关督战，并将保留为预备队的第三师第十团、第六旅调往前线增援，这才使战线暂时稳定下来。这时，奉军第三军在胜利鼓舞下，再次在山海关正面发动了猛烈攻击，企图一举攻克直军彭寿莘的防线。

彭寿莘是吴佩孚手下的一员猛将，他所率第十五师也是仅次于第三师的主力部队。对于奉军不要命的敢死队冲击法，他命部下架起几十挺马克沁重机枪进行扫射，使得奉军敢死队非但无功而返，反而伤亡殆尽。由此也可知，吴佩孚的部队一向胆大，而且善于近战，用敢死队的冲击战法往往并不奏效。

中路连战连败后，奉军决定放弃这个硬骨头而改向两翼进军，这就是南面沿海一带和北面三道关一带。沿海一带，姜登选所部经三天三夜的激战后，阵地上尸体堆积如山，七千奉军已经只剩下三千人，无力再战，而直系军队虽然也伤亡惨重，但仍坚守阵地。

三道关是通往二郎庙并包抄山海关最近的通道，奉军郭松

---

① 参见李藻麟：《我的北洋军旅生涯》，第50页。

② 据张学良所说，吴佩孚将其遗尸枭首，不知真假。张学良口述、唐德刚撰写：《张学良口述历史》，山西人民出版社，2013年，第66页。

龄派了三个旅的兵力前去进攻，并相继拿下第一、第二道关。这时，吴佩孚也亲临二郎庙就近指挥，并调来第三师第十团、第二十四师、第二十六师和第二十六混成旅进行反攻。

这时，作为奉军总预备队的张作相部也赶往三道关支援郭松龄部，并一度攻占了二郎庙。但是，二郎庙失陷只是吴佩孚的诱敌之技，张作相的告捷电报刚发出，直军已重新占领了二郎庙，奉军反在直军的追击下全面溃败，双方又回到了之前的对峙。

至此，第二次直奉大战已经打了一个多月，双方在山海关主战场拼尽全力，但仍是势均力敌，形成对峙局面；在热河战场，直军战败，步步后撤；而古北口的北路战场却一直风平浪静，这又是为何呢？

原来，负责这里的冯玉祥、胡景翼、岳维峻、孙岳等部队并非曹、吴的嫡系部队，他们对长期的不公正待遇而感到十分不满，并不愿意为吴佩孚卖命。而曹锟的手下大将王承斌也因为兵权被削夺而心怀不满，加上他与孙岳同为保定军校的第二期同学，因而也在关键时候同冯玉祥等人联合起来反对吴佩孚。

早在直奉大战前，冯玉祥已和奉军接洽，据称张作霖给了冯玉祥“奉天官银号一百多万小洋”，双方达成协议，互不进攻，共同倒吴。[①]由此，冯玉祥的部队虽然开出北京，但屡以粮饷准备不足、前方需要修路等借口迟迟不肯进军，到达战场也不同奉军交战。这使得奉军解除了后顾之忧，而吴佩孚打算用冯玉祥所部侧击奉军的计划完全落空。

最开始时，冯玉祥还只是静观直奉大战，看谁能取得决定性优势。他的计划是：假如吴佩孚在山海关取得胜利并进军关东的

① 参见文斐编：《我所知道的北洋三雄》，第123页。

话，他将按之前计划出击热河北部，与吴军夹击奉军；如果奉军攻破山海关挺进关内的话，他将回师北京，给吴佩孚来个釜底抽薪，与奉军一起夹击吴军。

这时，一个电报要了吴佩孚的命。据说，这事还得从吴佩孚的参谋长说起。1923年时，吴佩孚的参谋长李倬章调任河南省省长，遗缺由参谋处长张方严接任。张方严自知能力不行，便向吴佩孚请辞，说："我的军事学不行，政治、经济、外交都很幼稚，恐怕不能胜任，还是请大帅另委贤能吧！"

吴佩孚听后哈哈一笑，说："张良、韩信，我自任之。一不用你替我拟军事计划，二不用你到前线指挥军队，更不用你带兵去冲锋陷阵。你只要老老实实跟着我，听我的话就可以了。"既然如此，张方严还有什么话可说，只能感谢"大帅栽培"了。

此后，张方严便像影子一样跟在吴佩孚的后面，从来没有做过参谋长该做的事。因此，也有人在背后嘲笑他："这哪里是参谋长？分明就是个高级副官嘛！"

然而，恰恰是这位从不出谋划策的参谋长，偏偏在直奉大战最激烈时自作主张了一次，结果用他自己的话来说就是——"给直军开了一张送死的药方！"

这是怎么回事呢？原来，当时吴佩孚亲临前线指挥作战去了，而张方严在总司令部给吴佩孚看摊。这时，前线来电告急，要求速调援军，而正好靳云鹗部有两个旅开到，并准备到营口登陆。张方严觉得作为预备队的陕军张治公部战斗力不强，于是想让这两个旅前去支援。靳云鹗部旅长看不起张参谋长，便推脱说："我们另有任务，你直接跟我们头儿说吧！"

军情急如星火，张方严一时间又找不到靳云鹗，于是只能发电报让援军总司令张福来速调军队前来支援。电报发出后，张方严觉得远水解不了近渴，他突然想起第三军冯玉祥部尚未发起进攻，于是又给冯玉祥发去一个电报，说："此间形势危急，不有意外胜利，恐难挽回颓势。"并希望冯玉祥赶紧出兵夹击奉军，以奏大功。

冯玉祥一直在关注山海关大战的局势发展，正当他举棋不定时，张方严的电报来了。接电后，冯玉祥判定吴军一定不行了，于是断然决定班师回京发动政变并囚禁了大总统曹锟，这下给吴佩孚来个釜底抽薪。

北京政变的消息传到山海关后，吴佩孚的部队军心动摇，张学良趁机指挥奉军精锐突破直军防线，一举击溃吴佩孚的主力，缴械纳降达三万余人。经此大败后，吴佩孚率数万残兵败将连战连退，而冯玉祥等部又向东进军包抄，吴佩孚剩下数千兵卒退守天津，最终浮海逃遁。如此一来，第二次直奉战争以奉军大胜而告终，张作霖总算报了一箭之仇。

张参谋长的故事，可别以为是野狐禅。要说起来，这封电报还真是有据可查，并无半点捏造和夸大。历史上很多时候，往往就是由细节决定，而细节的偶然性和非理性恰好在关键时候决定了历史的走向和发展——当人们在苦苦追寻历史的真相时，其实只是因为北美洲的一只蝴蝶扇动了一下翅膀而已！

战败后，吴佩孚乘坐军舰离开天津，那些残兵败将愤恨张方严擅发电报导致功败垂成，一个个都要求将张方严扔到海里去喂王八。吴佩孚摆摆手，苦笑着说："这也不能怪他，全怪我运气不好，还是算了吧！"①

张参谋长的性命可以算了，但吴佩孚的雄心呢？

故事还远未结束，且看下文吧！

① 以上参见文斐编：《我所知道的吴佩孚》，第49—50页。

四十六

风云突变

话说冯玉祥接到那封求援电报后，随后便迅速班师回京。1924年10月22日晚，冯玉祥部神不知鬼不觉地摸到了北京城下，而守卫北京的正是冯玉祥之前设下的内应——孙岳的第十五混成旅。

孙岳是直隶高阳人，据说是明末名将孙承宗之后。他早年行侠仗义，曾因打死了一个当地恶霸而隐姓埋名，削发为僧，后来又不甘寂寞而考入了保定武备学堂炮兵科，毕业后被分派到北洋军第三镇。清末时期，孙岳就加入了同盟会，并且是北方重要负责人之一，可以说是个老革命党了。

武昌起义后，时任第三镇参谋官的孙岳因为卷入“滦州兵谏”，后来便南下投了革命政府。但孙岳到了南京后，革命同志误以为他是袁世凯派来的探子，差点将他干掉。受此打击，孙岳由一个积极的革命志士变成了一个颓废主义者，最后还是找到自己的老领导曹锟谋得军官教导团团长一职，后来又升任了大名镇守使兼第十五混成旅旅长。

在清末时，冯玉祥和孙岳就是熟人。发动北京政变前，冯玉祥和孙岳交了底，后者听后表示赞同，并主动与陕军胡景翼、岳维峻部联络。直奉大战前，因为原负责北京治安的王怀庆被调往前线，冯玉祥便把孙岳推荐给曹锟，让他做北京警备副司令。曹锟不知是计，随后将孙岳部由保定调入北京。事后，孙岳笑着对冯玉祥说："弄了半天，原来你是特意把我弄来给你们开城门的啊！"①

说完了孙岳，再细细说说这次政变的主角冯玉祥。冯玉祥，字焕章，祖籍安徽巢县，1882年生于直隶青县，童年在保定长大。冯玉祥的父亲早年投入刘铭传的铭军，曾参加过镇压太平军、捻军等战事。同光年后，天下太平，冯父解甲归田，但多年的军旅生涯让他无心从事其他行业，最后还是投入淮军并随军分驻直隶等地。

冯玉祥的父亲是个低级军官，加上家里孩子多，因而冯玉祥小时候生活非常艰苦。他曾在回忆录中说，自己常跟着哥哥去拔草拾柴，帮衬家计；家中房子太小，有时客人来了连坐的地方都没有。由于生活艰辛，冯玉祥经常要去当铺典当家中物品（因为大人不好意思去），以勉强维持家中生计。正因为这样的生活经历，冯玉祥对清廷没有好感，对旧社会极为痛恨。

冯玉祥原本不叫冯玉祥，而叫冯基善。当时保定练军大都是父子兵，也就是父亲退役、儿子递补进营，外面不相干的人很难补进去。因此，一年半载出个缺，争的人很多。冯玉祥家生活困难，这是其他同袍都深知的。有一次营中正好出了个缺，当时一个姓苗的管带便说："这回补冯大老爷的儿子。"旁边的人问："那他叫什么名字？"苗管带一下想不起来，那人便说："让我问问去。"苗管带怕耽误了时间被人抢去，于是忙摆手道："我

① 冯玉祥：《我的生活》，第325页。

知道，用不着问。”随后便在纸上写了“冯玉祥”三字。[①]

于是，冯基善便成了“冯玉祥”。

冯玉祥补上学兵时不过11岁，但他从小便高大魁梧，天生就是军人的料。成年后，冯玉祥身高超过一米九，膀大腰圆，人称“冯大个儿”。由于冯家没有什么显赫的背景，冯玉祥接受的教育也比较有限。他不像其他军官一样读过武备学堂之类军校，而完全是靠着自己的努力，在军队里摸爬滚打了多年才逐步升迁的。正因为如此，冯玉祥的日常作风非常简朴，也从不沾染当时的恶习如吸鸦片、赌博、狎妓之类，这和其他的高级将领完全不同。

淮军当时已经疲弱不堪，冯玉祥后来便改投了袁世凯的武卫右军，因为后者在训练及待遇等方面都是当时最好的。由于冯玉祥身材高大，慈禧太后从西安回銮时，他还作为护卫兵在保定亲眼见过慈禧太后（当时很不爽）。在袁世凯的军队中，冯玉祥逐渐由副目、正目、哨长、队官等一路升迁上去，并在清末时做上第二十镇的营管带。

武昌起事后，潜伏在第二十镇（驻扎滦州）的革命党也蠢蠢欲动，当时的骨干便有营管带王金铭、施从云、冯玉祥及张树声、张之江、鹿钟麟、李鸣钟、龚柏龄、商震、刘骥等同袍或部属，就连镇统制张绍曾也倾向革命，由此引发了后来的“滦州兵谏”。

可惜的是，由于张绍曾举棋不定、自请辞职，“滦州兵谏”变成了滦州起义，并以王金铭、施从云等14名革命党被杀而告终。冯玉祥还算幸运，他只是被解除军职并押送回籍了事。无巧

① 冯玉祥：《我的生活》，第19页。

不成书的是，军法处押送冯玉祥路过北京时，正好遇上了昔日的老上级陆建章。

原来，袁世凯复出后，他对之前编练的北洋军已无绝对掌控能力，所以要组建一支忠于自己的嫡系军，这就是之后的五路备补军。当时，陆建章被袁世凯从广东潮州镇守使调回来担任左路备补军统领，他对当年冯玉祥带兵的印象不错，而他这里又急缺优秀的中下级军官，于是当即将冯玉祥截留下来帮忙。

由此，冯玉祥便留在陆建章的左路备补军中担任营长，随后又升为团长。民国初年“剿白狼”中，冯玉祥被提为旅长，并随陆建章入陕。袁世凯称帝后，冯玉祥的第十六混成旅奉命开进四川与护国军作战，但未及半年，袁世凯便因病去世，护国战争不了了之。

而在这时，忠于袁世凯的陕西督军陆建章被地方军头陈树藩驱逐，冯玉祥失去了靠山，又无法回陕西，只好由陆军部指定回廊坊一带驻扎，第十六混成旅也险些被解散。所幸的是，后来张勋闹复辟，段祺瑞组织讨逆军，第十六混成旅正好派上用场。

但是，冯玉祥终究不是段祺瑞的嫡系，后来广东护法军攻入福建时，第十六混成旅奉命前去支援。但部队到了南京后，江苏督军李纯奉总统冯国璋命令将之留下，直到段祺瑞一派在北京取得优势，冯玉祥才奉命离开南京，前往湖南参加湘鄂之战。

1918年2月，在陆建章的鼓动下，冯玉祥部开到皖鄂赣交界的武穴时突然宣布主和，并指斥段祺瑞“对外宣而不战、对内战而不宣”。此举不但对皖系军阀震动很大，而且很大程度上也导致了陆建章后来的被杀。尽管冯玉祥迫于皖系军阀的压力而率部驻扎湖南常德，但在吴佩孚率军北撤后，第十六混成旅也跟随北上并投入了曹锟、吴佩孚的门下。

冯玉祥本人贫困出身，一向艰苦朴素，与士卒共甘苦，因此他带的部队很团结，凝聚力很强。尽管屡遭排挤，但这反过来磨炼了部队的顽强作风，第十六混成旅的战斗力不容小视。1921年，冯玉祥作为先锋部队进入陕西驱逐皖系督军陈树藩，随即因新任督军阎相文自杀而接任了陕督的职位。第一次直奉战争中，冯玉祥击败河南督军赵倜有功而做上了河南督军的位置。但是，由于吴佩孚的军队驻扎在洛阳，一山不容二虎，因而冯玉祥很快便被排挤到有职无权的陆军巡阅使一职，这也是冯、吴产生矛盾的主要原因。

早在第二次直奉大战前，冯玉祥便通过部下与奉系接洽，密谋共同反吴。一番接触后，张作霖决定联合冯玉祥并接济了冯部一些军械和钱饷。随后，冯玉祥又和同为非嫡系且有同盟会、革命党背景的孙岳、胡景翼、岳维峻等人联系，共组冯、孙、胡同盟，这也是后来国民军系列的雏形。

这时，曹锟的手下大将、直隶军务督理王承斌，也因为被吴佩孚削去第二十三师的军权而心怀异志，并暗中与冯玉祥合作，这也是后来吴佩孚派王承斌去古北口监视冯玉祥，但反被冯玉祥利用的原因。

冯玉祥看似军界老粗，实际上胆大心细。他在军事上做好准备后，政治上也有意识地寻找替代曹锟政府的人选，这就是前内阁总理张绍曾和做过外交总长及教育总长的黄郛。张绍曾在清末时倾向革命，而黄郛更是个头颅有价的革命党，他是陈其美的盟弟，也是后来发家的蒋介石的盟兄。辛亥年后，一部分革命党改变信仰而重新进入了北洋政府，张绍曾和黄郛就是其中的杰出代表。冯玉祥的这些联络工作，都为后来政变埋下了伏笔。

第二次直奉大战打响后，冯玉祥以训练新兵为借口，在城中留下一营兵力作为内应，其他部队则陆续开出城外，但每日行程不过二三十里，行动十分缓慢。冯玉祥的司令部到达古北口后，随即借口筹措给养，并令鹿钟麟部每日练习行军，让沿途居民见怪不怪，免得到时班师回京引起外间的注意。

鹿钟麟学兵出身，在四川时投入第十六混成旅担任营长，很受冯玉祥的器重。他在进入北京前，每次都派两连人装着拿东西的样子，但进的多、出的少，这样就在城内陆续聚集了近一个团的兵力，而孙岳的守城部队对此也是睁一眼闭一眼。

1924年10月23日政变当晚，孙岳下令打开城门，鹿钟麟部大举进城。由于前面内应的士兵已在各街道做指引，因而政变做得神不知鬼不觉，竟然未放一枪一弹。等到第二天早上，城里人起来一看，到处都是冯玉祥国民军的安民布告，街上交通要道也站满了缠着“誓死救国，不扰民，真爱民”白色臂章的国民军士兵。而此时，北京与外界的电报、电话早已被操练了多次的内应部队给切断，总统府卫队被缴械，曹锟也被软禁在中南海延庆楼内。

第二天，冯玉祥赶回北京，会同胡景翼、孙岳成立了国民军，冯为第一军总司令，胡、孙为第二、三军总司令。随后，冯玉祥又派人前去逼迫曹锟下停战令并将吴佩孚本兼各职免去；另外，请曹锟自动退位。

话说曹三爷这大总统当得好好的，一夜之间遭此变故，也是惊诧莫名。特别他听说孙岳、王承斌都反了，更是气得半天都说不出话来。当冯玉祥的代表薛笃弼与内阁总理颜惠庆去见曹锟时，曹锟的口气仍旧非常强硬，他连声问：“现在子玉在哪儿？”接着，他又说：“此次对奉作战，虽是子玉主张，但也是我同意的。要办子玉，就先办我曹某。”

后来，孙岳等人赶来劝说曹锟："大总统的人身安全，我等可以保证。停战为和平而发，不妨早下。至于吴佩孚，可以给予名义让他下台。"曹锟见大势已去，再争无益，只得对颜惠庆说："责任内阁，一切可以负责办理。你们自己看着办吧。"①

停战令和解职令发布后，前线的吴佩孚还不敢相信，他一再通电这是"伪诏"，企图负隅顽抗。但由于此时军心大乱，吴军大败，只得退守天津。就在这时，国民军又相继在杨村、廊坊一带将吴佩孚的原驻军击溃，而那些北上的直系援军也被山东督军郑士琦、山西督军阎锡山所阻。至此，吴佩孚的失败已经无可逆转。

11月2日，在王承斌的劝说下，曹锟宣布辞职。老曹怎么也没想到，之前夺了黎元洪的印并扶他上台的王承斌，今日竟然也要他下台，这真是翻手为云、覆手为雨，世事难料啊！而吴佩孚得知曹锟下台消息后，也知道自己困守天津毫无用处，好在曹锟的人身安全已有保证，随后便于次日率残卒两千余人浮海南遁。

由于孙中山北上遥遥无期，冯玉祥和张作霖协商后决定推举段祺瑞出山收拾残局。段祺瑞赴京之前，冯玉祥把黄郛推出来组织临时内阁作为过渡。说起黄郛的这个临时内阁，它的寿命很短，不过倒是抓紧时间干了一件大事，那就是下令将前清逊帝溥仪驱逐出宫。

1924年11月5日，鹿钟麟和临时内阁代表李石曾带着手枪队，拿着临时内阁签署的《修正清室优待条件》，杀气腾腾地来到紫禁城。他们要求溥仪立即在修正书上签字，并限令两小时内

① 北京政变一事，可参见颜惠庆：《颜惠庆自传》，商务印书馆，2003年，第186页。

搬出宫禁。

内务府大臣绍英见天降横祸，一时也是急得要命。他先是颤颤巍巍地走到李石曾跟前说："你不是大学士李鸿藻的公子吗，如何也帮着当局欺压清室呢？"见李石曾不理他，绍英又哆哆嗦嗦走到鹿钟麟面前哀求道："你不是太傅鹿传麟的嗣子吗，为何对清室如此苦苦相逼？"鹿钟麟听得不耐烦了，他从怀里掏出一个炸弹，往桌上重重一放，喝道："要是再不搬出，我就要令景山上开炮了！"

就历史经验看，武力威逼一般都能达到既定效果，同时也可以免去很多口舌之争。于是，被吓得魂不附体的溥仪等人慌忙从紫禁城中搬出。当时国民军给溥仪等人预备了五辆汽车，由鹿钟麟亲自将他们送到溥仪的父亲、前清摄政王载沣居住的醇王府（北府）。

溥仪下车后，鹿钟麟笑嘻嘻地上前跟逊帝握手，并问："溥仪先生，你今后是打算做皇帝，还是要当个平民？"溥仪说："我愿意从今天起就当个平民。"鹿钟麟听后松开溥仪的手，笑道："好！那么我就保护你！"听到这里，周围的国民军士兵也都一齐鼓起掌来。①

至此，中国终于没有合法的皇帝了——逊帝也不行。

在回忆录中，冯玉祥曾多次提及对清室的厌恶，将溥仪驱逐出宫也是他多年的夙愿。1917年反对张勋复辟时，如果不是段祺瑞阻拦，他是要一直打进紫禁城的。这本也不奇怪，革命党和皇帝一向势不两立，岂容你一个莫名其妙的人住在紫禁城享受假皇帝的特权？

① 溥仪：《我的前半生》，第143页。

话又说回来，冯玉祥将溥仪驱逐出宫的举动固然大快人心，但当时的国际舆论却非法干涉我国内政；加上国内民众的觉悟太低，冯玉祥此举在当时竟也受到了很多批评。除南方革命党对此大表赞赏外，其他如各国驻华公使均对此表示抗议，认为冯玉祥违背了民国之前所做的承诺，无视国际规则；而段祺瑞、张作霖等军阀名流也认为如此逼迫清室实属毫无必要，且有自毁诺言、毫无诚信、践踏法律的嫌疑。

溥仪被驱逐出宫后，段祺瑞在天津致电冯玉祥，其中称："顷闻皇宫封闭，迫移万寿山等语。要知清室逊政，非征服比。优待条件，全球共闻。虽有移往万寿山之条，缓商未为不可。迫之，于优待不无刺谬，何以昭大信于天下乎？望即从长计议。"对老段的电文，冯玉祥很是生气，说："我真不明白段先生是什么居心？我想，莫不是曾经做过军谘府大臣，磕头磕上了瘾，定要留着溥仪给他过磕头瘾吗？"①

不管这么说，此时的北京完全在冯玉祥的控制之下，即使有人想帮溥仪，那也是无能为力。溥仪被赶走后，冯玉祥将紫禁城清点封存，并预备作为博物馆进行开放。但是，紫禁城面积之大、藏物之多，并非一年半载所能完成，之间的种种变故甚至文物流失，难免瓜田李下，揪扯不清，冯玉祥也因此受到了当时舆论的误解和批评。②

---

① 转引自阎稚新：《李大钊与冯玉祥》，解放军出版社，1987年，第39页。

② 参见曹汝霖：《一生之回忆》，第258页；李宗仁：《李宗仁回忆录》，第581-582页；蒋梦麟：《西潮与新潮》，人民出版社，2012年，第203页。李景林也曾在讨伐冯玉祥时称其"阳假驱逐帝制之名，阴行剽掠资财之实"，见文斐编：《我所知道的吴佩孚》，第118页。

不可否认，将溥仪驱逐出宫还有另外一个隐患，那就是给日本分裂中国提供了一个有用的工具。驱逐事件发生后，日本人对溥仪的遭遇给予了高度的同情和异乎寻常的关注。后来，在日本军部的密谋下，溥仪逃到了日本使馆，随后又逃到天津日租界。1931年“九一八事变”后，溥仪在日本人的卵翼下在“伪满洲国”再次称帝，这是后话了。

北京政变后，冯玉祥虽然暂时控制了局势，但随着吴佩孚势力的崩溃和奉军的不断入关，如何收拾残局却非冯玉祥一人之力可以主导。1924年11月10日，张作霖来到天津后，随即电邀冯玉祥来津商谈善后事宜。在蔡家花园举行的会议上，张作霖、冯玉祥等人对拥戴段祺瑞出任临时执政的问题达成一致。由此，潜伏了近4年的北洋大佬段祺瑞再次被推了出来。

段祺瑞在直皖战争失败后，全家便搬到天津过上了隐居的生活。蹊跷的是，老段突然开始吃斋念佛，每天早上起来，他第一件便是在自家佛堂焚香念经，从未间断。而且，老段在信佛后开始改吃素食，除了自己养几只母鸡下蛋供应外，荤食一概不碰。①

段祺瑞虽说已经吃斋念佛，但并没有看破红尘，做到四大皆空。每次有学生、旧部、朋友来拜见他，说起国内战火纷飞、人民流离失所时，老段总是板着脸，一言不发。唯独这些人说“要收拾局面，非老师东山再起”时，老段一贯冷若冰霜的脸上才会多少露出点欣慰的笑容。②瞧瞧，这老段！

第二次直奉战争后期，吴佩孚困守天津，据说段祺瑞给他

① 文斐编：《我所知道的北洋三杰》，第32页，第64页。

② 文斐编：《我所知道的北洋三杰》，第64页。

送了封信，劝他来日方长，另做打算，不要做鱼死网破的无谓之举。用段公馆里的话来说，就是“老头儿眼看吴小鬼掉在井里头了，小辫提一提，给他指条明路”。吴佩孚临行前，将遗弃的粮食、弹药等贴上封条，上面写着“移交段督办”。[①]

接到各方邀请后，老段倒也没有谦逊，他发表通电说：“我也是国民的一分子，如果各方舆论非要我出山不可，我也不会推辞奉公的机会。与南北各方共图时局的安定，这也是我作为国民的义务。”是啊，既然你冯玉祥、张作霖假意曲承，那我老段也不扭捏作态，姑且来个假戏真唱呗！

经过这四年的潜伏和思考，段祺瑞对时局有了新的看法。他说：“这次战争是第一次革命（即辛亥革命）的延长，自应打破一切现有制度，制定出一全新的政治新格局。现在总统、国务员、议员均四散，以前制度下的法律手续均已破坏，我们在收拾时局时，一切不必顾虑，唯以民意为基础，向重新建设共和国方向努力，舍此别无良策。”

老段的话，颇费思量。在他看来，自辛亥年后的民主共和尝试已经完全失败。一次又一次的内阁风波、国会风波、府院之争，这说明民国初年关于“总统、内阁、国会”的构架本身就存在极其严重的问题和缺陷。无论是护国还是护法，抑或是称帝或者复辟，其实都是对帝制崩溃后制度紊乱的种种挽救，但都无一例外地宣告失败。

帝制崩溃后再无帝制，但真正适合中国国情的新制度却迟迟

---

① 文斐编：《我所知道的北洋三杰》，第65页。据说，段祺瑞还给吴佩孚写了封信，大意是：胜败乃兵家常事，离津后转由海道南归，将来事尚有可为，子玉一时兵败，勿自馁也。见文斐编：《我所知道的吴佩孚》，第111页。

不能在实践中产生，辛亥革命党简单幼稚地移植西方制度，其最终的结果却是国家分裂、军阀混战、天下大乱。历史给中国人开了一个恶劣的玩笑，这其实也是年轻的革命党们对中国的传统制度、历史现状和具体国情缺乏最基本的了解所导致。

事实证明，在一个有着两千多年皇权专制传统的国度里，一个全新的制度构架并未经过严密的理论推导和反复的验证、未经对国民的充分教育普及并建立民众的基本共识便贸然出台实施，出现各种乱象不可避免，失败也是百分之九十九的。

由此，段祺瑞提出“打破一切现有制度，制定出一全新的政治新格局”，从思路上说是对的，但在局势一乱再乱的情况下，如何寻找出一条新的出路，这就是难上加难的大问题了。段祺瑞虽说“一切不必顾虑，唯以民意为基础，重新建设共和国”，但当时的民众依旧是懵懂无知，政客们一贯地争权夺利，军阀依然用枪杆子说话。请问，这出路在哪里？

旧者已破，新者未立；收拾旧河山，再建新中国，谈何容易？

在同张作霖、冯玉祥等人多次磋商后，各方决定成立中华民国临时政府，取消大总统和总理，改由临时执政充当国家元首和政府首脑。这种方案，其实是对过去13年中不成功的总统制与内阁制的一个总结。因为从名义上看，临时执政虽然挂着“临时”二字，却不动声色将之前的总统及总理职权合二为一，不会再有之前“府院之争”的烦恼了。

“执政制”说白了就是一种变相的总统制，只不过比内阁制更加适应中国的国情而已。这一次，段祺瑞也无意恢复之前的国会（因为不管是第一届国会还是安福国会，都已经堕落为“贿选、猪仔”等可耻的代名词），但这次却无人表示反对，这也说明国会这玩意在国人心中已毫无价值、毫无信任感可言了。

事实上，西方民主共和制度在民国初年的彻底失败，应引发国人更深层次的思考：任何制度构架，如果没有经过良好的理论设计和验证，没有取得国民的基本共识，没有建立在中国传统制度和具体国情细致分析之上的话，非但失败是必然的，弄得不好就是国家分裂、内战迭起，老百姓家破人亡。从后来的历史看，单纯善良的指望引进西方民主制度便可以使中国繁荣强盛，这不过是“一股就灵”“一民主就灵”的简单幼稚的机械思维罢了。

1924年11月24日，已是两鬓斑白的段祺瑞在铁狮子胡同（前清陆军部旧址）举行了就职仪式，正式就任为临时执政。上任后，老段接过了老对手黎元洪的“废督裁兵”政策。在经历了多年的风风雨雨、起起伏伏之后，两人终于在这个问题上达成了共识。但令人深思的是，为什么这些强人们总是自己强大时便要推行“武力统一”，非要等到自己处于弱势时，才会想起“废督裁兵”呢？这绝对不是偶然的。

不过这一次，实力最强大的张作霖却首先站出来表示支持，他自请撤销“镇威将军”的名号并解除东北巡阅使的名义，算是给了段祺瑞一个大大的面子。既然张作霖表态了，其他各省督军也就依葫芦画瓢，纷纷将自己的督军名义拿掉，而改称“军务善后督办”。但这个督办和督军到底有啥区别，或者“军务善后督办”本就可以简称“督军”或者“督办”，原本就是换汤不换药的旧物。

段祺瑞随后打出的另一张牌，则是邀请各界名流、军政要人来北京召开“善后会议”，规划未来中国的制度构架和发展走向。但很不巧的是，在这节骨眼上，应邀北上参会的南方革命领袖孙中山却于1925年3月12日去世了，这不免给善后会议蒙上一层阴影。

从民初的历史可以预测，段祺瑞的善后会议也很难取得效果。道理很简单，段搞这个会议并不是为了取得民众的共识，而是为了取得上层人物的共识而召开的。代表固然是少了许多，层次也上了好几个台阶，但矛盾呢？利益冲突呢？一样不少啊！

比如会议的重点议题“改革军制”，段执政想拿掉武夫们的军权，这怎么可能呢？再说“整理财政”这项，中央想收回财政权，那地方上如何会答应？所以善后会议也就是“雷声大、雨点小”，最后不了了之。

一句话，善后会议或者说国民大会的召开都需要枪杆子撑腰，但枪杆子撑腰下又如何会有真正的民意大会呢？这显然是个悖论。这个问题，以前的人解决不了，一个善后会议就可以解决了？不现实啊。

四十七

五省联军

第二次直奉战争中，最早进入关内的是进攻热河北路的奉系第二军张宗昌部。说到这个张宗昌，那可是民国史上著名的混世魔王。

张宗昌，字效坤，1882年生于山东掖县，他的父亲是个农民，同时兼职乡村吹鼓手（婚庆丧仪中不可缺少的气氛制造者）。因为家贫无计，张宗昌少年时便跟着别人闯了关东，曾在哈尔滨乃至远东一带淘过金、修过铁路，也做过镖局的镖手。后来，张宗昌来到海参崴，在当地华商总会中做了一名小协警。因为经常和俄国人打交道，张宗昌学了一点简单的俄语，但千万别小看了这个细节，这在后来可是帮了他的大忙。

由于张宗昌身材高大魁梧（可与冯玉祥相媲美），为人行侠仗义，加上工作性质的缘故，因而很快在海参崴的下层社会中崭露头角。巧的是，辛亥革命党也有不少是混帮会的，因而张宗昌多多少少交到一些这样的朋友。武昌起义后，上海革命党派人到海参崴招收革命义士，张宗昌也想投机一把，于是便代革命党招抚了一股土匪，随后坐俄国邮船到上海去闹革命。

按之前约定，这批人到上海后应由这股土匪的头子出任团长，但不知张宗昌弄了何等手段，最后自己当上了团长，而那个匪首刘弹子只混了个营长。这位营长兄弟，也不知道后来为革命献身了还是怎么样，总之默默无闻、未见记载，倒是张宗昌投机成功，由此顺风顺水，屡遇贵人，最终成就了民国的一段传奇。

“二次革命”时，张宗昌的骑兵团在徐州与冯国璋、张勋等部激战，但他们的队伍毕竟不是专业出身，结果“一战”即溃，张宗昌失败后便裹伤投了冯国璋。冯大帅见张宗昌相貌体格皆属不凡，因而将他纳入麾下，并让他回去收复旧部。由此，张宗昌便拜到了冯国璋的门下，后来还当上了江苏军官教导团的团长。袁世凯称帝末期，据说张宗昌收了有关方面（据说是受冯国璋之命）的20万大洋，派部下程国瑞数人到上海把曾经的老领导陈其美给干掉。令人无语的是，先不说革命友谊，就算是帮会派系，张宗昌和陈其美两人也属同门。①

冯国璋代理大总统后，张宗昌也跟着出任总统府的侍从武官。每次阅兵时，都是张宗昌骑着马在前面做引导。老张这等魁梧的身材，穿上笔挺的将校服后确实威风凛凛，当时也引起了总理段祺瑞的注意。湘鄂之战前，张宗昌奉命回江苏成立第六混成旅，后来也被派上了战场。②

1920年吴佩孚率军北撤后，张宗昌部退入江西时被江西督军陈光远缴械，张宗昌仅以身免。回京后，张宗昌结识了曹锟军官

① 据说，冯国璋死后，曾与之在前清军咨府共过事的陈其采还曾抚棺一哭，殊不知里头正是主使刺杀其兄的那位。参见文斐编：《我所知道的北洋三杰》，第238–239页。据张学良的说法，张宗昌曾当面承认是他刺杀了陈其美。见张学良口述、唐德刚撰写：《张学良口述历史》，山西人民出版社，2013年，第81页。

② 张宗昌的早年历史，参见文斐编：《我所知道的张宗昌》，第2–16页。

教导团的教官许琨，于是通过他的关系去走曹锟的门路（此时老领导冯国璋已死）。这时，他与陆军部结算的20万军饷拿到手，于是打了八个金寿星送给曹锟作寿礼。这在当时，可谓是惊人之举了。

曹锟性格随和，他收下金寿星后十分满意，加上又有许琨在旁边说好话，于是便答应将直皖战争中缴获的一批军械拨给张宗昌，让他组织一批人马。但是，张宗昌当时有枪无人，而后来吴佩孚得悉此事后又坚决反对，张宗昌借机复起的愿望由此落空。

许琨得知后，他愤而对张宗昌说："此处不留爷，自有留爷处——咱们走吧！"于是，张宗昌便和许琨出关投奔了张作霖。[①]

最开始时，张宗昌并未受到张作霖的重视，而他的旧部听说张大哥到了关外后，也都陆续到沈阳投奔他。因为聚集的人比较多，手里又没钱，张宗昌有段时间十分困窘。直到后来，张宗昌接了一项剿匪任务，当时张作霖只给了他一些简陋武器，意在考验。正所谓，事到万难须放胆，张宗昌随后就带着旧部一举端掉了近千人的土匪窝子。这下，张作霖才对张宗昌刮目相看，并有心要栽培他一下。

不久，张宗昌被任命为绥宁镇守使兼吉林防军第三混成旅旅长，而这时他的好运气又来了。由于俄国革命，中俄边境上涌来了很多俄国沙皇的溃兵，这些人在走投无路的情况下自愿把武器交给张宗昌，只需折算一点遣散费即可。由此，张宗昌获得了大批货真价实的俄国军械，并编成了一支500人的白俄军，也就是后来的铁甲兵团。

---

① 文斐编：《我所知道的张宗昌》，第37页。

由于在奉军的联合秋操中表现出色，张宗昌所部被改编为奉军第三混成旅，成为奉军的正规军，之后又作为主力军参加第二次直奉战争。出征前，张宗昌召集部下谈话：“这回咱们要是战胜了，毫无问题，什么都有。……要是战败回来，奉天是不会养活闲人的，到时咱们就找个山窝去落脚吧！”

开战后，张宗昌的第三混成旅作为奉军第二军前锋进攻热河北部，他们首先遭遇的是直系劲旅董政国部。一番血战后，张宗昌迫其退却并攻克冷口，随后又奇袭滦州。而此时正好冯玉祥倒戈，直军一片混乱，张宗昌趁机挥兵追击，并大肆收编溃散的直军，其部队一下就膨胀了七八倍，成为奉军中一支不可小视的力量。

听说张宗昌攻陷滦州、直军大溃后，一直躲在张宗昌背后的第二军总司令李景林部也急忙兼程赶来抢夺胜利果实，所部在一天一夜间竟走了四百里。最后，李景林反而后来者居上，自己做上了直隶军务督办。李景林跟随张作霖多年，他当直隶督办自然没有问题，但另一个人就不高兴了。

原来，在倒戈之前，冯玉祥与直系大将王承斌达成协议，由王接收直系部队并重组第二十三师，王承斌出任直隶督军。王承斌之所以支持冯玉祥倒戈，原因就在于吴佩孚夺了他第二十三师师长职务，没想到局势的发展远远超出他的想象，刚被收拢的直系部队很快被奉军李景林部缴械，王承斌也是自尝苦果，从此在军政界一蹶不振。

王承斌原本也是个人才，他身材丰硕，相貌奇伟，气宇轩昂。王在少年时受业于表兄吴景濂，后就读于保定武备学堂。毕业不久后，王承斌进入北洋第三镇跟随曹锟多年，是当时仅次于吴佩孚的直系大将。论才智、论韬略、论骁勇善战，王承斌本不在吴佩孚之下，可惜“既生瑜、何生亮”，吴、王二人终究积不相乘，彼此出现嫌隙。本来王承斌在贿选中出力甚大，但曹锟酬功不匀，王承斌这才在倒戈中袖手旁观，结果既毁了他的前程，也毁了曹锟、吴佩孚多年打造的直系势力。

由于奉系挟新胜之威，又收编了大量的直系部队，冯玉祥自知国民军力不如人，便以退为进，宣布自己精神不好，随后避入北京西郊天台山，以暂时回避矛盾。张作霖见冯玉祥辞职下野，于是也高调宣布辞去东北巡阅使一职，并自解“镇威将军”的名号。

这冯、张二人的故作姿态，倒把临时执政段祺瑞给急坏了。这傻子都知道，目前的局势没有这两个大佬的点头，谁说了也不算，又何必虚张声势、浪费大家的时间呢。于是，段祺瑞给了冯玉祥一个“西北边防屯垦督办”的名号，而给了张作霖一个“东北边防屯垦督办”的名号，算大家扯平。

老段自己没有兵权，自然不希望冯、张之间的任何一方做大。事实上，他这一次出山，也有恢复皖系势力的打算。但是，如何在冯、张之争间渔翁得利，显然也非易事。冯玉祥最初的打算是防止奉军入关，而张作霖的计划是屯重兵于华北以压制冯玉祥的国民军，随后奉军南下解决长江各省的直系势力，以最大限度地扩张奉系势力。

张作霖的计划，是沿津浦路南下夺取山东、安徽和江苏，这样才算没白打这次仗。恰在此时，段祺瑞提出让卢永祥出任江苏督办，理由是第二次直奉大战本就是因为江浙战争引起，再说卢永祥也投入了张作霖的门下，正好以酬其功。

在安排卢永祥的同时，段祺瑞又下令皖系政客王揖唐出任安徽督办。张作霖开始并不同意，但转头一想，卢永祥和王揖唐并没有实力去南方就任，何不借“护送”的名义派奉军南下，趁机拿下安徽与江苏呢？

主意既定，张作霖立刻表示愿出兵帮助驱赶江苏督军齐燮元，经费由奉军自己承担，不需要中央政府出一分钱。既然张作霖做出一副为朋友两肋插刀的样子，段祺瑞、卢永祥等人也不好拒绝，何况齐燮元根本就不肯下台，要用武力对抗中央呢！

1924年12月中旬，张宗昌受命南下驱赶齐燮元并护送卢永祥上任。卢永祥虽然也收拢了一些残兵败将并自号“光复军”，但实际上毫无战斗力。倒是张宗昌有几万人马拥挤在天津，正好想南下夺取点地盘，于是欣然受命，提军南下。

从天津沿津浦路南下的话，就必须经过山东，而当时的山东督办是郑士琦。郑是皖系人马，他的实力有限，自然不敢拒绝假道，因此奉军通过山东畅行无阻。出了山东后，第一个军事重镇是徐州，当时的镇守使是江苏第四师陈调元部，这也不是什么大问题。

陈调元是陆军大学第一期毕业，他曾在湖北的陆军第三中学堂做过教官[①]，后来又投入冯国璋的门下。说来也巧，张宗昌投奔冯国璋时，陈调元是南京宪兵司令，当时与张宗昌结为金兰之好。这次见张宗昌率大军南下，他自知无力抵抗，倒不如做个顺水人情，把徐州让开，自己率部队撤到砀山、大丰一带。

这样，张宗昌不费一枪一弹便入了徐州，随后江苏门户洞开，而张宗昌的部队全部是用火车运送，一朝夕便已抵达长江北

① 清末在各省设立陆军小学，在武汉、南京、西安、清河四处设立陆军中学，在保定设军官学校，如此三级，构成完整的军事教育体系。在武汉的为第三陆军中学，唐生智、何应钦、白崇禧等即毕业于此。

岸，并在浦口下车后立即抢上渡轮或帆船，进攻南京。齐燮元没想到奉军来得如此之快，由于准备不足，奉军很快便兵临城下，齐燮元所部慌乱之中丢盔弃甲，急忙由沪宁线撤退。

张宗昌所部的追击速度也很惊人，他们立即跟在后面进占镇江，齐燮元的军队再次大败，已经不复成军。随后，奉军相继占了江阴、无锡、苏州，并进至松江。张宗昌当年随冯国璋在江苏待过几年，对此地了如指掌，其行军之速，不愧为“长腿将军”的称号。

张宗昌的护送任务虽然圆满完成，但手无寸铁的王揖唐和卢永祥根本就控制不住局面。不到几个月，他们就做不下去，只能自动引退，而这正是张作霖的妙计所在。按张作霖的计划，是打算让姜登选去接任江苏督办而让郭松龄接管安徽督办的，不料郭松龄派出一个旅到达蚌埠后，半路上突然杀出个程咬金——杨宇霆自恃劳苦功高，硬是抢去了江苏督办一职。原来，杨宇霆也想尝尝“唯我独尊”的土皇帝是啥滋味。

张作霖拗不过他，只好论资排辈，将杨宇霆放为江苏督办，而姜登选改为安徽督办。这个安排一出，立刻激怒了两个人，一个是本安排为安徽督办的郭松龄，另一个则是拥兵江南的张宗昌。一气之下，张宗昌将大部分军队全部撤回徐州，只留下一个旅在上海负责贩卖烟土，捞取外快。

最开始时，张作霖以为奉军势大，控制江苏、安徽应该不是难事，所以杨宇霆和姜登选都没有带大部队跟随，免得引起南方人的反感。要说起来，杨宇霆这个人富有才略，办事机敏，但一向自视甚高，也有恃才傲物、骄傲狂妄的坏毛病。他来到江苏后，江苏军务帮办陈调元和苏军第十师师长郑俊彦前去迎接，杨宇霆却故意摆架子，想给他们来个下马威。

据陈调元的回忆，杨宇霆到了江苏后，盛气凌人地对他们说："你们江苏弄得太糟，军不像军，政不像政，全不如奉天。我本不想来，雨亭（张作霖的字）非让我来！"就职仪式上，杨宇霆张嘴闭嘴"雨亭""雨亭"，还故意模仿张作霖讲话："你们好好干吧！"陈调元等人听后，出门便骂道："什么东西！"

杨宇霆在江苏得意时，手握重兵的张宗昌不高兴了，他可不想帮杨宇霆和姜登选做看门狗。对此，张作霖也是心知肚明，他得赶紧给张宗昌找块地盘，不然这几万人造起反来恐怕也不好办。老张想来想去，当时也只有山东可以安排。但山东是皖系仅剩的一块自留地，如果再让张宗昌拿去，那段祺瑞这次出山可真就颗粒无收了。

枪杆子的年代，终究还是枪杆子说了算。无奈之下，段祺瑞也只能让郑士琦让位给张宗昌，而张宗昌就此衣锦还乡，当上了山东土霸王。

张宗昌这个人，带兵打仗固然勇猛，却是好赌好色、草菅人命的混世魔王。他督鲁三年，坏事干得不少，好事干得不多，人送绰号"狗肉将军""三不知"。"狗肉"者，非张宗昌爱吃狗肉，乃是喜推牌九、好赌的缘故，因为当时牌九俗称"狗肉"；"三不知"者，即这位狗肉将军从来不知道他自己有"多少兵、多少姨太太、多少银子"是也。

在杨宇霆督苏、姜登选督皖、张宗昌督鲁后，奉系势力一时达到鼎盛，其不仅雄踞东三省，而且还囊括了热河、直隶、山东、江苏、安徽五省，这大概是张作霖这老胡子自己也没有想到的吧。

奉系已成长江饮马之势后，新崛起的浙江督办孙传芳在杭州秘密召集军事会议，邀请闽、苏、赣、皖的四省代表前来参会，共商对付奉系的办法。会上，各代表决定五省结为联盟，组织“浙闽苏赣皖五省联军”，并公推孙传芳为联军总司令，周荫人为闽军司令，陈调元为苏军司令，方本仁为赣军司令，马联甲为皖军司令，孙传芳自兼浙军司令，准备一起讨伐并将奉系驱除出江南。

而在这时，一度被逼得走投无路的吴佩孚也时来运转，他从湖北潜回湖南岳州后，一些失败的直系将领张福来、彭寿莘、李济臣、靳云鹗等相继来到武汉，连日商议如何复兴直系势力。在这些人的压力下，湖北督办萧耀南也只得虚意奉承，并率湖北将领通电拥吴，请吴佩孚再次出山，共定国难。

而这时，孙传芳又及时送来东风，他们五省联军也打算推吴佩孚为领袖，共同讨奉，以壮声势。如此一来，吴佩孚的出山也就顺风顺水，万事俱备。10月21日，吴佩孚从岳州乘坐军舰来到武汉，随即挂出“十四省讨贼联军”总司令部的大牌子，并自任为总司令。

“十四省”中除掉“浙闽苏赣皖”五省外，其余分别为四川、贵州、广西、广东、湖南、湖北、河南、陕西、山西，但这九省除了湖北是吴佩孚可以控制的外，其他八省不过虚与委蛇，所谓“十四省联军”，不过是虚张声势罢了。

之后，吴佩孚先将湖北的军队加以整编，他派萧耀南为讨贼联军鄂军总司令兼后方筹备总司令，寇英杰为第一路军总司令、陈嘉谟为第二路军总司令、卢金山为第三路军总司令，其他如川军、桂军、黔军这些虾兵蟹将，反正自己也指挥不动，便随便委个总司令了事。

这时，孙传芳做了个作战计划，即由他本人率五省联军进攻苏皖，驱逐杨宇霆和姜登选；待张宗昌南下支援时，由河南岳维峻出兵山东、吴佩孚率鄂军进攻鲁南，消灭张宗昌；最后，冯玉祥国民一军与北上队伍一起合力，最终消灭李景林和张学良在关内的奉军，斩草除根，除恶殆尽。

乖乖，这简直就是后来北伐战争的一个翻版！孙传芳啊孙联帅，人才啊、战略家啊！

但是，战略家最大的痛苦莫过于战术跟不上战略，你规划得再好，没有实力，最终实行不了又有何用，不过是徒生烦恼罢了。后来的事实证明，孙传芳的五省联军完成了自己的既定任务，但吴佩孚和国民军就难免互不信任、钩心斗角，最终成不了大事了。

得知孙传芳即将发动攻势后，杨宇霆决定缩短战线，保存实力，他先将奉军第二十师从上海调到苏州、常州，并宣布上海永不驻兵。姜登选则与孙传芳拉起了同学关系："中央及各省之间虽有隔阂，但大家彼此都是同学，何必相煎太急，何必大逞干戈以争胜负！"

原来，姜登选与孙传芳、周荫人都是1908年日本士官学校的毕业生，而杨宇霆也是两年之后的师弟，这打起来又何必呢？

临到打仗了，孙传芳哪里管你什么同学不同学，该打还得打！孙传芳用兵，一向推崇兵贵神速，他当年从湖北打到福建便是如此，这次也不例外。不过四五天，孙传芳便组织了五路浙军：第一师师长陈仪率第一路、第四师师长谢鸿勋率第二路、第三路孙传芳自任；第二师师长卢香亭率第四路、第三师周凤岐率第五路。

按孙传芳的安排，第一、二路分别由沪杭线进攻上海，第四、五路由长兴进攻苏州，自己的第三路居中策应。

10月15日，孙传芳通电就任五省联军总司令，并下令讨伐奉军。孙电一出，原直系各省纷纷响应，如湖北的萧耀南、江西的方本仁、福建的周荫人，还有江苏各师长、镇守使如陈调元、白金山等，还有安徽的旅长倪朝荣等，也都群起通电讨奉，并号召“同志诸帅，分途进剿，直捣胡巢，大寇不除，国难不已”，由此形成了强大的反奉浪潮。

无可否认，奉军下江南后纪律极坏，南方人对这些外来者非常反感，必欲去之而后快。而另一方面，杨宇霆、姜登选南下就任时，为了宣示“和平”，所带军队数量不多，因此在军事上的准备明显不足，这也是孙传芳敢于对奉军用兵的原因之一。

就在孙传芳发布通电的当晚，浙军前锋便已经进占松江，而江西督办方本仁的赣军第一师也出兵九江，前往抄袭安徽安庆。随后，孙传芳的部队沿着沪杭线大举进军，奉军则节节后退，一直退到镇江、丹阳一带。

孙军各部在常州会师后，士气更是高涨，随后便进逼丹阳，并首次与奉军交火。在敌寡我众的情况下，奉军被打得丢盔弃甲，被俘近千人，其残部则在破坏铁路后退往镇江，随后又退往南京。

由于奉军未经苦战便唾手而得江南，这次遭遇孙军的猛攻自然是措手不及，结果只能再次退出南京，撤往蚌埠，孙传芳不战而下南京。江苏的那些师长们对杨宇霆早就十分不满，他们早与孙传芳暗通款曲，等孙军一到，马上宣布独立。

安徽也是一样，旅长倪朝荣在响应孙传芳通电后便率军进逼蚌埠，逼迫姜登选离开安徽。在杨宇霆、姜登选退出江苏、安徽后，奉军的第一次南下也就以失败而告终。

但是，张作霖并未死心，他认为这次主要是自己太大意了，奉军的真正实力并未真正展示。因此，他随后命令张宗昌集中兵力于徐州，准备好好跟孙传芳干一仗。由于担心张宗昌的军队不足以对付孙传芳的五省联军，张作霖又在关外下总动员令，打算以10个师到15个师的兵力南下接济张宗昌。

在此局势下，东北的奉军源源不断地沿着京奉线开出关外，之后集中在滦州、天津一带准备集体开拔。就连飞行队，也都做好了飞到济南作战的准备。有了张作霖的撑腰，张宗昌也是底气十足，他毫不犹豫在徐州摆开架势，要与孙传芳一较高下。

1925年10月26日，张宗昌命令奉军发起进攻，双方在宿迁、蚌埠一带展开激战，苏军白宝山、陈调元等部形势危急，直到孙传芳调集大队人马亲赴前线后才把战线稳定下来。在孙传芳军队的猛烈攻击下，张宗昌部步步后撤，而此时国民军与奉军的冲突在即，张作霖决定让张宗昌放弃徐州，撤回山东。孙传芳这边，在一个多月时间里从杭州打到了徐州，五省联军也急需整顿，因而在攻占徐州时也放弃进攻，双方形成对峙局面。

11月8日，孙传芳在徐州召开庆功大会，并宣布以徐州为界，南北和平。随后，苏军师长陈调元、福建督办周荫人纷纷拥戴孙传芳为浙、苏、闽、皖、赣五省领袖，而段祺瑞在孙传芳已经打下江苏地盘后，也只好任命他为江苏督办（同时兼浙江督办）。

由此可见，奉系这次南下其实是为孙传芳在江南的崛起提供了一次宝贵的机会。此战后，刚刚四十出头的孙传芳春风得意，一举成为名重一时的“馨帅”（孙传芳字馨远），也成为当时奉系、国民军、吴佩孚之外的直系新势力。

四十八

奉系内乱

1925年，南下扩张的奉军虽被孙传芳五省联军击败，但毕竟未伤筋骨。而在这时，张作霖要对付一个更强大的敌人，这就是冯玉祥的国民军。

按吴佩孚、孙传芳、冯玉祥之前对付奉军的计划，本该由孙传芳截头、吴佩孚截中、冯玉祥截尾，一举消灭奉系势力。对此，张作霖自有对付办法：对于孙传芳的截头，奉军以退回山东，暂避锋芒相对付；对于吴佩孚的截中，因为吴军实力不强，危险也不大，静观其变即可；唯独冯玉祥的国民军最为致命，稍有不慎，便会导致奉军全军覆没。

因此，张作霖认为，要想南下江南，一统天下，就必须先消灭身边那个最危险的敌人，那就是盘踞西北和中原的国民军。不然的话，哪怕奉军南下击败孙传芳，那也极可能被冯玉祥拦腰截断，最后功亏一篑。

正因为如此，张作霖才没有派出奉军中最精锐的部队南下，而是将他们放在天津滦州一带，并设立了津榆驻军司令部以监视冯玉祥的国民军。但就在张作霖准备大干一场时，奉军内部却在毫无征兆的情况下闹出了一个大乱子，这就是历史上所称的“郭松龄倒戈”。

郭松龄又是何许人也?

郭松龄，字茂宸，人送绰号“郭鬼子”，他于1883年出生在奉天沈阳。清末时，郭松龄进入奉天陆军小学堂学习，后来又进了速成学堂，毕业后被派入北洋第三镇见习，之后回到盛京将军衙门任职并深得统领朱庆澜的信任。

后来，郭松龄随同朱庆澜调到四川，并在武昌起义后参与了四川的革命。但因川人的排挤，郭松龄随后回到奉天并于民国初年相继进入北京将校研究所和陆军大学深造，毕业后被北京讲武堂聘为教官，属于军界中典型的学院派出身。

袁世凯称帝失败后，郭松龄一度南下广东投奔老领导、时任广东省省长的朱庆澜，并担任了粤军警卫营营长。可惜的是，广东内部也是派系林立，矛盾重重，郭松龄无从施展才华，最后还是返回了奉天老家。

在陆军大学同学、时任奉天督军署参谋长秦华的介绍下，郭松龄先进入督军署任少校参谋，随后又调任东三省讲武堂中校教官，由此结识了一位贵人，这便是少帅张学良。

张学良是1901年生人，他19岁时进入东三省讲武堂学习。作为公子爷，张学良难免有纨绔子弟的风气，因而其他教官也就对他放松要求甚至放任自流。唯独郭松龄不信这个邪，他对张学良像其他学员一样不加分别，同样给予了严格要求。由于郭松龄是学院派出身，也确实有几把刷子，张学良很快被其渊博的学识和扎实的功底所倾倒，并尊之以师、待之以友，彼此确立了信任关系。

郭松龄身材高大，双目炯炯有神，一看便是有大志的人。在平时生活中，无论春夏秋冬，郭松龄总是一身制服，面容严肃，作风一向井井有条，生活上十分简朴。郭松龄的夫人韩淑秀是燕京大学毕业生，与冯玉祥的夫人李德全为莫逆之交。

直皖战争后，张学良担任奉天陆军第三混成旅旅长，郭松龄为第八旅旅长，由于张学良另外担任了其他职务，因此两旅合署办公，训练和人员管理等工作也全部交由郭松龄负责，时人称之为“三八旅”。

在此期间，张学良和郭松龄的关系亲密无间，张学良对郭是疑人不用、用人不疑，完全放手让郭松龄训练军队；而郭松龄也对张学良衷心拥戴，恭顺服从，两人甚至结为异姓兄弟。就像曹锟和吴佩孚的关系一样，张学良也常说一句话：“郭茂宸就是我，我就是郭茂宸。”郭松龄的决定与作为，张学良都给予支持。

在张学良与郭松龄的精诚合作下，“三八旅”在第一次直奉战争中表现出色，由此也获得了张作霖的极大重视。之后，张作霖整军备武，其中举措之一就是将张学良与郭松龄的部队打造成奉军中的王牌军（即“二六旅”）。

第二次直奉战争中，奉军被编为六个军，其中的精锐部队是第一军和第三军（即“一三联军”），当时姜登选、韩麟春任第一军正、副军长，张学良、郭松龄任第三军正、副军长，但由于“一三联军”的干部大都由郭松龄训练，因而东北军最精锐的部队实际上都在郭松龄的指挥统率之下。

郭松龄靠着少帅张学良青云直起，他这派势力的崛起难免和其他老派系产生矛盾。当时的奉系可以分为这样三派：第一派是绿林元老派，如张作相、张景惠、汤玉麟等，他们原本是一群绿林豪杰转化来的军中老粗，已经跟随张作霖多年，地位根深蒂固；第二派是日本士官派，如杨宇霆、姜登选、韩麟春等人，这些人都是清末民初日本士官学校的毕业生。当时这种现象不仅存在于奉军，其他军阀中也是屡见不鲜，比如李烈钧、蔡锷、阎锡山、徐树铮等人，都可以划入此派；最后一派是以郭松龄为首的北洋陆大派，这一派人既包括了保定军校、陆军大学的毕业生，同时也包括了“东北讲武堂”训练出来的学生，其中便有魏益三、刘伟等中高级将领。

从古至今，有人的地方就有江湖，就会有人拉帮结派，奉军也是如此。郭松龄这派人作为后起之秀，他们年轻、有冲劲，思想也比较先进，因而与绿林元老派、日本士官派难免发生矛盾冲突。再者，绿林元老派、日本士官派当时已经在位拥权，郭松龄这派人想要上位的话，必然引起另两派人的警觉和反感，进而激化矛盾。

这些人中，郭松龄与杨宇霆的矛盾最大。首先，这两人都刚愎自用，恃才傲物，谁也不把谁放在眼里；其次，当时杨宇霆任奉军总参议兼参谋长，无论政务还是军事，张作霖都倚其为左右手，言听计从，可谓奉军中极显赫的人物，而郭松龄掌握了奉军劲旅，背靠少帅张学良，两人势力旗鼓相当。

由此，奉系中竞争最激烈、矛盾最大的便是杨宇霆和郭松龄，而且两人政见一向不合，加上平时的争权夺势，更是积怨很深。

第二次直奉战争后，李景林当上了直隶督办，张宗昌当上了山东督办，杨宇霆做上江苏督办，姜登选则上任安徽督办，出力最大的郭松龄反在战后的地盘分配中颗粒无收。张作霖的想法，固然是传统的按资排辈，先照顾老同志；但对郭松龄一派人来说，这就是奖赏不公，自然引起了他们的强烈不满。

张作霖原本安排姜登选出任江苏督办而让郭松龄去当安徽督

办，孰料杨宇霆突然半路杀出，硬是把江苏督办的位置给抢去。这样一来，姜登选便代替郭松龄出任了安徽督办。在此之前，郭松龄已派出一个旅前往安徽蚌埠并做好了接任的准备，谁知道竹篮打水一场空，心中激愤可想而知。

张学良也理解郭松龄当时的心情，他曾对郭的参谋长魏益三说："将来郭松龄想要地盘，黑龙江、吉林任他选择。但是，现在还不是时机，尚需少安毋躁，届时一定会解决好这个问题。"①

但是，郭松龄此时已经忍无可忍，不想再等待了。

第二次直奉战争后，前往各地占领地盘的大都是奉军的次级部队，其精锐部队"一三联军"改由"京榆驻军司令部"管辖，其中包括六师十二旅，骑兵一师两旅，炮兵两旅，外加工兵一团，兵力达七万五千人。这些便是奉军的精华部分，而军权掌握者为少帅张学良，郭松龄副之。当时张学良所兼职务太多，军权实际上掌握在郭松龄手中。

由于郭松龄夫人韩淑秀与冯玉祥夫人李德全的特殊关系，冯玉祥的"北京政变"难免会对郭松龄产生影响。郭松龄和一般的北洋军人不同，他在辛亥年时参加过革命，经历和冯玉祥类似，因此对军阀的那一套作风很看不惯，这大概就是所谓的"革命"冲动了。

另外，冯玉祥成功倒戈后，势力扩展迅速，这也给郭松龄树

---

① 郭松龄曾对张学良说，大意是：算我倒霉，当你的部下。旁人都起来了，都是督军了。我不但没有督军，还是在你底下当个副手。可是你被你爸爸压着，我可倒霉了；打仗干活是我，可请功领赏的不是我。见张学良口述、唐德刚撰写：《张学良口述历史》，山西人民出版社，2013年，第74页。

立了一个榜样。相比而言，郭松龄在奉军中的地位和实力远比冯玉祥在直系中更为优越，既然冯玉祥能够取得成功，那他也搞个“反奉倒张”，自己当个东北王，那胜算似乎也不小。

据说，郭松龄倒戈还有一个原因，那就是当年他奉派前往日本观操时，偶然得知了日本与张作霖的卖国密约，他是因为爱国热忱而愤然倒戈。此次日本观操，冯玉祥也派了部下韩复榘前去，于是郭松龄便通过韩复榘与冯玉祥达成七条攻守同盟的密约，共同反奉。与此同时，郭松龄又与同样受到排挤的李景林达成默契，准备合作。①

1925年11月22日，张作霖突然电召郭松龄返回沈阳，讨论对国民军的作战问题。郭松龄以为事已泄露，时不可待，便当机决定倒戈反奉。当天下午，郭松龄发出三道通电，宣布主和拒战，并提出张作霖下野、请张学良主政、严惩主战祸首杨宇霆等要求。

当晚，郭松龄在滦州召集军事会议，到会的“一三联军”军官近百人，郭的夫人韩淑秀也参加了这次会议。当时会场的气氛十分紧张，戒备极其森严，担任警戒的卫兵一个个荷枪实弹，来回巡查。郭松龄在宣布反奉倒张后，请愿意参加的各师长、旅长、团长在参战书上签字，不签的也不勉强。

由于事发突然，奉军中的这些中高级军官面面相觑，不知所措。最后，齐恩铭、裴春生等4位师长公开表示反对，这几个人被送到李景林处软禁，而其他人大都在参战书上签了字，表示愿意跟从郭松龄倒戈反奉。

---

① 郭松龄与冯玉祥及李景林密约，参见阎稚新：《李大钊与冯玉祥》，解放军出版社，1987年，第104页。

会议结束后，郭松龄将掌握的这7万多兵力重新组建成5个军，准备进军沈阳。为了争取更大同情，郭松龄开始还在命令后同时署上张学良的名字，直到11月30日他将部队改名为“东北国民军”后，才不再使用张学良的名义。

郭松龄倒戈的消息仿佛一枚重磅炸弹，一下把张作霖给炸蒙了。张学良也是惊诧万分，几乎不敢相信自己的耳朵。当时的张学良正忙于招抚渤海舰队，他真没想到郭松龄会在背后这么给他捅刀子。

更要命的是，郭松龄最初打着“清君侧”“拥护张学良主政”的名义反奉，这让张学良更加被动。11月24日夜，张学良乘火车南下，但因陆路被阻而改由海路到达秦皇岛，他先派自己的日本顾问仪峨诚也少佐和在滦州给郭松龄治病的日本医生守田福松通电话，希望能亲自见一次郭松龄，但遭到后者的婉拒。为此，若不是部下拦着的话，张学良急得差点就要投海自杀了。①

无奈之下，张学良只得托人给郭松龄送去一封亲笔信，信上说：“承兄厚意，拥我上台，但我对于朋友之义尚不能背叛，又岂能见利忘义，背叛自己的父亲呢？所以兄台所谓统驭三省、经营三省者，兄台可自为之，我虽万死也不敢承命，免得落下千古忤逆之骂名。”

尽管张学良一再向郭松龄保证，只要停止军事，一切善后问题由他负责，但郭松龄此时已是开弓没有回头箭，除了往前，并无第二条退路。在此情况下，双方也只能兵戎相见，在战场上一决高低了。

---

① 张学良口述、唐德刚撰写：《张学良口述历史》，第 75 页。

和张作霖相比，郭松龄在政治权谋上还是有欠稳妥。如郭松龄宣称自己倒戈是要“清君侧”“拥少帅上位”，张作霖将计就计，很快便将杨宇霆撤职查办并让张学良前往招抚。但是，郭松龄拒绝和张学良见面的事实，等于是不打自招，不但让这两个号召在无形中化为乌有，反而让自己这种口是心非的“司马昭之心”，将士皆知。

毕竟，奉“少帅”伐“老帅”，这不仅违背了中国传统的人伦大义，在策略上也并不高明；而率少帅之兵行逼迫之实，这种不忠不义之举，在保守的奉军中恐怕也难有号召力。

在处理与其他奉军将领的关系上，郭松龄也是刚愎自用、举止操切。比如擅杀奉系将领姜登选，便是一例。姜登选是士官派重要成员不假，但此人一向沉默寡言，性格沉稳平和，在奉军中颇得人心。即便在安徽督办问题上，姜登选挤掉郭松龄出任督办一职，但也不是姜登选要抢，而是因为杨宇霆抢掉了本该由他出任的江苏督办，这事应怪罪于杨而不该迁怒于姜。后来，姜登选返回奉天途中被郭松龄截住并下令枪决，借口便是“为穷兵黩武者戒”。

说姜登选“穷兵黩武”，未免帽子大了点，而未经审判便枪杀一位陆军上将，更是让奉军内部人心惶惶，人人自危。郭松龄这种挟嫌报复、草菅人命的做法，实际是给对手加分而给自己减分的愚蠢之举。据揣度，郭松龄杀姜登选固然有个人嫌隙的原因，但很可能是要拿姜登选来“祭旗”，以表明自己“有进无退”的决心。

郭松龄失败的另一个原因是，过高估计了自己的实力而拒绝了奉系其他派系的援手。比如和张作霖也有矛盾的阚朝玺、汤玉麟等人，他们在郭松龄起兵后也派代表前来接洽，但分别索要黑龙江或吉林的地盘。但郭松龄只委派他们为总参议之类的虚职，对地盘的事不置一词，这让阚朝玺、汤玉麟等人极为失望，最后转而投向张作霖。

郭松龄统率的军队确实是奉军中的精锐部队，从宣布起事起不到半个月，尽管所部不断有人临阵投张，但郭军还是相继击溃了张作相、汲金纯、张学良的防线并于12月8日进占锦州，此时进军沈阳已是指日可待。

可惜的是，由于进兵速度过快，后勤又跟不上，郭军此刻已经疲惫不堪。无奈之下，郭松龄只好命令部队在锦州休整三天。也正因为郭军未能猛追穷寇，令张作霖获得了宝贵的喘息时间，而吉林等方面援军此时也源源不断地开到，这对郭松龄是极其不利的。①

更重要的是，张作霖利用此时机加紧了与日本的勾结，并不惜签下密约，以获得日本关东军的支持。郭松龄起兵造反后，日本方面也是极其关注，分别派出代表前往张作霖和郭松龄处打探，希望获得对他们有利的信息。

对此，郭松龄只希望日本保持中立而并未答应他们的侵略要求，而张作霖则在失败的阴影下孤注一掷，答应了日本在满洲享有土地商租权、杂居权、修建铁路等要求，条件就是日本关东军协助奉军击败郭松龄部队。

得到张作霖的保证后，日本随即向东北调集军队，并警告郭松龄部不得进入南满铁路20里内，否则关东军将采取非常措施。

---

① 有另一种说法，郭松龄贻误战机的原因是打算在攻占沈阳后发表一则通电，但因为林长民与饶汉祥两位老夫子斟酌电文而耽误。参见李藻麟：《我的北洋军旅生涯》，第300页。

换句话说，南满铁路以东便成了张作霖的安全地带，而郭松龄的部队只能沿着锦州北上进攻沈阳。不仅如此，日本关东军还为张作霖刺探军情，指引目标，甚至派日军换上奉军军服帮助张作霖作战。①

在此情况下，郭松龄部占领新民后，与奉军在沈阳以北的巨流河一带展开决战。由于奉军以逸待劳，又有空军和大队骑兵相助，而郭松龄的部队久经跋涉，补给不足，此时已成强弩之末。12月22日，双方展开最后决战，由于郭松龄的参谋长邹作华已经暗中投靠了奉军，致使郭军中唯一具有优势的炮兵也失去了作用。

在奉军的猛烈进攻下，郭松龄部全线崩溃，后方司令部也被吴俊升的骑兵所包围。12月24日清晨，郭松龄夫妇率少数随从逃出白旗堡，但很快被奉军王永清部骑兵追上。混乱之中，郭松龄的随从幕僚林长民被乱枪打死，饶汉祥在混乱中逃走，而郭松龄夫妇失踪不见。

林长民是民初知名政治活动家，他在日本留学时便已是明星式人物，在留学生中很有名气。可惜的是，民国政坛以枪杆子来说话，林长民、梁启超这些人空有一身智慧和才华，但终究是仰人鼻息，有志难酬。当年的五四运动，便是林长民首先在北京《晨报》上披露外交失败的消息，最终引发了一场轩然大波。

郭松龄起兵后，林长民受邀欣然入幕，不料遭此惨败，死于乱军之中，也属可惜。林长民是福建闽侯人，有一女名林徽因，得佳婿梁思成（梁启超之子），皆为民国男女才子。

---

① 参见阎稚新：《李大钊与冯玉祥》，第113、118页。

至于饶汉祥，他原本是黎元洪的主要幕僚，素有“文胆”之称，他独创的骈体电文更是风靡一时。在黎元洪退出政坛后，饶汉祥也随同归隐。但不知为何，这次他也参与了郭松龄的倒戈，并为之起草讨奉电文多篇。郭松龄兵败后，饶汉祥也被奉军士兵抓住。在解往沈阳的途中，押解兵问饶汉祥：“你干啥的？”饶说：“我是写字的。”这兵听了，说：“写字的不要！”于是将他推下车，饶汉祥由此保全性命。

至于郭松龄夫妇，当时躲进了一个农家菜窖里，但后来被人举报，结果双双被擒。经张作霖批准后，郭松龄夫妇于12月25日被枪杀于辽河之畔。行刑前，郭松龄说：“吾倡大义，不济，死固分也。”夫人韩淑秀说：“夫为国死，吾为夫亡。吾夫妇可以无憾矣！”

郭松龄夫妇被杀当天，关外大地白雪茫茫，狂风呜咽。是年，郭松龄42岁，韩淑秀34岁。

带着张家的子弟兵去造老张家的反，郭松龄的失败并非偶然。民国初年，国人的传统观念如“君君臣臣”“忠义孝悌”等封建道德仍是当时的主流。张作霖经营东北二十余年，他有礼于士大夫、有恩于士卒，军心所向，仍在老张家，这在郭松龄进军途中不断有部队逃回奉军可以看出。既然郭松龄不能一鼓作气拿下奉天，那败走麦城的结局也就没有疑问了。

郭松龄夫妇被杀后，张作霖命将尸体拉至沈阳暴尸三天，后由张学良派人收容火化，算是对旧友的一个交代。

人生的命运难以琢磨，历史也是如此。从起兵到失败，时间不过一个月，郭松龄的冒险如同划过夜空的闪耀流星，固然是昙花一现，却在历史中留下了凝重一笔。

从某种角度上说，郭松龄的失败不仅是他个人的悲剧，对张作霖父子也是一个沉重的打击。张作霖原本希望靠张学良、郭松龄的这支精锐之师去帮助他实现武力统一大业，但因为郭松龄的倒戈，这个迷梦也被打了个粉碎。

由此，奉系也就由盛转衰，精神气大不如前了。

四十九

联奉讨冯

1925年郭松龄倒戈战中，正当郭部与张作霖苦战之时，其盟友的异动或说盲动，也是导致战局逆转的一个重要原因。

按此前郭松龄与李景林的约定，直隶和热河地盘应由李景林部获得。但郭松龄起兵后，冯玉祥却立即派宋哲元部直取热河，而国民二军邓宝珊部则攻占保定，并试图夺取直隶的其他地盘。国民军的异动立即引起了李景林的不满和警觉。事实上，他加入郭冯联盟主要是想扩大自己的势力并从奉系中独立出来。现在倒好，国民军的步步紧逼非但让他失掉已有的地盘，连生存都成了问题。

而这时，张作霖派代表许兰洲前来游说，劝告他脱离郭冯联盟，并对他之前的反奉通电既往不咎。权衡利弊之后，李景林决定同国民军决裂并重新投入奉系的怀抱。随后，他将郭松龄交他关押的奉军将领全部送回沈阳，以示对张作霖的忠心。

如此一来，本应协助郭松龄攻奉的国民军，他们从一开始就把助攻变成了盟友之间的地盘之争，非但没有帮上忙，反而拖了郭松龄的后腿。国民军这种挖盟友墙角的行为，实际为一种浑水摸鱼的短视之举，这不但把李景林推到了对立面，也使之前的大策略完全失败。

国民军既与李景林决裂，双方也就撕破脸皮，随后在天津一带展开大战，以武力决定直隶的归属。就在郭松龄逼近沈阳的同时，国民一军张之江部、郑金声部和国民二军的邓宝珊部、国民三军的徐永昌部分别从北路和南路夹击天津一带的李景林部，双方在北仓、杨村、马厂、落垡一带反复争夺，彼此都伤亡惨重。

激战数日后，国民军与李景林仍未分胜负，倒是列强外交团拿出《辛丑条约》关于京津沿线不得驻兵打仗的条文屡加抗议，但此时军情如火，谁还顾你这个条约不条约。

见天津久攻不下，冯玉祥随后从热河绥远调来宋哲元、李鸣钟部，而李景林也慌忙请求山东的张宗昌调集援军。在郭松龄最终兵败之时，国民军与李景林、张宗昌的直鲁联军在天津一带展开决战，最终李景林部战败并退往沧州、德州一带，而李景林本人先逃入天津租界，随后又从海路经青岛到达济南，并继续指挥他那些退入山东的残部。

尽管国民军击败李景林并夺取了热河与直隶地盘，但从全局来看，这种违约异动实际上也错失了消灭张作霖奉系势力的最好机会。在郭松龄兵败被杀后，张作霖稍做休整，就要找国民军算总账了。

由此，北方的整个战局发生了重大变化：郭松龄倒戈失败，奉系张作霖元气大伤；冯玉祥国民军占领陕豫京津直隶一带，势力大增；李景林与张宗昌组成直鲁联军；吴佩孚东山再起，并由“联冯讨奉”转变成“联奉讨冯”。

此战结束后，以冯玉祥为首的国民军势力达到鼎盛，他们拥有了40余万人马，并据有北京、天津、直隶、河南、陕西、甘肃、热河、绥远、察哈尔等大片地盘，成为军阀中最大的势力。

不过，奉军张作霖、直鲁联军和吴佩孚也就此联起手来，这种腹背受敌的总体局势对国民军却未必有利。

可叹的是，国民军内部也不统一，各派系之间为了争权夺利而闹得乌烟瘴气。如在直隶被打下来后，岳维峻的国民二军与孙岳的国民三军都想把直隶划入自己的控制范围，最后兄弟们闹得很不开心，就连大哥冯玉祥也被夹在中间，无从调停。

1926年1月，张作霖公开致电吴佩孚表示谅解，并提出联合对付国民军的问题。接电后，吴佩孚立刻表示同意，并发自内心地在回电中痛骂冯玉祥："我平生最恨反复不定的小人，没想到我这里出了冯玉祥，你那里也有个郭松龄。叛乱相寻，纪律败坏，真是可悲可叹。既然你已经开口，那我就悉力相助，共张挞伐，让这些叛徒无所逃罪而后已。"

从电文中可以看出，同样吃过倒戈苦头的吴佩孚对冯玉祥可谓深恶痛绝，势必要报仇雪恨。就这样，两三年前还在拼死厮杀的张作霖与吴佩孚一笑泯恩仇，从敌人变成了朋友。

在直奉联手的压力下，加之国民军内部矛盾重重，冯玉祥再次以退为进，宣布下野。1926年1月4日，在把烂摊子丢给部下张之江、鹿钟麟等人后，冯玉祥途经库伦转往苏联参观学习。可惜，冯玉祥的退让非但没有改变张作霖、吴佩孚对国民军的切齿仇恨，反让国民军陷入群龙无首的被动局面之中。

1月14日，张作霖的奉军、直鲁联军及吴佩孚所部相继在山海关、山东、河南等地向国民军发起猛烈攻击，这就是所谓的"国奉大战"。

郭松龄兵败时，还有一支精锐部队原封未动，那就是他的死党、原炮兵旅旅长魏益三统率的第五军。之所以未将魏益三第五军调往前线，主要是因为李景林已经背约投奉，郭松龄为防止李景林从背后偷袭，这才将魏益三部留在山海关一带监视李景林部。

令魏益三不曾想到的是，郭松龄的失败来得如此之快，这下他的境遇就非常危险了。尽管张作霖表示不计前嫌并希望他回归奉军，但魏益三最后还是南下保定投靠国民军，并接受了“国民四军”的旗号。

“国奉大战”开战后，奉军的第一个讨伐对象便是魏益三的这个“国民四军”。战争一开始，国民军鹿钟麟立即率韩复榘、佟麟阁、郑金声、孙连仲等部开赴滦州一带布防，防止奉军长驱直入关内；另外，宋哲元等部也在喜峰口等处出动，以牵制奉军的后路。

山东方面，直鲁联军兵分两路，一路由张宗昌所部进攻尚留在鲁西南的国民二军李纪才部，另一路由直鲁联军向天津方向发起反击，力图夺回天津和直隶地盘。在鲁西南战场，由于吴佩孚的靳云鹗部获得了张宗昌的军械粮饷帮助，因而形成了张宗昌部与靳云鹗部对李纪才的南北夹击之势。

危急之下，岳维峻命在山东的部队全部撤回河南以自保，而张宗昌在肃清山东的国民二军后，随后又与李景林的部队联合北上，准备夺回天津。直鲁联军此次反攻的规模很大，兵力达到七个军，其中李景林三个军（共一师八混成旅）、张宗昌四个军（共九师二混成旅）。之后，直鲁联军从德州分头出发，一路进攻天津，另一路进攻保定。

2月中下旬，直鲁联军相继攻下沧州、马厂，由此与国民军形成对峙局面，并等待张作霖、吴佩孚一起发动最后的总攻。

河南战场主要由吴佩孚部与岳维峻的国民二军对垒。最开始时，岳维峻未落下风，他先任命李云龙为豫南总指挥，调第十一师师长蒋世杰守信阳，李纪才部守归德（今商丘），田玉杰部回防郑州，以迎接吴佩孚的进攻。

吴佩孚的军队实力虽然有限，但他之前收买了被岳维峻击败的镇嵩军残部及河南本地的红枪会，以便到时内外夹击。吴佩孚自己部队则兵分两路：一路由寇英杰率领，从鄂北攻入豫南；一路由靳云鹗率领，从山东攻入豫东。第三路则是刘镇华、张治公的镇嵩军残部，从陕西攻豫西。这些军队从三个方向对国民二军展开了猛烈的进攻，必欲置其死地而后快。

尽管吴佩孚指挥的寇英杰部在进攻信阳时受阻，但靳云鄂所部吴军进展顺利，相继攻下归德、兰封等地。随后，吴佩孚也改变策略，他绕过信阳向北进发，并相继攻下驻马店、漯河、郾城等地，最终形成对岳维峻所部主力的包围。而在这时，原归附国民二军的毅军米振标部也投靠了吴佩孚，岳维峻最终在3月2日放弃郑州，并分别向豫西、豫北撤退。

靳云鹗部与寇英杰部在郑州会师后，其兵分二路继续追击岳维峻的国民二军。最后，邓宝珊部撤往豫北，最终归附冯玉祥的国民一军；而岳维峻从洛阳逃出后，在吴军与镇嵩军的夹击下，曾经煊赫一时的国民二军主力尽没，岳维峻本人也被南下的阎锡山部队俘获。

这次的“国奉大战”中，打得最惨的是信阳包围战。由于信阳城墙高厚坚固，吴军久攻不下，而蒋世杰师又突围不成，结果战事旷日持久，城中军民不分，任意抢劫奸淫，老百姓极其遭殃，饿死者不计其数。由于缺乏燃料，城中树木被砍伐一尽，各庙宇会馆等公共场所的门窗梁柱也被拆卸一空。解围后，城中垃圾堆积如山、粪便遍地，此后数年瘟疫蔓延，信阳深受其苦。

河南战事结束后，吴佩孚委任寇英杰为河南督办，靳云鹗为河南省省长，算是拿回了自己的老地盘。而在此之前，一度背吴的湖北督办萧耀南暴病身亡，遗缺由第二十五师师长陈嘉谟继任，这也是吴佩孚的心腹。[①]

吴佩孚在河南战场消灭了国民二军，但这只是小战役，真正的主力决战还在奉军、直鲁联军与冯玉祥国民一军的最终对决上。1926年3月上旬，直鲁联军在天津以南与国民军重开战火，战斗极为激烈。为充分利用自己的海军优势，直鲁联军派遣渤海舰队前往大沽口袭扰并设法登陆，以截断国民军的后路。

为防止直鲁联军利用外国船只做掩护进行登陆，国民军随后封锁了大沽口一带海面，并熄掉航标灯、设下水雷，以禁止船只通过。国民军的行动，立刻遭到了列强外交当局的强烈抗议，他们认为国民军违反了《辛丑条约》中天津港不设防的规定，并要求交战双方立刻停止军事行动。

中外争端纷纷扰扰间，强悍的武夫们并没有被帝国主义的虚声恫吓所吓倒，因而战争也仍在继续进行。3月下旬，奉、吴两军分别在南北两个方向发起猛攻，以策应中路的天津之战。在奉军的猛烈攻击下，国民军节节败退，相继退出了滦州、唐山等地，而吴佩孚的军队则北上占领了石家庄，直逼京畿。

就在这时，一向喜欢落井下石的山西督办阎锡山也趁机出兵京汉路，威胁国民军的后路。这下，国民军立刻陷入了四面楚歌的绝境之中。3月21日，张之江、李鸣钟、鹿钟麟等国民军将领发表求和通电，并于次日下令总退却，将津浦线、京汉线的所有军队全部撤到京畿一带，直鲁联军也就此夺下天津。

在奉军、直鲁联军、吴军的步步紧逼下，国民军试图拉拢

① 萧耀南于1926年2月14日身亡，这天恰好是正月初一，传为吴毒死。

吴佩孚以共同对付张作霖势力，而吴部靳云鹗等人也认为奉系是最大的敌人，他们重新主张最初提出的“联冯讨奉”之策。但是，吴佩孚心里太恨国民军了，他非但拒绝了靳云鹗的提议，对前来议和的国民军代表也只有一句话：“除了缴械，别无其他办法。”

据说，冯玉祥得知张作霖与吴佩孚联手后，曾派人去游说吴佩孚：“我之前曾开罪于公，现在后悔莫及，我决定即刻下野，国民军全听您的指挥。直系的大敌本是奉军，如果我们能及时携手团结，敌忾同仇，则胜算可操，届时全国都唯公命是听，岂不更好！”

吴佩孚听后，哑然道：“冯焕章还知道有我这个人吗？他之前不仁不义，假借外力颠覆吾辈；现在形势不利了，又想借我们的力量来保持他叛乱所得的成果，难道我会傻到被他这样玩弄的地步吗？如今他已被我直系的全体袍泽所唾弃，这决不是我私人所能曲予包容的。他现在还跟我说什么团结，这种人反复成性，既能倒戈于前，谁又能保证他不会再次倒戈于后？像这种平生惯以伪善欺人的人，我要是再受其欺骗，那还有什么是非和正义之分？”如此，吴、冯之仇已无可解。[①]

1926年4月15日，奉军占领通州，直鲁联军进占北京南苑，吴佩孚部队也抵达了西苑。此时，国民军大势已去，如再不撤退的话，真的要全军覆没了。就在当天，国民军余部撤出北京，退往南口。

国民军虽然退出了北京，但实力尚在，张作霖和吴佩孚也绝不会轻易放过他们。为抵御张作霖、吴佩孚军队的进攻，张之

① 参见刘秉荣：《北伐秘史》，知识出版社，1995年，第342页。

江将南口一线的国民军分为两路：东路军总司令鹿钟麟，率郑金声、方振武、徐永昌等部防守多伦至南口一线；西路军总司令宋哲元，率韩复榘、石友三、石敬亭等部防守晋北一带，并对阎锡山的晋军采取攻势。

国民军被直奉联军打败，便要西进夺取山西地盘，这下把一向爱搞机会主义的阎锡山给吓慌了手脚。辛亥年后，阎锡山一直盘踞山西，他为了防止其他势力进入，省内连铁轨都搞成了窄轨，目的就是防止外省军队长驱直入。但是，此刻国民军慌不择路，阎锡山虽然“我不犯人”，可国民军却“人要犯我”，如之奈何？

阎老西的晋军不太打仗，战斗力显然远不如国民军。随后，石友三、韩复榘部轻松攻入大同、雁门关一带，这下可把老阎给急坏了。好在这时张作霖与吴佩孚已经解决了内部危机，可以随时向南口的国民军发动进攻了，这才把阎锡山从危局中救出。

原来，在国民军在山西攻城拔寨时，张作霖的奉系与吴佩孚的直系内部都出现了不同的声音，这就是直鲁联军的李景林和力推吴佩孚出山的靳云鹗，他们都反对继续进攻国民军。在与张作霖协商后，吴佩孚将靳云鹗撤职，而此前怀有异心的李景林部则被张宗昌就地缴械。

既然直奉联盟的两巨头意见一致，那彻底解决国民军的时刻也就到了。1926年6月底，吴佩孚发出总攻击令，命所部向南口的国民军发动总攻。不过，此时吴佩孚的部队早已不是当年的那个王牌第三师了，因而攻了半个月也不见起色。倒是张作霖和张宗昌在旁边看不下去，只好改由奉军与直鲁联军担任主攻任务。

1926年8月1日，奉直联军发动全线总攻击，张学良、张宗昌、吴佩孚均亲临前线指挥，战况异常惨烈。国民军尽管奋勇抵抗，但终因敌众我寡，最后全线崩溃，并于8月13日放弃南口撤退。

兵败如山倒，国民军在撤退过程中又遭到了奉直联军的追击和阎锡山的围追堵截。最后，国民军被打得不复成军，韩复榘等人投奔了阎锡山，而张之江等人率残部向绥远、甘肃等方向溃逃，最终只剩下五六万人。

不过也不要紧，此时冯玉祥已经从苏联回国，他的老部队虽然遭遇惨败，但毕竟基干队伍还在。此后，在苏联和南方北伐军的帮助下，国民军的东山再起也不是不可能的。

五十

北洋残景

1926年8月南口之战结束后，北方军阀们的混战也暂告一段落。不过，这里却要补述一下北京政局的变化。

前文已经提到，直鲁联军与国民军在天津大沽口激战时，国民军为安全考虑而将大沽口一带海面封锁，这引起了列强们的强烈抗议。偏偏其中就有一两个不信邪的列强，他们调来军舰硬闯天津港，结果与国民军发生冲突，进而酿成了北京的政潮。

1926年3月14日，两艘日本驱逐舰开至大沽口海面挑衅，由此引发了与国民军的互相炮击，双方各有伤亡。日舰见讨不到便宜，便退出大沽口海面，并由日本外交当局向段祺瑞的执政府发出抗议，要求严惩中方肇事者并赔偿日本损失。

日方的无理行为自然引起了国人的强烈抗议，而这时正是国民军与奉直联军激战的非常时刻。所谓牵一发而动全局，这让段执政感到非常难办。让老段更为难的是，当时北京的民众运动再次兴起，其规模已经不下五四运动。

当时，列强仰仗的仍是那个最臭名昭著的不平等条约《辛丑条约》。而在前一年（1925），上海刚发生过震惊中外的“五卅惨案”。如今血仍未冷，帝国主义再次欺压到中国人的头上，是可忍，孰不可忍。

1926年3月18日，在一些活动家们的策划下，数千名大中学生和民众在天安门广场举行反对八国通牒的国民示威大会。随后，在“他们不敢把我们怎样”的怒吼下，又有两千多人前往铁狮子胡同的段祺瑞执政府请愿。

由于段祺瑞的卫队在前一天与请愿代表发生过流血冲突，加之这次的游行队伍人多势众，情绪也很激动，因而卫队也加人加岗，个个荷枪实弹，严阵以待。

无可否认，无组织甚至是有组织的民众运动，都极容易失控或被坏人利用，这一次也不例外。在面见执政段祺瑞、代总理贾德耀的要求被卫队拒绝后，游行队伍中的激进分子情绪失控，这些赤手空拳的年轻人把怒气发泄到卫队身上，也就成了情所当然的事。

可惜的是，误事而又被牺牲掉的也是这些人。无论是强势一方还是弱势一方，国人都明显缺乏有风度对抗的基本意识。正所谓，强者不肯妥协，弱者不肯宽容，因而暴力之后还有暴力，革命之后还有革命，专制结构循环不止，暴力统治生生不息。这一个又一个的血案，不过是给这种不宽容、不妥协的暴力文化添加一个新的注脚罢了。

很明显，执政府的卫队首领明显缺乏应对这种危机的经验和能力，而当时也没有高压水龙头、催泪瓦斯之类的镇暴工具，结果就像清末四川保路运动的“成都血案”一样，局势的不可控再次酿成了惊天的血案。

目前可知的是，段祺瑞并不是导致这场惨案的直接下令者，而直接下令者也不是真的要对民众开枪，但那些过于紧张的卫兵们却把“朝天开枪”的命令当成了“平射”的杀戮。在群情汹涌的非常情况下，这种惨剧是偶然，也是必然。但无论如何，对赤手空拳的民众开枪，都是一种不可接受的无能行为，而段祺瑞执政府应对民众运动的危机管理能力实在太有提高的必要和空间了。

据事后统计，“三一八惨案”中共死难47人，伤200多人。被鲁迅先生纪念的刘和珍君，这位北京女子师范大学的小女生，便和那些无辜而又激进的同伴们一同死于这场惨案之中。

鲜为人知的是，在惨案发生之前，正在家中下棋的段祺瑞得知民众前来执政府门口抗议时，他曾对身边人发怒道：“这群土匪学生！”[①]但得知卫队开枪打死大批学生之后，老段惊得顿足长叹：“一世清名，毁于一旦！”

血案发生后，举国震惊，各种愤激的舆论几乎如排山倒海般向段祺瑞执政府涌来，段执政自知理屈，随后下令对死难者进行抚恤，而代理国务总理贾德耀也因此引咎辞职。为缓解舆论压力，北京政府指责悲剧的产生是因为背后有人鼓唆所致，但这反击并无太多道理。

无可讳言，在民国的学运和工运等民众运动中，暗中挑动的各派“坏人”固然有之，但大部分年轻人的爱国义愤却是真真切切的。类似的运动和惨案，之前有之，后面更有许多。呜呼，这又是谁之过呢？

惨案的发生与战局的变化，使段祺瑞执政府处于风雨飘摇之中。随着奉直联军的步步逼近，段祺瑞的手下却试图拉拢原属皖系吴光新旧部的唐之道师来个里应外合，与奉军一起将城中的国民军赶出去。段派人马的异动引起了国民军京畿警备司令鹿钟麟

---

① 文斐编：《我所知道的北洋三杰》，第101页。

的警觉，他于4月9日率先包围段府以示警告，而段祺瑞在受到威胁后暂往东交民巷桂乐第大楼躲避。

两天后，鹿钟麟将前总统曹锟释放，并试图以此拉拢吴佩孚共同对付奉系，但此举被吴佩孚断然拒绝。4月13日，国民军退出北京，撤往南口，而奉军、直鲁联军、吴军相继进入京城。随后，段祺瑞返回执政府，并宣布复职。

但是，吴佩孚此刻已不允许段祺瑞继续做执政，而奉系也对老段没了兴趣。4月20日，在命胡惟德代理内阁总理并摄行执政职权后，段祺瑞宣布下野，这也是他最后一次下野。当天下午，在直鲁联军的“礼送”下，段祺瑞和安福系的一彪人马如梁鸿志、曾毓隽、许世英及其亲信部属吴光新、曲同丰等人离开北京，永远地告别了民国的政治舞台。

经过廊坊时，段祺瑞命列车停留十分钟。四个月前，徐树铮就是在此遇害。原来，在段祺瑞当上临时执政后，本在外国游历的徐树铮也兴冲冲地于1925年底回国，并随后来到北京到处活动，企图东山再起。

但是，冯玉祥并没有忘记徐树铮在七年前擅杀恩主陆建章的切齿大恨。当时国民军控制了京津一带，对小徐是非常不利的。段祺瑞似乎也感觉到什么，他一见到徐树铮便说：“这时候你回来干什么？”说完，老段便撵他快走。

但小徐并没有把老段的话当回事，他在北京待了半个月后才准备经天津南下上海。就在去天津的路上，他在廊坊车站被人刺杀了。据国民军的说法，是陆建章的儿子陆承武为父报仇，但真实的情况恐怕只有国民军自己最清楚。[①]

① 文斐编：《我所知道的北洋三杰》，第68页。

据说，徐树铮出京的消息被鹿钟麟侦知后，他立即用长途电话向驻在张家口的冯玉祥报告，冯当时没有说什么。过了两个小时，冯玉祥突然给鹿钟麟打电话："处置徐树铮的办法，就是逮捕枪决！"鹿钟麟犹豫了一下，说："这个问题太大了吧？"冯玉祥厉声道："天塌了，有柱子接着！"随后，鹿钟麟又用电话将命令转给驻扎廊坊的张之江，让他执行这个任务。张之江说："此事重大，不宜鲁莽！"鹿钟麟说："这是命令！"于是，张之江便让卫队驰往车站守候。

据徐树铮之女徐樱的说法：在徐树铮的专车抵达廊坊后，张之江的参谋长便持张的名片登车，称张司令请徐下车一叙。徐树铮恐有意外，拒绝下车。参谋长听后立刻声色俱厉，令随行士兵将徐树铮强行押下车，同行随员也被扣押。到张之江的司令部后不久，突然几声枪响，徐树铮便由此毙命。①

更离奇的说法是，鹿钟麟在当天夜里派人把陆建章的儿子陆承武从天津送到廊坊，然后让他扮演为父报仇的角色，以此来免除此事与国民军的关联。②

不管是谁下的手，这个极具才华而又飞扬跋扈的徐树铮是不能死而复生了。在列车重新启动后，段祺瑞仍旧打开车窗西望，久久不肯离去。此时的老段，显得如此苍老与疲惫，这只曾经的"北洋之虎"，再也没有往日的雄心和威风了。③

这次下野后，段祺瑞彻底地远离了纷繁多变的政治漩涡，只

---

① 徐樱：《先父徐树铮将军事略》。

② 以上参见周俊旗：《百年家族：段祺瑞》，第259—260页。据说，徐树铮死前不肯下车，死命抓住台桌。见李藻麟：《我的北洋军旅生涯》，第169页。

③ 参见周俊旗：《百年家族：段祺瑞》，第271页。

在家中吃斋念佛，下棋写字，不再过问世事。

1931年“九一八”事变后，日本人又把侵略的魔爪伸向了华北。其间，日方也试图拉拢段祺瑞再度出山做代理人。为防止段祺瑞为日本人所用，蒋介石于1933年1月派人将老段从天津接到南京。在段祺瑞一行人乘船过江时，蒋介石率一批高级将领亲自前来迎接并执弟子礼。[①]随后，段祺瑞便定居在上海。

1936年11月2日，段祺瑞因胃溃疡引发大出血而去世，享年72岁。段祺瑞的病，可能与他常年吃素有关，但医生和亲友建议他进点荤食以提高抵抗力时，段祺瑞坚决拒绝并表示：“人可死，荤不可开！”此也可见老段性格之倔强。[②]

临终前，段祺瑞写下亲笔遗嘱，谆谆告诫后人：“国虽危弱，必有复兴之望。复兴之道亦至简单，勿因我见而轻起政争，勿信过激之说而自摇邦本。讲外交者勿弃固有之礼教，求学者勿骛时尚之纷华。所谓自力更生者在此，转弱为强者亦在此矣。”

由于段祺瑞生前信佛，葬礼也是照他的遗嘱以居士礼简葬。在各界名流的吊唁中，有几副挽联特别显眼，其中一副是冯玉祥的：“白发乡人空余涕泪，黄花晚节尚想功勋”。

另一副是吴佩孚的长联：“天下无公，正未知几人称帝，几人称王，奠国著奇功，大好河山归再造；时局至此，皆误在今日不和，明日不战，忧民成痼疾，中流砥柱失元勋”。

段祺瑞死后，其长子段宏业坚持要将老段的灵柩送往北京安葬。但由于日本侵华导致的时局变动，以至于十多年都无法找到

---

① 蒋介石留学日本士官学校前统一由北洋速成武备学堂送出，当时段为学堂督办。

② 以上参见文斐编：《我所知道的北洋三杰》，第32页。

合适的下葬地。最后，灵柩只能草草葬在段祺瑞三弟之前买好的坟地，位置就在大道旁边。

对此，段祺瑞的一些生前故旧忍不住叹息："想不到老头子轰轰烈烈一辈子，死后竟然没有一块葬身的地方！"直到1963年，在段祺瑞生前好友章士钊、李思浩、曾毓隽等人的努力下，才最终将段祺瑞的遗骨起出，并重新安葬在北京西郊香山附近的万安公墓中。[①]

段祺瑞的故事到此为止，后面说说被释放的前总统曹锟。曹三爷本以为，段祺瑞既已下野而自己重获自由，他应该出来继续当他的总统了。但各方对此反应冷淡，就连吴佩孚也认为，时局未定、时机不到，这下给曹三爷浇了一瓢凉水，由此也断了这个念头。

北伐战争后，曹锟见吴佩孚和当年的那批人马已是明日黄花，他也就彻底放弃复出幻想而回天津隐居去了。日本侵占东北后，曾多次请曹锟出山担任职务，但始终被曹锟拒绝。1938年5月17日，曹锟因肺炎在天津病故，终年76岁。

段祺瑞下台后，在张作霖、吴佩孚、孙传芳等巨头的协商下，原颜惠庆内阁复职，并摄行总统职权。在经过这么多的政潮、政变和军阀混战后，北京中央政府的法统早已沦丧殆尽，这个所谓的摄行内阁，到底是总统制、内阁总理制、执政制或是其他，已经无人知晓也无人感兴趣。

是啊，在即将到来的北伐战争面前，颜惠庆及后来的几个内阁总理如杜锡圭、顾维钧、胡惟德、潘复，这些残缺不全的内

① 以上参见文斐编：《我所知道的北洋三杰》，第105页；周俊旗：《百年家族：段祺瑞》，第289-290页。

阁，值此风雨飘摇之际，有何必要，又有谁会去重视呢？事实就是如此清楚：这原本就是军阀的时期，而且狂欢的高潮和末日到了。至于宪法与国会、内阁与法统，又算个什么东西呢？

1926年8月，就在奉直联军取得对冯玉祥国民军的决定性胜利之时，南方却已是风云突变。就在一个月前，以蒋介石为首的广东革命政府宣布出师北伐，随后便从两广打进湖南，一时间如风卷残云，很快便占领了湖南全境并逼近湖北。

得此消息后，吴佩孚急忙率部南返。但等到他抵达汉口时，北伐军已经兵临武汉的前沿要地汀泗桥，一场恶战即将展开。从后来的历史看，这不是吴佩孚一个人的战争，而是旧军阀与北伐军决战的开始，这也注定成为一个时代的节点。

回顾1926年前后的中华大地，无处不纷争，无处不烽火。北边有奉军、直鲁联军、吴军及其国民一、二、三军的连续作战；而南边也不太平，湖南有赵恒惕与唐生智打得头破血流，广西有桂系新军阀李宗仁、白崇禧等人崛起，广东国民政府内部也是矛盾重重，东征西讨，更别说四川的大小军阀们，他们从辛亥年后就没有消停过。

泱泱中华，南北西东，到处是刺耳的枪声和隆隆的炮声，只可怜那些黎民百姓，流离失所，家破人亡。所谓军阀混战，1926年大概就是一个浓缩的高潮吧。这时的中国，早已不是一个国家，而是群雄逐鹿的兵马场和无辜百姓悲惨的修罗场。

从大局看，当时北方有四大势力，其一是奉系张作霖及附属的张宗昌势力，他们控制了东三省、京津、直隶、山东等地，势力最为强大；其次是冯玉祥的国民军，虽然遭遇了南口大败，但冯玉祥从苏联返回后，仍可收拾残部，并在苏联和北伐军的帮助下重出“一战”；其三是吴佩孚，他复出之后，虽然貌似强大，但实际上兵力不多，南口之战后已是强弩之末；其四为阎锡山的晋军，这位山西“土豪”原本就是墙头草，谁势力大就跟着谁，谁不行了就来个落井下石，无论政局如何变化，阎老西的秘诀就是“没有永久的敌人，也没有永久的朋友”，只要能守住山西老巢，管他风吹雨打，我自逍遥。

在南方，各势力在分化组合后也初露雏形。首先是雄踞东南五省的孙传芳势力，他夹在北方奉系与南方北伐军之间，注定维持不了多长时间；原来的西南军阀在数年的战争之后，已经被广东的国民政府初步统一，其中便有蒋介石、李济深、李宗仁等人的新军队，随后他们又与唐生智等人的军队一起混称为北伐军，并成为南方最强大的势力。在共同的理想召唤下，他们即将席卷中原，彻底埋葬老一代的军阀。

这些势力之外，还有一些据守西南、西北的边疆军阀，他们在中原无主时往往各据一方、称王称霸，或者你争我夺、相互砍杀，但中原一旦霸主雄起，这些小军头自然重归一统，纳降称臣，不在话下。这本就是中国历史的常有之事。

如果再做进一步细分的话，1926年后的南北对决，实际上是以蒋介石为首的国民党势力与北方奉张势力的最终决战。南方的蒋介石，在继承孙中山的衣钵及“联俄联共”政策下，逐渐取得了新政权的法统，汪精卫、胡汉民、李宗仁、李济深、唐生智乃至西北的冯玉祥和四川各军阀，最后也不得不拜在他的门户之下。而北方的张作霖作为北洋旧军阀的大一统者，在吴佩孚、孙传芳等盟友被北伐军打得落花流水之时，唯有他南下收拾局面了。

1926年12月1日，在北伐军已经席卷了半个中国的局面下，张作霖在北京就任安国军总司令。这次奉系当权，北京的一些政客本是劝张作霖出任民国大总统以捞取晋身之阶的，但张作霖只愿担负“安国军总司令”的名义。是啊，国家未安，总统何来？

尽管张大帅推却了大总统一职，但他的这次入京，显然是以国家元首自居的。当张作霖的专车抵达前门车站时，从前门到西长安街，再到他所驻节的西城顺承王府，沿途都是黄沙铺地、净水洒街，俨然前朝帝王的派头。[①]

可是，经过这十几年的战乱，民心虽然思定，但国家凋敝如此，张作霖这个安国军总司令，能安得下来吗？在与北伐军的新老对决中，他又有几分胜算？

历史的时针，转到了公元1927年。哗啦啦如秋风扫落叶，军阀的冬天终于要来了。

---

① 在此期间，张作霖曾行祭天礼。见徐彻：《东北王：张作霖画传》，第215页。

余论：转不过弯的北洋

历史在很多时候都被认为是茶余饭后的谈资，但这种谈资除娱乐价值外还是有生命力的，因为它能够给人们提供一条“问题从何而来、又将向何处去”的线索。所谓“一切历史都是当代史”，最直白的解释便是：我们一直生活在过去历史所形成的投影当中。

《三国演义》中说，曹操势力最为强盛时，孙权修书曹操劝他代汉称帝。曹操见后笑骂道：“孙权这小子，是想把我放到炉火上烤啊！”[①]就事论事，曹操不是不想称帝，只是称帝要讲天时、地利、人和，若条件不成熟便贸然行事，搞不好会招来杀身之祸。试想，袁世凯也曾熟读史书，在称帝这样的大事上何以如此糊涂，实在是奇哉怪也。

历史学家唐德刚曾为袁世凯辩护：“袁公之不幸，是他原无做皇帝之实，却背了个做皇帝之名。‘皇帝’在近代中国政治转型史中，被认为是‘万恶之源’。一个政客，一旦背上做‘皇

---

① 此典见于康有为对慰庭总统老弟（袁世凯）嬉笑怒骂长文，参见白蕉：《袁世凯与中华民国》，第301页。

帝’之恶名，他就会变成过街老鼠，人人喊打而遗臭万年了。‘真小人’就不然了。真小人的表现，第一是‘率直’；第二是‘笨’。这两重德性，在政治圈内是不易生存的；纵能勉强生存，也要遗臭后世的。我国政治史上，那位‘治世之能臣，乱世之枭雄’的曹操，便是个真小人。但是‘天下无孤，不知几人称帝，几人称王’，他是有其安定汉末乱局之功勋的。可是他遭人辱骂，也是两千年不能平反。”

也有人说，袁世凯急于称帝是因为老袁家做官者活不过六十岁这道魔咒。这一说法，或许从某种神秘的心理角度解释了袁世凯的称帝动机，但这绝不是洪宪帝制的深层原因。事实上，历史总是那么吊诡而逆人所想，越是期望的，结果却越是失望；本以为找到一条最为顺捷的道路，到最后却发现这条路南辕北辙，反而走了更多的冤枉路。

鲁迅先生曾回忆民国元年时的光明，那时他“觉得中国将来很有希望”，但到民国二年后，事情“即渐渐坏下去”；傅斯年也说，民国元、二年间“像唐花一般‘怒发’”，民国三、四年间则“像冰雹一般的摧残”；李宗仁说，清末他在广西陆小读书时觉得朝野一片朝气，而民国后朝气全无，一片混乱败坏。①令人诧异的是，民国取代清朝不过两三年，各色人等便对民国如此失望，这又是为何呢？

袁世凯死后，鲁迅在北京《晨报副刊》上发表了代表作《阿Q正传》。在这篇著名的小说中，处于社会最底层、为人所轻贱的小人物阿Q被可能发生动乱的幻想所吸引。但他想去参加革命时，那些受过传统教育的旧时代人物和受过外国教育的新派人物

① 唐德刚：《袁氏当国》，第167页。

却叫他滚出去。阿Q气愤地说："不准我造反，只准你造反？"最可笑的是，阿Q犯的是抢劫罪或盗窃罪，最终却被作为"革命的代表"处决。而所谓的"革命"事实，却是阿Q想做但并没有做的。

由此可见，辛亥革命其实是"少数人革了极少数人的命"，或者根本就是"极少数人革了极个别人的命"。千千万万个像阿Q那样的民众，那些沉默的大多数，完全被排斥在革命之外。革命被那些新派人物和旧乡绅所垄断，即使在民国建立后，占据人口绝大比例的一般民众也仍被排斥在机构之外。鲁迅先生的小说反映的，不过是一般民众对新生民国极其疏远的事实罢了。

老同盟会员吴稚晖曾说，他们这批人开始是真心真意地想从井中将人救出来的，但结果是自己也掉到井里去了，恢复了祖宗的原形，中国人还是在18世纪原地踏步。革命党人蔡济民也曾赋诗一首："无量金钱无量血，可怜赢得假共和；早知今日如斯苦，反悔当年种恶因。"此诗在当时传诵一时，何尝不是一种痛苦的反思？

是的，辛亥革命消除了形式上的帝制，却没有消除本质上的专制。这种建立在沙滩上的胜利，如果想当然地视为一种重大进步的话，自然会为民国后的种种乱象感到失望。换句话说，辛亥革命开创了一个"民治"时代，但并没有达成一个"民治"时代。沿袭数千年历史的"帝制"虽然在表面上被废除了，但中国要进入真正的"民治"时代，可能还需要很长的时间。

辛亥年时，多数西方记者都认为，中国当时最需要的是秩序，而这只有袁世凯才能带来。即便是孙中山和他的同志也都明白，"袁世凯那时在国民心中的声望，似乎还在孙公之上"。袁世凯的"声望"，不仅在于他掌握了最精锐的军队，也在于他促成了清帝退位这场“不流血的宫廷政变”。由此，中国才不至于陷入旷日持久的内战，这于国于民，袁世凯都是历史的功臣。对于一场突发的、无序的革命来说，难道还有比这更完美的结果吗？

曾几何时，民国的成立给无数人带来希望的曙光。但是，中国数千年来不断改革修正的政治社会体制，它仍旧具有非凡的生命力，并不会因为革命赶走了皇帝就同时死亡。而当年的那些革命党人，往往都是些“一次革命论者”。当他们摧毁了原有体制并试图搭建一个理想中的西式民主共和大楼时，结果却适得其反，陷入“新居未建而故居已拆”的尴尬境地。当老百姓没有从新生的民国中获得好处而反受其害时，难怪他们要抱怨今不如古、民国不如大清了。

民国成立后，袁世凯曾被人目为中国的“华盛顿”“拿破仑”。但从他的个人历史看，袁世凯只是一个转型时代的现实主义政客，他并不理解也不赞成革命党人所提倡的现代民主制。在他的心目中，最适合中国的是开明君主制。辛亥年南北谈判之初，袁世凯坚持保留君主立宪并主张国体问题由国民大会解决，其想法固然是一厢情愿，但民国初年内阁的频频更换和国会的种种纷纷扰扰也同样证明，简单地移植西方制度必然导致水土不服，中国的问题还需要从自己的根本和传统上着手。

袁世凯也许是对的，在国人自古以来的生存条件没有发生根本性变化的前提下，强行实行所谓的西式民主政治，其结果不仅不是真正意义上的民主，而且极容易败坏民主的名声和信誉。任何企图以观念的变化和政治体制的改变来推动社会的进步和发展，其用意虽然善良，但目的未必能够实现，结果也很可能走向设计者初衷的反面。

事实证明，如果体制结构和国民的观念结构不变，即使赶走了王座上的皇帝，也未必能赶走心中的皇帝；如果人人都想着独裁专制做皇帝，共和民主制度再完美也不过是个空架子。

辛亥年前，梁启超反对革命的原因在于他认为当时民智未开，国体不可轻变，走君主立宪的渐进改良道路才是中国的首选。可惜的是，清廷和革命党都把他的善意良言当成了耳边风。袁世凯要搞洪宪帝制时（尽管也是君主立宪制），梁启超却发表雄文驳斥说，帝制无论如何都是已经死亡了的制度，好比扔进猪圈后被践踏的佛像，它已经无法再引起人们的敬畏和服从；因此，帝制是不必要的，而且它丝毫不能增加总统现有的权力。

梁启超的意思是，帝制一旦被共和制打破，破镜就此难圆；即使再恢复，也难以产生神圣与威严的效果。可惜的是，袁世凯并没有理解梁启超话语中的深刻含义，弄到最后身败名裂，为天下笑。袁世凯的悲剧证明，重返专制搞独裁、搞家天下，最终不过是一场空。而袁世凯的失败，事实上也给后来者提供了一张警示牌。尽管后来某些独裁者的权力已经远远超过袁世凯甚至超过了以往的皇帝，但没有人再敢提“称帝”二字。

在一个非凡而变乱的时代，即使是天降伟人，也同样需要并遵守规则，否则就要受到历史的严厉惩罚。袁世凯的失败，就在于他太露骨地违反了当时中上层人物所公认的共和规则。同时需要铭记的是，袁世凯的悲剧不仅是他一个人的悲剧，而是整个民族的悲剧。作为传统专制体制下的领袖，袁世凯具有如此大的作用和能量，以至于他个人的失误给整个国家和民族带来了巨大的祸害，之后的军阀混战和外侮侵略也都因此而起。在此深重的灾难面前，袁世凯能辞其咎乎？

辛亥革命进行了83天。巧合的是，洪宪帝制也就搞了83天就烟消云散。历史的可笑之处就在于，袁世凯本可以成为华盛顿，本可以成为拿破仑，但作为时代产物的他，却最终选择做了袁世凯。在洪宪帝制失败后，袁世凯的暴卒解决了很多问题。但是，袁世凯死后的民国，它的明天会更好吗？

有一点是没有疑问的，那就是袁世凯死后的军阀时期更加复杂、混乱并且更加迫切地呼唤一个强权人物的出现。说起北洋时期的复杂与混乱，很大程度是因为这段时期的历史人物如同走马灯一样你方唱罢我登场。这些人，派中有系，系中有派，朝秦暮楚，时聚时散，要想把他们理出个头绪来，却并非易事。

好在唐德刚先生提出了一个“四四划分法”，算是比较圆满地解决了这一问题。所谓“四四划分法”，就是从1912年到1928年的这16年间正好可以分为4年一段，按顺序排列如下：一、袁氏当国（1912—1916）；二、段祺瑞的皖系主政（1916—1920）；三、曹锟、吴佩孚的直系主政（1920—1924）；四、张作霖父子的奉系主政（1924—1928）。

“四四划分法”虽然不是至为准确，倒也将这16年的北洋史分了个脉络清晰。在将袁世凯、段祺瑞、曹吴、张作霖几个主线人物确定后，像张勋、冯国璋、黎元洪、徐世昌那些匆匆过客及王占元、李纯、张宗昌、孙传芳等大小配角们就不至于喧宾夺主，以致“乱花渐欲迷人眼”了。

在清朝覆亡后的这四年间，袁世凯当政还算维持了表面的统一。段祺瑞接过袁世凯的衣钵后，也还勉强过得去，但中国此时已明显分为北洋势力和西南五省势力。等到了曹锟、吴佩孚及张作霖阶段，那就越来越不成体统，战争也越来越频繁，而且规模一次比一次大。此时的中华大地，南与南打，北与北打，南北互打，直闹得流血千里，几无宁日。如此悲惨的场景，哪里还是一个国家？

在写给袁世凯的挽联中，杨度曾苦苦追问：究竟是“共和误民国”，还是“民国误共和”？善良的人们也许会有同样的思考：如果革命党人推翻了帝制是一件大好事，引进西方的先进制度也是大进步，那为何民国会乱哄哄地闹到这步田地，反叫无辜百姓流离失所、深受其苦——这又是为何呢？

正如笔者在文中反复说过的，推翻皇帝而没有改变专制的结构，这种革命是一种形式主义的革命。

正因为如此，张勋便认为时局的糟糕是因为革命引起，所以他要搞复辟，把旧制度再搬出来，以为可以一了百了。但张勋没有认识到的是，旧制度一旦打破，就好比梁启超说的“佛像进了猪圈便不再具有神圣性”，帝制的复辟虽说也代表了一种回归传统的潮流，但已经不再是主流，甚至可以说是一去而不复返了。

旧制度不能复活，新制度又水土不服，无法起到法统替代的作用，这就导致了袁世凯对政治体制的一改再改，也导致了袁世凯死后北京政府的一乱再乱。辛亥革命党在南京临时政府时搞总统制，袁世凯接任临时大总统后，这些人为限制老袁的权力又利用《临时约法》将政体改成了内阁总理制。可惜的是，这种夹杂私心的制度设计缺乏对中国国情的最基本了解，而其构架也是先天不足，以致在后来实践中矛盾百出，“府院之争”的根源也就在于此。

事实上，辛亥年后引进的民主共和制度是否具有天然的正义性和进步性，答案也未必全是肯定。遥想当年，制定《临时约法》的那些革命党太过年轻，学识也有限，他们对中国的传统、历史及其具体国情的了解远远不够，当时制度设想和构架既没有经过认真的研究和思考，也远没有对大众进行充分的启蒙并取得广泛的社会共识。

更重要的是，这部宪法性文件在制定过程中严重缺乏民众的实际参与和充分的民意表达，它究竟代表了中华民国的国民还仅仅是代表了极少部分革命党人的理想信念，这本身就是个大问题。由此，简单移植西方制度的尝试最终导致水土不服、秩序大乱，效果反不如老祖宗的东西，这几乎就是必然的结果了。在残酷的现实面前，不切实际的理想主义被碰得头破血流，这有什么可奇怪的呢？

在“旧者已亡，新者未立”的制度混乱与失范状态下，后来的军阀如段祺瑞、吴佩孚乃至革命者孙中山、蒋介石及其后来者，都无一例外地选择了同样一条政策，这就是“武力统一”。民国的历史走到这里，实际上已经宣布辛亥鼎革的制度设想彻底破产，而所谓的“武力统一”，分久必合，合久必分，说白了就是“枪杆子里出政权”，这并不是什么新鲜玩意，而是中国历史上沿袭千年的“秦式”老办法罢了。所谓“秦失其鹿，天下共逐之”，谁捉到了谁就当权，并不会因为皇帝被废除了，这套规则就跟着改变了。

结构的转型，一转百转，千头万绪，理想的方式本该就是和平渐进的改良，逐步发展经济、启蒙民众并让民众主动参与各种事务，最终达成广泛的共识和规则，这个过程非百年不能成功，而激进的暴力革命只会让这一过程更加复杂甚至重走老路。辛亥年时，真正的历史是绝大多数民众并没有为民国的建立而欢呼，这种国内政事与民众相互隔断的坚冰，一直到五四运动才被稍稍打破。因此，中国人要想真正走出历史专制的“三峡”，恐怕还需要十二分的耐性和更多数人的共同努力。

在20世纪，北洋时期的武夫们走不出这个“三峡”，这并不奇怪。小站练兵、编练新军，本是中国在外患渐重情势下的国防现代化进程，但新军的倒戈却开创了近代军人干政的恶劣先例，之后军阀混战、内战等等，无不是从其滥觞。令人扼腕叹息的是，耗费大量民脂民膏养就的军队，多数时间都在内战、内耗、贻害国民而不能为保卫国家、抵御外侮发挥作用，这又是何等的悲哀。

当然，作为传统一代的民国军阀，就他们的个人品质而言，倒也不全是坏人。事实上，他们中的大多数人都能力非凡，如果放在一个和平建设时期，他们都会是安邦救国、治世济民之才。但要是遇到一个法统已失、混乱不堪的军阀时期，这些人就难免兴风作浪、无法无天，并成为害群之马了。

比如段祺瑞，目前的历史主流都说他是个刚愎自用的大军阀，但论起历史贡献和个人品德，这位“三造共和、六任总理”的大人物无论如何都可以算是民国的大政治家。按通常的眼光，以老段的地位，他早该捞得盆满钵满、腰缠万贯。但实际上，段祺瑞却是一个“不抽、不喝、不嫖、不赌、不贪、不占”的“六不总理”。非但他不收礼，就连其门房都从不敢向来访者索取红包。段祺瑞一生不蓄私财，不建庄园别墅，他平时生活都是粗茶淡饭（晚年还改为吃素），四季常服均为布制。最后一次下野后，段祺瑞的生活主要靠旧部接济，最后竟落到亲自过问家中日常开支、凡事记账的地步。这样的清廉程度，在整个民国时期的权贵中可说是绝无仅有。

而那位一生“不住租界、不积私财、不举外债”的吴佩孚吴大帅，其气节也不是一般的政客甚至是革命者能望其项背的。其他如北洋元老王士珍，其一生清廉，不求名禄；还有几位大总统，如黎元洪、冯国璋、徐世昌，应该说都是有节操、识大体的正人君子，难得的政治军事领袖。所谓军阀，只论其人品，也不尽是坏人。

北洋军阀的失败，是结构转型时老转不过去的必然结果。中国以往的统治总是过度依靠军队的力量，但一个真正民主共和的社会，在暴力之外还有法律与规则的约束、法院的羁绊、舆论的压力乃至反对党及民众等多种力量相抗衡、相博弈，一味地依靠暴力，本就是结构并未转型的证明。北洋时期之所以从尊重法统重新走回到“武力统一”的老路，何尝不是一种残酷的现实反思。

历史终究是历史，它不能反悔也不会重演，只会在历史研究者、写作者的笔下以各种形式重现。遥想当年，在北伐军横扫中原之时，曾经“八方风雨会中州”的吴佩孚在败局中迎来自己54岁的寿诞。在寥落的寿宴上，他曾赋诗一首：

“民国军人皆紫袍，为何不与民分劳；玉杯饮尽千家血，红烛烧残万姓膏。

天泪落时人泪落，歌声高处哭声高；逢人都道民生苦，苦害生灵是尔曹！”①

吴佩孚的这首诗，意境悲凉，似有无尽的落寞与沧桑。在十几年南北征战后，吴大帅陷入了人生的最低谷，也陷入了无限的迷惘和愧悔之中。

是啊，辛亥年打开了国内战争的潘多拉盒子，而所谓“武力统一”，不管是军阀也好，革命党也罢；成也好，败也罢，终究不过是改朝换代，换一帮人上台唱唱跳跳。经过连绵多年的战

① 文斐编：《我所知道的吴佩孚》，第158页。

乱后，无辜的百姓流离失所，千万农民的子弟白骨累累，荒弃于野。最终承担历史代价的，仍旧是那些无辜的草民。

由此，一部所谓的军阀混战史，其实就是一部黎民百姓的血泪史。可谁又能抗拒这历史洪流的命运呢？

北洋大事记

1911年

10月10日，武昌起义爆发。

12月2日，江浙联军攻克南京。

12月13日，独立各省代表齐集南京，筹备临时大总统选举。

1912年

1月1日，孙中山在南京就任中华民国临时大总统。

1月26日，段祺瑞等北洋将领通电赞成共和。

1月26日，原禁卫军统领良弼被炸死。

2月12日，清帝退位。

3月10日，袁世凯在北京就任临时大总统。

6月15日，唐绍仪出走天津，民国首任内阁垮台。

12月前后，各省举行国会议员选举。

1913年

3月20日，宋教仁遇刺，22日早晨去世。

4月8日，第一届国会开幕。

4月27日，袁世凯政府与五国银行团签订《中国政府善后借款合同》，史称“善后大借款”。

7月12日，李烈钧通电讨伐袁世凯，“二次革命”爆发。

9月1日，北洋军攻占南京，“赣宁之役”结束。

10月6日，在“公民团”的胁迫下，国会选举袁世凯为正式大总统。

1914年

1月10日，袁世凯下令解散国会，随后又下令解散各省议会。

5月1日，《中华民国约法》公布，《中华民国临时约法》被废除。

5月26日，袁世凯成立参政院，代行立法院职权，黎元洪副总统兼任院长。

8月23日，日军借口对德宣战，派出军队在中国山东半岛登陆。

12月29日，袁世凯公布《大总统选举法》，规定大总统任期十年，可连选连任。

1915年

1月18日，日本驻华公使向袁世凯政府提出“二十一条”。

8月3日，古德诺发表《共和与君主论》，引发帝制先声。

8月23日，杨度等人成立筹安会鼓动袁世凯称帝。

12月11日，参政院上“劝进书”，推戴袁世凯为“中华帝国”皇帝。

12月12日，袁世凯宣布接受帝位。

12月25日，蔡锷等人在云南宣布独立，护国战争爆发。

12月31日，袁世凯宣布将次年改为“中华帝国洪宪元年”。

1916年

1月5日，袁世凯发布讨伐令，对云南用兵。

3月19日，冯国璋等密电要求袁世凯取消帝制、惩办祸首。

3月22日，袁世凯被迫取消帝制。

6月6日，袁世凯在四面楚歌中病故，终年57岁。

6月7日，副总统黎元洪接任大总统。

1917年

3月14日，民国政府宣布对德绝交。

5月10日，“公民请愿团”围攻众议院，要求通过对德宣战案。

5月23日，大总统黎元洪下令免去段祺瑞总理职务。

6月7日，张勋借口“调停国事”率辫子军北上。

7月1日，张勋实行复辟。

7月12日，“讨逆军”攻入北京，张勋逃至荷兰使馆。

7月14日，黎元洪宣布辞去大总统职。

8月1日，冯国璋就任代理大总统。

8月14日，民国政府宣布对德国、奥匈帝国宣战。

10月6日，湘鄂战争爆发。

12月18日，冯国璋委派段祺瑞为参战督办。

1918年

3月1日，段祺瑞成立参战督办处。

3月29日，段祺瑞再次出任内阁总理。

9月4日，安福国会选举徐世昌为大总统。

10月10日，徐世昌就任大总统，冯国璋、段祺瑞同时去职。

11月11日，德国宣布投降，“一战”结束。

11月16日，南北开始议和谈判。

1919年

1月21日，巴黎和会召开，民国政府派陆征祥等代表参会。

2月20日，南北会谈在上海开幕，唐绍仪与朱启钤为南北方总代表。

5月4日，五四运动爆发。

5月8日，南北和谈宣布破裂。

6月10日，北京政府免去章宗祥、曹汝霖、陆宗舆职务。

6月28日，中国代表拒绝在巴黎和约上签字。

1920年

5月20日，吴佩孚率军北撤。

7月14日，直皖战争爆发。

7月19日，段祺瑞兵败后宣布下野。

1921年

7月，湘鄂战争再次爆发。

8月27日，吴佩孚率军攻入岳州，湘军赵恒惕部大败。

9月1日，吴佩孚与赵恒惕达成和议，湘鄂战争结束。

11月12日，华盛顿会议召开。

12月24日，梁士诒内阁成立。

1922年

1月，吴佩孚连续通电攻击梁士诒内阁。

4月29日，第一次直奉战争爆发。

5月，张作霖战败退回关外。

6月2日，徐世昌辞去大总统职。

6月4日，张作霖自任东三省自治保安总司令，宣布联省自治。

6月11日，黎元洪复任总统。

1923年

6月13日，黎元洪被逼离京。

10月5日，曹锟贿选总统。

10月10日，曹锟就任总统并颁布《中华民国宪法》。

1924年

9月3日，江浙战争爆发。

9月15日，第二次直奉战争爆发。

10月12日，江浙战争结束，卢永祥通电下野，东渡日本。

10月23日，冯玉祥发动北京政变，囚禁曹锟。

11月5日，冯玉祥驱逐清逊帝溥仪出宫。

11月24日，段祺瑞就任临时执政。

1925年

3月12日，孙中山病逝。

6月，奉军南下淞沪。

10月7日，孙传芳组织浙、闽、苏、皖、赣五省联军。

10月15日，孙传芳下令讨伐奉军，浙奉战争爆发。

10月21日，吴佩孚组织“十四省讨贼联军”，发布讨奉通电。

11月8日，孙传芳攻入徐州，浙奉战争结束。

11月22日，奉军郭松龄部倒戈攻奉。

12月25日，郭松龄兵败被杀。

12月29日，徐树铮遇刺身亡。

1926年

1月4日，冯玉祥宣布下野。

1月中旬，国奉大战爆发。

3月18日，段祺瑞临时执政府卫队制造“三一八”惨案。

4月20日，段祺瑞宣布下野。

7月9日，南方国民革命军誓师北伐，进军湖南。

8月13日，张作霖、张宗昌与吴佩孚的奉直联军与国民军南口激战。

9月17日，冯玉祥五原誓师，组建国民军联军，宣布北伐。

1927年

2月，奉系军阀增援孙传芳。

4月23日，北伐军攻入南京。

1928年

5月30日，张作霖决定退回关内，孙传芳残部溃散。

6月4日，张作霖在皇姑屯被日军炸死。

12月29日，张学良宣布“东北易帜”，北洋军阀时期结束。

参考书目

[1] 来新夏：《北洋军阀史》，南开大学出版社，2000年版。
[2] 蔡东藩、许廑父：《民国演义》，上海文化出版社，1983年版。
[3] 丁中江：《北洋军阀史话》，中国友谊出版公司，1992年版。
[4] 陶菊隐：《武夫当国：北洋军阀统治时期史话》，海南出版社，2006年版。
[5] 吴长翼：《魂断紫禁城：袁世凯秘事见闻》，中国文史出版社，2001年版。
[6] 刘忆江：《袁世凯评传》，经济日报出版社，2004年版。
[7] 骆宝善：《骆宝善评点袁世凯函牍》，岳麓书社，2005年版。
[8] 侯宜杰：《袁世凯一生》，河南人民出版社，1982年版。
[9] 廖一中：《一代枭雄袁世凯》，北京图书馆出版社，1997年版。
[10] 唐德刚：《袁氏当国》，广西师范大学出版社，2004年版。

[11] 张华腾：《洪宪帝制：袁氏帝梦破灭记》，中华书局，2007年版。
[12] 陈晨编：《袁世凯轶事》，人民日报出版社，2011年版。
[13] 石之轩：《袁世凯1916：悬崖上的龙椅》，陕西人民出版社，2013年版。
[14] 张妍：《原来袁世凯》，重庆出版社，2006年版。
[15] 薛观澜等著，蔡登山编：《袁世凯的开场与收场》，当代中国，2018年版。
[16] 杨博文：《孙中山图传》，团结出版社，2006年版。
[17] 习贤德：《孙中山与美国》，上海人民出版社，2008年版。
[18] 韦慕庭：《孙中山：壮志未酬的爱国者》，新星出版社，2006年版。
[19] 廖大伟：《1912：初试共和》，学林出版社，2004年版。
[20] 骆惠敏：《清末民初政情内幕：莫理循书信集》，知识出版社，1986年版。
[21] 胡汉民：《胡汉民自述》，人民日报出版社，2013年版。
[22] 曹汝霖：《一生之回忆》，中国大百科全书出版社，2009年。
[23] 冯玉祥：《我的生活》，世界知识出版社，2006年版。
[24] 齐如山：《齐如山回忆录》，辽宁教育出版社，2005年版。
[25] 溥仪：《我的前半生》，同心出版社，2007年版。

[26] 吴玉章：《吴玉章回忆录》，中国青年出版社，1978年版。

[27] 谭人凤：《谭人凤自述》，人民日报出版社，2011年版。

[28] 蒋梦麟：《西潮与新潮》，人民出版社，2012年版。

[29] 颜惠庆：《颜惠庆自传》，商务印书馆，2003年年版。

[30] 景占魁：《阎锡山传》，中国社会出版社，2008年版。

[31] 唐德刚：《从晚清到民国》，中国文史出版社，2015年版。

[32] 王先明：《清王朝的崩溃：公元1911年中国实录》，天津人民出版社，2006年版。

[33] 张朋园：《立宪派和辛亥革命》，吉林出版集团，2007年版。

[34] 周育民：《晚清财政与社会变迁》，上海人民出版社，2000年版。

[35] 张宪文：《中华民国史》，南京大学出版社，2006年版。

[36] 郭廷以：《近代中国史纲》，中国社会科学出版社，1999年版。

[37] 章伯锋、李宗一：《北洋军阀》，武汉出版社，1990年版。

[38] 杜春和：《北洋军阀史料选辑》，中国社会科学出版社，1981年版。

[39] 汪朝光：《中国近代通史：民国的初建（1912–1923）》，江苏人民出版社，2007年版。

[40] 胡绳：《从鸦片战争到五四运动》，人民出版社，2001年版。

[41] 徐中约：《中国近代史：中国的奋斗（1600—2000）》，世界图书出版公司，2008年版。

[42] 刘凤舞：《民国春秋》，团结出版社，1996年版。

[43] 丁文江：《民国军事近纪》，中华书局，2007年版。

[44] 张明金：《民国时期战争大参考》，京华出版社，2006年版。

[45] 刘秉荣：《北伐秘史》，知识出版社，1995年版。

[46] 胡文海：《奉系纵横》，辽海出版社，2000年版。

[47] 谢本书：《西南十军阀》，上海人民出版社，1993年版。

[48] 冯兆基：《军事近代化与中国革命》，上海人民出版社，1994年版。

[49] 陈志让：《军绅政权：近代中国的军阀时期》，广西师范大学出版社，2008年版。

[50] 彭明：《五四运动史》，人民出版社，1998年版。

[51] 齐锡生：《中国的军阀政治：1916—1928》，中国人民大学出版社，1991年版。

[52] 张朋园：《中国民主政治的困境：1909—1949》，吉林出版集团，2008年版。

[53] 杨天石：《从帝制走向共和：辛亥前后史事发微》，社会科学文献出版社，2002年版。

[54] 杨天石：《国民党人与前期中华民国》，中国人民大学出版社，2007年版。

[55] 朱宗震：《真假共和：1912·中国宪政试验的台前幕后》，山西人民出版社，2008年版。

[56] 严泉：《失败的遗产：中华首届国会制宪》，广西师范

大学出版社，2007年版。
[57] 罗志田：《激变时代的文化与政治：从新文化运动到北伐》，北京大学出版社，2006年版。
[58] 叶曙明：《大国迷失：帝制崩溃后十字路口的中国》，陕西师范大学出版社，2007年版。
[59] 文斐编：《我所知道的北洋三杰》，中国文史出版社，2004年版。
[60] 文斐编：《我所知道的北洋三雄》，中国文史出版社，2012年版。
[61] 沈云龙：《徐世昌评传》，中国大百科全书出版社，2013年版。
[62] 彭秀良：《王士珍传》，中华书局，2013年版。
[63] 侯杰、姜海龙：《百年家族：黎元洪》，河北教育出版社，2006年版。
[64] 周俊旗：《百年家族：段祺瑞》，河北教育出版社，2006年版。
[65] 文斐：《我所知道的吴佩孚》，中国文史出版社，2004年版。
[66] 徐彻：《东北王：张作霖画传》，团结出版社，2007年版。
[67] 文斐：《我所知道的张宗昌》，中国文史出版社，2004年版。
[68] 苏全有：《张宗昌全传》，经济日报出版社，2007年版。
[69] 张学良口述，唐德刚撰：《张学良口述历史》，山西人民出版社，2013年版。

[70] 陶菊隐：《狷介与风流：吴佩孚将军传、蒋百里先生传》，山西人民出版社，2007年版。
[71] 思公：《晚清尽头是民国》，广西师范大学出版社，2009年版。
[72] 张耀杰：《谁谋杀了宋教仁》，团结出版社，2012年版。
[73] 金满楼：《退潮的革命：宋教仁的1913》，山西人民出版社，2014年版。
[74] 范福潮：《清末民初人物丛谈》，湖北人民出版社，2009年版。
[75] 凌冰：《最后的摄政王：载沣》，文化艺术出版社，2006年版。
[76] 郑怀义、张建设：《末代皇叔：载涛传》，文化艺术出版社，2006年版。
[77] 全国政协文史资料研究会编：《护国讨袁亲历记》，文史资料出版社，1985年版。
[78] 熊式一：《八十回忆》，海豚出版社，2010年版。
[79] 刘凤翰等整理：《马超俊、傅秉常口述自传》，中国大百科全书出版社，2009年版。
[80] 李藻麟：《我的北洋军旅生涯》，九州图书出版社，1998年版。
[81] 王锡彤：《抑斋自述》，河南大学出版社，2001年版。
[82] 吴虬：《北洋派之起源及其崩溃》，中华书局，2007年版。
[83] 白蕉：《袁世凯与中华民国》，中华书局，2007年版。
[84] 陈灨一：《睇向斋秘录》,中华书局，2007年版。

[85] 刘禺生：《世载堂杂忆》，中华书局，1960年版。
[86] 刘厚生：《张謇传记》，上海书店，1985年版。
[87] 张一麐：《直皖秘史》，中华书局，2007年版。
[88] 袁克文：《辛丙秘苑》，上海书店出版社，2000年版。
[89] 陈夔龙：《梦焦亭杂记》，中华书局，2007年版。
[90] 李烈钧：《李烈钧将军自传》，中华书局，2007年版。
[91] 许指严：《新华秘记》，中华书局，2007年版。
[92] 南海胤子：《安福祸国记》，中华书局，2007年版。
[93] 温世霖：《段氏卖国记》，中华书局，2007年版。
[94] 佚名：《闽浙阵中日记》，中华书局，2007年版。
[95] 无聊子：《北京政变记》，中华书局，2007年版。
[96] 汪德寿：《直皖奉大战实记》，中华书局，2007年版。
[97] 陈冠雄：《奉直战云录》，中华书局，2007年版。
[98] 汪曾武：《劫余私志》，中华书局，2007年版。
[99] 天忏生：《复辟之黑幕》，中华书局，2007年版。
[100] 易宗夔：《新世说》，四川大学出版社，1998年版。

后记

读者手里拿到的这本书，是笔者的早期作品。当时在写完晚清时期的几本书后，自然而然地过渡到民国领域。大约在2008年底，这部作品以《民国往事：尚未凝固的国家历史》为名，开始在天涯社区煮酒论坛上连载。因为种种原因（主要是力不能逮），写到北洋时期就结束了。之后，连载以《北洋往事：那些军阀那些人》为书名出版，至今也有十年了。

2010年时，受湖南教育台邀请，笔者在《湖湘讲堂》栏目录制了十七集的《北洋军阀秘史》。节目播出后，讲稿也在2012年以同名出版。不过，这本小书只有十万字，只能算是《北洋往事》的简本。同时期，静雅思听网站为《北洋往事》录制了有声版并发行过光碟。

由于是公开连载的作品，网上流传甚广自是难以避免。不过也因为是连载作品，当时边写边发，在遣词造句等方面都不是特别讲究，而这也是多数网络作品的通病。为此，笔者在2016年和2021年分别进行了两次修改。2016年那次是大改，除保留袁世凯的发迹史外，与晚清交叉的部分都被删去，然后增补了近几年新看到的材料并适当添加了出处底注。从篇幅上说，虽然少了几万字，但文字和选材上更加精炼，观点及论述也较以往有了相当的修正。2021年这次，主要是文辞性修正，力求做得更加完美。

对于作者来说，每部作品都像是自己的孩子，尤其早期作品会更加的被珍爱。这一眨眼工夫，十几年过去，书也出了二三十本。但要说哪本是代表作，一时也很难说。如果非要说，这本大概是够格的。总之，希望这部作品能经得起市场和时间的考验，让更多的读者读到它、读懂它、喜欢读它，并从书中收获阅读和思考的快乐。如此，就是笔者最大的欣慰了。

金满楼

2021年12月